# 企业战略管理

黄伟 周贺来◎主编

ENTERPRISE STRATEGIC
MANAGEMENT

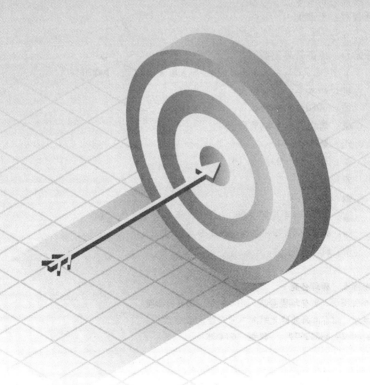

经济管理出版社
ECONOMY & MANAGEMENT PUBLISHING HOUSE

**图书在版编目（CIP）数据**

企业战略管理 / 黄伟，周贺来主编. -- 北京：经济管理出版社，2024. -- ISBN 978-7-5243-0150-9

Ⅰ. F272.1

中国国家版本馆 CIP 数据核字第 202470UT03 号

组稿编辑：张馨予
责任编辑：张馨予
责任印制：张莉琼
责任校对：王淑卿

出版发行：经济管理出版社
　　　　　（北京市海淀区北蜂窝 8 号中雅大厦 A 座 11 层　100038）
网　　址：www. E-mp. com. cn
电　　话：(010) 51915602
印　　刷：唐山昊达印刷有限公司
经　　销：新华书店
开　　本：720mm×1000mm/16
印　　张：28
字　　数：562 千字
版　　次：2025 年 4 月第 1 版　　2025 年 4 月第 1 次印刷
书　　号：ISBN 978-7-5243-0150-9
定　　价：68.00 元

# 前　言

在当今全球化和竞争激烈的商业环境中，企业面临着前所未有的挑战和机遇。为了在复杂多变的市场中生存和发展，企业必须制定并实施有效的战略，以实现长期的目标和价值。本教材的编写旨在为读者提供一套系统、全面的战略管理理论和方法，帮助读者掌握战略管理的核心概念和实践技能，从而提升企业的竞争力和可持续发展能力。

本书的内容涵盖了战略管理的各个方面，从战略的基本概念和理论基础到战略的制定、实施和控制，再到组织设计和战略变革等。通过深入探讨以上内容，读者可以了解企业战略管理的全过程，掌握战略分析、战略选择、战略实施和战略评价的方法与技巧，以及如何根据企业的内外部环境制定适合自身发展的战略。

在本书编写过程中，本书编写组注重理论与实践相结合，通过引用大量的实际案例和数据分析，读者能够更好地理解和应用战略管理的理论和方法。同时，我们也关注战略管理的前沿问题和发展趋势，如数字化转型、可持续发展、创新战略等，为读者提供最新的战略管理理念和实践经验。本书的特点主要体现在以下几个方面：

第一，系统性强。本书构建了一个完整的战略管理体系，从战略的基础概念到战略的制定、实施和控制，再到组织设计和战略变革，每个环节都有详细的阐述和分析，使读者能够全面地了解战略管理的全过程。

第二，案例丰富。本书引用了大量的实际案例，这些案例涵盖了不同行业和领域，通过对这些案例的分析和讨论，读者可以更好地理解和应用战略管理的理论和方法，同时也能够提高读者的分析和解决问题的能力。

第三，注重实践。本书不仅介绍了战略管理的理论和方法，还注重实践应用，通过引导读者进行案例分析、战略规划和决策模拟等活动，读者能够将所学知识应用到实际工作中，提高读者的实践能力和综合素质。

第四，前沿性强。本书关注战略管理的前沿问题和发展趋势，及时介绍了数字化转型、可持续发展、创新战略等新兴领域的战略管理理念和实践经验，为读者提供了最新的战略管理资讯和发展方向。

本书由华北水利水电大学管理与经济学院的黄伟和周贺来主编，参与编写的还有本院教师乔然、韩涵、郭洁、付晶、李方玉，各章具体编写分工如下：黄伟（第一章）、周贺来（第二~三章）、乔然（第四~五章）、韩涵（第六~七章）、郭洁（第八章）、付晶（第九章）、李方玉（第十章）。另外，在本书编写过程中，华北水利水电大学管理与经济学院 23 级硕士研究生韩悦、韩慧恩、张尧，以及 21 级本科生田丽、刘亦菲、赵思帆、李盈、周晓川、夏合热扎提、廖家佳、熊富豪、王梦婷、刘琴、麦尔比叶、金清泉、娄亚鑫、胡肖含、张玉婷、赵勇翔、高豪哲及张语菡等在资料查找、文稿校对、图表绘制、案例收集等方面做了大量的工作，在此表示衷心的感谢！

本书的出版受到 2023 年河南省研究生教育改革与质量提升工程优质课程项目"战略管理"（YJS2023KC03）、2023 年河南省高等教育教学改革研究与实践项目（研究生教育类）一般项目"水利特色高校专业学位研究生'双导师制'培养模式与协同机制构建研究"（2023SJGLX120Y）以及河南省高校哲学社会科学创新团队项目（2019-CXTD-12；2024-CXTD-10）的共同支持。

本书适用于工商管理、市场营销、财务管理等专业研究生和本科生，同时也适用于企业管理人员、创业者和咨询顾问等从事战略管理工作的人员。希望本书能够为读者提供有益的帮助，使读者在战略管理方面得到系统的学习和提升，为企业的发展做出更大的贡献。最后，感谢各位读者对本书的支持和关注！我们相信，通过学习本书的内容，读者能够更好地理解和应用企业战略管理的理论和方法，为企业发展创造更多的价值。

本书在编写过程中，参考了许多已有研究成果，大多数已在参考文献中进行了标注，但受编写体例限制，加之本书编写时间过程较长，难免有所遗漏，未标注来源之处敬请谅解。在此对为本书出版提供相关参考资料的同仁们表示衷心的感谢！

由于编者水平有限，书中难免有疏漏与不妥之处，敬请读者批评指正。

黄　伟

2024 年 6 月于华北水利水电大学明慧园

# 目　录

# 第一章 企业战略与战略管理

## 【知识架构】

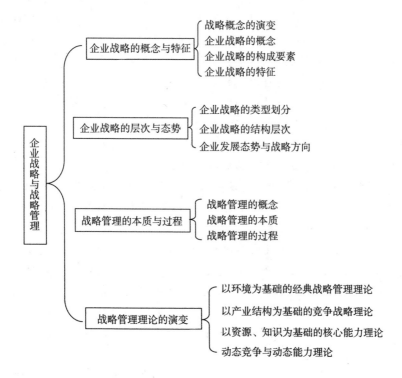

## 【学习要点与目标】

通过本章的学习，读者应该能够：

☐ 理解企业战略的概念和特征

☐ 熟悉战略管理的类型划分

☐ 熟悉战略管理三个层次的内容及其相互关系

☐ 了解企业发展态势与战略方向

　□掌握战略管理的本质及过程
　□了解战略管理理论的演变历程

## 【本章核心概念】

战略　企业战略　战略管理　战略管理的演变　动态竞争与动态能力理论

## 【引导案例】

# 案例1-1　胖东来的成功之路

许昌市胖东来商贸集团有限公司（以下简称胖东来），总部位于许昌市，创始人于东来，创建于1995年3月，是河南省四方联采成员之一，也是河南商界具有知名度、美誉度的商业零售企业巨头。胖东来旗下涵盖专业百货、电器、超市，其中胖东来百货在许昌、新乡等城市拥有30多家连锁店，员工规模超过7000人。

胖东来的经营理念是发自内心的喜欢高于一切，其经营目标是量力而行地满足民生需求和优秀的细节管理。围绕满足民生的目标，为顾客提供健康、安全、实在的商品，精心做好产品质量与功能品类的规划，在保证民生、保障顾客对商品基本需求的基础上，逐步引领经营的商品往品质、时尚、特色的方向上发展延伸，逐步引导顾客注重品质与品位的生活观念与生活习惯。对细节的关注与创造源于内心的喜欢和热爱。从卖场到后台，从商品经营到环境、服务、团队等各个方面，提升对专业能力、标准与品质的细节要求，形成一套科学、完善、健康的运营管理机制。

作为一家商超，胖东来凭借其卓越的服务质量和商业模式的成功创新，在市场竞争中脱颖而出，吸引全国人民前来"打卡"。从经营模式来看，其差异化体现为坚持"以顾客为本"。胖东来自开业第一天便宣布不出售假货，对供应商的商品质量要求极其严格：超市售卖的所有蔬果肉类都经过精心挑选，不存在任何恶意压秤等欺诈的行为；支持无理由退货政策；如商品在七天内调整价格，为确保顾客不受到任何损失，胖东来会将差价补偿给消费者。

一个企业要想拥有良好的发展前景，就要拥有好的战略管理。创始人于东来给企业定下了"限制高额增长"的目标，因为"不想做大、不想做累"。他曾这样写道："许昌超市5年内不允许超过30亿元的销售规模、10年内不允许超出40亿元的销售规模！新乡超市10年内不允许超过20亿元的销售规模！其他部门和门店5年内不允许超出20%左右的销售水平！"不追求盲目扩张的战略思维是胖东来保有竞争力的秘诀之一。

点评：世界上每天都会有新的企业诞生，同时，每天也都有企业走向衰败和消亡。在同样复杂动荡的环境和激烈的市场竞争中，为什么有的企业能长盛不衰，成为基业长青的长寿公司，而有的企业则迅速消亡，成为昙花一现的短命公司？为什么有的企业能够持续发展和壮大，而有的企业则从辉煌归于沉寂？面对企业的大千万象，面对企业的生死存亡，是什么决定了企业持续发展？

通过胖东来企业的案例可以看出，在一个组织中，管理者所制定和实施的战略对该组织的成长具有重大影响。当今是环境剧变的时代，是超强竞争的时代。知识经济和互联网技术日新月异的发展，既为企业战略与管理提供了强大的工具，又使企业间竞争变得更为复杂。本章将重点阐述企业战略的内涵，战略管理的过程、任务、层次，以及战略管理学科特性和理论流派。

# 第一节　企业战略的概念与特征

战略无处不在，无时不有。企业战略管理是企业高层管理人员为了企业长期的生存与发展，在充分分析企业内外部环境的基础上，确定和选择达到目标的有效战略，并将战略付诸实施、控制和评价的一个动态管理过程。

## 一、战略概念的演变

战略的概念产生于军事领域，古代的战略活动最初应用于战争中的斗智。随着战争形态的不断演化和长期实战经验的积累，人们逐渐学会了在战争中运用谋略，并总结出指导战争的方法，于是便产生了战略。战略概念的发展一直沿着军事的轨道和国家的层次进行，其目标是在对抗中获得优势。但是"二战"后，世界进入了长期的和平发展时期，世界局势更加稳定，和平和发展成为当今世界的两大主题。于是，战略的概念迅速扩展到经济、社会领域。

1958 年，美国经济学家艾伯特·赫希曼（Albert Hirschman）所著的《经济发展战略》一书最早将军事学上的战略概念移植到发展经济学中，提出了经济发展战略的概念，并分析了经济发展中关系全局和长远利益的一系列具有创新意义的战略问题。当时，发展战略主要是研究发展中国家如何利用自己的潜力、自然资源和其他客观环境，以谋求社会经济发展的宏观策略。1981 年，我国经济学家于光远首先提出了经济社会发展战略的概念，1998 年诺贝尔经济学奖得主阿马蒂亚·森（Amartya Sen）将经济发展战略进一步演化为社会经济发展战略，突出了经济发展在社会整体发展中的地位，同时也不能忽视经济以外的其他社会事业的发展。

随着全球社会经济的发展，人口膨胀、资源匮乏、生态破坏已成为人类共同面临的重大挑战。如果继续这种耗费资源型的生产生活方式，世界上的不可再生资源只能维持500年。局部的、单一的解决方法在这些挑战面前都显得软弱乏力，我们必须以全局的视角审视这些问题，并采取长期的共同行动加以解决。1987年，联合国世界环境与发展委员会发表了《我们共同的未来》，提出了可持续发展的概念，引起了世界各国政府和组织的共同关注。1992年，联合国环境与发展大会（United Nations Conference on Environment and Development），又称地球峰会（Earth Summit），在巴西里约热内卢（Rio de Janeiro）召开，通过了《21世纪议程》的全部内容，使可持续发展的理念规划成为具体的行动方案（Action Plan），迄今已有130多个国家成立了国家级的可持续发展委员会，可持续发展从概念转化为各国共同的战略。这使战略在摆脱了单纯的军事概念之后，又摆脱了国家的界限和竞争的狭窄含义而走向合作。

战略概念的演变和呈现的共同特点促使不同领域的学者给战略下了不同的定义，这里将战略的一些常见定义列举如下：

《现代汉语词典》中对"战略"一词的释义：①指导战争全局的计划和策略；②泛指决定全局的策略。《现代高级英汉双解词典》中对战略（Strategy）的解释：The art of planning operations in war（战争中计划战斗的艺术）。

钮先钟在其《战略研究》一书中把战略分成传统的纯战略（Pure Strategy）、大战略、国家战略和总体战略（Total Strategy）四类进行说明。其中，纯战略即军事战略，为分配和使用军事工具以达到政策目标的艺术；大战略即使用一切国家资源，以达到国家政策所界定目标的艺术和科学；国家战略是美国官方所创造的名词，与大战略大同小异，指在一切环境下使用国家权力以达到国家目标的艺术和科学；总体战略是法国战略家博弗尔（Beaufre）将军首创的名词，可以抽象地定义为使用力量以求对政策所制定目标达到能做出最有效贡献的艺术。钮先钟认为，四种战略虽各有差异，但总的来说，战略可分为狭义和广义的解释，狭义的战略指关于战争艺术的传统战略，广义的战略解释则是使用国家权力以达到与国家安全目标相关的，应用于平时和战时的艺术和科学。大战略、国家战略和总体战略都属于广义的战略。

20世纪50年代开始，战略研究开始在企业管理中活跃起来，并在60年代中期至70年代中期得到广泛开展，欧美学者从企业管理的实践出发，分别提出了关于战略的概念。德鲁克早在1954年9月就提出了战略的问题。他认为一个企业应该回答以下两个问题：第一，我们的企业是什么？第二，它应该是什么？从而为战略下了一个比较含蓄、范围较小的定义。在这个定义中，战略的核心是明确企业远期目标和近中期目标。钱德勒给战略的定义：决定企业长期的目的和目标，并通过经营活动和分配资源来实现战略目标。安德鲁斯认为战略是由目标、意志和目的，以及为达到这些目的而制定的主要方针和计划所构成的一种模式，即"战略＝目的＋实现手段"。1965 年，安索夫认为公司战略是将企业资源配置到具有最大潜在投资回报的产品市场，即"环境—战略—组织"三支柱理论。1984 年，安索夫提出战略基本上是一整套用来指导企业组织行为的决策准则。他认为，战略应由 4 个基本要素组成：①产品与市场范围——明确企业现在的及以后有可能发展的产品和市场范围；②竞争优势——要选择具有竞争优势的产品与市场；③协同作用——产品具有某种类似性，因此可以通过共同使用生产设备与销售途径而取得更大成效；④增长向量——企业应选择发展与成长的方向。加拿大的明茨博格教授认为战略是一种"决策流"，它是在管理、组织和环境的相互作用中产生的，并贯穿于整个时间过程。明茨博格认为在企业经营活动中经营者可以在不同的场合以不同的方式赋予战略不同的定义，提出了战略是由五种规范的定义阐明的，即计划（Plan）、计策（Policy）、模式（Pattern）、定位（Position）和观念（Perspective），即 5P's 模型。弗朗西斯认为战略是为创造未来，进行连续决策所依据的基本逻辑。战略是组织面对激烈变化和严峻挑战的环境时，为求得长期生存和不断发展而进行的总体性谋划，涉及对实现组织使命和目标的各种方案的拟定和评价。

综上所述，战略既是预先性的，又是反应性的，即先有计划，再根据情况调整。一个实际的战略是管理者在公司内外各种情况不断暴露的过程中不断规划和再规划的过程。

## 二、企业战略的概念

"战略"一词与企业经营联系在一起并得到广泛应用的时间并不长，最初出现在艾尔弗雷德·钱德勒（Alfred Chandler）的《战略与结构：美国工商企业成长的若干篇章》一书中。"战略"一词在企业与管理领域得到广泛应用是在 1965 年肯尼斯·安德鲁斯（Keneth Andrews）的《经营策略：内容与案例》及伊戈尔·安索夫（Igor Ansoff）的《企业战略》问世之后。此后，相关的研究著作层出不穷。管理学家从不同的方面对战略进行了描述，但对于什么是企业战略还没有完全一致的认识，下文将介绍一些有代表性的企业战略的定义。

肯尼斯·安德鲁斯认为，企业总体战略是一种决策模式，它决定和揭示了企业的使命和目标，并提出实现目标的重大方针和计划，确定企业应该从事的经营业务，明确企业的经济类型和人文组织类型，并决定企业应对员工、顾客和社会做出的经济与非经济的贡献。战略的形成应该是一个精心设计的过程，而不是一个直觉思维的过程，战略还应该清晰、简明、易于理解和贯彻。

詹姆斯·奎因（James Quinn）认为，战略是一种模式或计划，它将一个组织的目的、政策与活动按照一定顺序结合成一个紧密的整体。

伊戈尔·安索夫被称为"战略计划与战略管理之父"，他认为，战略是关于组织行为导向的各种决策规则，如企业现在和未来绩效的衡量标准（通常称为目标）、企业处理与外部环境关系的规则（通常称为产品-市场战略或业务战略）、企业建立内部关系与流程的规则（通常称为行政管理战略）、企业进行日常经营的规则（通常称为运营政策）。

迈克尔·波特（Michael Porter）在1996年发表的《什么是战略》一文中提出，战略的本质是选择，即选择一套与竞争对手不同的活动，以提供独特的价值，企业的这种独特定位能够有效避免由于企业间的相互模仿所导致的过度竞争。波特认为，选择成为战略制定的核心，不仅是因为企业资源的稀缺性决定了企业不能在所有的行业和市场中参与竞争，而且是因为企业提供不一致的价值时，会使顾客感到迷惑，甚至损害企业的声誉，因此企业必须在活动上有所取舍。

亨利·明茨博格（Henry Mintzberg）认为，人们在不同场合以不同方式赋予企业战略不同的内涵，说明人们可以根据需要接受各种不同的战略定义。战略就是计划，是企业有意识、有计划的行为，是一种预期的战略。战略又是计策，即企业为了击败竞争对手或竞争者而采用的特定计谋。战略也是模式，是企业长期行为的一致性，是一种已经实现的战略。战略还是定位，即特殊产品在特殊市场的定位，这一定义与波特对战略的定义一致。战略还是观念，是一种由组织成员共享的思维方式，这种共享通过他们的意图和（或）行动来进行。当在这种情景下讨论战略时，我们就进入了集体思考的领域，也就是说，组织成员通过共同思考和行动连接起来（见图1-1）。

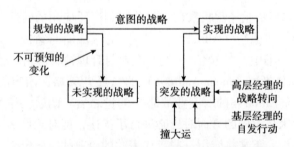

**图1-1 规划的、突发的、实现的和未实现的战略**

资料来源：Mintzberg H, McHugh A. Strategy Formation in an Adhocracy [J]. Administrative Science Quarterly, 1985, 30 (2): 160-197.

企业战略具有不同的类型、层次和结构，如果考虑不同战略管理者的角色及企业与环境的动态均衡，就更增加了企业战略这个系统的复杂性。这要求我们以系统的、动态的观点来认识企业战略。管理学家由于研究的角度和重点不同，对企业战略的定义也不一样，但这对于我们全面掌握什么是企业战略都有重要的参考价值。

综上所述，企业战略就是企业为了获得持续竞争优势，谋求长期生存和发展，在外部环境与内部资源、能力分析的基础上，对企业的发展方向、目标，以及实现的途径、步骤等方面所展开的一系列全局性、根本性和长期性的谋划。

### 三、企业战略的构成要素

企业战略由四种要素构成，即产品与市场范围、成长方向、竞争优势和协同作用。安索夫认为这四种要素可以产生合力，成为企业的共同经营主线。有了这条经营主线，企业内外的人员就可充分了解企业经营方向和产生作用的力量，从而扬长避短，充分发挥自己优势。

#### （一）产品与市场范围

这一要素说明企业定位于哪一类特定行业和领域，并且在其所处行业和领域中是否占有一定的优势。为了清楚地表达企业的共同经营主线，产品与市场的范围通常可以按行业进行描述。但需要注意的是，随着科学技术的发展和消费者需求的个性化，产品的特点越来越复杂，行业的划分也越来越细、越来越窄。因为大行业的定义往往过于宽泛，其产品特征、企业使命界定及相关技术涉及很多方面，经营的内容过于广泛，用它来说明企业的产品与市场范围不明确。因此，这里的分行业是指大行业内产品、市场、使命和技术具有相同或相似特征的小行业，如饮料行业中的果汁饮料、纯净水等分行业，机械行业中的机床、矿山机械等分行业。

#### （二）成长方向

成长方向又称为增长向量，它说明企业把现有产品与市场相结合，向企业未来产品与市场移动的态势。下面通过图1-2来说明增长向量。

|  | 现有产品 | 新产品 |
|---|---|---|
| 现有市场 | 市场渗透 | 产品开发 |
| 新市场 | 市场开发 | 多种经营 |

**图1-2　企业增长向量矩阵**

第一，市场渗透是对目前的产品在现有市场上的营销活动，促使本企业产品的市场份额增长，并达到企业成长目的的一种战略模式。

第二，单纯的市场开发是企业的现有产品与一个新开发的市场组合。通过这种组合力图为企业现有的产品寻找新的消费群体，从而使现有的产品承担新的发展使命，以此作为企业成长的增长点。

第三，单纯的产品开发是指企业推出全新的产品，以逐步替代现有产品，从而保持企业成长的态势。

第四，多种经营是一种企业变革较大的战略模式，通常会给企业带来较大的变化，形成独有的特色。对于企业来讲，它的产品与使命都是全新的，也就是说，企业通过这一战略的实施，会步入一个新的经营领域。这一战略模式追求的是更高的目标和更大的发展空间。

在前三种选择中，共同经营主线是明晰的、清楚的，或是通过实施新的市场营销方案，或是开发新产品和新技术，或是两者同时进行，来实现战略目标。但是在多种经营战略中，共同经营主线就显得不清晰。因此，在当代经济社会中，不能单从行业的概念去确定一个企业，尤其是一个大的或同时具有跨国经营业务的企业的经营性质。

应该看到，成长方向指出了企业在一个行业里的变化方向，而且，它能指出企业战略方向所要跨越行业界限的方向，以这种方式描述共同经营主线是对以产品与市场范围来描述企业经营主线的一种补充，有利于更清晰地界定企业的经营范围。

（三）竞争优势

竞争优势说明了企业所寻求的、表明某一产品与市场组合的特殊属性，凭借这种属性可以给企业带来强有力的竞争地位。或者说，当两个企业处在同一市场，面对类似的顾客群体，其中一个企业能够赢得更高的利润率，或能够赢得潜在的更高的利润率时，这个企业就拥有某种竞争优势。当然衡量竞争优势的指标不仅是利润率，有时为了挤压竞争对手，还可以使用市场占有率这一重要指标。

1. 竞争优势的形成

一个企业要想获得竞争优势，最重要的是通过某种手段来实现。例如，通过兼并，谋求在一个新行业中发展或在原行业中获得规模优势；企业设置并保持防止竞争对手进入的壁垒；进行产品技术开发，推出具有突破性的新产品来替代现有产品。一般来讲，竞争优势的形成取决于以下两个方面：

（1）提高适应能力而形成的竞争优势。任何一种竞争优势的形成往往伴随着变化发生的过程，其中很重要的一部分是企业外部环境的变化。企业外部环境的变化并不意味着给企业带来的都是机会或威胁，环境变化中的竞争优势能否形成取决于人们对外在环境变化的反应能力的高低。外部环境的变化经常意味着创造出新的机会，因此，识别这种机会并能快速地调整企业的资源配置，反映了企业的战略管理能力和竞争优势。

一种竞争优势能否形成，企业的反应速度能否跟上环境的变化，关键在于对外界环境变化要素的预测能力。产品有生命周期，行业有生命周期，顾客的个性化需求在不断地变化，必然要求企业参与竞争的模式也要发生变化。因此，企业必须及时调整自己的战略，抓住未来成功的关键因素。

（2）企业创新形成的竞争优势。外部环境的变化给具有敏锐判断力和有创业精神的企业提供了获得竞争优势的机会。同时，企业内部的创新活动，包括对内部资源的重新整合，也是形成竞争优势的重要途径。企业创新成功主要依靠正确地鉴别自己的资源和能力，特别是那些可以构建竞争优势的能力，并能充分发挥资源和能力优势。企业的不断创新，使各行各业都发生着巨大的变化，也促进了战略模式的变化。

2. 获得竞争优势的途径

企业竞争优势的高低主要取决于以下四个方面：

（1）成本和质量方面的竞争优势。

（2）时间和专业知识方面的竞争优势。

（3）设置进入的壁垒。

（4）实力优势。

3. 竞争优势的保持

有时企业会发现，投入了大量资源建立起来的竞争优势，往往在激烈的市场竞争中慢慢地丧失了，从而与企业战略者原来的期望发生了偏离。保持竞争优势，实质上是保持企业长期生命力的关键。保持竞争优势的方法首先在于找到竞争优势丧失的原因。从实践角度看，竞争优势丧失的原因大致可以分成三类：第一，随着时间的推移，企业原有的竞争优势被对手模仿；第二，外部环境的变化导致原有优势被淘汰；第三，企业成长之后丧失创业精神。

（四）协同作用

上述三种要素描述了企业在外部环境里的产品与市场的组合形式，第四种要素则是从企业内部的协调考虑，力图获得更大的优势地位。它指明了一种联合作用的效果。

安索夫指出，协同作用是指企业在战略管理中将现有资源有效地与其新产品和市场项目相配合所能发挥效用的能力。在管理文献中，协同作用通常表述为"1+1>2"的效果，这意味着企业内部各经营单位联合起来所产生的效益要大于各个经营单位各自努力所创造的效益总和。

安索夫进一步将协同作用划分为以下三种：①销售协同作用，即企业各种产品使用共同的销售渠道、仓库等营销资源的能力和程度；②运行协同作用，即企业内部分摊间接费用，分享共同的经验等方面；③管理协同作用，即在一个经营单位里运用另一个单位的管理经验与专门技能。当然，如果协同作用使用不当，也会产生负面作用，这就是所谓的内耗，从而产生"1+1<2"的结果。在企业管理中，企业总体资源的收益要大于各部分资源收益的总和，这是企业追求的根本目的。

协同作用是衡量企业新产品与市场项目的一种变量。如果企业的共同经营主线是进攻型的，该项目的投入则应为企业提供最重要的要素，增强企业的竞争力；如果共同经营主线是防御型的，该项目则要提供企业所缺少的关键要素，帮助企业克服暂时的困难。协同作用在企业选择多种经营战略时，也是一个关键的变量。在这种情况下，协同作用应当使各种经营项目形成凝聚力，从而在企业内部形成互动的效果。

一般来讲，企业的协同作用可以分为以下四类：

第一，投资协同作用。这种作用产生于企业内部各经营单位联合利用企业的设备、共用的原材料、研究与开发资源，以及分享企业专用的技术和工具。

第二，作业协同作用。这种作用产生于充分地利用已有的人员和设备、共享由经验曲线形成的优势等。

第三，销售协同作用。该作用来源于企业的产品能够使用共同的销售渠道、销售机构和其他营销手段，企业可以减少大量的营销费用。

以上三种协同作用实际上发生在生产经营活动过程的三个阶段，说明企业在每个阶段都可以形成协同作用。

第四，管理协同作用。这种协同作用不能用简单的定量公式明确地表示出来，却是一种相当重要的协同作用。例如，不同类型的行业在管理上会遇到不同的战略、组织和作业问题。当企业的经营领域扩大到新的行业时，如果在管理上遇到过去曾处理过的类似问题，企业管理人员就可以利用在原行业中积累起来的管理经验，有效地指导和解决这些问题。这种不同的经营单位分享以往的管理经验的特性就是管理协同作用。

从大量的实践可以看到，当一个企业进入新的行业开展多元化经营时，如果新行业的环境条件与原有经营环境截然不同，则以往的管理经验难以直接发挥作用。在这种情况下，管理协同作用中的理念、思想等方面所给予的支持就显得尤为重要。

总体来看，衡量企业协同作用的方法有两种：一是在企业收入一定时，评价由于企业内部各经营单位联合经营而使企业成本下降的情况；二是在企业投资一定时，评价由于企业内部各经营单位联合经营而使企业纯收入增加的情况。

共同经营主线除具有上述的意义外，还有更深层的含义，即企业应如何考虑寻求获利能力。产品与市场范围指出寻求获利能力的范围；成长方向指出这种范围扩展的方向；竞争优势指出企业最佳机会的特征；协同作用则挖掘企业总体获利能力的潜力，提高企业获得成功的能力。这四个要素是相辅相成、互不排斥的，它们共同构成了企业战略的内核。

**四、企业战略的特征**

企业战略是设立远景目标并对实现目标的轨迹进行的总体性、指导性谋划，具有指导性、全局性、长期性、竞争性、适应性、风险性、整合性七大主要特征。

（一）指导性

企业战略界定了企业的经营方向、远景目标，明确了企业的经营方针和行动指南，并筹划了实现目标的发展轨迹及指导性的措施、对策，在企业经营管理活动中起着导向的作用。

（二）全局性

企业战略是以企业总体为研究对象，根据企业持续发展的全局而制定的。它规定的是企业的总体行为，追求的是企业的全局效果。尽管战略要考虑大量的局部活动，企业战略也分为不同的层次，但各种局部活动和不同层次的战略均是作为全局活动的有机组成部分在战略中出现的，而且每一层次的战略又是企业在该层次进行的全局谋划与安排。

（三）长期性

企业战略重点关注的是企业未来相对较长时期内的总体发展问题，通常着眼于未来 3~5 年乃至更长远的目标。企业战略追求短期发展与长期发展的协调统一，但着眼于长期发展。企业战略的长期性意味着企业应该更多地关注长期利益，为了企业的长期目标，有时不得不放弃眼前利益。

（四）竞争性

企业战略与军事战略一样，其目的通常是克敌制胜，赢得竞争的胜利。尽管在现代市场，竞争对手之间的合作越来越多，但这种合作也是为了赢得针对合作方之外的与其他企业的竞争，或者共同将市场蛋糕做大。因此，企业战略关注的焦点就是竞争优势。面对竞争，企业战略需要进行内外环境分析，明确自身的资源优势，通过设计适宜的经营模式，形成经营特色，增强企业的对抗性和战斗力，推动企业长远、健康地发展。

（五）适应性

企业战略的适应性包括两个层面的内容：第一，企业战略必须与企业管理模式相适应。企业战略不应脱离现实可行的管理模式，管理模式也必须进行相应的调整以适应企业战略的要求。第二，企业战略应与战术、策略、方法、手段相适应。一切好的企业战略如果缺乏实施的力量和技巧，就不会取得好的效果。

（六）风险性

企业的战略管理过程是存在风险的。风险来源于三个方面：一是企业根据自己的历史情况和当前的状态所做出的判断和决策是否正确；二是企业在未来战略管理期间所面对的环境变化产生的不确定因素的多少和影响程度的大小；三是企业面对环境变化时自身适应能力的强弱。这三个方面直接关系到企业战略管理的成功概率的大小，即风险性的大小。

（七）整合性

企业战略必须与战术、策略、方法、手段相结合，一个好的企业战略如果缺乏实施的力量和技巧，就不会取得好的效果。正是由于企业战略的上述特征，战略管理通常会对企业的发展产生重大和长远的影响。在工商管理的学科体系中，战略管理通常被认为是整合性的管理、最高层次的管理，它是企业高层主管的主要职责，极具挑战性。

# 第二节　企业战略的层次与态势

了解企业战略的概念和特征后，需要进一步讨论企业战略中三个层次的内容及其相互关系，了解企业发展态势与战略方向。战略目标从制定到具体实施都要划分层次，不同层次的战略所要解决的核心问题不同。本节介绍企业战略的层次及其态势。

## 一、企业战略的类型划分

不同的企业在战略管理方面存在很大不同，甚至同一个企业，由于外部环境和内部条件的变化，也会在不同的时期实施不同模式的战略管理。下面给出企业战略管理的一些基本类型，帮助读者了解不同战略的适用性。

（一）按企业经营战略态势分类

1. 发展型战略

发展型战略强调的是如何充分利用外部环境中的机会，避开威胁，充分发掘和运用企业内部的资源优势，以求得企业的发展。发展型战略的特点：投入的资源量较大，提高现有产品的市场占有率或用新产品开拓新市场，追求扩大产销规模，提高竞争地位，这是一种向更高水平、更大规模发展的战略态势。发展型战略主要包括产品-市场战略、一体化战略、企业购并或联盟战略、跨国经营战略等。

2. 稳定型战略

稳定型战略强调的是投入少量或中等数量的资源，并保持现有产销规模和市场占有率，稳定和巩固现有的竞争地位。这是一种偏离企业目前状态最小的战略态势。当企业采用稳定型战略时，大多是因为企业面临的内外部环境对开展经营活动不太有利。稳定型战略主要包括无增长战略和微增长战略两种。

3. 紧缩型战略

紧缩型战略是指当企业外部环境与内部条件的变化都对企业十分不利时，企业只能采取撤退收缩的策略，把企业最具优势的方面集中到最有利的产品市场中，以便转移阵地或积蓄力量，保持生机，寻机发展。紧缩型战略主要包括抽资转向战略、调整战略、放弃战略和清算战略四种。

（二）按企业规模分类

1. 中小型企业战略

中小型企业是指生产规模较小、生产能力较弱的企业。我国一般以企业职工人数、固定资产规模、产品批量等指标区分大、中、小企业。

中小型企业规模虽小，但在国民经济发展中占有十分重要的地位。据统计，我国中小型企业占全国企业总数的97%以上。近年来，乡镇企业、私营企业大量涌现，进一步壮大了中小型企业的队伍。

中小型企业的特点是适应性强，比较容易管理。其缺点是资金不足，抗风险能力差，经营成本相对大型企业来讲较高。因此，中小型企业战略主要包括以下几种类型：

（1）小而专、小而精战略。这种战略是指根据本地区资源优势，通过市场细分，选择发挥企业自身资源优势，在某一特定的细分市场中进行集中经营。

（2）空隙战略。这种战略是指中小型企业根据产业结构变动或产业结构中某一方面出现的空缺或薄弱之处，凭借自己的技术能力、生产特点、销售专长等优势，进入空隙市场，开展经营活动。

（3）特色战略。由于中小型企业非常容易接近顾客，这就为中小型企业了解用户的需求、及时有效地开发新产品提供了便利，并且通过有针对性的开发，形成产品特色和经营特色，凭借与众不同的亮点吸引消费者，巩固自己的市场地位，从而取得较好的经营成果。

（4）技术创新战略。中小型企业要在竞争中保持一定的优势地位，通常都会尽可能地发挥自己在技术上的优势，通过不断地开发新技术或新产品（如技术专利、技术专长等），提升自己的竞争力，从而达到在竞争中保持优势地位的目的。

（5）联合战略。由于中小型企业实力较弱，所以可以通过与其他中小型企业形成多样化的松散或紧密的联合体，优势互补，克服单个小型企业资金少、技术水平低、市场覆盖能力差等弱点，从而强化企业的生存和发展能力。

（6）依附战略。在任何一个行业中，不论多么强大的企业都不可能覆盖所有的市场，这就为中小型企业提供了生存和发展的机会。尤其在有大型企业存在的行业中，中小型企业可以凭借自身的特点和优势，为大型企业提供某一方面的服务，成为它们的一个外包加工单位，通过紧密地依附于大型企业，形成稳定的客户关系，确保企业长期稳定地发展。

2. 大型企业战略

我国大型企业约占全国企业总数的 3%。大型企业的特点如下：

（1）大型企业具有资金、技术、设备、人才、管理等多方面优势，大型企业是经济建设的主力军，是国民经济的命脉。从行业发展看，大型企业在行业中处于主导地位。

（2）大型企业依赖于规模经营可以带来明显的规模效益。我国大型工业企业只占工业企业总数的 0.5%，其产值、利润却占工业总产值和利润总额的 60% 左右。

（3）大型企业的生产设备有着大型化、自动化、计算机控制程度高等特点，表现为产品成本低、劳动生产率较高。

（4）大型企业具有科研、生产、销售和服务的多种功能，具有较强的技术和产品开发能力、综合配套能力、服务能力及强大的市场开发能力。

（5）大型企业抵御风险的能力较强，因此其经营状态较为稳定。

（6）大型企业适应变化的能力稍差。大型企业组织机构庞大复杂，管理层次多，信息传递及处理较慢，对外界环境变化反应迟钝，因而决策过程缓慢。由于管理机构较多，责权利结合相对困难，导致管理效率较低。此外，由于大多生产的是国民经济的主导产品，因此易受国民经济和世界经济波动的影响。

大型企业战略主要有产品-市场战略、企业并购战略、集团战略、国际化经营战略等。对于一个大型企业来讲，往往对不同外部环境及内部条件采用几种不同的企业战略模式，从而形成不同的企业战略组合。这种组合可以是同时组合，如企业同时采用发展型战略和稳定型战略；也可以是顺序组合，如企业先实施稳定型战略，待企业实力壮大后，再实施发展型战略；也可以实行混合型战略，即企业某些产品采用同时组合的战略，而对另外一些产品采用顺序组合的战略。

## 二、企业战略的结构层次

一般来说，一个企业的战略可划分为三个层次，即总体战略、竞争战略和职能战略。

### （一）总体战略

总体战略，也称为公司战略，是企业总体的、最高层次的战略，是有关企业全局发展的、整体性的、长期的战略规划，是企业最高管理层指导和控制企业一切行为的最高行动纲领。从参与战略形成的人员看，企业总体战略的制定者主要是企业的高层管理者。

总体战略的着重点：一是根据内外部环境情况，从公司全局出发，选择企业所从事的经营范围和领域，即确定企业从事哪些业务领域，为哪些消费者服务，以及向哪些市场发展；二是在确定所从事的业务后，在公司层面对各项业务进行资源分配，以实现公司整体战略的意图，这也是公司战略实施的关键措施（内容）。

### （二）竞争战略

竞争战略，也称为经营战略，是战略经营单位竞争战略的简称，处于战略结构中的第二个层次。竞争战略着眼于选定的业务范围、市场应在什么样的基础上进行竞争，以取得超越竞争对手的竞争优势。

总体战略主要由企业的最高层参与决策、制定和组织实施；而经营战略的制定者主要是具体的事业部或子公司的决策层。竞争战略的侧重点：一是如何贯彻企业的宗旨；二是企业发展的机会与危险分析；三是企业内在条件分析；四是确定经营单位战略的重点和主要战略措施。

### （三）职能战略

职能战略，又称职能部门战略，是指为了贯彻、实施和支持总体战略与竞争战略而在企业特定的职能管理领域制定的战略。职能战略通常包括营销战略、生产战略、研发战略、财务战略、人力资源战略等职能战略。

如果说总体战略与竞争战略强调"做正确的事情"，则职能战略强调"将事情做好"。职能战略直接处理各职能领域内的问题，如提高生产及市场营销系统的效率，改善客户服务的质量及程度等。职能战略通常由职能部门管理者依据总体战略与竞争战略的需要负责参与制定。

职能战略的侧重点：一是如何贯彻企业的总体目标；二是职能目标的论证及其细分，如规模与生产能力、主导产品与品种目标、技术进步目标、市场目标等；三是确定职能部门的战略重点和主要战略措施；四是战略实施中的风险分析和应变能力分析。

## 知识拓展：三个战略层次之间的关系

总体战略、竞争战略与职能战略构成一个企业战略的三个层次，它们之间相互作用、紧密联系，共同构成了企业的战略体系。企业要想获得成功，必须将三者有机地结合起来。三个战略层次的制定与实施过程实际上是各级管理者充分协商、密切配合的结果。如图1-3所示，企业中每一层次的战略构成下一层次的战略环境。同时，低一层次的战略为高一层次战略目标的实现提供保障和支持。

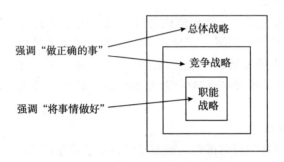

**图1-3　企业的战略层次**

对于单一经营的大型企业，总体战略和竞争战略是一样的，两种战略的决策权都集中在董事会和最高管理者手中。其管理结构类似于中小型企业的组织形式，如图1-4所示。然而，中小型企业的战略层次往往不明显，经营战略对其十分重要。

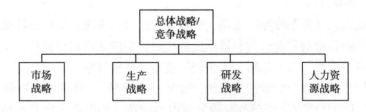

**图1-4　单一业务企业的战略结构**

如果一个企业属于跨行业经营，即有多项经营业务的话，则战略层次呈现本书所述的结构形式。总体战略为上层结构、最高层次的战略，它为竞争战略和职能战略提供发展的方法和支持。这种典型的战略结构如图1-5所示。

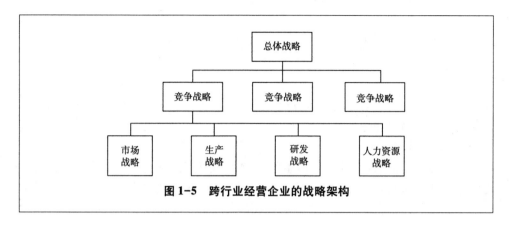

图 1-5　跨行业经营企业的战略架构

### 三、企业发展态势与战略方向

当前，全球经济发生了巨大变革，企业在面对不确定性和变化的同时需要不断调整自身的发展战略，寻找新的发展方向。

**（一）数字化转型**

数字化转型已经是当今企业不可避免的大趋势。在数字化时代，企业需要将数字技术与业务实践相结合，实现业务创新和效率提高。数字化转型对企业整个价值链都产生着深远的影响。

1. 数字化运营

随着物联网、云计算、区块链等技术的不断发展，企业可以通过智能设备、大数据分析等手段，实现生产、物流、售后等业务流程的数字化、自动化、智能化。数据分析也可以为企业提供更精准的商业数据，从而指导商业运营。

2. 数字化产品与服务

数字化转型可以帮助企业创造更加创新的产品和服务，如数字化制造业、3D 打印业、虚拟现实产品，以及各种数字化服务。

3. 数字化人才

数字化转型需要大量的跨学科的数字化人才，如数据工程师、数据科学家、人工智能专家、前端工程师和网络安全工程师等，企业在招聘和留住这些人才方面需要付出更多的精力。

**（二）可持续发展**

企业的可持续发展越发受到重视，它需要企业以长远眼光考量企业的集体福利、社会责任、环境合规等。这也是未来企业发展的必然趋势。

1. 绿色低碳

企业要顺应绿色发展，建立可持续、低碳化的生产和管理方式。环保贯穿企业的每一个细节，以减少二氧化碳排放，促进可持续发展。

**2. 社会责任**

企业在社会责任方面有着更高的要求。企业不只是追求利润，还需要从文化、教育、慈善等方面回馈社会，切实履行社会责任。

**3. 创新服务**

企业需要探索更为创新的服务模式，为客户提供更多的价值，达到可持续发展模式，企业的成功是其可持续的保证。

**（三）人才培养**

人才培养是未来企业发展的关键。一个企业如果缺乏高水平的人才，缺乏创造性、高效沟通能力与合作协调能力等，便无法在市场竞争中立足。因此，培养具有全球视野和创新意识的人才具有很高的价值。

**1. 全球招聘**

随着中国企业国际化进程的不断加速，企业需要面对全球化的招聘困局和严格的人才竞争，而全球招聘能够使企业吸引全球最优秀的人才。

**2. 重视教育**

企业应在内部开展学习培训活动，促进员工的个人成长，形成"讲学善用、尊重人才"的良好文化。同时，围绕员工特长，帮助他们建立自己的品牌，做到职业里程碑的衔接和循序渐进的成长。当然，也包括在不利环境条件下的收缩和巩固问题。

**3. 多元化的人才发展路径**

企业应根据不同岗位的需求，提供更多的学习发展机会和多元化发展路径来吸引优秀人才。

企业成长战略属于公司战略或企业总体战略的范畴，主要研究企业应该选择哪些经营业务，进入哪一行业或领域。实际上是解决企业如何成长或发展的问题，当然也包括在不利环境条件下的收缩和巩固问题。发展战略又称扩张型战略或成长战略，是在企业经营实践中最广泛采用的战略，旨在扩大企业经营规模，增强企业抵御市场风险的能力，使企业达到更高的收入水平和盈利水平。如前所述，从总体上讲，企业谋求发展的途径有四种：密集型发展、一体化发展、多元化发展与国际化发展。相应地，企业成长战略也分为四种基本模式：密集型发展战略、一体化发展战略、多元化发展战略和国际化发展战略。

# 第三节　战略管理的本质与过程

正确的战略管理能让企业发展得更加顺畅，并且行稳致远。战略管理是企业依据内外部环境的分析，确定企业目标，并确保落地实施的过程。本节介绍战略管理的本质与过程。

### 一、战略管理的概念

战略管理是指企业为了企业长期的生存和发展，依据确定的企业使命，在充分分析企业外部环境和内部条件的基础上，确定和选择达到目标的有效战略，并将战略付诸实施及对战略实施的过程进行控制和评价的一个动态管理过程。

战略管理的概念主要涵盖五个方面的内容：①对象：战略管理的对象是战略。②主体：战略管理的主体是企业。③目的：战略管理的目的是为了企业长期的生存和发展。④任务：企业确定其使命，根据外部环境和内部条件设定企业的战略目标，为保证目标的实现进行谋划，并依靠企业内部能力将这种谋划和决策付诸实施，以及对战略实施的过程进行控制和评价。⑤特征：战略管理是一个动态管理过程。

这里有两点需要强调说明：

第一，战略管理不仅涉及战略的制定和规划，而且包含着将制定出的战略付诸实施的管理，因此是一个全过程和全面的管理。

第二，战略管理不是静态的、一次性的管理，而是一种循环的、往复性的动态管理过程，需要根据外部环境的变化、企业内部条件的改变，以及战略执行结果的反馈等信息，重复进行新一轮的战略管理过程，是不间断的管理。

#### 知识链接：战略管理的起源与发展

"企业战略管理"一词最初是由安索夫在其1976年出版的《从战略规划到战略管理》一书中提出的。他认为，企业的战略管理是指将企业的日常业务决策同长期计划决策相结合而形成的一系列经营管理活动。斯坦纳在他1982年出版的《企业政策与战略》一书中则提出，企业战略管理是确定企业使命，根据企业外部环境和内部经营要素确定企业目标，保证目标的正确落实并使企业使命最终得以实现的一个动态过程。

战略管理的关键词不是战略而是动态的管理，它是一种崭新的管理思想和管理方式。指导企业全部活动的是企业战略，企业全部管理活动的重点是制定战略和实施战略。制定战略和实施战略的关键在于对企业外部环境的变化进行分析，对企业的内部条件和素质进行审核，并以此为前提确定企业的战略目标。战略管理的任务就在于通过战略分析、战略制定、战略实施、战略评价与控制，实现企业的战略目标。

**二、战略管理的本质**

在了解具体的战略管理内容之前，首先要弄清楚战略管理与其他管理理论，如生产（运作）管理、市场营销管理等的区别与联系，战略管理的研究对象和目的是什么，谁来执行战略管理等问题，亦即弄清楚战略管理的本质是什么。

（一）战略管理是整合性的和最高层次的管理理论

在国家自然科学基金委员会组织编写的《管理科学学科发展战略调研报告》中，成思危指出，从管理科学产生和发展的过程来看，现代管理科学的学科结构可以概括为三个基础、三个层次和三个领域。这"三个层次"是按照管理理论所涉及的范围和影响来程度划分的。

1. 管理基础

这是管理中带有共性的基础理论、基本原则和基本技术。它主要包括管理数学、管理经济学、管理心理学、管理会计学、管理原理和原则、管理组织学，以及管理思想等。

2. 职能管理

这是将管理基础与特定的管理职能相结合，以提高组织职能部门的效率。它主要包括计划管理、生产（运作）管理、市场营销管理、财务管理、人力资源管理、研究与开发管理、国际贸易管理等。

3. 战略管理

这是管理理论的最高层次，包括战略的制定与实施，它不仅要以管理基础和职能管理为基础，还融合了政治学、法学、社会学、经济学等方面的知识。

从这种分类中可见，战略管理是管理理论中顶尖性的和整合性的管理理论。只有掌握了战略管理理论，才有可能处理好涉及企业整体性的管理问题。

（二）战略管理是企业高层管理者最重要的活动和技能

美国学者罗伯特·卡茨将企业管理工作对管理者的能力要求划分成三个方面，即技术能力（战术能力）、人际能力（社会能力）和思维能力（战略能力）。

1. 技术能力

技术能力即操作能力。这种能力与一个人所做的具体工作有关，是一个人运用一定的技术来完成某项组织任务的能力，包括方法、程序和技术。

2. 人际能力

人际能力涉及管理人员和与之接触的人们之间的人际关系，是一个人与他人共事、共同完成工作任务的能力，包括领导、激励、排解纠纷和培植协作精神等。

3. 思维能力

思维能力包括将企业看成一个整体，洞察企业与外界环境之间的关系，以及理解整个企业的各个部分应如何互相依靠来生产产品或提供服务的能力。

对于处在企业中不同管理层次的管理人员来说，对他们的能力要求是不相同的（见图1-6），低层管理者需要的能力主要是技术能力和人际能力；中层管理者主要依赖于人际能力和思维能力；高层管理者最需要的能力是思维能力，这是保证他们工作有效性的最重要的因素。因此，对于企业高层管理者来说，最重要的活动是制定战略和推进战略管理，以保证企业整体的有效性。

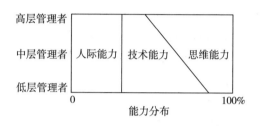

图1-6　不同能力的分布

（三）战略管理的目的是提高企业对外部环境的适应性，使企业做到可持续发展

在当今时代，企业的外部环境既复杂多样又动荡多变。企业的生存和发展在很大程度上受外部环境因素的影响。这些因素中有些是间接地对企业起作用的，如政府、法律、经济、技术、社会、文化等；还有一些则是直接影响企业的活动，如供应商、借贷人、股东、竞争者、顾客及其他与企业利益相关的团体。战略管理的任务和目的是保证企业在复杂多变的外部环境中生存并持续地发展下去。战略管理促使企业高层管理者在制定、实施企业战略的各个阶段上，都要清楚地了解有哪些外部因素影响企业，影响的方向、性质和程度如何，以便制定新的战略或及时调整现行的战略，做到以变应变，不断提高企业的适应能力。

企业适应环境变化的过程，要求企业战略必须是具有弹性的，应能随着环境的变化而及时做出调整。这就像自然界中的一个有机体一样，随着它周围环境的气候、温度、湿度、食物等条件的变化而调整自身的适应能力。因此，战略管理的目的是促使企业提高对外部环境的适应能力，使其能够生存和发展下去，做到可持续发展。

（四）战略决策是一个直觉与分析相结合的思维过程

战略管理要在不断变化的环境下做出有效决策，就必须对企业所掌握的定性与定量信息进行分析。一般来说，战略管理采用的不是一种精确、明晰的方法，而是基于以往的经验、判断和感觉，直觉对于良好的战略决策至关重要。在具有很大不确定性或所做的事情没有先例的情况下，直觉对于决策尤为有用。在存在高度相关变量的情况下，当决策者就决策是否正确面临巨大压力时，以及必须在数种都很可行的战略间做出选择时，直觉对于决策也很有帮助。常有一些企业的管理者和业主宣称自己具有超常的单独靠直觉制定出色战略的能力。例如，曾经管理通用汽车公司的威廉·杜兰特（William Durant），被阿尔弗雷德·斯隆（Alfred Sloan）形容为："至少就我所知，他是一位仅仅用绝妙的灵感来指引自己行动的人，他从不觉得应该用工程式的精细来寻求事实，然而他总是不时地做出惊人的正确判断。"阿尔伯特·爱因斯坦（Albert Einstein）也承认直觉的重要性，他说："我相信直觉和灵感。我常常不知原因地确认自己是正确的。想象比知识更为重要，因为知识是有限的，而想象则涵盖整个世界。"

但是过去几十年，人们似乎逐渐接受了这样的观点：战略管理是一个逻辑化的分析过程和控制过程，只涉及人的左脑部分。事实上，许多决策者在做决策时，紧盯数字和市场调研报告，迷信量化模型，不自觉地被各种定量分析管理工具所困。殊不知现在信息爆炸，资讯泛滥，且真伪难辨；调研报告中有意或无意混杂了大量伪事实的错误假设，陷阱防不胜防；再则，很多数据彼此矛盾，即便是同样的数据，也可能得出相反的判断。此外，模型毕竟是一种抽象和近似，难免有结构性的缺陷。在剔除冗余信息、纠正明显偏差时，直觉扮演了不可或缺的角色。对那些仅凭理性和分析无法解决的问题，直觉尤其能发挥独到的作用。直觉的伟大在于，不拘泥过程和细节，撇开表象和繁复的因果链，直指问题的本质和核心。

尽管一些企业在直觉天才的管理下生存和繁荣，但大多数企业并不这么走运。绝大多数企业受益于这样的战略管理，即将直觉与分析结合起来进行决策。靠直觉还是靠分析进行决策不是一个非此即彼式的判断。企业中各层次的管理者应当将他们的直觉和判断融入战略管理分析中，分析式思维与直觉式思维是互为补充的。

### 三、战略管理的过程

战略管理是对一个企业的未来发展方向制定决策和实施这些决策的动态管理过程。一个规范的、全面的战略管理过程大体可分为三个阶段，分别是战略分析阶段、战略选择及评价阶段、战略实施及控制阶段。战略管理过程可用图 1-7 来表示。

（一）战略分析

这是指对企业的战略环境进行分析、评价，并预测这些环境未来发展变化的趋势，以及这些趋势可能对企业造成的影响及影响方向。一般来说，战略分析包括企业使命与目标的确定、企业外部环境分析和企业内部环境分析三部分。

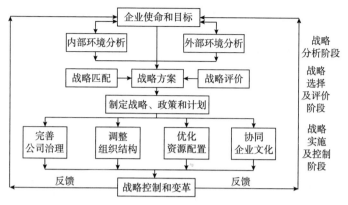

**图1-7 战略管理过程**

1. 企业使命与目标的确定

明确企业使命和目标是战略分析的起点。战略分析是根据企业使命和目标定位来展开的,同时企业使命与目标的设计和修订也离不开战略分析。当管理者掌握了环境的机会与威胁,并且认识了自身的优势与劣势后,可能需要重新评价企业的使命与目标,做出相应的调整,做到与时俱进,导向明确。

2. 企业外部环境分析

企业外部环境一般包括政治法律因素、经济因素、技术因素、社会文化因素,以及企业所处行业中的竞争状况。企业外部环境分析的目的是适时地寻找和发现有利于企业发展的机会,以及对企业来说所存在的威胁,做到"知彼",以便在制定和选择战略中能够利用外部环境所提供的机会而避开给企业带来的威胁因素。

3. 企业内部环境分析

企业内部环境即企业本身所具备的条件,也就是企业所具备的素质,它包括生产经营活动的各个方面,如生产、技术、市场营销、财务、研究与开发、员工情况、管理能力等。企业内部条件分析的目的是为了发现企业所具备的优势或弱点,做到"知己",以便在制定和实施战略时能扬长避短、发挥优势,有效地利用企业自身的各种资源。

(二)战略选择及评价

战略选择及评价过程实质上就是战略决策过程,是在了解公司战略与业务战略的基础上,利用内外部环境因素对战略进行匹配、评价及选择。通常,对于一个跨行业经营的企业来说,它的战略选择应当解决两个基本的战略问题:一是企业的经营范围或战略经营领域,即规定企业从事生产经营活动的行业,明确企业的性质和从事的产业,确定企业以什么样的产品或服务来满足哪一类顾客的需求;二是企业在某一特定经营领域的竞争优势,即要确定企业提供的产品或服务要在什么基础上取得超过竞争对手的优势。

一个企业可能会制订出实现战略目标的多种战略方案，这就需要对每种方案进行鉴别和评价，以选择出适合企业自身的适宜方案。目前对战略的评价已有多种战略评价方法或战略管理工具，如波士顿咨询集团的成长-份额矩阵、麦肯锡矩阵、SWOT 矩阵、大战略矩阵、内外部因素评价矩阵及定量战略计划矩阵等。这些方法已广泛地在西方跨行业经营的企业中得到应用。

因此，企业战略人员在战略选择及评价阶段的主要工作是战略方案的产生和对战略方案的评价。

1. 战略方案的产生

企业战略人员根据企业的内外部环境，结合自己的企业使命与目标，拟订几种可行的战略方案。

2. 战略方案的评价

企业战略人员运用战略评价方法或战略管理工具对可行性战略方案进行评价，制定出相对最优的企业战略。在评选可行性方案时，企业战略人员要考虑以下两方面的问题：

（1）该战略方案能否被利益相关者接受。企业的最终目标是为利益相关者创造最大的利润，只有能够创造利润的战略方案才能被他们接受。

（2）该战略方案是否利用了环境机会，削弱了威胁；是否发挥了企业的优势，克服了劣势。这也是企业生存发展所必需的。

---

### 案例：通用电气公司的战略管理

著名的通用电气公司（GE）在全球 100 多个国家有几十种业务，30 多万名员工，如何让如此庞大的公司按照统一的目标来生存和发展呢？20 世纪 80 年代，在当时 CEO 杰克·韦尔奇的主导下，通用电气公司制定了四大战略。凭借这四大战略，通用电气公司获得 20 多年的高速增长。其战略管理的主要框架如图 1-8 所示。

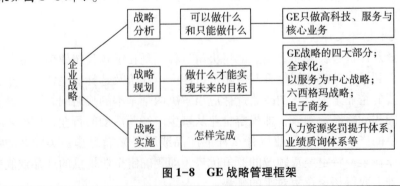

图 1-8　GE 战略管理框架

---

　　杰克·韦尔奇领导下的通用电气公司，为全球各行各业的企业家和著名商学院贡献了精彩绝伦的实施多元化战略的成功案例。他先对公司进行战略分析，从"可以做什么"和"只能做什么"两个角度入手，为公司定下总体大方向，在进行战略规划和战略实施时，以"做什么才能实现未来的目标"和"怎样完成"两个问题为主要思考方向，最后制订并实施一系列战略计划。

（三）战略实施及控制

　　战略实施及控制是指把战略付诸于企业经营活动，使其能朝着既定的战略目标与方向不断前进。一般来说，可在几个方面推进一个战略的实施：完善公司治理、调整组织结构、优化资源配置、实现企业文化与战略的匹配等。

　　战略实施是继战略确定之后，创造企业利润的环节，实施的关键就在于保证战略的有效实施。企业战略的制定者要通过计划活动将企业的总体战略方案从时间和空间上进行分解，形成企业各层次、各子系统的具体战略和策略，形成各类的职能战略，以指导具体的经营活动。

　　战略控制是战略管理过程中一个不可或缺的重要环节。在战略的具体化和实施过程中，为了使实施中的战略达到预期目的，实现既定的战略目标，必须对战略的实施进行控制。也就是说，将经过信息反馈的实际成效与预定的战略目标进行比较，如两者有显著的偏差，就应当采取有效的措施进行纠正。当由于原战略方案分析不周，判断有误，或是环境发生了预想不到的变化而引起偏差时，甚至可能需要企业重新审视环境，制订新的战略方案，即寻求战略变革，进行新一轮的战略管理过程。

　　以上我们描述了战略管理的过程模型，但并不是说，为了使战略管理有效，必须要有一个正规过程。对实际企业的规划实践研究认为，战略规划的真正价值更多地体现在规划过程本身的未来导向，而不是那个成文的战略规划。特别是小型公司，可以不定期、非正式地进行规划，总裁和为数不多的几位高层经理偶尔聚在一起，就可以解决战略问题，规划未来的行动步骤。然而，包含多个业务部门的大型公司的战略规划更为复杂，要花费大量的时间。对于一个大型公司来说，从现状分析开始，到获得最终决策，常常需要12个月以上的时间。因为战略决策会影响到更多的人，大型公司必须要有正规的、更高明的体系来确保战略规划引导公司获得成功。否则，高层管理者会脱离各个部门，低层经理则看不到公司使命。

# 第四节　战略管理理论的演变

战略管理是一个循环往复、交叉反馈的复杂过程，这样复杂过程的背后需要一定管理理论的支撑。战略管理在演变过程中先后形成了不同的管理理论，如以环境为基础的经典战略管理理论，以产业结构为基础的竞争战略理论，以资源、知识为基础的核心能力理论，动态竞争与动态能力理论。

## 一、以环境为基础的经典战略管理理论

20 世纪 60 年代初，美国著名管理学家钱德勒的《战略与结构》一书的出版，开创了企业战略问题研究之先河。钱德勒在这部著作中分析了环境、战略和组织结构之间的相互关系。他认为，企业经营战略应当适应环境、满足市场需要，而组织结构又必须适应企业战略，随着战略的变化而变化。因此，他被公认为是第一位研究环境—战略—结构之间关系的管理学家。之后，就战略构造问题的研究，形成了两个学派：设计学派（Design School）和计划学派（Planning School）。

设计学派以哈佛商学院的安德鲁斯（Andrews）教授及其同仁们为代表，主张经营战略和组织（企业）自身条件与所遇到的机会相适应，在此基础上，建立了将战略构造分为制定与实施两大部分的基本模型。设计学派认为企业战略的形成必须由企业高层管理者负责，而且战略的形成应当是一个精心设计的过程，它不是一个直觉思维过程，而是一个在明确认识企业内外环境，明确了解企业的优势与劣势、机会与威胁基础上的比较分析过程。

计划学派以安索夫为杰出代表，主张战略构造应是一个有控制、有意识的正式计划过程；企业的高层管理者负责计划的全过程，而具体制订和实施计划的人员必须对高层管理者负责；通过目标、项目、预算的分解来实施所制定的战略计划等。计划学派认为战略的形成是一个受到控制的、有意识的、规范化的进程，战略行为是对其环境的适应过程，以及由此而导致的企业内部结构化的进程。

尽管这一时期学者的研究方法各异，具体主张不尽相同，但总体上说，其核心思想是一致的，主要体现在以下三点：

（一）企业战略的基点是适应环境

企业所处的环境往往是企业自身难以左右的，因而企业制定战略必须充分考虑环境的变化，只有适应环境的变化，企业才能求得生存与发展。

（二）企业战略的目标在于提高市场占有率

企业战略适应环境变化旨在满足市场需求，以获取理想的市场占有率，这样

才有利于企业生存与发展。可以说，企业如何获取理想的市场占有率在经典战略管理中居于核心地位。

（三）企业战略的实施要求组织结构变化与之适应

经典战略管理实质是一个组织对其环境的适应过程，以及由此带来的组织内部结构变化的过程。因此，在战略实施上，势必要求企业组织结构与企业战略相适应。

这些核心思想为企业战略管理理论的形成与发展奠定了基础。然而，需要指出的是，以环境为基础的经典战略管理理论至少存在以下不足之处：第一，没有对企业将要投入竞争的一个或几个产业进行分析与选择，而只从现在的产业市场出发，要求企业所适应的环境实质上是已结构化的产业市场环境，一方面，企业所追求的生存与发展空间十分有限；另一方面，企业往往被动地适应环境，处于被动地追随领先者的困境之中，充其量只能是战略的追随者。第二，缺乏对企业内在环境的考虑，只是从企业的外部环境（即现存的、已结构化的产业市场环境）来考察企业战略问题。

但从某种意义上说，正是经典战略管理理论的这些不足才为推动企业战略管理理论的发展提供了契机。

## 二、以产业结构为基础的竞争战略理论

经典战略理论的缺陷之一是忽视了对企业竞争环境进行分析与选择。在一定程度上弥补这一缺陷的是波特，他将产业组织理论中"结构（S）—行为（C）—绩效（P）"这一分析范式引入企业战略管理研究之中，提出了以产业（市场）结构分析为基础的竞争战略理论。

波特认为，企业盈利能力取决于其选择何种竞争战略，而竞争战略的选择应基于以下两点：

（一）选择有吸引力的、高潜在利润的产业

不同产业具有的吸引力及带来的持续盈利机会是不同的，一个企业选择朝阳产业要比选择夕阳产业更利于提高自己的获利能力，因为一个企业所选择的那个产业的内在盈利能力是决定该企业获利能力与机会的重要因素。

（二）在已选择的产业中确定自己的优势竞争地位

一般来说，在一个产业中，不管它的吸引力及提供的盈利机会如何，处于竞争优势地位的企业要比处于劣势的企业更有利可图。正确地选择有吸引力的产业并给自己的竞争优势定位，就必须对将要进入的一个或几个产业结构状况和竞争环境进行分析。

波特在其《竞争战略》一书中提出了著名的由五种竞争力量（进入威胁、替代威胁、现有竞争对手的竞争、买方讨价还价的能力和供方讨价还价的能力）

所形成的竞争模型，认为产业的吸引力、潜在利润是源于这五种力量所产生的相互作用的结果。战略制定的关键就是要透过表面现象分析竞争压力的来源。对于表象之下压力来源的认识可使公司的关键优势与劣势凸显出来。不难发现，企业可以通过其战略对五种竞争力量产生影响，并影响产业（市场）结构，甚至改变某些竞争规则，从而赢得竞争优势，提高自己的盈利能力。波特的研究正是按照这样的思路展开的。首先，他构建了一个制定竞争战略的模型，分析了决定产业潜在利润和吸引力的五种竞争力量，并在此基础上提出了赢得竞争优势的三种通用战略：成本领先战略、差异化战略和集中化战略。其次，他通过对各个具体产业如零散型产业、新兴产业、走向成熟的过渡产业、夕阳产业及全球性产业等的环境进行分析，把上述三种通用战略加以具体化。

在企业战略管理理论的演变中，与经典战略理论相比，竞争战略理论前进了一大步。它指出了企业在分析产业（市场）结构和竞争环境的基础上制定竞争战略的重要性，从而有助于企业将其竞争战略的眼光转向对其有吸引力的产业（市场）的选择上。然而，同经典战略管理理论一样，竞争战略理论仍缺乏对企业内在环境的考虑，因而无法合理地解释下列问题：为什么在无吸引力的产业中仍然有盈利水平很高的企业存在，在吸引力很高的产业中却又存在经营状况很差的企业？受潜在高利润的诱惑，企业进入与自身竞争优势毫不相关的产业进行多元化经营，最终这些企业缘何大多以失败告终？波特后来对此缺陷有所认识，于是在此后的《竞争优势》一书中，从企业的内在环境出发，提出以价值链为基础的战略分析模型，试图弥补原有理论的不足。但是，就价值链的分析方法而言，它虽然几乎涉及企业内部所有方面，但却存在着对主要方面（如特定技术和生产方面）重视不足的局限性。在这样的情形下，以资源、知识为基础的核心能力理论便迅速地发展起来。

---

### 专栏：竞争战略之父——迈克尔·波特

迈克尔·波特32岁即获哈佛商学院终身教授之职，是当今世界上竞争战略和竞争力方面公认的第一权威，被誉为"竞争战略之父"。他毕业于普林斯顿大学，后获哈佛大学商学院企业经济学博士学位，目前拥有瑞典、荷兰、法国等国大学的8个名誉博士学位。波特先后获得过威尔兹经济学奖、亚当·斯密奖，3次获得麦肯锡奖。他曾在1983年被任命为美国总统里根的产业竞争委员会主席，开创企业竞争战略理论并引发美国乃至世界关于竞争力的讨论。

波特获得的崇高地位缘于他所提出的"5种竞争力量"和"3种竞争战略"等理论观点。作为国际商学领域备受推崇的大师之一，波特至今已出版了17本书和70多篇文章。其中，《竞争战略》一书已再版53次，并被译为17种文字，另一本著作《竞争优势》，至今也已再版32次。

### 三、以资源、知识为基础的核心能力理论

近年来，信息技术的迅猛发展使竞争环境更加恶劣，许多企业不得不把眼光从关注外部产品市场环境转向内在环境，注重自身独特资源和知识（技术）的积累，以形成特有的竞争力（核心能力）。20 世纪 80 年代中期的"资源观"（Resource-Based View）和 90 年代初的"知识观"（Knowledge-Based View）的提出正是对这种转变的积极响应。因此，我们可以把这一时期的企业战略管理理论称为以资源、知识为基础的核心能力理论。

核心能力理论存在这样的理论假设：假定企业具有不同的资源（这里的资源包括知识、技术等），形成了独特的能力，资源不能在企业间自由流动，对属于某企业特有的资源，其他企业无法得到或复制，企业利用这些资源的独特方式是企业形成竞争优势、实现战略管理的基础。

核心能力理论认为，企业经营战略的关键在于培养和发展企业的核心能力。所谓核心能力，就是组织中的积累性学识，特别是关于如何协调不同的生产技能和有机结合多种技术流的学识。因此，核心能力的形成要经历企业内部资源、知识、技术等的积累、整合过程。正是通过这一系列的有效积累与整合，形成持续的竞争优势后，才能使核心能力成为获取超额利润的决定性因素。这表现在战略管理实践上，就是要求企业从自身资源和能力出发，在自己拥有一定优势的产业及其关联产业进行多元化经营，从而避免受产业吸引力诱导而盲目地进入不相关产业。

核心能力理论进一步认为，并不是企业所有的资源、知识和能力都能形成持续的竞争优势，只有当资源、知识和能力同时符合珍贵（能增加企业外部环境中的机会或减少威胁）、异质（企业独一无二的、没有被当前和潜在的竞争对手拥有）、不可模仿（其他企业无法获得的）、难以替代（没有战略性等价物）的标准时，它们才能成为核心能力，并形成企业持续的竞争优势。因而，要培养和发展核心能力，企业应首先分析自身的资源、知识和能力状况，然后依据上述标准，选择其中某一方面或几个方面，充分发挥这一方面或几个方面的优势，并成为最擅长者。显然，核心能力理论克服了波特的价值链分析模型涵盖企业内部所有方面的过度宽泛性。此外，在选择现有核心能力的同时，还应关注未来新的核心能力的培养。要想培养新的核心能力，必须提高产业预见能力。为此，企业应根据人的需求欲望、技术发展、社会大趋势等前瞻性的预测，从完全想象的市场出发来构想未来的产业，培养新的核心能力，从而使自己永久地保持核心能力的领导地位，成为未来产业的领先者。

### 专栏：战略管理的十大流派

战略管理发展至今，可谓百家争鸣、百花齐放。不同的学者对于战略管理理论都有着不同的理解和认识，亨利·明茨博格在分析了战略管理理论研究人员的学术观点后，将战略管理理论归纳为十大流派。

#### 一、设计学派

设计学派在20世纪60年代形成，是最早的企业战略的基本理论学派，其代表人物是安德鲁斯。设计学派的战略思想：战略是外部环境中的机遇与企业的资源能力之间的匹配，它是一个有意识的、深思熟虑的思维过程。在设计学派看来，企业只能有一个战略家，而这个战略家就是企业的最高管理者。设计学派力求战略的简洁明了，以方便组织的其他成员对战略的理解。

#### 二、计划学派

计划学派和设计学派产生于同一时期，其最有影响力的著作是1965年出版的安索夫的《公司战略》。计划学派将战略制定看作是一个规范的计划过程，强调由受过严格培训的计划人员来完成，或者由那些与最高层管理者密切相关的专业战略规划部门来制定。计划学派偏重于战略的程序化和严格的计算，尤其注重财务的价值分析，力求通过对战略意图的分析和战略规划的实施实现企业利益的最大化。

#### 三、定位学派

定位学派是以迈克尔·波特为代表的注重分析的学派。同前两种学派一样，定位学派也认为战略形成是一个受控的、有意识的过程，组织应在深思熟虑后制定出全面的战略并清楚明确地表述出来。不同之处就在于计划学派和设计学派都认为在既定的环境下有无数种可以采用的战略，定位学派则认为在既定的行业中只有少数可供选择的战略即通用的战略。定位学派中的计划人员在对大量的信息进行详细分析和计算之后选择战略，虽然这使战略的制定过程看起来更科学，但过于重视数据分析的结果实际上阻碍了战略家根据直觉发挥创造性，会对战略过程产生不利的影响。

#### 四、企业家学派

与设计学派类似，企业家学派非常重视领导者的能力，强调最高领导者的直觉和判断，认为这种能力是与生俱来的，强调领导者的远见卓识和经验。在企业家学派看来，企业的战略不是集体智慧的结晶，而是领导者个人思考出来的产物。将战略的形成绝对地集中在个别领导人身上，是企业家学派的重要特征。企业家学派过于依赖领导者这种先天的才能，在组织结构简单的时候，也许会带来很多管理上的便利，但是在组织结构非常复杂的情况下，会使领导者陷入烦琐的日常经营活动，从而失去战略思考的眼光，最终把整个企业拖垮。

### 五、认识学派

认识学派是在认识心理学的基础上发展而来的，认为战略家的才能来自对行业知识和经验的积累，从而形成了自己的知识结构和思考过程。由于认识论的差异，认识学派又分为两个分支：实证主义与主观主义。前者认为知识是客观事物在人脑中的反映，战略管理是对客观世界的认知，这种认知不可避免地会产生一些偏差；后者认为知识是主观的，知识是对世界的再创造，因此战略管理要立足于人类的主观认知世界而不是客观的外部现实。

### 六、学习学派

面对复杂多变的外部环境，学习学派强调一方面通过学习适应环境变化，另一方面更要通过创造变化进行管理。先行动后思考是学习学派的基本战略思想，除了领导者需要学习外，组织本身也需要学习，因为组织的绩效更多地体现在企业的整体表现上，因此组织的学习比个人的学习还要重要。学习学派还认为组织的最高领导者不是唯一的战略家，许多员工其实是潜在的战略家，学习型组织的显著特征就是组织成员之间的相互学习。未来的竞争是学习能力的竞争，谁的学习更有效，组织的协调能力越强，谁就越有可能在未来的竞争中取胜。

### 七、权力学派

权力学派将战略看作是一个政治过程，在组织中由于存在着个人、集团和联盟之间的利益冲突，使任何决策的制定最后都是组织内部权力制衡的结果。作为企业最重要的战略制定实际上在很大程度上反映了企业内（微观）、外（宏观）各种政治力量对比的关系。微观权力学派将战略决策看作是在狡诈的利益集团之间讨价还价中产生的，宏观权力学派将组织看作采取控制或与其他组织合作的方法，通过战略操纵及各种网络和联盟中的集体战略，促进其自身的福利。对于组织中的政治因素要尽量客观地去看待，它可能会在组织中起到积极的作用，但同时也可能耗费组织大量的资源和精力。

### 八、文化学派

与权力学派着眼于个人利益不同的是，文化学派主要关注企业的整体利益和价值观。文化是一种价值观，它在企业范围内规范和引导人们的行为，同时也对企业的战略起支持作用。文化学派的研究主要集中在文化对决策风格的影响、阻止战略变革、克服文化对战略变革的阻碍、建立企业主导价值观和解决文化冲突等方面。

### 九、环境学派

与其他学派将环境看作战略制定过程中的一种影响因素的观点不同，环境学派认为环境的影响是最重要的，领导者和组织只能被动地适应环境变化，否则组织就会被淘汰。在环境学派看来，不存在"最好的方法"来管理组织，组织要做的就是根据不同的情景去应对。

### 十、结构学派

结构学派的一大特点就是融合了其他学派的特点。结构学派认为组织在大多数情况下都可以被描述成某种稳定的结构，在特定的时期内采用特定的结构形式，与特殊的内容相匹配导致组织建立特殊的行为，从而产生一种特殊的战略。这种稳定状态偶尔会被打破，组织跃迁到另一种结构，这种结构的交替表现出某种规律就成为组织的生命周期。战略管理的关键就是维持稳定，当需要转变的时候，在不破坏组织的前提下管理这个混乱的转变过程。

## 四、动态竞争与动态能力理论

动态竞争理论是从竞争对手间竞争行为连锁互动的角度来把握企业竞争优势的理论。起源于美国麦克米兰（MacMillan）等的著作《竞争者对易于模仿的新产品的反应》（1985 年）和贝蒂斯（Bettis）等的著作《财务回报和战略互动》（1987 年），形成于 21 世纪初。被称为"后波特时代的竞争优势"理论，尚在发展和完善中。主要代表人物和著作是陈明哲的《动态竞争》（2009 年）。主要观点如下：

第一，竞争的本质是动态的，一个企业对竞争对手的攻击可能引发后者的反击；竞争形式是对偶的，有进攻就可能有反攻；竞争优势是暂时的，会被竞争对手的回应抵消；只有不断采取行动和回应才能持续保持竞争优势。

第二，对竞争对手的分析应跳出传统的产业分析框架，从资源和市场角度识别潜在的竞争对手。

第三，竞争和竞争对手分析应从企业自身和竞争对手的洞察力、动力和能力等入手。

动态能力理论考察企业如何通过整合、构建、重新配置内外部资源和能力生成一种新能力，使其适应快速变化的环境。该理论假设，相比低动态能力的企业，高动态能力的企业具备更多优势。该理论的目的是阐释企业在回应和创造环境过程中，如何采用动态能力来创造和维持相对于其他企业的竞争优势。

动态能力是组织有目的地创建、扩展和调整其资源基础的能力。组织的资源基础包括实物、人力和组织资产。动态能力是一种习得的、稳定的行为模式，企业通过这种行为模式可以系统地创建和调整其运行方式，从而提高企业的效率。他们确定了企业能力的两个标准：技术（内部）适应性和进化（外部）适应性。技术适应性是指能力被有效发挥的程度与其所产生成本的比值。进化适应性是指企业通过创建、扩展（或调整）其资源基础，以超越其他企业从外部获取生存的能力。动态能力有助于企业实现进化适应。

## 【本章小结】

企业战略是一个复杂的系统，可以从不同的角度进行理解。既可以把战略理解为"计划""模式"，又可以把战略理解为"定位""观念"和"计谋"。战略管理具有长期性、全局性、范围性、适应性、延伸性、利益相关性、竞争性和不确定性等特征。

企业战略是指企业面临激烈变化、严峻挑战的经营环境，为求得长期生存和不断发展而进行的总体性谋划。进入21世纪以来，企业战略管理至少面临全球化、技术创新、知识经济和企业伦理这四个挑战。应对这些挑战，是战略管理者的重要使命。

战略管理是一个不断循环往复的过程，这个过程可以分为战略分析、战略制定、战略执行和战略控制四个阶段。从战略管理的过程分析，战略管理承担着五个相互关联的任务，即制定战略愿景和使命，设置战略目标体系，制定实现目标的战略，实施和执行战略，绩效评估、动态监测和适时调整。

## 【复习思考】

### 一、单选题

1. 战略管理是企业（　　）管理理论。

A. 市场营销　　　B. 职能管理　　　C. 最高层次　　　D. 经营管理

2. （　　）是企业总体的、最高层次的战略。

A. 总体战略　　　B. 职能战略　　　C. 市场战略　　　D. 竞争战略

3. 战略管理的目的是（　　）。

A. 加强内部管理　　　　　　　　B. 拓展市场空间

C. 提高企业的环境适应能力　　　D. 保证计划的落实

4. 关于战略的概念，安索夫和安德鲁斯的观点是（　　）。

A. 都认为包括企业要实现的目的和实现目的的途径

B. 都认为只包括企业要实现的目的

C. 前者认为包括企业要实现的目的和实现目的的途径，后者认为包括要实现的目的

D. 前者认为只包括企业要实现的目的，后者认为包括要实现的目的和实现目的的途径

5. 战略管理过程的核心问题是（　　）。

A. 企业使命的确定　　　　　　　　B. 外部环境分析

C. 资源的协同配置　　　　　　　　D. 外部环境和内部环境的匹配

6. 战略管理理论是在（　　）进入战略管理时代的。

A. 20 世纪 70 年代初　　　　　　　B. 20 世纪 60 年代初

C. 20 世纪 50 年代初　　　　　　　D. 20 世纪 40 年代初

7. 战略管理过程的起点是确定（　　）。

A. 总体战略　　　B. 竞争战略　　　C. 外部环境分析　D. 使命与愿景

8. 由于战略管理过程是一个动态发展的过程，企业进行战略变革就是为了取得或保持（　　）。

A. 战略调整　　　B. 竞争优势　　　C. 战略主动权　　D. 核心竞争力

9. 公司层战略又称总体战略，是企业的战略总纲，是企业最高管理层指导和控制企业的一切行为的最高（　　）。

A. 决策　　　　　B. 行动纲领　　　C. 目标　　　　　D. 使命

10. 由职能管理人员制定的短期目标和规划称为（　　）。

A. 总体战略　　　B. 职能战略　　　C. 市场战略　　　D. 竞争战略

## 二、多选题

1. 战略管理过程包括（　　）。

A. 战略分析　　　　　　　　　　　B. 战略演变

C. 战略选择与评价　　　　　　　　D. 战略实施与控制

2. 企业的战略可划分为（　　）三个层次。

A. 总体战略　　　B. 竞争战略　　　C. 职能战略　　　D. 人力资源战略

3. 战略管理理论的演变经历了（　　）的演变。

A. 长期规划时代　B. 战略规划时代　C. 谋划时代　　　D. 战略管理时代

4. 下列关于明茨博格 5P 战略定义的表述中，正确的有（　　）。

A. 战略是有意识的、有目的的开发和制订的计划

B. 5 个 P 代表计划、计策、定位、政治和模式

C. 战略是一种观念，通过个人的期望和行为形成共享，变成企业共同的期望和行为

D. 战略是一种计策，该计策是有准备和意图的

5. 下列属于企业战略管理的特征的是（　　）。

A. 指导性　　　　B. 整合性　　　　C. 竞争性　　　　D. 风险性

6. 下列选项中，对于战略的说法不正确的有（　　）。

A. 总体战略是在战略业务单位这个层次制定的

B. 业务单位战略是企业最高层次的战略

C. 业务单位战略又称竞争战略

D. 业务单位战略侧重于企业内部特定职能部门的组织效率

7. 公司战略类型主要有（　　）几种。

A. 发展型战略　　B. 变革型战略　　C. 稳定型战略　　D. 紧缩型战略

8. 下列关于战略实施的说法中，正确的有（　　）。

A. 为使战略成功，企业需要有一个有效的组织结构

B. 在战略实施的过程中，公司的政治扮演着重要的角色

C. 战略实施涉及选择适当的组织协调和控制系统

D. 要保证战略实施成功，必须要协调好企业战略、结构、文化和控制诸方面

9. 甲公司是国内一家大型外贸出口企业，在 2008 年金融危机发生后，该企业的业务受到极大影响，在这种情况下，该公司管理层意识到必须对企业未来的发展战略进行适当调整，以谋求企业长期的生存和发展，站在整个企业层面可以选择的战略包括（　　）。

A. 发展型战略　　B. 集中化战略　　C. 稳定型战略　　D. 紧缩型战略

10. 甲公司是一家电器生产企业。随着大力发展新能源产业政策的提出，该企业宣布进入新能源领域，从事太阳能和风力发电。从公司战略层次角度分析，甲公司的战略包括（　　）。

A. 总体战略　　　B. 并购战略　　　C. 职能战略　　　D. 对外投资战略

### 三、判断题

1. 企业战略管理是一种层次化的管理，由公司级战略、经营级战略和职能级战略三个层次战略构成。（　　）

2. 战略管理的目的是加强内部管理。（　　）

3. 战略管理系统的规范性通常与两个因素有非常大的关系，即企业的规模和企业所处的发展阶段，明茨博格认为，大型企业通常采取企业家战略管理系统模式。（　　）

4. 战略服从于组织结构，企业的组织结构的改变会导致企业战略的改变。（　　）

5. 企业战略构成要素可概括为产品与市场范围、成长方向、竞争优势和协同作用四个方面。（　　）

6. 战略管理是企业依据内外部环境的分析，确定企业目标，并确保落地实施的过程。（　　）

7. 战略管理是一种全面的管理过程。（　　）

8. 战略管理不是静态的、一次性的管理，而是一种循环的、往复性的动态管理过程。（　　）

9. 竞争战略的主要类型：成本领先、差异化和一体化。（　　）

10. 企业战略管理是企业高层管理人员为了企业长期的生存与发展，在充分分析企业内外部环境的基础上，确定和选择达到目标的有效战略，并将战略付诸实施、控制和评价的一个动态管理过程。（　　）

【案例分析】

## 案例1-2　字节跳动公司的战略管理模式

　　字节跳动是一家全球领先的数字内容公司，以其旗下的短视频平台抖音和资讯平台今日头条等产品享誉全球。这个令人瞩目的企业是如何将战略管理实践进行到底的呢？

　　北京字节跳动科技有限公司成立于2012年3月，是最早将人工智能应用于移动互联网场景的科技企业之一，公司以建设"全球创作与交流平台"为愿景。字节跳动的全球化布局始于2015年，"技术出海"是字节跳动全球化发展的核心战略，旗下产品有今日头条、西瓜视频、抖音、火山小视频、皮皮虾、懂车帝、悟空问答等。字节跳动自成立以来，便致力于构建全球创作者工具，并努力帮助用户探索世界，发现自我，就像公司的使命一样："激发创作力，赋能每个人。"在字节跳动的战略管理实践中，内容科技和推荐算法是其战略的核心。公司用大数据和人工智能精准理解每个用户的兴趣和需求，并提供高度个性化的推送内容，从而赢得了全球的用户。此外，字节跳动也投入巨资研发，每年研发投入占营业收入的比例超过20%。这种对技术和创新的执着，使其不断领跑行业，改变了全球的内容消费模式。

　　字节跳动在发展过程中逐步形成了"大中台+小前台"的组织架构体系，并且在过去很长一段时间里展现出了强悍的作战能力："小前台"机动性优势被充分放大，"大中台"则是一个从技术、用户运营、商业化上协同支撑的运转中枢，最大限度地保证各个业务板块协同效率和资源调配。但是，当字节跳动这个庞大帝国员工数扩张到超十万数量级时，这种组织架构体系的局限性开始逐步放大。最现实的情况就是两条S形曲线均已陷入增长"瓶颈"。于是字节跳动迫切地需要改变企业战略以适应企业发展。虽然2019年以来的各种创新业务很多，但是在公司层面没有一个相对明确的战略重心。组织调整之前的战略已不适宜企业的发展，如果再这样没有战略重心地野蛮生长下去，字节跳动这座引以为傲的美丽花园将会变得杂草丛生。为了应对企业新的挑战局面，2021年11月2日，字节跳动全球CEO梁汝波发布全员邮件，宣布调整组织架构：集团将"今日头条、西瓜视频、搜索、百科及国内垂直服务业务"并入抖音，并在内部形成抖音、大力教育、飞书（企业协作应用）、火山引擎（企业服务云平台）、朝夕光年（游戏）、TikTok（抖音海外版）六大核心业务鼎立的格局。通过将多个产品整合进同一业务板块，不仅增加了各个业务融合度和管理的灵活度，而且还能集中发挥企业品牌优势。这样及时地转变企业战略，使字节跳动转危为安，更好地发展企业。

**案例讨论题**

1. 在当前全球经济环境下，许多企业面临着快速变化和不确定性的挑战。如何在这样的环境中制定和执行有效的战略以保持竞争力？请提供一个答案。

2. 在企业战略中，如何平衡短期利益和长期可持续发展？请提供一个答案。

3. 你还知道哪些与字节跳动战略相似的公司，试阐述它们的相似与不同之处。

# 案例1-3 优衣库的企业战略

优衣库（UNIQLO）是日本著名的服装品牌，是全球十大休闲服饰品牌之一。它的特点是仓储型的店铺，随意自助挑选形式，优质平价的休闲服饰。它向各个年龄层的消费者提供时尚、优质和价格公道的休闲服，款式新颖，质地细腻。优衣库是日本服装零售业的老大，迄今为止在6个国家拥有760家分店，2万名雇员，2004年的营业收入就达到35亿美元。

## 一、市场开发战略

淘宝网与休闲服装品牌优衣库结成战略合作伙伴，优衣库将在淘宝网上开设其中国网络旗舰店，同时，淘宝网还将帮助优衣库建立、完善和推广它在中国的官方网站，拓展其在中国的网络销售渠道。

目前，中国电子商务市场发展迅猛，市场潜力巨大，截至2008年底，中国网民数已达2.98亿人，超越美国跃居世界第一，而电子商务的规模已达24000亿元。在受到全球经济危机影响的当今，优衣库在中国依然保持着迅猛的增长态势，2008年整体销售额比2007年增长了105%。在不久的将来，中国市场无疑会成为迅销集团在全球最主要的市场之一。今后，优衣库会进一步加快开店的速度，实现短期内在中国开设 100 家店铺的目标。中国网络消费群体的巨大潜力正是吸引优衣库投身中国电子商务市场的直接原因。

## 二、产品开发战略

优衣库成衣生产的起点在于面料的开发。之所以对面料如此执着，是因为只有使用优良的面料才能最终确保高品质商品的实现。而且，为了保证持续稳定的商品供应，放心可信的使用面料也必不可少。在优衣库，根据从各国市场和服装行业中收集所得情报，R&D、商品企划（MD）、面料企划和设立于中国的生产工厂共同携手，完成面料的开发和供给。

此外，积极同各知名面料供应商携同完成新面料的战略性开发。和东丽株式会社的战略伙伴关系的实现就是其中一例。依靠这一战略伙伴关系，以具有吸湿发热独特功能的 HEATTECH 为代表的一系列新型面料将不断问世。

## 三、成本控制战略

在一开始，经过反复的摸索，优衣库建立起 SPA 模式，摒弃了代理商、经销商等中间环节，彻底实施低成本经营，店铺也是采取仓储式超市型的自选方式。优衣库的终端店铺从大小、外观、货品配置到陈列方式，就连操作模式都是彻底的标准化。各个店铺的配货，都是依据总部的计划全自动式完成，以此将操作成本降到最低。

目前，中国的服装业正处于快速发展的时期，优衣库能及时调整自身战略应对这一黄金时期，并占据了一席之地，就是因为它实行了正确的战略管理。相信只要优衣库能选择合理的战略，就能在全球服装业打出一片天地。

**案例讨论题**

1. 你如何评价优衣库的企业战略？
2. 根据优衣库面临的危机与挑战，你认为该选择哪种企业战略？
3. 通过报刊网络收集资料，对目前优衣库的战略行为与前些年的战略行为进行对比与评价。

# 第二章　战略承诺：愿景、使命与目标

【知识架构】

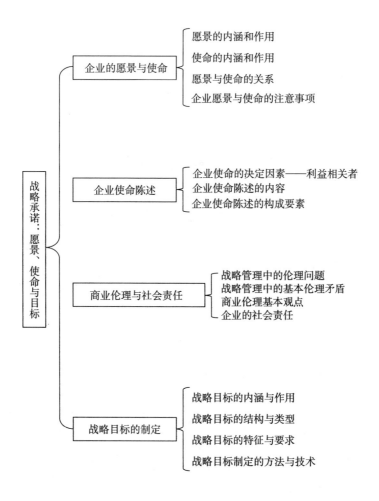

战略承诺：愿景、使命与目标

- 企业的愿景与使命
  - 愿景的内涵和作用
  - 使命的内涵和作用
  - 愿景与使命的关系
  - 企业愿景与使命的注意事项

- 企业使命陈述
  - 企业使命的决定因素——利益相关者
  - 企业使命陈述的内容
  - 企业使命陈述的构成要素

- 商业伦理与社会责任
  - 战略管理中的伦理问题
  - 战略管理中的基本伦理矛盾
  - 商业伦理基本观点
  - 企业的社会责任

- 战略目标的制定
  - 战略目标的内涵与作用
  - 战略目标的结构与类型
  - 战略目标的特征与要求
  - 战略目标制定的方法与技术

**【学习要点与目标】**

通过本章的学习，读者应该能够：
☐ 理解愿景、使命的内涵作用及相互关系
☐ 了解决定企业使命的因素——利益相关者
☐ 掌握使命陈述的内容和构成要素
☐ 了解战略中的伦理问题
☐ 理解商业伦理的基本观点
☐ 熟悉企业的社会责任
☐ 了解战略目标的内涵与作用
☐ 把握战略目标的特征与责任
☐ 理解战略目标的结构与类型
☐ 掌握战略目标制定的方法与技术

**【本章核心概念】**

企业愿景　企业使命　利益相关者　使命陈述　商业伦理　社会责任　战略目标

**【引导案例】**

## 案例2-1　拼多多的企业愿景与使命

　　拼多多于2020年拥有7.884亿活跃消费者，位居中国电商产业第一。获得如此辉煌的成就离不开其商业模式的运作，本案例将分析拼多多的商业模式，试图找出其成功背后的原因。在分析拼多多的商业模式前，我们先来了解一下拼多多的发展历程。可以看到拼多多的发展经历了三个阶段：第一个阶段是2015年11月至2017年3月的社交拼团时期；第二个阶段是2017年4月到2018年10月的下沉时期；第三个阶段是2018年11月至今的拼品牌时期。

　　拼多多的企业愿景与使命是成为一个能够提供物有所值的商品和有趣互动购物体验的"新电子商务"平台。拼多多主打的低价产品针对的是对价格敏感的市场，细分客户是三四线县城和乡镇的消费者，其目标是为这类消费者提供社交购物平台，增强用户的黏性。这一市场正是之前电商未触及的领域。拼多多这一低端颠覆式的创新给其带来了巨大的流量。针对拼多多的目标市场和定位，创始人黄峥是这样说的："几线城市是过去的说法，拼多多服务的是所有城市、大众化群体。拼多多不是消费降级，只是让有所需要的消费者能买到高性价比的产品。"同时，通过查阅近几年的一些数据资料，我们的确可以看到，拼多多在打造品牌的同时，进入一线城市市场，受众更加多样。我们看到了拼多多核心目标市场在不断地扩大，证明其开端胜利的同时，也深刻体会了"农村包围城市"的智慧，后续拼多多的市场，还要看其接下来的企业定位和战略。

拼多多致力于提供高性价比的产品，提供平台型服务。作为 M2C 的企业，拼多多直接连接消费者和厂商，致力于提供低价优质的产品，拼多多在农产品提供上的创新尤为显著，实现农产品的"最初一公里"。农产品本身有太多的不确定性，而中国的农产品大多都是小规模种植，基本靠中间商来收购产品，行情好的话可能都收走，行情不好的话会出现农产品滞销的情况。农民既没有数据支撑，又不知道市场变化。拼多多利用自己的数据支持，助农扶农。拼多多的拼团机制有效解决这些问题，从而为消费者提供高性价比的农产品。

中国是世界第一农业大国，也是最大的农产品进口国。放眼当下，中国的农业机械、人工智能、5G 等技术，已不同程度地应用于田间地头。这或许也是拼多多注重农研、农业技术投入的原因。以"农地云拼"为例，"农地云拼"是早前拼多多研发的分布式 AI 技术，是一种农业电商新模式。该模式借助大数据、云计算和分布式人工智能技术，一方面将分散在全国各地的农业产能汇聚整合形成"云端大农场"；另一方面将分散在全国各地的农产品需求通过拼购、直播、多多果园等传播方式聚集在"云端"，实现供需的精准匹配。最后，再通过产地直发的模式，将农产品从田间直接送到消费者手中。在这种模式下，除了物流、包装等成本，中间所有的利润都归属农民自己，并且农民还可以把更多精力放在生产更优质的产品上，从中获利。

**点评：**通过拼多多的案例，我们可以看出愿景是企业共同的目标，使命是企业共同的责任，愿景和使命引领企业文化建设，影响企业生产经营，对于企业行稳致远具有重要作用。愿景、使命和企业创始人密切相关。一个合适的愿景、使命要领导重视，共建共享，与时俱进，体现世界格局、时代特征、行业特性、自身特色，经得起考验和量化考核，内化于心，外化于行。

# 第一节　企业的愿景与使命

企业愿景是指企业战略家对企业前景和发展方向的一个高度概括的描述，由企业核心理念和对未来的展望构成。企业使命是指企业在社会经济发展中所应担当的角色和责任，是企业的根本性质和存在的理由。本节介绍企业愿景与企业使命相关的基本知识。

## 一、愿景的内涵和作用

### （一）企业愿景的内涵

愿景阐述的是企业存在的最终目的，它是指组织长期的发展方向、目标、目的、自我设定的社会责任和义务，明确界定公司在未来社会范围里是什么样子。愿景通常是企业发展的阶段性目标，是企业在实践核心目的和核心价值观过程中的一种体现，是企业期望实现的发展蓝图。不过，随着时间的推移、市场的变化和企业的发展，可对愿景做相应的调整或改变，即当企业进入新的发展阶段时，就需要设计新的愿景。例如，蒙牛公司提出要成为"百年老店"和先做"中国牛"再做"世界牛"的愿景，前者是长期性愿景，百年不变，后者是阶段性愿景，要进行阶段性的调整或升级。

### （二）企业愿景的作用

#### 1. 整合企业理念

当今世界是一个千变万化的世界，随着结构重组、管理再造等管理方法的广泛运用，管理中人的因素越发重要。为使企业员工充分发挥个人能力去达成企业目标，同时实现自我价值，就必须有一个整合了企业所有理念的企业愿景。

#### 2. 提高企业的知识竞争力

传统观念的企业竞争力是由稀缺资源的占有程度、产品或服务的生产能力、销售能力、资本数量的调配和运营能力等与企业利润直接相关的要素决定的。但随着知识经济时代的到来，企业竞争的焦点发生了巨大变化，哪个企业能掌握更多的经营知识和诀窍，哪个企业有出色的管理体系并达成最佳的运作效率，哪个企业能建立一套满足目标客户群体需要的网络和体系，哪个企业能从经验中不断学习、不断进步并采纳企业最适合长远发展的技术就能在知识经济时代获取利润。这就要求企业有较强的知识竞争力，显然具有企业愿景并将之完全贯彻的企业与没有企业愿景的企业相比，前者比后者具有优势。

3. 改善企业内部关系

传统经济下，企业与内部员工之间的关系是由劳动合同确定的劳资关系；知识经济下，企业与内部员工之间的关系范围已大大扩大，不仅是劳资关系，而且是企业和员工在相互信赖和密切联系基础上形成的有机伙伴关系。

4. 提升企业价值

一方面，由于企业愿景是企业获得认可的、该企业独特的存在理由，而且其内容应是企业始终追求的，因此其存在并在企业中贯彻的行为实际上是企业向公众宣布企业价值并使这一价值不断提升的过程。另一方面，由于企业愿景是员工对未来某一时刻组织状况的期望，它以高尚的内涵激发企业员工的热情和努力，从而使员工在日常的生产经营过程中逐渐融合到企业愿景之中并为之做贡献，完成企业价值的提升。

**二、使命的内涵和作用**

（一）使命的内涵

企业使命实质上阐明企业的根本性质与存在理由，说明企业宗旨信念，反映企业价值观和企业自身的形象，揭示企业与其他企业目标上的差异，界定企业业务范围。从整体来说，分为核心使命、功能使命、延伸使命三个层次。核心使命是由企业根本责任、根本目的和企业哲学三个要素组成的，它决定企业的本质，是本企业区别于其他企业的根本标志，也是衡量一个企业是否形成企业使命的标志；功能使命是企业整体使命的基础，反映企业使命机制，是联系核心使命和企业使命实践的中介，对核心使命起执行、支撑、保障的作用，集中体现核心使命和延伸使命对企业行为的要求；延伸使命是企业使命意义的延伸，是企业使命的表层部分，对核心使命起细化分解、附加、完善和终端"界面"作用。

（二）使命的作用

1. 明确企业核心业务与发展方向

企业使命回答了这样一些基本问题：我们要成为什么？我们的业务是什么？我们的业务应该是什么？也就是说，一个好的企业使命应当指明企业未来的发展方向，明确企业经营的核心业务。确定企业使命，能够为企业确立一个始终贯穿各项业务活动的共同主线，建立一个相对稳定的经营主题，为进行企业资源配置、目标开发及其他活动的管理提供依据，以保证整个企业在重大战略决策上做到思想统一、步调一致，充分发挥各方面的协同作用，提高企业整体的运行效率。

2. 协调企业各种利益相关者的分歧

一般而言，股东较为关心自己的投资回报；员工比较关心福利待遇和发展前途；公众比较关心企业的社会责任；政府主要关心税收与公平竞争；地方社团更为关心安全生产与稳定就业。这样利益相关者就有可能在企业使命与目标的认识上产生意见分歧与矛盾冲突。为此，一个良好的使命表述应能说明企业致力于满足这些不同利益相关者需要的相对关心与努力程度，注意协调好这些相互矛盾的目标之间的关系，对利益相关者之间所存在的矛盾目标起到调和作用。

3. 帮助企业树立用户导向思想

一个好的企业使命体现了对用户的正确预期。企业经营的出发点应当是确认用户的需要，并提供产品或服务以满足这一需要，而不是首先生产产品，然后再为它寻找市场。理想的企业使命应认定本企业产品对用户的功效。例如，美国电话电报公司的企业使命不是电话而是通信，埃克森公司的企业使命是突出能源而不是石油和天然气，太平洋联合公司强调的是运输而不是铁路，环球电影制片公司强调的是娱乐而不是电影，其道理就在于此。

4. 表明企业的社会责任

社会问题迫使战略制定者不仅要考虑企业对股东的责任，而且还要考虑企业对用户、环境、社区等所负有的责任。企业在定义使命时必然要涉及社会责任问题。社会与企业间的相互影响越来越引人注目。社会政策会直接影响企业的用户、产品、服务、市场、技术、盈利、自我认识及公众形象。企业的社会政策应当贯彻到所有的战略管理活动之中，这当然也包括定义企业使命的活动。

5. 为战略和目标打下基础

实践证明，那些持续发展走向辉煌的企业，关键是有一个全体员工共同高擎的战略旗帜——企业使命。因此，企业必须在思考使命定位方面多下功夫，因为它是企业长远发展的行动纲领和灵魂，是战略和目标得以实现的前提基础。

### 三、愿景与使命的关系

企业依照愿景的期望履行企业使命，以实现企业最终目标和最大期望。企业使命是企业愿景中具体说明企业行为和经济活动的理念，具体表述企业在社会中的经济身份或角色，注重企业的行为效果。

（一）愿景与使命的相互作用及相互区别

愿景和使命是初创企业成功的重要基石，能够为企业的发展提供明确的道路和目标，从而吸引志同道合的人才，激励员工与企业荣辱与共，不断创新，也有利于吸引投资者和合作伙伴。愿景和使命定义了企业的目标和方向，为企业提供了明确的发展道路。明确的愿景和使命传达了企业对未来的追求和期望，能够指导企业的决策和行动，让员工感到工作的意义和价值，与企业拧成一股绳，朝着共同的目标努力奋斗。愿景和使命能够为企业建立一种共享的价值观框架。它们确立了企业的核心价值观和行为准则，促使员工形成一致的价值观念，并在工作中表现出这些价值观，形成企业的凝聚力，并以此吸引更多价值观一致的人才加入企业。愿景和使命可以帮助企业树立独特的品牌形象和市场定位，体现企业的核心价值观和独特的竞争优势，有助于企业在市场上与其他企业或行业区分开来。同时，愿景和使命增加了投资者及合作伙伴对企业的信心和兴趣，可以帮助初创企业吸引更多的投资者。

它们之间最根本的区别：企业愿景是企业要追求的远景目标，而企业使命是企业根据这个目标所要完成的任务。

第一，企业愿景是企业未来状况的一个简明缩影和蓝图，是组织要努力达到的境界，是组织的个性、趋向性的表现，它确定了组织的整体发展方向。企业使命是对组织的目标或"存在原因"的具体阐述，组织的各种计划和项目都以此为向导。

第二，企业使命是指企业由社会责任、义务所承担或由自身发展所规定的任务。企业愿景具有挑战性和不可预测性，并且不会年年改变。企业使命虽然也具有长期不变的稳定性，但是一旦企业的外界环境发生变化或随着企业的发展壮大，使命也需要不断地进行调整以指导企业的行为，具有长期性和灵活性相结合的显著特点。

企业愿景与企业使命的对比如表 2-1 所示。

**表 2-1　企业愿景与企业使命的对比**

| 比较项目 | 企业愿景 | 企业使命 |
|---|---|---|
| 出发点 | 企业自身 | 外部利益相关者，尤其是顾客 |
| 关注的焦点 | 企业未来的理想状态 | 试图满足顾客需求和相关者的潜在利益 |
| 涉及的时间 | 相对较长的时间段 | 漫长的时间段 |
| 强调的重点 | 令人激动、富有创新 | 明晰方向、激发士气 |
| 设计的效果 | 可望也可即的理想 | 可望而暂不可即的梦想 |

（二）愿景与使命的内容

1. 从顾客需求的角度

一个企业存在的根本目的是满足顾客的某种需求。只有清晰地了解顾客的需求，才能开发出顾客需要的产品或服务。强生公司认为"我们的使命是减轻病痛"；美国电话电报公司的使命是"我们所致力的事业是要将人们连接在一起，使他们更容易地相互交流，并得到信息，我们要满足人们在任何时间、任何地点的需求，我们要在全世界做到最好"。

2. 从产品或服务的角度

虽然顾客的需求是企业开发愿景与使命的起点，但一些企业更喜欢在此基础上直接以产品或服务来表述其使命。例如，苹果电脑公司的使命：为全世界140多个国家的学生、教育工作者、设计人员、科学家、工程师、商人和其他消费者带来最好的个人电脑产品和支持。沃尔玛的使命：我们存在的目的是为顾客提供物有所值的东西。

3. 从技术的角度

一些企业更喜欢从技术的角度阐明自己的使命与愿景。例如，波音公司的使命：领导航空工业，永为先驱；波音公司的愿景：立志成为商用飞机业务的主导者，带领世界进入喷气式时代；杜邦公司的使命：通过化学为更美好的生活提供更美好的东西。

4. 从市场目标的角度

美国花旗银行的愿景是立志成为全世界最强大、服务最好、地域最广的金融机构。麦当劳公司的战略展望是占领全球的食品服务业，在全球范围内处于统治地位，以及在建立客户满意度标准的同时，通过执行自身的服务便利、增加价值、履行承诺战略，提高市场占有率和盈利率。

5. 从企业的价值观及基本信念的角度

例如，丽思卡尔顿饭店的愿景："在丽思卡尔顿饭店，为我们的客人提供真正的照料和舒适是我们最高的使命。丽思卡尔顿饭店的历程就是提升感观，提供舒适感受，甚至满足我们顾客尚未表达的愿望和需求。"同仁堂的愿景：以高科技含量、高文化附加值、高市场占有率的绿色医药名牌产品为支柱，具有强大国际竞争力的大型医药产品集团。

6. 从关心员工的角度

例如，"本公司坚持造物先造人，努力提高员工的素质，以良好的工作条件、有吸引力的福利待遇、个人成长的机会、高度的就业保障，来招聘、培养、激励、回报和留住有能力、高品格、有奉献精神的人员"。

7. 从企业的公众形象及社会责任的角度

例如，中国移动的使命：创无限通信世界，做信息社会栋梁；戴姆勒—克莱斯勒的使命：成为最成功、最受敬重、提供汽车和运输产品及服务的世界性企业。

**四、企业愿景与使命的注意事项**

当前很多企业经历了行业波动、疫情等内外因素后出现了疲软。各种混乱扰乱了自身设定的发展节奏，"昨天"还想进入世界五百强，"今天"就已经面临现金流困境。企业家陷入迷茫，不知道路在何方。用新的视角评估自己的产品和服务，是企业文化的重要构成，是集合和凝聚员工意识的重要形式，是重获新生的机会。

（一）我们的事业是什么（使命）

这个问题是要界定企业的使命和目的。一个企业并不是由公司名称、章程或成立公司时的宣言来定义的，而是由购买产品和服务以满足欲望的顾客下定义，满足顾客是每个企业的使命和目的。因此，"我们的事业是什么？"这个问题的答案只能从企业外部寻找，也就是以顾客与市场的观点来回答这个问题。

第一，"谁是我们的顾客？"既然要从顾客和市场去界定企业的目的和使命，这就是我们首先要回答的问题。任何消费者都是潜在的顾客，但对于每个顾客来说，对产品或服务的需求、认知、期望都是不一样的。因此，我们在回答"我们的事业是什么？"时，必须满足所有顾客。

第二，"顾客在哪里？"对这个问题的回答我们必须从目标市场及细分市场着手。细分市场通常受购买人群的地理位置、人口因素、心理因素及行为差异的影响。能提供最大的机会的细分市场就是我们的目标市场，我们要为每一个目标市场研发。

第三，"顾客购买什么？"顾客购买的永远不是一个产品。根据定义，顾客购买的是需要的满足，进一步说是他（她）自己心中认定的价值。可是厂商无法生产出一个价值，它只能生产产品。因此，厂商自己认定的品质，很可能是无关紧要且浪费的支出。

第四，"顾客认定的价值是什么？"顾客认定的价值不等于价格。价格只不过是一个作为思考起点的简单观念，况且，还有其他决定价格的价值观念。在许多情况下，价格只是次要考虑及限制因素，并非决定顾客价值的基本因素。

（二）我们的事业将是什么（修订过的使命）

提出这个问题是告诉我们，企业不仅要思考现在，而且要预测未来。

第一，市场潜力和市场趋势：管理层期望的五年或十年后的市场有多大？决定这种变化的因素有哪些？

第二，市场结构的变化：管理层预测经济形势、流行品位、竞争情势等变化对市场结构可能造成的影响，而竞争根据顾客购买产品或服务的观念来定义，因此必须包括直接竞争与间接竞争。

第三，创新：管理层理解的创新会改变什么？会不会影响消费者的需求或创造新的需求？

第四，客户：管理层必须思考目前供给的产品和服务，尚未能满足顾客的哪些欲望和需求。

（三）我们的事业应该是什么（愿景）

思考"我们的事业应该是什么?"这个问题的目的是要针对预期的变化做调整，也就是延伸及发展现有业务。

---

**【阅读资料】**

华为的愿景与使命是把数字世界带入每个人、每个家庭、每个组织，构建万物互联的智能世界。华为创立于1987年，是全球领先的ICT（信息与通信）基础设施和智能终端提供商。目前华为约有20.7万名员工，业务遍及170多个国家和地区，服务全球30多亿人口。让无处不在的连接，成为人人平等的权利，成为智能世界的前提和基础；为世界提供最强算力，让云无处不在，让智能无所不及；所有的行业和组织，因强大的数字平台而变得敏捷、高效、生机勃勃；通过AI重新定义体验，让消费者在家居、出行、办公、影音娱乐、运动健康等全场景获得极致的个性化智慧体验。

资料来源：根据华为官方网站资料整理。

---

# 第二节　企业使命陈述

企业使命是关于组织因何存在的一个清晰、简明和持久的声明。它是公司经营的核心目标，是为员工和管理层提供共同目标、方向和机会的长期目标。

## 一、企业使命的决定因素——利益相关者

爱德华·弗里曼（Edward Freeman）对利益相关者理论做了较为详细的研究，他认为"利益相关者是能够影响一个组织目标的实现或者能够被组织实现目标过程影响的人"。这个定义不仅将影响企业目标的个人和群体视为利益相关者，同时还将受企业目标实现过程中所采取的行动影响的个人和群体也看作利益相关者，正式将企业所在社区、政府部门、环境保护主义者等实体纳入利益相关者管理的研究范畴，大大扩展了利益相关者的内涵。

任何组织都包含一个用来建立和管理关系的利益相关者群体系统。利益相关者是指能够影响组织的愿景和使命，同时又被战略产出影响的，对公司的业绩拥有可实施的主张权的个人、群体和组织。利益相关者对公司业绩的主张权，可以通过收回关乎公司的生存、竞争优势和盈利能力的重要资源来实现。有研究指出，与利益相关者的关系也可以成为竞争优势的来源。

（一）资本市场利益相关者

股东和贷方都期待公司能使其投资保值甚至升值。预期收益与风险程度成正比（也就是说，低风险带来低收益，高风险带来高收益）。假如贷方对公司不满，他们就会对以后的资本借贷提出更严格的要求，股东也可以通过多种方式表达不满，包括抛售股票。机构投资者（如养老基金、共同基金）经常会出售那些无法达到其预期利润的股票，或者采取一些提高企业绩效的行动，如给高层管理者施加压力以提高公司董事会的管理监督能力。那些拥有公司大部分股份的机构投资者可能会对需要采取的行动持有不同的观点，这就给管理者带来了挑战。这是因为，一些机构投资者可能希望在短期内增加利润，而另一些机构投资者可能希望企业专注于提高其长期竞争能力。管理者不得不平衡机构投资者与其他股东之间的需求，或者按照重要性对目标不同的机构投资者进行排序。显然，那些拥有公司大量股票的股东（有时也称为大股东）非常具有影响力，尤其是在企业资本结构决策上（例如，债权和股权的比例）。大股东通常更倾向于缩减公司债务。因为债务存在风险和成本，并且在破产情况下，与股东相比，债权人拥有公司资产的第一求偿权。

一旦公司意识到资本市场利益相关者存在潜在的或实际的不满，它就会对此做出反应。公司对利益相关者的不满做出的反应会受到它们之间依赖关系的影响（如前面所说的，同样也会受到社会价值的影响）。依赖关系越紧密、越显著，公司的反应就会越直接、越重视。

（二）产品市场利益相关者

一些人也许会认为产品市场利益相关者（客户、供应商、所在社区、工会）之间没有太多的共同利益。然而，这四类利益相关者团体都会从企业的竞争中获得利益。例如，基于产品和行业特性，市场竞争将导致公司向客户提供价格低廉的产品，向供应商支付较高的价格（因为公司愿意向供应商支付高价，以换取能够帮助其获得竞争成功的商品或服务）。

作为利益相关者，客户往往要求物美价廉，供应商则希望找到愿意一直出高价的忠诚客户。尽管产品市场的所有利益相关者都很重要，但是如果没有了客户，其他利益相关者就没有多大价值了。因此，公司必须努力了解和理解现有和潜在的客户。

（三）组织内部的利益相关者

员工作为企业的组织利益相关者，总希望企业能够提供一个充满活力、充满激励、有益的工作环境。员工通常愿意在不断成长的并能够积极提升工作能力和技能的公司工作。能够有效地学习新知识的员工对组织的成功非常关键。从整体而言，劳动力的受教育程度和工作技能是影响企业战略执行和业绩表现的竞争性武器。战略领导者在日常工作的基础上对满足组织利益相关者的需求负有最终的责任。实际上，战略领导者要想取得成功，必须有效地利用企业的人力资源。正是因为人力资源对企业成功非常重要，因此相对于内部战略领导者，外部董事倾向于提出裁员，而内部人士更倾向于用预防性的成本削减来保护现有员工。在全球化竞争格局下提高员工技能的一个重要手段是进行国际派遣。管理外籍员工，帮助他们学习知识的过程将对企业在国际市场获得竞争力产生深远影响。

### 二、企业使命陈述的内容

使命陈述的内容中应该包含对企业的本质、使命、目标和愿景、战略、价值观和信念、企业哲学等方面的确切阐述。

**（一）从使命与组织特性关系的角度**

使命陈述表明了企业的独特身份，以及区别于其他企业的理由，定义了其特有的产品和业务范围，揭示了企业想要发展成为怎样的企业及服务对象，强调了企业与众不同和独一无二的特性，既是企业"遗传密码"的一部分，也是企业开展一切活动的根本原因。不同的企业拥有不同的使命，同一个企业又会根据自身的发展水平和发展阶段制定出不同的使命，也就是说，使命陈述既是千变万化中的不变量，又是在不变中追求千变万化。

**（二）从战略角度**

使命陈述实际上是一种战略管理工具，是企业进行战略决策的根据和战略活动顺利展开的基础，它表明了企业的前进方向和实现这一目标的途径，具有对内指导和规范员工行为、对外宣扬企业形象的作用。

**（三）从企业哲学和伦理视角**

使命陈述是一种企业文化，表达了企业的价值观、道德伦理标准和观点见解。一些学者将企业的使命形容为一种"文化胶"，这种"文化胶"是由企业的目标、战略、行为准则和价值观构成的，它能够使组织凝聚成一个整体。同时，这种文化中所包含的价值观和行为规范会影响组织成员的行为方式、组织的工作安排和目标的达成。

---

**知识拓展：国内外著名企业的使命**

➢瑞幸：满足用户多元化的场景需求；满足消费者做最好品质的咖啡、最方便的咖啡；在哪里都能满足消费者对咖啡的渴望。

➢宝洁：为现在和未来的世世代代，提供优质超值的品牌产品和服务，在全世界更多的地方，更全面的，亲近和美化更多消费者的生活。作为回报，我

---

们将会获得领先的市场销售地位、不断增长的利润和价值，从而令我们的员工、股东及我们生活和工作所处的社会共同繁荣。

➤ 飞利浦：用有意义的创新改善人们的生活。

➤ 麦当劳：控制全球食品服务业。

➤ 索尼公司：为包括我们的股东、顾客、员工，乃至商业伙伴在内的所有人提供创造和实现他们美好梦想的机会。

➤ 海尔集团：致力于成为行业主导、用户首选的第一竞争力的美好住居生活解决方案服务商。

➤ 美的集团：为人类创造美好生活。我们始终坚持通过技术创新提升产品品质和服务，并以此贡献人类，提高人类生活质量，促进人类生活更舒适、更轻松、更美好。我们努力践行"为客户创造价值，为员工创造机会，为股东创造利润，为社会创造财富"的信念，并为此努力不懈，奋斗不止，创造和谐的生存空间，实现伟大理想。

➤ 联想集团：未来的联想应该是高科技的联想、服务的联想、国际化的联想，为客户利益而努力创新。

➤ 肯德基：肯德基要成为在快餐行业中实力最强、盈利最多和增长最快的专营鸡肉食品的企业。

### 三、企业使命陈述的构成要素

尽管每个企业的认知水平和经营环境不同，所制定的企业使命在构成要素、形式和具体内容等方面有着较大的差异，但对其进行优劣评价，应该有判别的标准。一种观点认为，一个企业使命是否描述得好，主要看它是否体现了企业使命的作用，即明确企业核心业务与发展方向，能协调企业内外部各种分歧，能帮助企业树立用户导向思想，能表明企业的社会责任。另一种观点认为，优秀的企业使命应尽可能多地包括以下这些基本要素，具体如表2-2所示。

表2-2　使命陈述要素

| 内容 | 要素 | 回答的问题 |
|---|---|---|
| 经营范围 | 顾客 | 公司的用户是谁 |
| | 产品或服务 | 公司的主要产品或服务项目是什么 |
| | 市场 | 公司主要在哪些地区竞争 |
| | 技术 | 公司的基本技术或领先技术是什么 |

续表

| 内容 | 要素 | 回答的问题 |
|---|---|---|
| 经营目的 | 经济目标 | 公司是否努力实现业务增长和良好的财务状况 |
| | 对员工的关注及对其他利益相关者的协调 | 公司是否视员工为最宝贵的资产？或关注其他相关者的利益 |
| 经营理念 | 经营哲学 | 公司的基本信念、价值观、志向和道德倾向是什么 |
| | 自我意识 | 公司最独特的能力或最主要的竞争优势是什么 |
| 企业愿景 | 公共形象 | 公司希望的公众形象是什么 |

# 第三节　商业伦理与社会责任

随着社会的发展，市场经济已经成为世界经济的主流模式，企业在经营过程中不再仅仅关注经济利益，还要重视商业伦理和社会责任。商业伦理是指企业在经营过程中遵守的道德规范，这是企业长期发展的重要保障。社会责任是指企业在经营过程中应对社会各方面贡献的责任。商业伦理可以树立企业形象，提高企业声誉。在市场经济中，商业信誉是企业获得竞争优势的重要因素。企业如果能够遵守商业伦理，在与竞争对手的竞争中会获得更高的声誉和信誉，进而促进企业品牌的塑造和推广。企业社会责任可以提高企业形象和声誉，如果企业能够积极参与公益事业，向社会做出贡献，就可以赢得广大公众的认可和支持，进而提高企业的形象和声誉。

## 一、战略管理中的伦理问题

战略管理者遇到的伦理问题多种多样，其中绝大多数源于企业目标或管理者的目标与重要利益相关者（股东、顾客、员工、供应商、竞争对手、社区和普通大众）基本权利之间的冲突。管理者将个人目标或企业目标置于利益相关者群体之上时，经常会导致非伦理行为，也即代理问题所导致的非伦理行为。最常见的例子包括自利交易、反竞争行为、价值链上的机会主义行为（针对供应商、互补品供应商和分销商）、低于标准的工作环境、破坏环境和腐败。

（一）自利交易

管理者想方设法地将公司的财产据为己有。操纵信息是管理者控制公司数据、扭曲或隐瞒信息以夸大财务状况或竞争地位的行为。近年来的许多会计丑闻都涉及故意操纵财务信息。操纵信息也可能涉及非财务数据，如烟草公司隐瞒吸烟与健康的关系，这就侵犯了顾客对吸烟危害的知情权。当这一内幕被揭露出来之后，律师们对烟草公司提出了集体诉讼，指控它们故意伤害吸烟者，促销明知对顾客有严重危险的产品，违反了《中华人民共和国侵权责任法》。

（二）反竞争行为

各种旨在伤害实际的或潜在竞争对手的行为便是反竞争行为，最常见的就是利用垄断权力加强企业的长期竞争地位。例如，在 20 世纪 90 年代，司法部门指控微软公司利用操作系统的垄断地位强迫 PC 生产商在产品中将 Windows 软件和 IE 浏览器捆绑在一起，并且将 IE 标志显示在桌面上。据说微软公司威胁 PC 生产商，除非它们同意这样做，否则将停止供应 Windows 软件。由于 PC 生产商必须在产品中安装 Windows 软件，这是一个非常大的威胁。根据指控，这一行为构成了《中华人民共和国反垄断法》中所禁止的"搭售"，目的是为了将竞争对手网易公司的浏览器逐出市场。法庭裁定微软公司滥用其垄断权力，在 2001 年判令微软停止这一行为。

姑且不论法律问题，微软的这一行为本身也是非伦理的。这表现在三个方面：首先，它侵害了最终用户的权利；其次，它侵害了产业价值链上下游参与者（PC 生产商）的权利；最后，它侵害了自由和公平的竞争环境。

（三）价值链上的机会主义行为

这种行为通常的表现是管理者单方面修订同供应商、购买者或互补品生产者之间所签订的合同以获得有利于公司的结果，在此过程中往往利用自己的权力强迫对方接受。20 世纪 90 年代后期，波音公司同钛金属公司签署了价值 20 亿美元的合同，约定连续 10 年每年购买一定数量的钛金属。2000 年，在钛金属公司已经投资 1 亿美元扩大产能以满足合同要求后，波音公司要求重新谈判合同条款，要求降价和取消最低购买量限制。作为钛的主要购买者，波音公司的管理者很可能认为他们拥有修改合同的权力，而钛金属公司的投资表明它们已经不可能摆脱这一交易了。钛金属公司很快将波音公司告上法庭，控告对方违反合同。这一案子在庭外和解，波音公司同意支付货币赔偿金（据说高达 6000 万美元）并继续执行修订后的购买合同。即使不考虑法律因素，这也是一个非伦理的行为，它侵犯了供应商的权利。

（四）低于标准的工作环境

这是指企业为了降低生产成本而对工作环境投资不够或低于市场水平的报酬。例如，企业在缺乏发达国家那种劳工保护法规的国家中建立运营机构，耐克公司就是这样的一个例子。即使在美国，沃尔玛公司也面临着众多的诉讼，收到的指控包括歧视女性员工、要求员工加班而不支付额外报酬。

（五）破坏环境

这是指企业的行为直接或间接导致污染或其他环境破坏。破坏环境侵害了当地社区和普通大众享受清洁空气、水、土地不受污染的权利。

## 二、战略管理中的基本伦理矛盾

（一）自利与利他的矛盾

自利是每一个企业的基本属性，利他是企业的非理性选择，解决自利与利他矛盾的根本出路在于构建一个公正的制度与良好的市场环境。建立在社会契约基础上的市场体系或社会秩序，保证了权利与义务的对称、相等，保证了个人意志与公共意志的恰当平衡，兼顾了个人利益与他人利益，因此是公正、正义的社会伦理关系。在实践中，社会公正的首要问题是创建良好的社会制度和建立与维护一个公正的市场秩序。

（二）经济增长与人的全面自由和谐发展的矛盾

人的全面自由和谐发展是指人类通过由他们而结成的社会关系为必然形式的实践活动，使大自然演化和社会历史进程赋予人类自身的潜在素质得到充分开发。人性有三个维度：物质性、社会性、精神性。

可持续发展理论为实现人的自由全面和谐发展指明了方向。可持续发展包括自然界、人类、社会相统一的物质过程，是三者的有机统一体。

## 三、商业伦理基本观点

商业伦理的任务就是在哲学和实践层面上找到、界定和规范商界和周围世界的关系。这种关系既包括商界跟人之间的关系，如跟个人和组织之间的关系，又包括跟自然和时间之间的关系。如果采用美国的概念，那么商业伦理指的主要就是商界同利益相关者之间的关系。这里的利益相关者包括股东、客户、雇员、政府、社区和大众等。

伦理的功利观认为决策要完全依据其后果或结果做出。功利主义的目标是为尽可能多的人提供尽可能多的利益。一方面，功利主义对效率和生产率有促进作用，并符合利润最大化的目标。另一方面，它会造成资源配置的扭曲，尤其是在那些受决策影响的人没有参与决策的情况下。同时，功利主义也会导致一些利益相关者的权利受到忽视。

伦理的权力观认为决策要在尊重和保护个人基本权利（如隐私权等）的前提下做出。权力观的积极一面是它保护了个人的自由和隐私。但它也有消极的一面（主要是针对组织而言），接受这种观点的管理者把对个人权利的保护看得比工作的完成更加重要，从而在组织中会产生对生产率和效率有不利影响的工作氛围。

伦理的公平理论要求管理者公平地实施规则。接受公平理论观的管理者可能决定向新来的员工支付比最低工资高一些的工资，因为在他看来，最低工资不足以维持该员工的基本生活。按公平原则行事，也会有得有失。得的是它保护了那些未被充分代表的利益相关者的利益，失的是它可能不利于培养员工的风险意识和创新精神。

第一种伦理观念是由米尔顿·弗里德曼（Milton Friedman）提出的"企业的业务就是经营企业"，或者说"企业的唯一目标就是追求利润最大化"。这种伦理观念认为关心社会问题不是企业的责任，而且还认为企业在关心社会问题时会使其对社会做贡献的最主要方式（如上缴利税）受到破坏，因此，政府的主要责任是通过立法来阐明社会对企业追求效益所应施加的约束和限制。应该说，这种伦理观念尽管有些极端，但也不无道理，如在计划经济体制下，国有大中型企业就是因为过多地承担了政府和社会应承担的责任，从而使本身的包袱越来越重，削弱了竞争能力，并使它们难以完成最主要的任务。但这并不意味着企业在追求利润最大化时，可以不负相应的社会责任。例如，一个医药生产企业或医院首先应该对病人的健康负责，其次才是追求经济目标；一个自来水和煤气公司的责任首先是保证人们的生活用水和用气。如果一个企业没有社会责任感，只是一味地追逐利润，那么，它就很难得到社会的认可，结果也必将失去其自身的利益。总之，企业在追求利润最大化并满足股东利益的同时，还要兼顾其他人和其他团体的期望和要求。

第二种伦理观念认为应该将所有利益相关者的利益和期望更明确地融入企业的战略中，应该避免生产"反社会"的产品，即不能不顾消费者的需要而把盈利作为唯一的目标，在使现有用户满意并取得盈利的同时，不能忽视可能对社会公众造成的危害。首先，企业在生产经营活动中必须考虑环境保护问题，如不能在人口密集区生产有毒和污染环境的产品，以及产生过量的震动和噪声等。此外，还要注意维持整个环境的生态平衡，如不能向江河湖泊排放污染物等。其次，企业的生产和销售活动应有助于社会文明程度的提高，如不能向儿童销售危害身心健康的读物。这种伦理观念认为企业应该为了社会的利益而承担利润减少的损失，但实际上，能够获利往往是企业致力于生产和销售的直接动力，因此，它们不大可能做出完全不顾自身利益而只对社会和公众有益的战略决策。

第三种伦理观念认为企业应该将社会需要放在至高无上的位置，不用考虑财务上的因素，或者仅仅将财务因素作为一种约束和限制。应该看到，这样一种商业伦理虽值得推崇，但实际上很难行得通。世界各国的公共服务部门，如政府、电信、国有银行一般都有一个听起来很神圣的服务宗旨，但实际上也滋长了一些官僚习气和懒惰作风。因此，一种好的商业伦理应该尽可能多地考虑所有利益相关者的期望和要求，有助于实现企业的长远目标，并对不良态度和行为起到约束和限制的作用。

## 四、企业的社会责任

企业社会责任（Corporate Social Responsibility，CSR）是企业在以赚取利润为主要目标的同时需要对除了股东以外的其他社会成员承担的社会义务。

（一）企业社会责任的范围

1. 企业对政府的责任

在现代社会，政府越来越演变为社会的服务机构，扮演着为公民和各类社会组织服务和实施社会公正的角色。这种制度框架要求企业扮演好社会公民的角色，自觉按照政府有关法律、法规的规定，合法经营、照章纳税，承担政府规定的其他责任和义务，并接受政府的监督和依法干预。

2. 企业对股东的责任

现代社会，股东队伍越来越庞大，遍及社会生活的各个领域，企业与股东的关系逐渐具有了企业与社会关系的性质，企业对股东的责任也具有了社会性。首先，企业应严格遵守有关法律规定，对股东的资金安全和收益负责，力争给股东以丰厚的投资回报。其次，企业有责任向股东提供真实、可靠的经营和投资方面的信息，不得欺骗投资者。

3. 企业对消费者的责任

企业与消费者是一对矛盾统一体。企业利润的最大化最终要借助于消费者的购买行为来实现。作为为消费者提供产品和服务来获取利润的组织，提供物美价廉、安全、舒适、耐用的商品和服务，满足消费者的物质和精神需求，是企业的天职，也是企业对消费者的社会责任。对消费者的社会责任要求企业对提供的产品质量和服务质量承担责任，履行对消费者在产品质量和服务质量方面的承诺，不得欺诈消费者和牟取暴利，在产品质量和服务质量方面自觉接受政府和公众的监督。

4. 企业对员工的责任

企业对员工的责任属于内部利益相关者问题。企业必须以相当大的注意力来考虑雇员的地位、待遇和满足感。在全球化背景下，劳动者的权利问题得到了世界各国政府及各社会团体的普遍重视。

5. 企业对资源环境和可持续发展的责任

实践证明，工业文明在给人类社会带来前所未有的繁荣的同时，也给我们赖以生存的自然环境造成了灾害性的影响。企业对自然环境造成了污染。近半个世纪以来的环境革命改变了企业对待环境的态度——从矢口否认对环境的破坏转为承担起不再危害环境的责任，进而主动保护环境。然而，环境日渐好转的情况仅仅发生在发达国家，整个人类并未走上可持续发展的道路。造成这种局面的根源，在于新兴国家人口和经济的飞速增长。虽然这些政治和社会问题超出了任何一个企业的管辖和能力范围，但是集资源、技术、全球影响及可持续发展动机于一身的组织又只有企业，所以企业应当承担起建立可持续发展的全球经济这个重任，进而利用这个历史性转型实现自身的发展。

6. 企业对社区的责任

企业是社会的组成部分，更是所在社区的组成部分，与所在社区建立和谐融洽的相互关系是企业的一项重要社会责任。企业对社区的责任就是回馈社区，如为社区提供就业机会，为社区的公益事业提供慈善捐赠，向社区公开企业经营的有关信息等。有社会责任的企业意识到通过适当的方式把利润中的一部分回报给所在社区是其应尽的义务，国内外学者与组织对 CSR 的划分如表 2-3 所示。

表 2-3　国内外学者与组织对 CSR 的划分

| 作者 | 年份 | 维度 |
| --- | --- | --- |
| Carroll | 1979 | 四层次：经济责任、法律责任、伦理责任和自由决定责任；六个维度：用户至上主义、环境、种族歧视、产品安全、职业安全和股东 |
| Donaldson | 1995 | 五维度：股东、雇员、消费者、政府和社区责任 |
| Elkington | 1997 | 三维度：经济、社会与环境责任 |
| Carroll | 2000 | 两维度：内部社会责任和外部社会责任。内部社会责任包括提供满意的产品或服务、创造经济财富、企业内部人员的发展和企业的持续发展；外部社会责任体现在维护社会良好秩序方面的努力 |
| Garriga | 2004 | 四维度：工具/财富、政治/社会、一体化与道德责任 |
| Marin 等 | 2012 | 四维度：经济、法律、伦理与自由裁量责任 |
| Brusseau | 2016 | 四维度：经济责任、法律责任、道德责任、人道主义责任 |
| WooH | 2016 | 六维度：人权、劳工、社会、环境、产品与经济责任 |
| 金立印 | 2006 | 五个维度：回馈社会、赞助教育文化等社会公益事业、保护消费者权益、保护自然环境和承担经济责任 |

（二）企业践行社会责任的意义

1. 长期利润极大化

在支持社会责任的许多论点中，最流行的论点是企业的长期自利论点。这个论点认为社会预期企业会为社会做出各种各样的贡献，企业如果想在长期获利的话，就必须提供这些财富。对其社区的需要最为敏感的厂商，将会有一个较好的社区供它在其中运营，招募员工将比较容易，员工的素质将较高，员工流动和缺勤的情形将减少。由于社会改良的结果，犯罪将减少，从而可节省花在保护财产上的支出，缴纳较少的税费去支持警方。这种论点可引申到各方面，如较好的社会可以产生较好的企业环境。

2. 企业良好的公共形象

与长期自利密切相关的是公共形象的观念。每个企业都在寻求树立良好的公共形象，从而获得较多的顾客、较好的员工和其他利益。这类行为是企业的传统行为，依照这种推论，社会目标是目前社会大众最为优先的事项，因此，企业想要塑造一个有利的公共形象，就必须表现出它也支持这些社会目标。

3. 企业持续生存与成长能力

公共形象的观念是指对整个企业体系而言，企业机构只有提供对社会有价值的服务才能存在。在企业未能符合社会的预期时，社会可随时修改或撤销它给企业的社会角色和社会权力。因此，如果企业想保留其现有的社会角色和社会权力，就必须对社会的需要有所反应，并为社会提供需要的事物。这就是"责任的铁律"，因此从长期来说，那些不能以社会认为负责任的态度来使用权力的人，将丧失该种权力。虽然可能需要数十年甚至几百年，但历史似乎证实社会终将采取行动，以减少那些不负责任地使用权力者的权力。

4. 避免政府的介入管制

政府的管制会增加企业的成本，限制其决策的弹性。企业最好能有制定决策的自由，才能维持主动以适应市场和社会因素；企业如能自己负担更多的社会责任，就可避免政府的介入管制，使公共利益和私人利益能够兼顾。

5. 为股东创造打开权力的新机会

企业从事负责任的行为是最符合股东利益的，尤其对分散投资于不同事业的股东而言也是具有价值的。在一项有关企业参与都市问题的调查中，60%的企业主管认为他们的活动将有助于股东捕捉巩固和扩大权力的新机会。

6. 将社会问题变成利润

社会问题往往会变成企业创新能力的方向，企业若能将社会问题加以处理，则可以变成利润。因此应鼓励企业积极参与社会领域，如化学公司发现可从废物利用中获利。

7. 预防胜于治疗

企业如不承担其社会责任，可能会变成社会的长期隐患与矛盾，企业将无法达成提供商品与服务的目标。

# 第四节　战略目标的制定

战略目标是指组织或个人在制订战略计划时所设定的长期目标。它是为了实现组织的愿景和使命而制定的总体方向。战略目标通常是具体、明确且可衡量的，以便对组织的整体发展起到指导作用。

## 一、战略目标的内涵与作用

战略目标是对企业战略经营活动预期取得的主要成果的期望值。战略目标的设定，同时也是企业宗旨的展开和具体化，企业宗旨中确认的企业经营目的、社会使命的进一步阐明和界定，也是企业在既定的战略经营领域展开战略经营活动所要达到的水平的具体规定。

（一）战略目标的内涵

1. 可接受性

可接受性是指企业战略目标必须易于被企业的利益相关者理解和接受，因为战略目标本质上是反映他们的利益和要求。在现实中，这些利益相关集团或主体往往有着互不相同的甚至相互冲突的目标。例如，股东追求价值最大化，员工追求高工资和良好的工作条件，管理人员希望企业发展成长，顾客渴望获得高品质且低廉的产品，政府则要求企业尽可能地多纳税和关心社会公益事业。企业的战略目标必须在这些众多要求中求得平衡，否则将不利于战略目标的顺利实现。一般地，一个能反映企业使命、表述明确、有实际含义的战略目标体系易于被各方接受。

2. 可检验性

可检验性是指战略目标应该是具体的，是可以准确衡量的，是可以在事后予以检验的。战略目标的定量化是使其具有可检验性的最有效的办法，如企业的生产目标不应是"尽可能地多生产产品，减少废品"，而应是"2005 年产品产量达 4 万个，废品率降至 2%"。但有许多目标是难以数量化的，时间跨度越长、战略层次越高的目标越具有模糊性。对于这样的目标，应当用定性化的术语来表达其达到的程度，既要明确目标实现的时间，又要详细说明工作的特点。

3. 可分解性

可分解性是指战略目标必须是可分解的，能够按层次或时间进度进行分解，构成一个战略目标体系（见图 2-1），使企业的每个战略单位甚至每个员工都能明白自己的任务和责任。这样，既能有效避免企业内不同利益团体之间的目标冲突，使战略目标之间相互配合、相互制约，又能使目标更好地转化为具体的工作安排和实际行动。因此，企业在制定总体战略目标后，还必须规定保证性的职能战略目标。

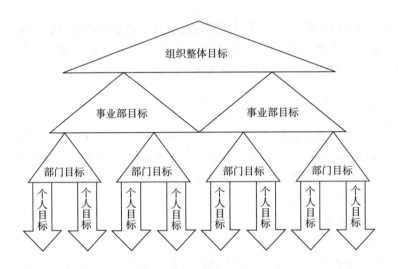

图 2-1　战略目标体系

4. 可实现性

可实现性是指战略目标必须适中、可行，既不能脱离实际定得过高，又不可妄自菲薄定得过低。目标过高，可望而不可即，根本难以实现，必然会挫伤员工积极性，浪费企业资源；目标过低，无须努力就可轻易实现，容易被员工忽视，错过市场机会。因此，战略目标要处于经过一定努力可以实现的水平，这样才能具有强大的激励作用。

5. 可挑战性

目标本身是一种激励力量，特别是当企业战略目标充分体现了企业成员的共同利益，使战略大目标和个人小目标很好地结合在一起时，就会极大地激发组织成员的工作热情和献身精神。一方面，企业战略目标的表述必须具有激发全体员工积极性和发挥潜力的强大动力，即目标具有感召力和鼓舞作用；另一方面，战略目标必须具有挑战性，但又是经过努力可以达成的。因此，员工对目标的实现充满信心和希望，愿意为之贡献自己的全部力量。

由于战略目标是企业使命和功能的具体化，一方面，有关企业生存的各个部门都需要有目标；另一方面，目标还取决于个别企业的不同战略。因此，企业的战略目标是多元化的，既包括经济目标，又包括非经济目标。尽管如此，各个企业需要制定目标的领域是相同的，所有企业的生存都取决于同样的一些因素。德鲁克在《管理实践》一书中提出了八个关键领域的目标：

（1）市场方面的目标：应表明本公司希望达到的市场占有率或在竞争中达到的地位。

（2）技术改进和发展方面的目标：对改进和发展新产品，提供新型服务内容的认知及措施。

（3）提高生产力方面的目标：有效地衡量原材料的利用，最大限度地提高产品的数量和质量。

（4）物资和金融资源方面的目标：获得物质和金融资源的渠道及其有效地利用。

（5）利润方面的目标：用一个或几个经济目标表明希望达到的利润率。

（6）人力资源方面的目标：人力资源的获得、培训和发展，管理人员的培养及其个人才能的发挥。

（7）职工积极性发挥方面的目标：对职工的激励、报酬等措施。

（8）社会责任方面的目标：注意公司对社会产生的影响。

（二）战略目标对企业的作用

企业的战略目标是指企业为实现长期发展而制定的一系列目标，在企业经营中具有至关重要的作用。

1. 指导企业行为

战略目标是企业长期发展的方向和目标，可以指导企业在经营中的行为，使企业在制定决策时更加明确。企业在制定战略目标时只有充分考虑市场环境、竞争对手和自身的实力等因素，确立一个正确的方向，在发展中才不会迷失方向。

2. 促进企业协同

战略目标是企业发展的总体目标，需要全体员工的共同努力才能实现。当企业的战略目标得到全员认可并且能够协调各部门的行动时，就可以形成企业内部的协同效应，从而推动企业向着目标发展。

3. 提高企业竞争力

企业的战略目标与竞争战略密切相关，目标适合市场和企业的实际情况，可以有效地提高企业的竞争力。制定战略目标需要对市场和竞争对手进行深入分析，并结合企业实际情况，从而使企业在市场竞争中具有一定的优势。

4. 提高企业绩效

战略目标是企业长期发展的目标，实现这一目标需要不断地改进企业的管理和经营，提高企业的绩效。企业通过制定战略目标，可以让企业的管理者有一个长期的发展规划，从而对企业的经营行为进行有效的调整和优化，进一步提高企业绩效。

## 二、战略目标的结构与类型

### （一）战略目标核心结构

在企业使命和企业功能定位的基础上，企业战略目标可以按四大内容展开：市场目标、创新目标、盈利目标和社会目标（见图2-2）。

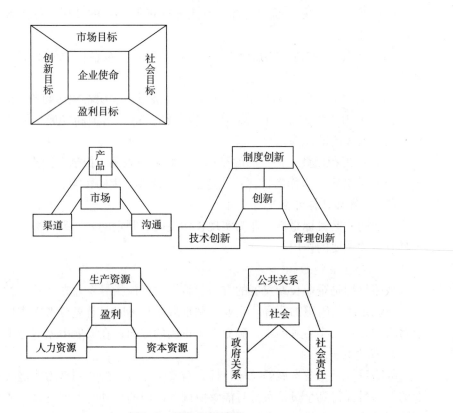

**图 2-2　核心目标结构**

资料来源：MBA 智库百科。

1. 市场目标

一个企业在制定战略目标时最重要的决策是企业在市场上的相对地位，它常常反映了企业的竞争地位。企业预期达到的市场地位应该是最优的市场份额，这就要求对顾客、目标市场、产品或服务、销售渠道等做仔细的分析。

（1）产品目标。该目标包括产品组合、产品线、产品销量和销售额等。

（2）渠道目标。该目标包括纵向渠道目标，即渠道的层次；横向渠道目标，即同一渠道成员的数量和质量目标。

（3）沟通目标。该目标包括广告、营业推广等活动的预算和预算效果。

2. 创新目标

在环境变化加剧、市场竞争激烈的社会里，创新概念受到重视是必然的。创新作为企业的战略目标之一，使企业获得生存和发展的生机和活动。在每一个企业中，基本上都存在着三种创新：制度创新、技术创新和管理创新。为树立创新目标，战略制定者一方面必须预计达到市场目标所需的各项创新，另一方面必须对技术进步在企业的各个领域中引起的发展做出评价。

（1）制度创新目标。随着生产的不断发展，新的企业组织形式逐渐出现。制度创新目标即对企业资源配置方式的改变与创新，从而使企业适应不断变化的环境和市场。

（2）技术创新目标。这一目标将导致新的生产方式的引入，既包括原材料、能源、设备、产品等有形的创新目标，又包括工艺程序的设计、操作方法的改进等无形目标。制定技术创新目标将推动企业乃至整个社会的发展。

（3）管理创新目标。管理创新涉及经营思路、组织结构、管理风格和手段、管理模式等多方面的内容。管理创新的主要目标是试图设计一套规则和程序以降低交易费用，这一目标的建立是企业不断发展的动力。

3. 盈利目标

这是企业的一个基本目标，企业必须获得经济效益。作为企业生存和发展的必要条件和限制因素的利润，既是对企业经营成果的检验，又是企业的风险报酬，也是整个企业乃至整个社会发展的资金来源。盈利目标的达成取决于企业的资源配置效率及利用效率，包括人力资源、生产资源、资本资源的投入-产出目标。

（1）生产资源目标。在通常情况下，企业通过改进投入与产出的关系就可以获利。一方面，提高每个投入单位的产量；另一方面，在单位产出不变的情况下，成本的降低同时也意味着利润的增加。

（2）人力资源目标。人力资源素质的提高能使企业的生产率得到提高，同时还能减少由于人员流动造成的成本开支。因此，企业的战略目标中应包括人力资源素质的提高、建立良好的人际关系等目标。

（3）资本资源目标。达成企业盈利目标同样还需要在资金的来源及运用方面制定各种目标，一方面确定合理的资本结构并尽量减少资本成本；另一方面通过资金、资产的运作来获得利润。

4. 社会目标

现代企业越来越多地认识到自己对用户及社会的责任，一方面企业必须对本组织造成的社会影响负责；另一方面企业还必须承担解决社会问题的部分责任。企业日益关心并注意良好的社会形象，既为自己的产品或服务挣得信誉，又促进组织本身获得认同。企业的社会目标反映企业对社会的贡献程度，如环境保护、节约能源、参与社会活动、支持社会福利事业和地区建设活动等。

（1）公共关系目标。这一目标的着眼点在于企业形象、企业文化的建设，通常以公众满意度和社会知名度为目标。

（2）社会责任目标。这一目标常常是指企业在处理和解决社会问题时应该或可能做什么，如在对待环境保护、社区问题、公益事业时所扮演的角色和所发挥的作用。

（3）政府关系目标。企业作为纳税人支持着政府机构的运作；同时，政府对企业的制约和指导作用也是显而易见的。这一目标的达成往往会给企业带来无形的竞争优势。

（二）战略目标体系

从横向上来说，企业的战略目标大致可以分成两类：第一类是用来满足企业生存和发展所需要的目标，这些目标又可以分解成经济目标和能力目标两类。经济目标主要包括收益性、成长性和稳定性三个定量指标。能力目标主要包括企业综合能力、研究开发能力、生产制造能力、市场营销能力、人力资源能力、财务管理能力和供应链整合能力等一些定性和定量指标。第二类是用来满足与企业有利益关系的各个社会群体所要求的目标。与企业有利益关系的社会群体主要有顾客、企业职工、股东、所在社区及其他社会群体。具体如表2-4所示。

**表2-4 战略目标分类**

| 分类 | 目标项目 | 目标项目构成 |
|---|---|---|
| 经济目标 | 收益性 | 资本利润率、销售利润率、资本周转率 |
| | 成长性 | 销售额成长率、利润增长率 |
| | 稳定性 | 自有资本比率、附加价值增长率、盈亏平衡点 |
| 能力目标 | 企业综合能力 | 战略决策能力、集团组织能力、企业文化、品牌商标、管理创新、知识管理、危机处理、跨文化领导 |
| | 研究开发能力 | 新产品比率、技术创新能力、专利数量 |
| | 生产制造能力 | 生产能力、质量水平、合同执行率、成本降低率 |
| | 市场营销能力 | 推销能力、市场开发能力、服务水平 |
| | 人力资源能力 | 职工安定率、职务安排合理性、直接间接人员比例 |
| | 财务管理能力 | 资金筹集能力、资金运用能力、资本运作能力 |
| | 供应链整合能力 | 对供应商、批发商、零售商的谈判议价能力 |

续表

| 分类 | 目标项目 | 目标项目构成 |
|------|---------|-------------|
| 社会目标 | 客户 | 提高质量、降低价格、改善服务水平、提高客户忠诚度 |
| | 股东 | 分红率、股票价格、股票收益性 |
| | 员工 | 工资水平、职工福利、能力开发、士气、学习与成长 |
| | 社区 | 公害防治程度、利益返还率、就业机会、慈善捐赠、公益事业 |
| 环境目标 | 生态、能耗 | 循环经济、绿色 GDP、节能减排 |
| 市场目标 | 影响力 | 在供应链、产业链上的地位，在各种重要排行榜上的位次，市场份额，企业形象，口碑声誉 |

（三）战略目标划分

按照制定目标主体的层次，企业战略目标可以分为公司层战略目标、业务层战略目标和职能层战略目标。这些不同层次的战略目标有着紧密的联系，其中，职能层战略目标需要为业务层战略目标提供充分支撑，业务层战略目标则需要为公司层战略目标提供充分支撑。

在一个高度多元化发展的企业中，企业总部的主要战略目标是投资收益率；企业各个事业部的主要战略目标是市场占有率和利润；各个职能部门的主要战略目标是职能活动的有效性和速度。

对于行业多元化经营企业的总部来说，在企业目标体系建立的过程中，应该清楚地划分目标的层次及不同层次目标之间的连接，保证战略管理的有效性。

按照目标预期实现的时间，企业战略目标可以分为长期目标、中期目标和短期目标。在这里，长期、中期和短期都是相对的概念。

长期目标是指时间跨度在五年或五年以上的目标，它通常是企业根本性的、全局性的战略目标；短期目标通常是指时间跨度为一年或一年以下的目标，重点关注近期内应取得的成就和应完成的具体任务；中期目标处在两者之间，是指时间跨度在一年以上五年以下的目标，既需要体现一定的综合性和战略性，又需要适当地关注具体任务。

为了实施有效的战略管理，管理者需要关注目标体系在时间序列上的合理性，这样才能根据短期目标的实现情况动态地修正企业的长期目标。

按照目标的因果关系，企业战略目标可以分为战略行动目标和财务结果目标。其中，战略行动目标是指与强化公司核心能力、巩固公司市场地位、改善公司核心业务前景相关的目标。财务结果目标是指战略管理为公司制定并努力达到的财务方面的绩效目标。

一个公司的战略绩效应当同时采用战略行动目标和财务结果目标来衡量，前者是动因性的，后者是结果性的。也就是说，只有前者得以实现，后者才能实现，同时，后者的实现能够为前者的实现提供灵活性和保障。

（四）公司战略目标类型

第一，发展型战略包括一体化战略、多元化战略、密集型成长战略。

一体化战略包括纵向一体化战略和横向一体化战略。例如，安踏公司设立自己的旗舰店就属于纵向一体化中的前向一体化，如果它设立服装厂就属于后向一体化。如果它把其他品牌服装控制住，就属于横向一体化。多元化战略的类型包括同心多元化和离心多元化。例如，格力电器现在除了生产空调之外，还生产其他电器就属于同心一体化，它借用的是原有的销售渠道，如果它投身房地产，就是离心多元化。密集型成长战略，也称为加强型成长战略，包括三种类型：市场渗透战略、市场开发战略和产品开发战略。

第二，稳定型战略，也称为防御型战略、维持型战略，包括四种类型：暂停战略、无变化战略、维持利润战略、谨慎前进战略。

第三，收缩型战略，也称为撤退型战略，包括三种类型：转变战略、放弃战略、清算战略。

第四，成本领先战略的适用条件：市场需求具有较大的价格弹性；所处行业的企业大多生产标准化产品，价格因素决定了企业的市场地位；实现产品差异化的途径很少；多数客户以相同的方式使用产品；用户购买从一个销售商改变为另外一个销售商时，转换成本很小，因而倾向于购买价格最优惠的产品。

成本领先战略的优势包括可以抵御竞争对手的进攻；具有较强的对供应商的议价能力；形成了进入壁垒。

第五，采取差异化战略的风险包括竞争者可能模仿，使差异消失；保持产品的差异化往往以高成本为代价；产品和服务差异对消费者来说失去了意义；与竞争对手的成本差距过大；企业要想取得产品差异，有时要放弃获得较高市场占有率的目标。

第六，集中化战略可以分为集中成本领先战略和集中差异化战略。集中化战略的条件：企业资源和能力有限，难以在整个产业实现成本领先或者差异化，只能选定个别细分市场；目标市场具有较大的需求空间或增长潜力；目标市场的竞争对手尚未采用统一战略。实施集中化战略的风险：竞争者可能模仿；目标市场由于技术创新、替代品出现等原因而需求下降；由于目标细分市场与其他细分市场的差异过小，大量竞争者涌入细分市场；新进入者重新细分市场。

### 三、战略目标的特征与要求

（一）战略目标的特征

1. 宏观性

战略目标是一种宏观目标。它是对企业全局的一种总体设想，它的着眼点是整体而不是局部。它是从宏观角度对企业的未来的一种较为理想的设定，提出企业整体发展的总任务和总要求，规定整体发展的根本方向。因此，人们提出的企业战略目标总是高度概括的。

2. 长期性

战略目标是一种长期目标。它的着眼点是未来和长远。战略目标是关于未来的设想，它设定的是企业职工通过自己的长期努力奋斗而达到的对现实的一种根本性的改造。战略目标规定的是一种长期的发展方向，提出的是长期的任务，绝不是一蹴而就的，而是要经过企业职工相当长时间的努力才能够实现。

3. 相对稳定性

战略目标既然是一种长期目标，那么它在规定的时间内就应该是相对稳定的。战略目标既然是总方向、总任务，那么它就应该是相对不变的。这样，企业职工的行动才会有一个明确的方向，大家对目标的实现才会树立起坚定的信念。当然，强调战略目标的稳定性并不排斥根据客观需要和情况的发展而对战略目标作必要的修正。

4. 全面性

战略目标是一种整体性要求。它虽着眼于未来，但并没有抛弃现在；它虽着眼于全局，但又不排斥局部。科学的战略目标，总是对现实利益与长远利益、局部利益与整体利益的综合反映。科学的战略目标虽然总是概括的，但它对人们行动的要求又总是全面的，甚至是相当具体的。

5. 可分性

战略目标具有宏观性、全面性的特点本身就说明它是不可分的。战略目标作为一种总目标、总任务和总要求，总是可以分解成某些具体目标、具体任务和具体要求。这种分解既可以在空间上把总目标分解成一个方面又一个方面的具体目标和具体任务，又可以在时间上把长期目标分解成一个阶段又一个阶段的具体目标和具体任务。人们只有把战略目标分解，才能使其成为可操作的东西。可以这样说，因为战略目标是可分的，因此才是可实现的。

6. 可接受性

企业战略的实施和评价主要是通过企业内部人员和外部公众来实现的，因此，战略目标必须被他们理解并符合他们的利益。但是，不同的利益集团有着不同的甚至是相互冲突的目标，因此，企业在制定战略时一定要注意协调。一般地，能反映企业使命和功能的战略易于被企业成员接受。此外，企业的战略表述必须明确，有实际的含义，不至于产生误解，易于被企业成员理解的目标也易于被接受。

7. 可检验性

为了对企业管理的活动进行准确的衡量，战略目标应该是具体的和可以检验的。目标必须明确，具体地说明将在何时达到何种结果。目标的定量化是使目标具有可检验性的最有效的方法。但是，有许多目标难以数量化，时间跨度越长、战略层次越高的目标越具有模糊性。此时，应当用定性化的术语来表达其达到的程度，要求既明确战略目标实现的时间，又详细说明工作的特点。

8. 可挑战性

目标本身是一种激励力量，特别是当企业目标充分地体现了企业成员的共同利益，使战略大目标和个人小目标很好地结合在一起的时候，就会极大地激发组织成员的工作热情和献身精神。

（二）战略目标的要求

第一，战略目标必须有科学的依据。企业的战略目标关系到企业未来的生存和发展，能否实现决定着企业的兴衰存亡，因此，目标的制定和选择必须确保其严肃性和科学性，不能带有主观的臆想。

第二，目标必须明确和具体，并规定完成期限。企业制定的战略目标不能太笼统，应尽可能地具体化和量化，使决策者和执行者能够有一致的理解。

第三，目标必须具有挑战性，并切实可行。战略目标要略高于企业和个人的能力，使其具有超前性和感召力，同时又要防止高不可攀。

第四，目标应突出重点。战略目标不宜太多，应抓住决定企业兴衰存亡的关键问题，分清主次、突出重点。

第五，目标应形成一个完整的体系。战略目标是整体目标，为保证其实现，根据总体目标要求，制定一系列的分目标，最终形成一个完整的相互配套的目标体系。

---

### 知识拓展：通用电气公司制定目标的"聪明"原则

通用电气公司要求管理人员制定目标时必须遵循 SMART 原则：

具体性（Specific）：企业战略目标的表述必须是具体、明确、不含糊的。例如，"降低成本"就是一个含糊不清的目标。只有具体明确的目标才有可能层层分解，用来指导每一位员工的工作。

可衡量性（Measurable）：所谓可衡量性，是指战略目标的制定应该进行相应的量化，易于衡量和事后检验。只有这样才能发挥目标体系的作用。

可实现性（Attainable）：目标的设置要从企业的实际出发，既不能定得过高，挫伤员工的积极性，又不能定得过低，失去激励作用。

相关性（Relevant）：战略目标是为了实现战略愿景和企业使命而设置的，因此，战略目标应该围绕愿景和使命展开。同样，子目标也应该围绕总目标展开。

---

时限性（Time-Bound）：战略目标需要在一定时期内完成，因此必须有明确的时限性。

资料来源：迈克尔·A. 希特，R. 杜安·爱尔兰，罗伯特·E. 霍斯基森. 战略管理：概念与案例（第10版）［M］. 刘刚，吕文静，雷云，等，译. 北京：中国人民大学出版社，2012.

### 四、战略目标制定的方法与技术

（一）战略目标的制定方法

战略目标的制定是企业经营战略设计的核心，是战略规划的重要环节，它指明了企业在今后较长时期内的努力方向。在建立战略目标体系时，要避免两个误区：一是战略目标不是企业现有资源和能力在未来时点的实现，如此制定的目标与企业的发展显然是相悖的；二是战略目标要建立在把握公司现状、预判未来变化、战略定位清晰的基础上，而不应当是企业决策者个体思想的具象化。

1. 调查研究

在制定战略目标之前，必须进行调查研究工作，包括对已经完成的调查研究成果进行复核、整理，深入研究机会与威胁、长处与短处、自身与对手、企业与环境、需求与资源等多组对立关系，为确定战略目标奠定可靠的基础。调查研究要全面进行，但又要突出重点。为确定战略而进行的调查研究的侧重点是企业与外部环境的关系和对未来的预测。然而对于战略目标决策来说，最关键的还是对企业未来具有决定意义的外部环境信息。

2. 拟定目标

拟定战略目标一般需要经历两个环节：拟定目标方向和拟定目标水平。在既定的战略经营领域内，依据对外部环境、需求、资源的综合考虑，确定目标方向；通过对现有能力与手段等条件的全面衡量，对沿着战略方向展开的活动所达到的水平也要进行预测，这就形成了可供决策和选择的目标方案。在目标确定的过程中，在满足实际需要的前提下，要尽可能减少目标的个数。一般采用的方法是先把分目标合并成一个目标，然后把从属目标纳入总目标，通过度量求和，形成一个单一的综合目标。在拟定目标的过程中，要充分发挥参谋、智囊人员的作用。要根据实际需要，尽可能多地提出一些目标方案，以便对比和选优。

3. 评价论证

初步目标拟定出来之后，要组织多方面的专家和人员对方案进行评价和论证，战略目标的评价与论证要注意以下三个方面：①要论证和评价战略目标方向的正确性。要着重研究拟定的战略目标是否符合企业精神，是否符合企业的整体利益与发展需要，是否符合外部环境及未来的发展趋势。②要论证和评价战略目标的可行性。评价的方法主要是按照目标的要求，分析企业的实际能力，找出目标与现状的差距，分析用于消除差距的措施，并且要进行精确的测算，尽可能用数据说明。如果制定的途径、能力和措施对消除差距有足够的保证，就说明此目标是可行的。还有一个倾向要注意：如果外部环境及未来的变化对企业发展比较有利，企业自身也有办法找到更多的发展途径、能力和措施，就要考虑适当提高战略目标的水平。③要论证和评估所拟目标的完善化程度。

对目标的完善化程度进行评估，包括以下方面：①目标是否明确。所谓目标明确，是指目标应当是单义的，只能有一种理解，而不能是多义的。有多项目标的情况下，必须分出主次轻重。实现目标的责任必须能够落实，实现目标的约束条件要尽可能明确。②目标内容是否协调一致。如果目标内容不协调一致，完成其中一部分指标势必会牺牲另一部分指标，目标内容便无法完全实现，因此，要对不协调的目标内容进行调整。③目标内容是否最优。如果在评价论证时有多个目标方案，评价论证就要在比较中进行。通过内容对比、利弊权衡，找出各个目标方案的优劣所在。④目标的评价论证过程，也是目标方案的完善过程。要通过评价、论证，找出目标方案的不足，并设法使之完善起来。如果通过评价发现拟定的目标完全不正确或根本无法实现，就要重新拟定目标，再进行评价。

4. 目标决断

目标决断要综合考虑三个方面：①目标方向的正确程度；②目标的可实现程度；③目标期望效益的大小。同时，目标决断还必须掌握好时机。战略决策毕竟不同于战术目标决策，战术目标决策时间一般比较紧迫，回旋余地小，战略目标决策的时间则较为宽裕，有机会进行时机选择。

战略目标的制定步骤如图 2-3 所示。

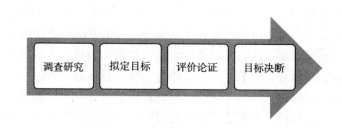

调查研究　拟定目标　评价论证　目标决断

**图 2-3　战略目标的制定步骤**

（二）战略目标的制定技术

1. 时间序列分析法

把过去和未来的某一目标值都看成是一个时间函数，这一序列是由互相配对的两个数列构成的，一个是反映时间顺序变化的数列，另一个是反映各个时间目标值变化的数列。编制时间序列是动态分析的基础，主要目的在于了解过去的活动过程，评价当前的经营状况，从而制定战略目标。这一方法一般用于环境较为稳定情况下对未来的预测。

2. 相关分析法

研究变量之间存在的非确定性的数量依存关系。这一方法广泛地应用于经济分析，因为社会经济与市场诸因素之间常有一种内在的相关性或因果关系。

3. 盈亏平衡分析法

企业制定战略目标常用的一种有效方法，是根据产品的销售量、成本和利润三者之间的关系，从而分析各种方案对企业盈亏的影响，并从中选择出最佳的战略目标。

4. 决策矩阵法

以矩阵为基础，分别计算出各备选方案在不同条件下的可能结果，然后按客观概率的大小，计算出各备选方案的期望值，进行比较，从中选择优化的战略目标。

5. 决策树法

风险决策一般采用决策树，基本原理是以收益矩阵决策为基础，进行最佳选择决策。不同的是，决策树是一种图解方式，对分析复杂的问题更为适用。决策树能清楚、形象地表明各备选方案可能发生的事件和带来的结果，使人们易于领会做出决策的推理过程。如果问题极为复杂，还可借助于计算机进行运算。决策树分析不仅能帮助人们进行有条理的思考，而且有助于开展集体讨论，统一认识。

6. 博弈论法

博弈论法又叫对策论，是运筹学的一个分支，最初是用在军事上，用来研究如何战胜对方的最佳策略；后来被企业单位广泛采用，通过数学方法来研究有利害冲突的双方，在竞争性的环境中如何找出并制定战胜对手的最优策略等问题。

7. 模拟模型法

所谓模拟，就是模仿某一客观现象建立一个抽象的模型，并对模型进行分析、实验，以观察并掌握客观现象运动、变化的规律，从而找出错综复杂问题的解决方案。通过给各种模型输入不同的数据，再观察这些模拟的运转和可能产生的结果，从而制定合适的战略目标。模拟模型试验，特别是复杂的建模，往往既需要专家顾问的帮助，也需要有计算机的帮助。用计算机进行模拟的基本步骤：一是建立模型，这种模型往往不是简单的数学公式，而是用来描绘事件运行的逻辑步骤；二是把这些逻辑模型输入计算机，编成计算机模拟程序，这样既便于操作，又能大大提高效率；三是进行设计和实验，在模拟客观现实问题的各方案中选出较优的战略方案和目标。一个战略模拟模型可能包括所有相关的环境因素及内部成本结构、资源分配等因素对企业经营业绩的影响。

8. 平衡计分卡

一种绩效管理方法，它通过四个逻辑相关的角度及其相应的绩效指标，考察公司实现其远景及战略目标的程度。这四个角度分别是财务、顾客、内部流程、学习与成长。

## 【本章小结】

企业使命阐述了企业的任务是什么，这些任务因何而存在，以及企业所能做出的独特贡献，为企业战略目标的确定与战略方案的制订提供依据。企业愿景是在汇集全体员工共同心愿的基础之上，对企业未来的美好愿景和蓝图的展望。任何成功的企业都有其明确的使命和愿景，正确地确定企业使命和愿景，是企业走向成功的必要条件。企业使命和愿景界定的基本思路包括"什么""谁""采取什么样的方式"，必须有足够的狭窄度，要具体、明确，还要具有鼓动性。

战略目标是企业战略构成的基本内容，它表明的是企业在实现其使命、追求其愿景过程中要达到的长期结果，企业使命和愿景一般没有具体的数量特征及时间限定，战略目标则不同，它是对企业在一段时间内需完成的各项活动进行数量评价。战略目标既可以是定性的，也可以是定量的。在企业使命和愿景的基础上，企业战略目标可以按四大内容展开：产品与市场目标、创新目标、盈利目标和社会目标。

## 【复习思考】

### 一、单选题

1. 战略是根据（ ）的需要提出来的，它对组织形态也有反作用，会要求企业组织形态在一定的时期做出相应的变化。

A. 企业的使命               B. 企业的组织结构

C. 企业环境变化            D. 企业的竞争情况

2. 以下哪一个不属于企业的目标体系？（ ）

A. 战略目标     B. 战术目标     C. 长期目标     D. 年度目标

3. （ ）是企业使命的具体化，是企业追求的较大目标。

A. 企业愿景     B. 战略目标     C. 战术目标     D. 企业经营哲学

4. 战略目标是（ ）。

A. 公司使命的具体化         B. 衡量工作成绩的标准

C. 企业的基本战略            D. 企业的愿景与任务

5. 下列陈述属于使命陈述的是（ ）。

A. 为人类的幸福和发展做出技术贡献

B. 创造更高的绩效指标

C. 进入世界 500 强

D. 超越 IBM 成为计算机服务行业的领头羊

6. 商业活动中的基本伦理矛盾是（　　）。

A. 自利与利他　　　　　　　　B. 个人利益与社会利益

C. 商业主体利益与社会利益　　D. 商业主体利益与利益相关者利益

7. 战略目标的定量化是使目标具有（　　）的最有效方法。

A. 可接受性　　　B. 可实现性　　　C. 可检验性　　　D. 可挑战性

8. 以下哪一项不属于战略目标？（　　）

A. 企业规模　　　　　　　　　B. 销售收入和盈利增长率

C. 企业目标市场　　　　　　　D. 技术能力

9. 某服装企业在坚持高质量的基础上开发产品，要求体现个性化色彩。在营销理念上，该企业采取的方式主要是通过专卖店进行销售。店内的销售人员入岗前要接受专门的培训，要求他们掌握销售技巧的同时，树立为顾客服务的理念和行为准则。根据以上信息，判断这个品牌产品的战略是（　　）。

A. 目标集中战略　　　　　　　B. 差异化战略

C. 多样化战略　　　　　　　　D. 总成本领先战略

10. 企业选择纵向一体化战略的一个重要原因是（　　）。

A. 技术条件　　　B. 资金条件　　　C. 人才条件　　　D. 环境条件

## 二、多选题

1. 企业战略承诺存在多种其他表述形式，包括（　　）。

A. 企业愿景　　　B. 战略意图　　　C. 经营理念　　　D. 核心价值观

2. 企业战略目标的内容（　　）。

A. 获利能力　　　B. 企业发展　　　C. 技术水平　　　D. 人力资源开发

3. 战略目标的制定原则有（　　）。

A. 全面性原则　　B. 关键性原则　　C. 平衡性原则　　D. 权变性原则

E. 系统性原则

4. 战略目标的特征有（　　）。

A. 可接受性　　　B. 可检验性　　　C. 可实现性　　　D. 可预测性

E. 可挑战性

5. 华侨城集团致力于人们生活的改善、提升和创新，以及高品位生活氛围的营造，致力于将自身的发展融入中国现代化事业的历史过程中。华侨城集团是企业家创新的舞台，是明星企业的孵化器，是创业者梦想成真的家园，是具有高成长性和鲜明文化个性的国际化企业。这一表述包括了（　　）。

    A. 企业使命　　　　　　　　　B. 企业愿景

    C. 对外部环境的认识　　　　　D. 企业的价值

    E. 战略目标

【案例分析】

# 案例2-2　企业战略分析之特斯拉公司

    特斯拉是一家全球领先的电动汽车制造商，致力于推动可持续出行和能源革命。以下是特斯拉公司的愿景、使命和目标：

    **一、愿景**

    特斯拉的愿景是建立一个可持续能源的未来，通过创新、高效和环保的技术，改变全球能源系统的格局。特斯拉致力于建立一个世界上最大的清洁能源平台，通过电动汽车、太阳能和能源储存系统，实现能源的可持续生产和使用，为人类创造一个更清洁、更美好的世界。

    **二、使命**

    特斯拉的使命是加速世界向可持续能源转型的过程，通过提供创新的电动汽车和能源解决方案，推动汽车行业向零排放和可再生能源方向发展。特斯拉致力于设计、制造和交付最先进的电动汽车，让人们享受绿色出行的便利和乐趣，同时通过太阳能和能源储存系统，为家庭、企业和社区提供可靠的清洁能源解决方案。

    **三、目标**

    特斯拉的目标是成为全球领先的电动汽车制造商，并推动电动汽车在全球范围内的普及和市场份额的增长。特斯拉致力于提高电动汽车的性能、续航里程和充电速度，以满足消费者对于绿色出行的需求，并改善用户体验。特斯拉还致力于加大对于可再生能源和能源储存技术的研发和创新，提供更高效、可靠的清洁能源解决方案。

    此外，特斯拉还有一系列具体的目标，如提高生产效率、降低生产成本、扩大销售网络和提供卓越的客户服务。特斯拉还致力于提升可持续能源产业链的可持续性，与供应商和合作伙伴共同推动绿色供应链的发展，减少环境影响。

    通过明确的愿景、使命和目标，特斯拉公司在电动汽车行业树立了强大的品牌形象，并取得了巨大的成功。这些愿景、使命和目标不仅激励着特斯拉的团队持续创新和进步，还为消费者提供了可靠和环保的出行选择，推动了全球可持续能源的发展和应用。

**案例讨论题**

1. 可再生能源的推广对于电动汽车市场有何影响？请举例说明。

2. 电动汽车的普及对城市交通和环境有何影响？请举例说明。

3. 你还知道哪些与特斯拉战略相似的公司，请阐述它们的相似与不同之处。

# 案例 2-3  蜜雪冰城的企业战略分析

蜜雪冰城，是张红超于 1997 年在郑州成立的冰淇淋与茶饮品牌。经过 20 多年的发展，到 2022 年 8 月，公司门店数达到 22375 家，分布在全国 31 个省区市（不包括香港、澳门、台湾）并正在积极开拓海外市场。在众多茶饮品牌中，蜜雪冰城以价格实惠为特色，产品价格多在 10 元左右，平均客单价只有 8.8 元。

蜜雪冰城的目标用户是以大学生为代表的年轻消费群体，以及三四线城市的年轻人群。2021 年 1 月，蜜雪冰城完成首轮融资，由美团龙珠和高瓴领投，CPE 源峰等机构跟投。本轮融资金额超 20 亿元，融资完成之后，蜜雪冰城的估值达到 200 亿元。蜜雪冰城致力于让全球每个人享受高质平价的美味，用优质的原材料打造产品，以优质的团队服务顾客。为做好每一支冰淇淋、每一杯茶饮，蜜雪冰城品牌由三大产业链（研发生产、仓储物流、运营管理）共同协作，使蜜雪冰城在国内饮品行业稳步成长，并致力于推动全球冰淇淋与茶饮行业更好、更快发展。蜜雪冰城致力于打造中国新鲜冰淇淋-茶饮品牌，是一家以新鲜冰淇淋-茶饮为主的连锁机构品牌。蜜雪冰城开创了全新的连锁形态，将高品质低价格与健康新鲜融为一体，为消费者提供特色产品。2021 年 7 月 22 日，蜜雪冰城透露正在展开自救与救灾行动，并捐赠 2200 万元现金，用于抗洪救灾和灾后重建。

蜜雪冰城的营销核心是迎合大众。营销的重点是打造爆点。只要年轻人喜欢，有爆点，能被受众广泛接受，并能广泛传播，那么这种营销就是成功的。当然，火爆的营销和蜜雪冰城本身的产品定位也是分不开的。蜜雪冰城注重性价比，与现有主流茶饮模式划清界限，拥有良好的群众基础。蜜雪冰城属于低端定位，更受消费群体欢迎。蜜雪冰城的经营模式就是低价，然后快速下沉开店做大规模。

　　疫情结束后，年轻人被压抑的消费欲望迅速回弹，蜜雪冰城也举办了自己的音乐节，便宜的票价还有各大歌手，抢到着实不亏。同时，蜜雪冰城也因为这波营销收获了不少好评。

　　品牌与音乐节合作，参与音乐市场，并不是要与音乐行业竞争，而是共同年利，在做大行业蛋糕的同时达到品牌营销效果最大化的目的。品牌参与音乐节市场更是为了融入当下具有强消费力的年轻群体，从而挖掘出更多"品牌在场"的可能性。

**案例讨论题**

　　1. 在本例中，蜜雪冰城的企业战略包括哪些方面？

　　2. 未来蜜雪冰城可以通过哪些方面提高特色？

　　3. 你还知道哪些与蜜雪冰城战略相似的公司，请阐述它们的相似与不同之处。

# 第三章 外部分析：机会、威胁与行业竞争

【知识架构】

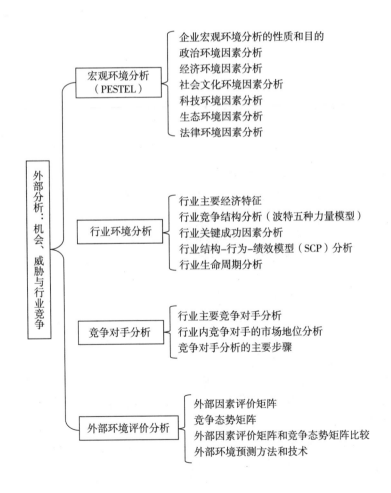

外部分析：机会、威胁与行业竞争

- 宏观环境分析（PESTEL）
  - 企业宏观环境分析的性质和目的
  - 政治环境因素分析
  - 经济环境因素分析
  - 社会文化环境因素分析
  - 科技环境因素分析
  - 生态环境因素分析
  - 法律环境因素分析

- 行业环境分析
  - 行业主要经济特征
  - 行业竞争结构分析（波特五种力量模型）
  - 行业关键成功因素分析
  - 行业结构–行为–绩效模型（SCP）分析
  - 行业生命周期分析

- 竞争对手分析
  - 行业主要竞争对手分析
  - 行业内竞争对手的市场地位分析
  - 竞争对手分析的主要步骤

- 外部环境评价分析
  - 外部因素评价矩阵
  - 竞争态势矩阵
  - 外部因素评价矩阵和竞争态势矩阵比较
  - 外部环境预测方法和技术

## 【学习要点与目标】

通过本章的学习，读者应该能够：
□了解外部环境分析的内容和层次
□熟悉企业外部宏观环境因素
□理解宏观环境分析的六大要素及其内容
□熟悉波特的"五力模型"
□掌握竞争态势矩阵的分析
□熟练外部环境预测的方法和技术
□掌握行业生命周期的阶段特点

## 【本章核心概念】

行业环境　波特五力模型　外部环境分析　关键成功因素　竞争态势矩阵
行业生命周期

## 【引导案例】

## 案例3-1　传音手机：制霸非洲市场

在国内无人问津的国产手机品牌"传音"，出征海外却制霸非洲市场长达10余年之久，如今它的市场已涵盖全球新兴经济体国家。

传音创始人竺兆江凭借多年走访90多个国家的经验，选择并认定了海外市场这片蓝海，于是便在2006年创立了传音控股。传音在创立之初，竺兆江就把目标锁定了非洲。那个时候非洲的手机普及率还没有那么高，竺兆江认为物美价廉的手机是打入非洲市场最大的优势。因此，在做过充分的市场调研后，竺兆江定下三大运营策略，即智能美黑、四卡四待、手机低音炮。传音手机正是靠这三招成了非洲朋友的挚爱选择。

首先，智能美黑抓住了非洲朋友皮肤黑、夜间拍照不清晰的痛点。传音在这方面做了优化，无论任何时候，非洲朋友拍照都能清晰地照出自己的面孔。

其次，四卡四待的决定优势。当时，非洲市场跟国内和其他发达国家都不同，非洲的通信运营商很多，各自占据着一块地区，不仅泾渭分明更是互不打扰，很多人出门都要带好几部手机。但是，传音一部手机可以放4张卡就完美地解决了这个痛点。

最后，"手机低音炮"的音质。那个时候还非常流行手机铃声，因为非洲人都热爱音乐和舞蹈，传音手机推出的这一功能，正是为了满足非洲消费者对音乐的喜爱。8个扬声器，不仅音量非常大，还可以环绕式播放，音质也能有所保障，简直是播放音乐的不二选择。

在这三大运营策略的执行下，传音手机很快就坐上了"王座"，不仅打败了三星、OPPO等知名品牌，还霸占了手机市场的大半山河。

传音为什么不走国内市场，而是主攻海外新兴市场呢？这只能说创始人竺兆江的思路是精明的。

当时，国内的市场环境发生了变化，一方面，很多国内消费者存在崇洋媚外的心理，觉得进口的才是最好的，如果是高端客户更愿意买诺基亚、三星等品牌的手机，而不是国产手机，觉得国产手机掉身价；另一方面，山寨机仿制代价很低，他们的手机物美价廉又挤占了国内的低端市场。所以，不做代工或者山寨机在国内的生存空间就很小。

未来传音手机还能走多远呢？在非洲大陆的市场地位逐步稳健后，也给传音公司赚取了较多的回报。

传音控股的公开数据显示，截至2022年4月底，传音控股的总市值已达650多亿元。未来的发展战略仍然是立足新兴市场国家，继续"复制"非洲的经营道路。

2022年第一季度，传音控股受到深圳新冠疫情对珠三角供应链的影响，香港新冠疫情亦使公司运输与物流受限，且上游SoC供应仍存在一定缺口，整体手机出货量3750万台。面对这些困难，传音也调整了自己的出货区域。

目前，传音发展迅速，准备在海外冲击更多的市场。随着传音自身产业结构的优化调整，以及品牌效应的逐步加深。或许，它的发展之路会走得越来越广。

**点评**：以上这个案例中，传音手机创始人竺兆江避开竞争激烈的国内手机市场，选择攻占国外市场，并结合当地人肤色、生活习惯及兴趣爱好等，为他们专属定制了一款深受非洲人喜爱的手机，因此传音手机在非洲占据了一席之地。这离不开市场的定位、战略的制定及品牌的建设。在当今竞争激烈的时代，企业一定要做好外部环境的分析，寻找机遇，摆脱威胁，才能在众多企业中脱颖而出。

# 第一节　宏观环境分析（PESTEL）

宏观环境是指在社会中影响各个行业的共同因素，包括政治（Politics）、经济（Economy）、社会（Society）、科技（Technology）、生态（Ecology）和法律（Law）因素等。PESTEL 是目前较为常用且被广泛认可的宏观环境分析工具，首先，可以在政治、经济、社会、科技、生态和法律因素中找到企业需重点考虑的因素；其次，对这些因素仔细分析，可得出这些因素对企业战略的影响；最后，对这些因素进行评价，确定关键战略因素。

## 一、企业宏观环境分析的性质和目的

任何一个企业都不是孤立存在的，总是要与其周围环境发生物质的、能量的和信息的交流与转换。离开了与外部环境的交流与转换，企业将无法生存和发展。换句话说，企业生存和发展要受到其所处的外部环境的影响和制约。在企业与外部环境的相互关系中，一般来说，环境力量总是不以企业的意志为转移，总是处在不断发展变化之中，特别是当今信息社会更是如此。因此，企业应该认识环境的状况、特点及变化趋势，并在此基础上去适应它，而不是对抗它。

外部环境分析的目的就是要明确"我们可以做什么"。具体而言，就是通过对外部环境的分析，明确客观条件允许做什么，可以利用客观条件做什么。在制定和实施企业战略时，首先，需要充分考虑并了解企业所处的外部环境，对其做出正确的判断；其次，通过调整相关策略来适应外部环境的变化，并通过对外部环境加以利用来获取竞争优势。

按照外部环境因素的作用范围和方向，外部环境分析的层次如图 3-1 所示，由外到内、由宏观到微观依次为宏观环境、行业环境、竞争环境和利益相关者。

企业外部环境中涉及范围最广的因素是宏观环境因素，如经济、技术、政治、法律、生态。行业环境则是对宏观环境的进一步细分，它是宏观环境在特定行业的具体表现。行业环境又决定着企业的竞争环境，通过对企业竞争环境的分析，以此确定企业的竞争对象并针对性地调整和实施现行战略。利益相关者包括企业所有者、股东、其他债权人及企业内部人员等，他们作为企业战略的实施者和参与者，对企业的重要性决策起着决定性作用。

## 二、政治环境因素分析

政治因素是指对企业经营活动具有现实的和潜在的作用与影响的政治力量、

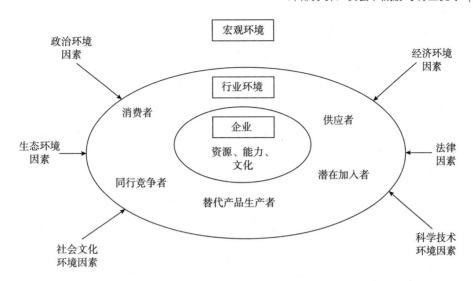

**图 3-1　企业与外部环境的关系**

资料来源：龚荒. 企业战略管理（第 2 版）[M]. 徐州：中国矿业大学出版社，2009.

政治制度、政治体制、方针政策等，这些因素常常制约、影响企业的经营行为，尤其是影响企业较长期的投资行为。不同的国家有着不同的社会制度，不同的社会制度对企业生产经营活动有着不同的限制和要求。即使在社会制度没有发生变化的同一个国家，政府在不同时期的基本路线、方针、政策也是在不断变化的。对于这些变化，企业应进行分析研究。通过研究，组织可以明确其所在的国家和政府目前禁止企业干什么，允许企业干什么，以及鼓励企业干什么，以便使企业活动符合社会利益并受到有关方面的保护和支持。

（一）政治环境因素分析的内容

具体来说，政治环境因素分析包括：

第一，企业所在地区和国家的政局稳定状况。

第二，国家推行的基本政策及这些政策的连续性和稳定性。政府要通过各种法律、政策及其他一些旨在保护消费者、保护环境、调整产业结构、引导投资方向的措施。

第三，政府行为对企业的影响。作为供应者，政府拥有无法比拟的自然资源、土地和国家储备等，它的决定与偏好极大地影响着一些企业的战略；作为购买者，政府很容易培育、维持、增强、消除许多市场机会，如政府购买。

第四，各种政治利益集团对企业活动产生的影响。一方面，这些集团可以通过代表来发挥自己的影响力，政府的决策会去适应这些力量；另一方面，这些集团也可以对企业施加影响，如通过诉诸法律、利用传播媒介等。因此，企业必须花费时间、财力与各种利益集团抗争。

此外，这一环境因素中还包括国际政治形势及其变化，主要包括国际政治局势、国际关系、目标国的国内政治环境等。

（二）政治环境因素对企业影响的特点

第一，直接性，即国家政治环境直接影响着企业的经营状况。

第二，难以预测性。对于企业来说，很难预测国家政治环境的变化趋势。

第三，不可逆转性。政治环境因素一旦影响到企业，就会使企业发生十分迅速和明显的变化，而企业是驾驭不了这一变化的。

### 三、经济环境因素分析

经济环境因素是指国民经济发展的总概况，主要是指国际和国内经济形势及经济发展趋势。在经济环境中，关键性的战略因素有国民经济发展状况及其规律、国内生产总值及其变动趋势、人均收入及其变动趋势、货币供应、利率、通货膨胀、失业和就业、国民可支配收入、原料、能源来源及其成本、贸易周期、企业投资等，与其他环境因素相比经济环境有着更广泛而直接的影响。

（一）国民经济发展状况与发展规律分析

首先，要考察国民经济发展处于何种阶段，是产业结构调整时期、经济低速增长时期或是高速增长时期，以及宏观经济以怎样一种周期规律变化发展。在众多衡量宏观经济的指标中，国内生产总值是最常用的指标。它是衡量一国或一个地区经济实力的重要指标，它的总量及增长率与市场购买力及其增长率有较高的正相关关系。同时，它也是一国或一个地区市场潜力的反映。近年来，我国成为欧美国家竞相投资的热点，正是因为我国经济持续、稳定地高速增长所揭示的巨大的潜在市场。

（二）宏观经济趋势重要衡量指标分析

研究宏观经济趋势要分析像国内生产总值、社会供给与社会需求、人均收入、通货膨胀率、利率、汇率等重要指标的变化。其中人均收入是与消费品购买力呈正相关的指标，随着我国收入水平的不断提高，市场上常常出现的家用电器及金银首饰的购买热、旅游热、房地产热、证券投资热即表明了这一趋势，它给这些行业带来了机会，也带来了激烈的竞争。

对大多数企业而言，通货膨胀率是一个不利因素，因为它导致了企业经营的各种成本（如购买原料费用、劳务费用、工资等）相应地增加。同时，长期的通货膨胀率既会抑制企业的发展，又会促使政府采取放慢增长速度的紧缩政策，导致整个宏观经济环境不利于企业发展。

对某些企业而言，较高的通货膨胀率也可能是一种机遇。例如，假定石油与天然气价格的增长速度快于其他行业产品价格的增长速度，那么石油开发公司将因此获利，因为在通货膨胀率较高的时期，石油、天然气及贵金属的价值通常会以更快的速度提高。

利率对企业的影响可从两个角度来看：一方面，利率直接影响着企业的销售市场状况。例如，较低的长期利率对零售业十分有利，因为它意味着鼓励居民的短期消费；而较高的长期利率对建筑业或汽车制造业有利，因为它鼓励居民购买长期耐用消费品。另一方面，利率还会直接影响企业的战略抉择。一般来说，利率较低，有利于企业实施合并或兼并战略。反之，利率较高，则不利于企业采用积极进取的增长战略。

汇率是一国货币购买力的表现形式。在国际市场上，它直接影响企业成本，并进而影响企业国际战略的制定。一般而言，如果本国货币购买力较高，企业将乐意购买外国的产品与原材料，或到国外投资、开办独资企业或合营企业；反之，如果本国货币购买力较低，则会降低企业到海外投资、贸易或开发新市场的热情。

（三）经济基础设施分析

经济基础设施在一定程度上决定着企业运营的成本与效率。基础设施条件主要指一国或一个地区的运输条件、能源供应、通信设施及各种商业基础设施（如各种金融机构、广告代理、分销渠道、营销中介组织）的可靠性及其效率。这在策划跨国、跨地区的经营战略时，尤为重要。

**四、社会文化环境因素分析**

社会文化环境包括一个国家或地区的社会性质、人们共享的价值观、文化传统、生活方式、人口状况、受教育程度、风俗习惯、宗教信仰等各个方面。这些因素是人类在长期的生活和成长过程中逐渐形成的，人们总是自觉地把这些准则作为行动的指南。

（一）人口因素

人口因素主要包括人口总数、年龄构成、人口分布、人口密度、受教育水平、家庭状况、居住条件、死亡率、结婚率、离婚率、民族结构、年龄发展趋势、家庭结构变化等。

人口因素对企业战略的制定有重大影响。例如，一个国家的人口总数直接决定着该国许多产业的市场容量及潜力；人口的地理分布影响着企业的厂址选择；人口的性别比例和年龄结构在一定程度上决定了社会需求的结构，进而影响社会供给结构和企业生产结构；人口的受教育水平直接影响着企业的人力资源状况；家庭户数及其结构的变化与耐用消费品的需求和变化趋势密切相关，因而也就影响到耐用消费品的生产规模等。对人口因素的分析可以使用以下一些变量：结婚率、离婚率、出生和死亡率、人口的平均寿命、人口的年龄和地区分布、人口在民族和性别上的比例、地区人口在受教育水平和生活方式上的差异等。

（二）文化传统

文化传统是一个国家或地区在较长历史时期内所形成的一种社会习惯，它是影响活动的一个重要因素。例如，中国的春节、西方的圣诞节就会给某些行业（卡片、食品、玩具、服装、礼品等制造及零售业）带来一个生意兴隆的极好时机。

文化环境对企业的影响是间接的、潜在的和持久的，文化的基本要素包括哲学、宗教、语言与文字、文学艺术等，它们共同构筑文化系统，对企业文化有重大的影响。哲学是文化的核心部分，在整个文化中起着主导作用；宗教在长期发展过程中与传统文化有着密切的联系；语言文字和文学艺术既是文化的具体表现，也是社会现实生活的反映，它对企业职工的心理、人生观、价值观、性格、道德及审美观点的影响及导向是不容忽视的。

（三）价值观

价值观是指社会公众评价各种行为的观念标准。不同的国家和地区，其价值观是不同的。例如，西方国家价值观的核心是个人的能力与事业心；东方国家价值观的核心强调集体利益。

（四）社会发展趋向

近一二十年来，社会环境方面的变化日趋加快，这些变化打破了传统习惯，使人们重新审视自己的信仰，追求个性化生活方式，影响着人们对穿着款式、消费倾向、业余爱好及对产品与服务的需求，从而使企业面临着严峻的挑战。现代社会发展的主要倾向之一，就是人们对物质生活的要求越来越高。一方面，人们已从"重义轻利"转向注重功利、注重实惠，有些人甚至走到唯利是图的地步。产品的更新换代日益加速，无止境的物质需求给企业发展创造了外部条件。另一方面，随着物质水平的提高，人们正在产生更加强烈的社交、自尊、信仰、求知、审美、成就等较高层次的需要，人们希望能够从事充分发挥自己才能的工作，使自己的个人潜力得到充分发挥。

（五）社会各阶层对企业的期望

这里的社会各阶层包括股东、董事会成员、原材料供应者、产品销售人员及其他与企业有关的阶层。这些阶层对企业的期望是不同的。例如，股东集团评价战略的标准主要是看投资回报率、股东权益增长率等；企业员工评价战略的标准主要是看工资收益、福利待遇及工作环境的舒适程度等；消费者则主要关心企业产品的价格、质量、服务态度等；政府机构评价企业的立足点主要看企业经营活动是否符合国家的政策、法规和各项有关的行政规章制度。

### 五、科技环境因素分析

企业的科技环境是指企业所处社会环境中的技术要素，以及与该要素直接相关的各种社会现象的集合。它包括新产品的开发情况、知识产权与专利保护、技术转移与技术换代的周期、信息与自动化技术的发展情况、整个国家及企业研发资源的投入比例等。

在战略制定过程中必须考虑技术因素带来的机会与威胁。技术的进步可以极大地影响到企业的产品、服务、市场、供应商、分销商、竞争者、用户、制造工艺、营销方法及竞争地位。技术进步可以创造新的市场，产生大量新型的和改进的产品，改变企业在产业中的相对成本及竞争位置，也可以使现有产品及服务过时。技术的变革可以减少或消除企业间的成本壁垒，缩短产品的生产周期，并改变雇员、管理者和用户的价值观与预期。技术的进步可以带来比现有竞争优势更为强大的新的竞争优势。当今，没有任何企业或产业可以将自己与发展中的新技术隔离开来。

（一）技术革新为企业提供了机会

第一，新技术的出现可以使企业实现差异化，创造出与众不同的，可以给消费者带来具有特殊价值的产品和服务。这些新技术有生物工程、纳米技术、激光、克隆、卫星系统、超导、智能机器人等。以往单一、重复性的劳动到现在的智能机器人操控、从前的固定地点面对面授课到现在的在线课程、电子图书和电子学习平台；最初的黑白电视到现在的液晶、等离子电视，以前的普通模式到现在的家庭影院模式，都让消费者享受到了科技进步给生活带来的巨大改变；手机从最初的蓝屏、绿屏、彩屏到全触屏，从只有几项基本功能到现在集拍照、录像、网上娱乐于一体，让人们的生活变得多姿多彩；微波炉、电磁炉这些新式家电产品的出现使人们充分享受到了"科技的魅力"。

第二，新技术的应用可以降低企业的生产成本，并且极大地提高员工的工作效率。新技术在企业的日常管理中正发挥着越来越重要的作用，如电脑、传真机、打印机这些办公设备的广泛应用。尤其是近几年来，ERP 系统逐渐兴起，这是一套具有强大功能的软件系统，它将引起企业的流程再造，ERP 的实施使企业更进一步进入科学高效管理的阶段。

第三，新技术的变革可以降低或者消除某些产业的进入壁垒，缩短产品的生命周期。尤其是互联网的兴起，全世界的信息资源都可以共享，产业间的距离逐渐拉近，进入的门槛也相应地降低。

（二）新技术的出现也使企业面临着威胁

新技术是一种创造性的毁灭力量，它在给某些产业或企业带来新的市场机会的同时，自然也会把一些相关的产业或企业淘汰出局。例如，手机的问世使 BP 机以相当快的速度退出了通信市场，而 CD 光盘技术的出现使磁带及单放机的日子不再好过，而 MP3、MP4 这些数码产品的发明又大大侵占了 CD 机的市场份额，数码相机对胶卷业的致命打击，以及在我国城镇液化煤气、煤气管道的使用对家用煤制品产业的取代。

当然，并不是所有的经济部门都同等程度地受到技术发展的影响。通信、电子、航空及制药业，比纺织、森林和冶金业就具有大得多的易变性。对于受快速技术变化影响的产业的战略家来说，识别和评价技术的机会与威胁是外部分析中最为重要的部分。

### 六、生态环境因素分析

生态环境指各种自然资源和绿色环保问题，如水资源、土地资源、污染等。企业战略管理所分析的自然环境，主要是指自然物质环境。这方面的环境也处于发展变化之中。当前，自然环境最主要的动向是不可再生原料日益短缺、能源成本趋于提高、环境污染日益严重、政府对自然资源管理的干预不断加强。所有这些，都会直接或间接地给企业带来威胁或机会。

随着工业化、城镇化进程的加快，我国的环境污染日益严重，在许多地区已经威胁到人们的身体健康、自然生态的平衡和经济的长远发展，生态环境的恶化已经越来越引起政府和社会公众的高度重视。治理环境污染的呼声此起彼伏，政府的干预措施也在逐步加强。可以断言，企业面对的治理污染的挑战将会越来越严峻。这对企业的发展是一种压力和约束，但也蕴含着开发新产品的发展机会。

资源趋于短缺，必然会导致政府对自然资源管理干预的日益加强。这一点，世界各国概莫能外。这就要求政府必须利用法律手段、行政手段进一步加强管理，政府干预的加强，对一些企业会产生压力，但对另一些企业可能会带来发展的机会。

战略管理的观念之一是要积极地适应环境的变化，并对变化的环境要素进行动态跟踪，对于企业来说，能否及时发现和认识环境要素的变化，并采取相应的对策，将关系企业的生存和发展。因此，企业必须关注战略环境的变化，同时关注环境保护和可持续发展，采取环保措施和绿色生产方式，以满足社会的环保需求。

### 七、法律环境因素分析

法律环境因素指法律限制或立法变化，如国家或地方法律规范、国家司法、行政执法状况等。企业需要遵守法律法规，保护员工权益、知识产权和消费者权益，避免违法行为和法律风险。企业的法律环境是指与企业相关的社会法治系统及其运行状态。我国社会主义法律是工人阶级领导下的广大人民意志的体现。我国的社会主义法治环境，规范、制约、引导企业，要求企业从成立之日起，其一切生产、经营、管理、分配、交换、改组、合并、扩充或破产行为都必须符合人民群众和全社会的根本利益，有利于发展社会主义市场经济，有利于开展国际经济合作和国际竞争。

# 第二节　行业环境分析

宏观环境是各种环境的基础和载体，而行业环境作为宏观环境的一部分，它指导着宏观调控的规划方向，促进着其他环境的正常增长。行业环境分析主要是应用一整套原理和分析工具来准确界定出行业主要经济特征、行业竞争结构、行业变革的驱动因素、竞争对手的市场地位和战略、取得竞争成功的关键因素等。

## 一、行业主要经济特征

行业是由一群生产相近替代品的公司组成的，它们的产品有着许多相同的属性，以至于为争夺相同的顾客资源展开激烈的竞争。行业之间在特征和结构方面有很大差别，所以行业环境分析首先必须从整体上把握行业中最主要的经济特性。概括行业的经济特征应考虑以下因素：①市场规模。②竞争角逐的范围是当地性的、区域性的还是全国范围的？③市场增长速度及行业在成长周期中目前所处的阶段是初始发展阶段、快速成长阶段、成熟阶段、停滞阶段还是衰退阶段？④竞争厂家的数量及相对规模。⑤购买者的数量及相对规模。⑥在整个供应链中，前向整合或后向整合的程度。⑦到达购买者的分销渠道种类。⑧产品生产工艺革新和新产品技术变革的速度。⑨竞争对手的产品、服务是强差别化的、弱差别化的、同一的还是无差别化的？⑩行业中的公司能否实现采购、制造、运输、营销或广告等方面的规模经济？⑪行业中的某些活动是不是有学习和经验效应方面的特色，从而导致单位成本会随累计产量的增长而降低？⑫生产能力利用率的高低及对成本生产效率的影响程度。⑬必要的资源及进入和退出壁垒。⑭行业的盈利水平处于平均水平之上还是平均水平之下？

行业的经济特性对公司进行战略研究有着重要意义。例如，小市场一般吸引不了大的或新的竞争者，大市场常常能引起大的或新的公司的兴趣。快速增长的市场鼓励公司进入该市场，增长缓慢的市场使市场竞争加剧，并使弱小的竞争对手出局。行业壁垒高往往可以保护现有公司的地位和利润，壁垒低则使该行业易于被新进入者侵入。过剩的生产能力会降低价格和利润率，资本的需求会成为投资决策的一个关键因素，从而形成行业进入或退出壁垒，规模经济和经济效应可以使相应公司具有成本竞争优势等。

### 二、行业竞争结构分析（波特五种力量模型）

行业竞争结构分析主要是分析本行业中的企业竞争格局及本行业和其他行业的关系。行业的结构及竞争性决定着行业的竞争原则和企业可能采取的战略，因此，行业竞争结构分析是企业制定战略最主要的基础。

按照波特的观点，一个行业中的竞争远不止在原有竞争对手中进行，而是存在着五种基本的竞争力量，它们是潜在的行业新进入者、替代产品的威胁、购买商讨价还价的能力、供应商讨价还价的能力及现有竞争者之间的竞争。具体如图3-2所示。

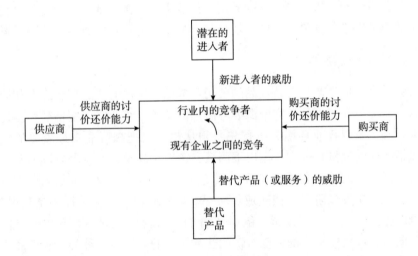

**图3-2　波特五种力量模型**

资料来源：龚荒．企业战略管理（第2版）[M]．徐州：中国矿业大学出版社，2009．

这五种基本竞争力量的状况及其综合强度，决定着行业的竞争激烈程度，以及行业中获利的最终潜力。在竞争激烈的行业中，不会有一家企业能获得惊人的收益。在竞争相对缓和的行业中，各企业普遍可以获得较高的收益。由于行业中竞争的不断进行，会导致投资收益率下降，直至趋近于竞争的最低收益率。若投资收益率长期处于较低水平，投资者将会把资本投入其他行业，甚至还会引起现有企业停止经营。在相反情况下，就会刺激资本流入和现有竞争者增加投资。因此，行业竞争力量的综合强度还决定资本向本行业的流入程度。这一切最终将决定企业保持高收益的能力。

（一）行业新进入者的威胁

这种威胁主要是新进入者加入该行业（如钢铁行业），一方面会带来生产能力的扩大和对市场占有率的要求，这必然引起与现有企业的激烈竞争，使产品价格下跌；另一方面新进入者要获得资源（如钢铁生产中的矿石和焦炭）进行生产，就可能使行业生产成本升高，这两方面都会导致行业的获利能力下降。一般来说，行业新进入者的威胁的大小取决于进入障碍和对现有企业的报复预期。

新进入者造成威胁的原因：一是它们带来了额外的生产能力，当市场上产品或服务供大于求时，其价格会下跌，消费者的成本也会因此降低，从而导致竞争公司的收入或回报下降；二是新进入者会寻找新的销售领域和销售模式，进而抢占一部分市场份额。一般来说，行业新进入者的威胁的大小取决于两个因素：进入壁垒和对现有企业的预期报复。

1. 进入壁垒

进入壁垒相当于为新进入者设置的进入障碍，如果进入障碍高，原有企业激烈反击，潜在的新进入者难以进入该行业，新进入者的威胁就小。决定进入障碍大小的主要因素有以下几个方面：

（1）规模经济。规模经济是指生产单位产品的成本随生产规模的增加而降低。规模经济的作用是迫使行业新进入者必须以大的生产规模进入，并冒着现有企业强烈反击的风险；或者以小的规模进入，但要长期忍受产品成本高的劣势。这两种情况都会使新进入者望而却步。例如，在钢铁行业中就存在着规模经济，大企业的生产成本要低于小企业的生产成本，这就有了进入障碍的客观条件。

规模经济形成的进入障碍表现在许多方面：①表现在企业的某项或几项职能上，如在生产、研究与开发、采购、市场营销等职能上的规模经济，都可能是进入的主要障碍。②表现在某种或几种经营业务和活动上，如钢铁联合生产中高炉炼铁和炼钢生产的较大规模经济。③表现在联合成本上，即企业在生产主导产品的同时还能生产副产品，使主导产品成本降低，这就迫使新加入者必须能生产副产品，不然就会处于不利地位，如钢铁联合生产中，高炉产生的高炉煤气及炉渣都可以利用。④表现在纵向联合经营上，如从矿山开采、烧结直至轧制成各种钢材的纵向一体化钢铁生产。这就迫使新进入者必须联合进入（这有时是难以做到的），若不联合进入，势必在价格上难以承受。

（2）产品差异优势。这是指原有企业所具有的产品商标信誉和用户的忠诚度。造成这种现象的原因是企业过去所做的广告、用户服务、产品差异或者仅仅因为企业在该行业历史悠久。产品差异化形成的障碍，迫使新进入者要用很大代价来树立自己的信誉和克服现有用户对原有产品的忠诚。这种努力通常是以亏损为代价的,而且要花费很长时间才能达到目的。如果新进入者进入失败,那么在广告商标上的投资是收不回任何残值的。因此,这种投资具有特殊的风险。

(3) 资金需求。资金需求所形成的进入障碍,是指在行业中经营不仅需要大量资金,而且风险性大。新进入者要在持有大量资金、冒很大风险的情况下才敢进入。形成需要大量资金现象的原因是多方面的,如购买生产设备、提供用户信贷、存货经营等。

(4) 转换成本。这是指购买者将购买一个供应商的产品转到购买另一个供应商的产品所支付的一次性成本。它包括重新训练业务人员、增加新设备、检测新资源的费用及产品的再设计等。如果这些转换成本高,那么新进入者必须为购买商在成本或服务上做出重大的改进,以便购买者可以接受。

(5) 销售渠道。一个行业的正常销售渠道已经为原有企业服务,新进入者必须通过广告合作、广告津贴等来说服这些销售渠道接受它们的产品,这样就会减少新进入者的利润。产品的销售渠道越有限,与现有企业的联系越密切,新进入者要进入该行业就越困难。

(6) 与规模无关的成本优势。原有的企业常常在其他方面还具有独立于规模经济以外的成本优势,新进入者无论取得什么样的规模经济,都不可能与之相比。它们是专利产品技术,独占最优惠的资源、占据市场的有利位置、享受政府补贴、具有学习或经验曲线效应,以及政府的某些限制政策等。

2. 对现有企业的预期报复

预期报复指的是公司进入某个行业时,该行业中现有公司的反应。潜在进入者会对现有企业的竞争地位和盈利水平产生威胁,现有企业势必会采取某些措施和手段来保持自己的优势地位。如果进入者认为现在采取强有力的手段反而使本企业陷入被动地位,那么进入可能会被扼制。一般来说,现有企业总是会对进入者发出报复的威胁,但这种威胁并不总能实现,它需要企业拥有足够的报复资源。

(二) 现有竞争者之间的竞争程度

现有竞争者之间采用的竞争手段主要有价格战、广告战、引进产品,以及增加对消费者的服务和保修等。竞争的产生是由于一个或多个竞争者感受到了竞争的压力或看到了改善其地位的机会。如果一个企业的竞争行动对其对手有显著影响,就会招致报复或抵制。如果竞争行动和反击行动逐步升级,那么行业中所有企业都可能遭受损失,使处境更糟。在如下情况下,现有企业之间的竞争会变得很激烈:

第一,有众多或势均力敌的竞争者。当行业中的企业为数众多时,必然会有一定数量的企业为了占有更大的市场份额和取得更高的利润，而突破本行业约定俗成的一致行动的限制，采取打击、排斥其他企业的竞争行为，这势必在现有竞争者之间形成激烈的竞争。即使在企业为数不多的情况下，如果各企业的实力相当，由于它们都有支持竞争和进行强烈反击的资源，这样也会使现有企业间的竞争激烈化。

第二，行业增长缓慢。在行业增长缓慢的情况下，企业为了寻求发展，便将力量放在争夺现有市场的占有率上，从而使现有企业的竞争激烈化。在行业快速增长的条件下，行业内各企业可以与行业同步增长，而且企业还可以在增长的过程中充分利用自己的资金和资源，竞争就不会激烈。

第三，行业具有非常高的固定成本或库存成本。当行业固定成本较高时，企业为降低单位产品的固定成本，势必采用增加产量的措施，结果又往往导致价格迅速下跌。与固定成本高有关的一种情况是产品的库存问题。如果行业生产的产品库存起来非常困难或费用极高，企业就容易为尽快销售出去产品而遭受降价的损害。

第四，行业的产品没有差别或没有行业转换成本。当产品或劳务缺乏差异时，购买者的选择是价格和服务，这就会使生产者在价格和服务上展开竞争，使现有企业之间的竞争激烈化。同样，转换成本低时，购买者有很大的选择自由，也会产生相同的作用。

第五，行业对企业兴衰至关重要，而且取得成功的可能性大，那么行业中企业之间的竞争就会更加激烈而反复无常。例如，一个多样化经营的公司可能将成功的重点放在某一特定产业上，以推动公司整体战略的成功。或者，一个公司为了树立全球声望或技术上的优势，可能会强烈地认为需要在某一外国市场上建立稳固的市场地位。在这样的情况下，这些公司的目标可能不仅是多样化的，而且更加带有突破性，因为它们只求扩张并含有牺牲其利润的潜在意向。

第六，退出行业的障碍（壁垒）很大。当退出行业的障碍大时，经营不好的企业只得继续经营下去，这样使现有企业间的竞争激烈化。退出障碍的主要来源：具有高度专门化的资产，其清算价值低或转换成本高；退出的费用高，如高的劳动合同费、安置费、设备备件费；战略的协同关系，如果企业某一经营单位退出，就会破坏这种协同力量；感情障碍，如退出行业经营影响职工的忠诚，对个人事业前途充满畏惧等；政府和社会的限制，如政府考虑到失业问题、地区经济问题等，有时会出面反对或劝阻企业退出行业。

前面讲到了进入壁垒和退出壁垒，它们都会影响产业中的竞争力量，最终影响到整个产业的获利能力，那么进入、退出壁垒之间具有怎样的关系？它们又将对产业利润产生怎样的影响呢？从表3-1就可以看出：从产业利润的角度来看，最好的情况是进入壁垒高而退出壁垒低,在这种情况下,新进入者将受到抵制,而在本产业经营不成功的企业将会离开本产业。反之,进入壁垒低而退出壁垒高是最不利的情况,在这种情况下,当某产业的吸引力较大时,众多企业纷纷进入;当该产业不景气时,过剩的生产能力仍然留在该产业内,企业间的竞争加剧,相当多的企业会因竞争不利而陷入困境。

表 3-1　进入壁垒和退出壁垒的关系矩阵

| 退出壁垒<br>进入壁垒 | 低 | 高 |
|---|---|---|
| 低 | 低风险低利润 | 高风险低利润 |
| 高 | 低风险高利润 | 高风险高利润 |

资料来源:龚荒. 企业战略管理(第 2 版)[M]. 徐州:中国矿业大学出版社,2009.

（三）替代产品的威胁

替代产品是指那些与本行业的产品有同样功能的其他产品。替代产品的价格如果比较低,它投入市场就会使本行业产品的价格上限只能处在较低的水平,这就限制了本行业的收益。替代产品的价格越是有吸引力,这种限制作用也就越牢固,对本行业构成的压力也就越大。正因为如此,本行业与生产替代产品的其他行业进行的竞争,常常需要本行业所有企业采取共同措施和集体行动。

下述的替代产品应引起该行业的注意:替代产品在价格和性能上优于该行业的产品;替代产品产自高收益率的行业。在后一种情况下,如果替代产品所在产业中某些发展变化加剧了那里的竞争,从而引起价格下跌或其经营活动的改善,则会使替代产品立即崭露头角。

（四）购买商讨价还价的能力

购买商可能要求降低购买价格,要求高质量的产品和更多的优质服务,其结果是使行业的竞争者们互相竞争残杀,导致行业利润下降。在下列情况下,购买商有较强的讨价还价能力:

第一,购买商相对集中并且大量购买。如果购买商集中程度高,由几家大公司控制,那么就会提高购买商的重要地位。

第二,购买的产品在购买商全部费用或全部购买量中占很大的比重。这时,购买商愿意花费必要的资金购买,购买商讨价还价的能力就大;反之,购买产品的费用只占购买商全部费用的一小部分,那么购买商通常对价格不是很敏感,无须讨价还价。

第三,购买的产品属于标准化或无差别的产品。购买商在这种情况下确信自己总是可以找到可挑选的供应商,可使供应商之间互相倾轧。

第四，购买商转换成本低。高的转换成本将购买商固定在特定的供应商身上；相反，如果转换成本低，购买商讨价还价的能力就大。

第五，购买商的利润很低。这样，它们会千方百计地压低购买费用，要求降低购买价格。高盈利的购买商通常对价格不太敏感，同时它们还可能从长计议考虑维护与供应商的关系和利益。

第六，购买商有采用后向一体化对销售者构成威胁的倾向，它们宁愿自己生产而不去购买。

第七，供应商的产品对购买商的产品质量或服务无关紧要。如果供应商的产品对购买商的产品质量影响很大时，购买商一般在价格上不太敏感。

第八，购买商掌握充分信息。这样，购买商便会在交易中享有优惠价格，而且在受到供应商威胁时进行有力的反击。

（五）供应商讨价还价的能力

供应商的威胁手段：一是提高供应价格；二是降低供应产品或服务的质量，从而使下游行业利润下降。在下列情况下，供应商有较强的讨价还价能力：

第一，供应行业由几家公司控制，其集中化程度高于购买商行业的集中化程度。这样，供应商能够在价格、质量的条件上对购买商施加相当大的影响。

第二，供应商无须与替代产品进行竞争。如果存在着与替代产品的竞争，即使供应商再强大有力，它们的竞争能力也会受到牵制。

第三，对供应商来说，所供应的行业无关紧要。在供应商向一些行业销售产品且每个行业在其销售额中不占很大比例时，供应商更易于应用它们讨价还价的能力；反之，如果某行业是供应商的重要主顾，供应商就会为了自己的发展采用公道的定价和研究与开发、疏通渠道等援助活动来保护购买商的行业。

第四，对买主来说，供应商的产品是很重要的生产投入要素。这种投入要素对于买主的制造过程或产品质量有重要的影响，这样便增强了供应商讨价还价的能力。

第五，供应商的产品是有差别的，并且使购买者的转换成本很高。这样，购买者便不会设想"打供应商的牌"。

第六，供应商对购买商的行业来说构成前向一体化的很大威胁。这样，购买商若想在购买条件上讨价还价，就会遇到困难。例如，矿石公司想要自己用铁矿石炼铁，对炼铁公司来说就会构成很大的威胁。

通过以上对五种基本竞争力量的分析，可以了解本行业的基本状况、企业在行业中的竞争地位、优势与劣势，从而确定企业在各种竞争力量中的基本态度和应对策略。波特指出，其中任何一种力量越强，则现有企业就越难以提价和盈利。相反，五种竞争力量很弱，行业就具有吸引力，大多数行业成员能够获得可观的利润与较高的投资回报。需要注意的是，影响这五种基本竞争力量的各种因素是动态的，企业可通过采取一定的策略，利用企业的资源，对五种竞争力量中的各种因素进行有效的组合，影响其他不利于企业提高竞争地位的力量，从而改善企业所在行业的竞争环境。例如，针对竞争力较强、盈利水平较低的行业，首先是识别导致行业竞争作用力强、盈利低的关键结构特征，然后考虑这些关键结构特征中哪些特征能通过适当的战略措施而发生改变。例如，我国啤酒行业，由于存在众多的竞争对手、过剩的生产能力导致多数公司利润甚至低于资金成本。啤酒行业中的企业可以通过并购，提高行业集中度来改善行业结构。

---

### 阅读资料：行业竞争结构中的第六种力量

#### 一、何为第六种力量

六力分析的概念是英特尔前总裁安迪·格鲁夫，以波特的五力分析架构为出发点，重新探讨并定义产业竞争的六种影响力。他认为影响产业竞争态势的因素分别是现存竞争者，供应商，客户，潜在竞争者的影响力、活力、能力，产品或服务的替代方式，协力业者的力量。通过此六种竞争力量的分析，有助于厘清企业所处的竞争环境，点出产业中竞争的关键因素，并界定最能改善产业和企业本身获利能力的策略性创新。

#### 二、第六种力量提出的背景

20世纪80年代前后，正值西方商界对商业理论原则重新全面思考的年代。这个时期美国公司带着恐怖的心情目睹了70年代日本企业对美国逐个行业大规模地侵蚀。美国公司认为这是日本企业以廉价劳动力竞争的结果。直到70年代末它们才逐渐意识到原因远远没有这么简单。这时波特积极倡导对竞争的本质问题进行全面的研究分析。

#### 三、从五力模型到六力模型

五力模型源于20世纪70年代末波特教授的博士论文，因为时代的原因，五力模型也有些许不足：①五力模型是一个菱形结构，企业位于菱形的中心，过度强调竞争，从思维上容易陷入"为竞争而竞争"的误区。②五力模型忽视了合作的可能性。当今社会，大多行业的结构已经发生了变化，"你死我活"的竞争方式已经不现实，"双赢""合作"的思维更重要。③竞争只是手段，"竞争优势"的重心在于"优势"，企业不应该总在考虑怎么"算计"同行、怎么"挤榨"供应商，而应该实实在在地关注顾客需求。

随着时代的发展，企业战略理论的出现，波特教授所信奉的"结构观"与当下流行的"能力观"、核心竞争学说、"资源观"学说、"知识观"学说相比稍显落后。但是波特教授还是在1990年出版的《国家竞争优势》中，重写了竞合关系。六力在五力的基础上增加了补充协作者，即在行业中本公司要与其他公司协作并相互依赖，其产品和本公司产品一起工作，因此具有协作关系。它采用了树形的结构，代替了原来向心辐射的菱形结构的五力模型。

### 三、行业关键成功因素分析

所谓关键成功因素（Key Success Factors）指影响行业中企业在市场上营利性的能力的主要因素，如产品性能、竞争力、能力、市场表现等。从性质上说，行业关键成功因素是所有企业取得成功所必须具备的能力、条件等特定因素。一般有3~5个，同时，行业关键成功因素也会因行业的性质、时机的变化而不同，另外还会随驱动力和竞争情况而改变。

确认产业的关键成功因素需考虑：①顾客在多个竞争品牌中进行选择的基础是什么？②产业中的一个卖方厂商要取得竞争成功需要什么样的资源和竞争能力？③产业中的一个卖方厂商获取持久的竞争优势必须采取什么样的措施？

例如，在啤酒行业中，关键的成功因素是充分利用酿酒能力（使制造成本保持在较低的水平上）、强大的批发分销商网络（尽可能多地进入零售渠道）、上乘的广告（吸引喝啤酒的人购买某一特定的品牌）。表3-2列出了几种关键的成功因素。

**表3-2 行业关键成功因素**

| 行业领域 | 关键成功因素 |
|---|---|
| 与技术相关的 | 技术研究能力、产品革新能力、在既定技术上的专有技能、在产品工艺和制造过程中进行有创造性改进的能力 |
| 与制造相关的 | 固定资产很高的利用率、低成本的生产工厂定位、劳动生产率的提高、定制化的生产 |
| 与分销相关的 | 分销成本低、拥有自己的分销渠道和网点、强大的批发分销商、电子化的分销能力 |
| 与市场营销相关的 | 推销技巧、快速准确的技术支持、售后服务、精准的广告 |
| 与技能相关的 | 劳动力拥有卓越的才能、在某一项技术上的专有技能、快速反应能力、组织能力 |

资料来源：笔者整理。

### 四、行业结构-行为-绩效模型（SCP）分析

结构-行为-绩效模型（Structure-Conduct-Performance Model，SCP），SCP 模型是由美国哈佛大学产业经济学权威贝恩、谢勒等于 20 世纪 30 年代建立的。该模型从市场结构（Market Structure）、市场行为（Market Conduct）、市场绩效（Market Performance）三要素对某行业进行分析。SCP 模型的基本含义：市场结构决定企业在市场中的行为，而企业行为又决定市场运行在各个方面的经济绩效。

（一）SCP 模型分析框架

SCP 模型分析在行业或者企业受到表面冲击时，可能的战略调整及行为变化。SCP 模型从行业结构、企业行为和经营绩效三个角度来分析外部冲击的影响，如图 3-3 所示。

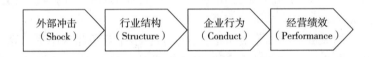

**图 3-3　SCP 模型分析框架**

资料来源：笔者整理。

1. 外部冲击

外部冲击主要是指企业外部经济环境、政治、技术、文化变迁、消费习惯等因素的变化。

2. 行业结构

行业结构主要是指外部环境的变化对企业所在行业可能的影响，包括行业竞争的变化、产品需求的变化、细分市场的变化等。

3. 企业行为

企业行为主要是指企业针对外部冲击和行业结构的变化有可能采取的应对措施，包括企业方面对相关业务单元的整合、业务的扩张与收缩、运营方式的转变、管理的改革等一系列变动。

4. 经营绩效

经营绩效主要是指在外部环境发生变化的情况下，企业在经营利润、产品成本、市场份额等方面的变化趋势。

（二）SCP 模型的适用领域及范围

SCP 模型几乎可以应用于整个产品市场，因为 SCP 的分析模型从外部环境的分析到市场结构和企业行为，最后到经营绩效，符合每个企业长期发展的贯穿思路。

（三）SCP 模型的案例应用

20 世纪末至 21 世纪初，中国的白酒行业取得一定的发展，但也面临着诸多挑战。如何更有效地分析该阶段的白酒行业状况？SCP 模型通过分析外部冲击（国家政策、国际因素、电子商务），进而有针对性地提出了相应的解决措施。具体如表 3-3 所示。

表 3-3　白酒 SCP 模型分析

| S：冲击 | S：行业结构 | C：企业行为变化 | P：影响经营结果 |
|---|---|---|---|
| 国家控制白酒产量 | 供大于求，进入障碍增强；行业竞争加剧 | 企业加速整合，强者越强，弱者淘汰；寡头形式逐渐形成 | 抢占市场份额，寻找新的细分市场将是企业的首要任务 |
| 进入 WTO | 购买者力量增强；新市场出现 | 拥有适合出口国外产品的企业将率先走向国际市场；企业向外扩张势力 | 产品趋向个性化，客流被分散，营销成本上升；动摇白酒在业界的地位；加强宣传方式以巩固客户的忠诚度 |
| 分析电子商务 | 新的营销手段和渠道 | 改善营销网络；改善运营方式 | 营销成本降低，加速物流便利走向国际市场 |

## 五、行业生命周期分析

行业生命周期（Industry Life Cycle）指行业从出现到完全退出社会经济活动所经历的时间。行业的生命发展周期主要包括四个发展阶段：导入期、成长期、成熟期、衰退期，如图 3-4 所示。

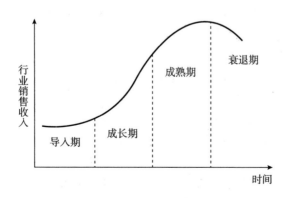

图 3-4　行业生命周期

按照行业发展过程中的技术状况、竞争状态、市场需求和盈利模式的特点，行业的发展过程可以划分为导入期、成长期、成熟期和衰退期四个阶段，行业在每一阶段都具有不同的特征。

（一）导入期

导入期又称为引入期，或萌芽阶段，是一个行业刚刚形成的初级阶段，就像20世纪70年代末80年代初的个人电脑业。在这一阶段，购买者不熟悉行业的产品。企业因无法实现规模经济而产品售价高，分销渠道也不完善，整个行业成长较慢。在此阶段，行业的进入壁垒不是规模经济所要求的成本，也不是品牌忠诚，而是掌握技术上的技能诀窍。如果进入行业所需要的技术诀窍非常复杂，难以掌握，则进入壁垒相当高，现有的企业也因此受到保护。在导入期，企业竞争的主要策略在于更有效地引导顾客，打开分销渠道，完善产品设计，而不是降低价格。

（二）成长期

随着产品需求的上升，行业开始进入成长阶段。在这一阶段，由于大量新顾客的涌入，消费需求增长迅速，顾客对产品逐渐熟悉，经验曲线和规模经济的效应使价格下降，分销渠道也变得成熟起来。一般来说，当行业进入成长期后，技术知识作为壁垒的重要性已经消失。但由于几乎没有一家企业实现了规模经济或建立了品牌忠诚，行业进入壁垒也不是很高，因此，在此阶段来自潜在竞争者的威胁最大。然而，高成长意味着新进入者可以很容易地被行业吸收而不至于加剧行业内部的竞争，因此，行业内的竞争强度相对不大。同时，需求的迅速增长使公司比较容易实现收入和利润的增长，而不必从别的公司那里争夺市场份额。

（三）成熟期

行业发展在经历了成长期之后，开始进入成熟期。当市场充分成熟，需求完全来自产品更新，需求增长缓慢或者没有增长，增长仅仅来自人口增加为市场带来新的顾客或更新需求的增长。在成熟阶段，进入壁垒开始提高，潜在竞争者的进入威胁减少。随着需求增长的减缓或停止，企业不可能仅凭现有的市场份额实现过去那样的增长。此时，争夺市场份额的竞争开始了，这会导致价格下降，利润率降低，结果常常是价格战。航空业和个人计算机业就是如此。为了生存，企业专注于成本最小化以实现低成本运营，并着力建立品牌忠诚。在成熟期，由于上述因素构成了重要的进入壁垒，潜在竞争者进入的可能性大大降低。在这种情况下，行业结构主要表现为合并型或寡头型。

（四）衰退期

最后，绝大多数行业都会进入衰退阶段，此时需求出现负增长，可能的原因是技术替代、社会变革、人口因素或国际竞争等。在衰退期，需求下降，产能过剩，现有企业间的竞争加剧。具体如表3-4所示。

表 3-4　行业生命周期各阶段特征

|  | 导入期 | 成长期 | 成熟期 | 衰退期 |
|---|---|---|---|---|
| 组织 | 企业少、集中度低 | 企业增加、集中较低 | 集中度高 | 企业减少 |
| 产品 | 技术弱、产品单一 | 产品差异化 | 产品同质化 | 产品竞争力下降 |
| 规模 | 规模小、增长慢 | 规模增长快 | 增速减缓 | 规模减小 |
| 利润 | 微薄 | 高 | 最高 | 降低 |
| 竞争 | 壁垒低、竞争小 | 壁垒低、价格竞争 | 壁垒高、非价格竞争 | 壁垒高，竞争激烈 |

资料来源：笔者根据兴业证券经济与金融研究院相关资料整理。

# 第三节　竞争对手分析

行业环境离不开竞争环境的分析，以便企业可以制定更好的策略和规划。竞争对手分析是通过了解竞争对手的信息，获知竞争对手的发展战略及行动，做出适当的应对。通过分析企业可以了解竞争对手可能采取的战略意图、行动策略、经营方针等，进而有助于企业在制定和实施战略目标过程中做出适当的调整或修订。

## 一、行业主要竞争对手分析

竞争对手分析包括竞争对手的未来目标分析、竞争对手的现行战略分析、竞争对手的假设分析及竞争对手的关键能力分析。具体如图 3-5 所示。

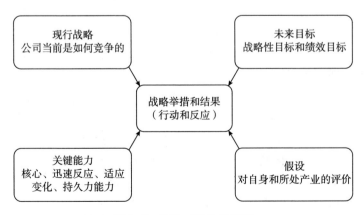

图 3-5　竞争对手分析框架

（一）竞争对手的未来目标分析

通过分析竞争对手的未来目标，以此了解并掌握其发展动向和未来规划，同时可预测竞争对手对其目前的市场地位及财务状况的满意程度，从而推断其改变现行战略的可能性及对其他企业战略行为的敏感性。于企业未来目标而言，不仅要了解企业财务目标，还要了解其他方面的目标，如对社会的责任、对环境保护、对技术领先等方面的目标设定。同时，目标是分层级的，要了解总公司的目标，还要了解各个部门的目标，甚至于各职能部门的相应目标。

（二）竞争对手的现行战略分析

企业战略是指导其全局行动做出的长远性谋略。通过对每个主要竞争对手现行战略的分析，有助于企业了解竞争对手对竞争做出反应的可能性，对竞争方向、形式、策略有一定的参考作用，以此做出有针对性的调整。

（三）竞争对手的假设分析

假设包括竞争对手对自身企业和对所处产业及其他企业的评价。假设往往能直接地看出企业的行为取向。一方面，企业通过分析竞争对手的假设有利于正确判断竞争对手的战略意图。另一方面，竞争对手对自身和对产业的假设不一定是正确的，在理性看待分析的同时，可以适当地参考和做进一步的分析，填补对外部产业的信息差，找到发展的契机。

（四）竞争对手的关键能力分析

1. 核心能力分析

核心能力是企业独有的、使企业具有长期竞争优势的能力。从企业规模、技术、财务、产品等方面分析竞争对手成长的领域及其程度，了解企业在其各个业务或职能领域中的强项和弱项，可以找出本企业与竞争对手的差距，从而有针对性、有计划地改进自身的工作。

2. 迅速反应能力分析

迅速反应能力是指企业面对市场变化迅速采取正确的应对措施的能力。一般可从企业自由现金储备、留存借贷能力、厂房设备的余力、定型的但尚未推出的新产品等方面体现出来。

3. 适应变化能力分析

适应变化能力表现为企业随着外部环境的改变适时调整资源配置、经营方式和采取相关行动，以顺应环境变化的趋势、实现自身长期生存和持续发展的能力。通过对企业适应变化能力分析可以了解企业处理方式的变通性。

4. 持久力能力分析

持久力是指企业在处于不利环境或收入、现金流面临压力时，能够坚持以待局面改变的时间的长短。持久力主要由如下因素决定：现金储备、管理人员的协调统一、长远的财务目标等。

## 二、行业内竞争对手的市场地位分析

按市场地位可以将竞争对手分为四种类型。

（一）从容型竞争对手

从容型竞争对手指对某些特定的攻击行为没有迅速反应或强烈反应。原因：相信客户忠于自己，而对竞争对手的行动感觉危害不大或者直接忽视；资金不能够支撑反应带来的动作。

（二）选择型竞争对手

选择型竞争对手指只对某些类型的攻击做出反应，而对其他类型的攻击无动于衷。了解主要竞争对手会在哪方面做出反应可为公司提供最为可行的攻击类型。

（三）凶狠型竞争对手

凶狠型竞争对手指对所有的攻击行为都做出迅速而强烈的反应。

（四）随机型竞争对手

随机型竞争对手指对攻击行为的反应具有随机性，有无反应和反应强烈无法根据其以往的情况加以预测。这一类型的竞争者在任何特定情况下可能会也可能不会做出反击。而且根据其经济、历史或其他方面的情况，都无法预见竞争对手会做什么事。许多小公司都是随机型竞争对手，当它们发现能承受这种竞争时就站在前沿竞争；而当竞争成本太高时，它们就躲到后面去。

## 三、竞争对手分析的主要步骤

竞争对手分析需要进行以下步骤：

（一）确定竞争对手

准确确认竞争对手是至关重要的一步。竞争对手不仅是同行业的公司，还包括那些与企业的产品和服务存在差异，但仍然能够影响企业的商业运作的公司。

（二）收集信息

企业需要收集竞争对手和市场的相关数据，包括产品、价格、服务、品牌、市场份额等。同时，也要收集各类市场调查数据及客户反馈、投诉等信息。

（三）分析数据

企业需要对收集的竞争对手的数据进行分析，了解对手的优劣势、市场策略、客户需求等。此外，还要分析自身的优劣势及定价策略、产品特性等因素。

（四）制定策略

基于数据分析的结果，企业需要制定相应的策略。例如，寻找竞争优势、调整价格策略、加强品牌建设、提高售后服务等。

# 第四节　外部环境评价分析

竞争对手分析有助于企业制定进攻策略，化被动为主动。企业在对外部环境进行分析时，常常会用到的竞争对手分析方法有外部因素评价矩阵和竞争态势矩阵法，以下对这两种方法展开论述。

## 一、外部因素评价矩阵

外部因素评价矩阵（External Factor Evaluation Matrix，简称 EFE 矩阵）是一种对外部环境进行分析的工具，其做法是从机会和威胁两个方面找出影响企业未来发展的关键因素，根据各个因素影响程度的大小确定权数，再按企业对各关键因素的有效反应程度对各关键因素进行评分，最后算出企业的总加权分数。通过 EFE 矩阵，企业就可以汇总自己所面临的机会与威胁，刻画出企业的全部吸引力。

第一，列出在外部分析过程中确认的关键因素。以机会和威胁两大类展开，因素总数在 10~20 个。首先列举机会，然后列举威胁。要尽量具体，可能时采用百分比、比率和对比数字等。

第二，赋予每个因素以权重。其数值为 0.0（不重要）~1.0（非常重要），此权重反映该因素对于企业在产业中取得成功的影响的相对大小。机会往往比威胁得到更高的权重，但当威胁因素特别严重时也可得到高权重。确定恰当权重的方法包括对成功的和不成功的竞争对手进行比较，以及通过集体讨论而达成共识。所有因素的权重总和必须等于 1。

第三，按照企业现行战略对关键因素的有效反映程度为各关键因素进行评分。分值为 1~4 分，"4"代表反映很好，"3"代表反映超过平均水平，"2"代表反映为平均水平，而"1"代表反映很差。评分反映了企业现行战略的有效性，因此，它是以公司为基准的。

第四，用每个因素的权重乘以它的评分，即得到每个因素的加权分数。

第五，将所有因素的加权分数相加，可以得到企业的总加权分数。无论 EFE 矩阵包含多少因素，总加权分数的范围都是从最低的 1.0 到最高的 4.0，平均分为 2.5。如果总加权分数为 4.0，则说明企业有效利用了产业中的机会，并将外部威胁的潜在不利影响降至最小；如果总加权分数为 1.0，则说明未能利用外部资源或回避风险。

无论这个模型包含多少重要机会或威胁，企业的总加权分数最高是 4 分，最低是 1 分，平均是 2.5 分。总加权分数为 4 分说明企业在整个行业中对现有机会与威胁做出了最出色的反应。换言之，企业的战略有效地利用了现有机会并将外部威胁的潜在不利影响降至最小。总加权分数为 1 分则说明企业的战略不能利用外部机会或回避外部威胁。

如表 3-5 所示，运用 EFE 矩阵对星巴克企业的外部环境因素进行评价。星巴克身为全世界最大的咖啡连锁品牌，在市场处于遥遥领先的地位。经济全球化的到来，为星巴克在世界各地的发展带来了契机，奠定了基础。咖啡在各国、各地之间逐渐普及开来，流动规模逐渐加大，并领先占领了中国的市场。随着人们收入水平和生活品质的提高，咖啡爱好者也越来越多，不管是上班族，还是大学生，星巴克这个品牌也受到越来越多人的青睐。众所周知，星巴克在中国的知名度很高，提到咖啡，自然会想到星巴克。令星巴克远超于其他品牌咖啡的重要原因在于其产品的创新，技术的领先。例如，从星冰乐的新创意，到对浓缩咖啡萃取技术的研发成功。另外，星巴克与网络信息技术公司合作，让消费者在喝咖啡的同时，能够网上办公或者在线娱乐。

表 3-5　星巴克企业的外部因素评价矩阵　　　　　单位：分

| 关键外部因素 | 权重 | 评分 | 加权分数 |
|---|---|---|---|
| 机会 | | | |
| 国内市场经济发展 | 0.07 | 2.75 | 0.1925 |
| 世界经济全球化 | 0.06 | 3.05 | 0.1830 |
| 国内人口基数大 | 0.09 | 2.23 | 0.2007 |
| 文化水平不断提高 | 0.08 | 2.62 | 0.2096 |
| 人们收入不断提高 | 0.12 | 3.35 | 0.4020 |
| 产品创新，技术领先 | 0.09 | 2.92 | 0.2628 |
| 行业地位领先 | 0.14 | 3.23 | 0.4522 |
| 威胁 | | | |
| 咖啡文化基础薄弱 | 0.04 | 2.72 | 0.1088 |
| 行业竞争者增多，市场饱和 | 0.06 | 2.58 | 0.1548 |
| 替代品的多样化、廉价、质量提高 | 0.08 | 2.65 | 0.2120 |
| 原材料成本增加 | 0.05 | 2.48 | 0.1240 |
| 维持领先地位的高成本 | 0.06 | 2.49 | 0.1494 |
| 咖啡行业技术趋同性、高模仿性 | 0.06 | 2.35 | 0.1410 |
| 合计 | 1.00 | — | 2.7928 |

资料来源：笔者根据网络资料整理。

结论：根据 EFE 矩阵原理，计算出星巴克外部因素综合得分为 2.7928，说明该企业面临外部环境的总体能力较优。也就是说，在目前，星巴克仍旧是占据国内咖啡市场的第一把交椅，并且在未来相当长一段时间内能够在中国市场获得更大利益。

## 二、竞争态势矩阵

竞争态势矩阵（Competitive Profile Matrix，简称 CPM 矩阵）用于确认企业的主要竞争对手及相对于该企业的战略地位，以及主要竞争对手的特定优势与弱点。

建立竞争态势矩阵的步骤主要有以下五个：

第一，确定行业竞争的关键因素。

第二，根据每个因素对在该行业中成功经营的相对重要程度，确定每个因素的权重，权重和为 1。

第三，筛选出关键竞争对手，按每个因素对企业进行评分，分析各自的优势所在和优势大小（评分值含义：1＝弱，2＝次弱，3＝次强，4＝强）。

第四，将各评价值与相应的权重相乘，得出各竞争者各因素的加权评分值。

第五，加总得到企业的总加权分，在总体上判断企业的竞争力。

从表 3-6 可以看出，竞争对手 2 的综合实力要高于被分析的公司，而竞争对手 1 的综合实力与被分析公司基本相同。从具体竞争因素看，竞争对手 2 的财务状况要好得多，竞争对手 1 的价格竞争力最好，而被分析公司的相对优势是产品质量和市场份额。

表 3-6　CPM 示例

| 关键成功因素 | 权重 | 被分析的公司 | | 竞争对手 1 | | 竞争对手 2 | |
|---|---|---|---|---|---|---|---|
| | | 评分（分） | 加权分数（分） | 评分（分） | 加权分数（分） | 评分（分） | 加权分数（分） |
| 市场份额 | 0.2 | 3 | 0.6 | 2 | 0.4 | 2 | 0.4 |
| 价格竞争力 | 0.2 | 1 | 0.2 | 4 | 0.8 | 1 | 0.2 |
| 财务状况 | 0.4 | 2 | 0.8 | 1 | 0.4 | 4 | 1.6 |
| 产品质量 | 0.1 | 4 | 0.4 | 3 | 0.3 | 3 | 0.3 |
| 用户忠诚度 | 0.1 | 3 | 0.3 | 3 | 0.3 | 3 | 0.3 |
| 总计 | 1.0 | — | 2.3 | — | 2.2 | — | 2.8 |

资料来源：肖智润. 企业战略管理：方法、案例与实践（第 2 版）[M]. 北京：机械工业出版社，2018.

## 三、外部因素评价矩阵和竞争态势矩阵比较

CPM 矩阵与 EFE 矩阵的权重和总加权分数的含义相同，编制矩阵的程序和

方法也一样。但是，CPM 与 EFE 之间存在的区别也是明显的：第一，CPM 涉及多家企业，即企业自身及企业的若干竞争对手，而 EFE 只涉及企业自身；第二，CPM 中的关键成功因素更为宏观、笼统，不包括具体的或实际的数据，而且可能集中于内部问题；第三，CPM 中的因素包括外部和内部两个方面，而 EFE 将因素划分为机会与威胁两大类。

**四、外部环境预测方法和技术**

外部环境分析中常用的技术包括定量技术和定性技术。

（一）定量技术

1. 回归分析法

回归分析法是一种从事物因果关系出发进行预测的方法。其基本组成是一个（或一组）自变量与一个（或一组）因变量。目的是通过收集到的样本数据用一定的统计方法探讨自变量对因变量的影响关系，即原因对结果的影响程度。

2. 趋势外推法

趋势外推法，利用已有的历史资料，运用"时间序列分析"方法来估计未来的趋势；趋势外推法通常用于预测对象的发展规律是呈渐进式的变化，而不是跳跃式的变化，并且能找到一个合适的函数曲线反映预测对象变化趋势的情况。一般地，趋势外推法，多用于短期预测。

趋势外推法和回归分析法的最大不同：趋势外推法是利用环境变量本身的历史资料来估计；回归分析法不仅利用环境变量本身的历史资料，还利用和环境变量相关的预测变量的历史资料。当环境发生本质变化，而使整个趋势朝新的方向发展时，就不能根据过去和当前的规律或态势做简单的外推；换言之，此时趋势外推法会失灵。

3. 动态模型法

动态模型法是战略管理人员根据对整个环境的透彻了解，通过系统分析寻求事物发展的因果关系与相互作用机理。

4. 商业分析法

商业分析法（Business Analytics，BA）及与之密切相关的商业智能（Business In-telligence，BI）是将数据转换为洞察力以改进业务决策的过程，主要包括数据管理、数据可视化、预测建模、数据挖掘、预测模拟和优化等。

（二）定性技术

定性技术是指预测者依靠熟悉业务知识、具有丰富经验和综合分析能力的人员与专家，根据掌握的历史资料和直观材料，运用个人的经验直觉和分析判断能力，着重对事物发展的趋势、方向和重大转折点进行预测，即对事物未来发展做出性质和程度上的判断，然后，再通过一定形式综合各方面的意见，作为预测未来的主要依据。

定性技术一般用于对预测对象的数据资料掌握不充分，或影响因素复杂难以用数据描述，常用的定性技术包括销售人员预测法、德尔菲法、头脑风暴法及关键事件分析法。

1. 销售人员预测法

销售人员预测法就是将不同销售人员的估计值综合汇总，作为预测结果值；其优点是迅速、花费不高；缺点则是销售人员的判断难免有偏差，对经济发展的形势或企业的总体规划或许不太了解，对于长期预测的有效性十分有效，同时，销售人员可能会故意压低其预测数字，因而出现极端的预测值。

2. 德尔菲法

德尔菲法通过彼此匿名单独表达看法，对所预测事物的未来发展趋势独立提出自己的估计和假设，由预测机构或各个专家单独联系，征询对预测问题的答案，并把各专家的答案进行汇总整理，再反馈给专家征询意见，专家们根据综合的预测结果，参考他人意见修改自己的预测，即开始下一轮估计，如此多次重复，最后由预测组织者综合专家意见，做出预测结论。

优点：预测过程迅速，成本较低；在预测过程中，由于采用匿名或背靠背的方式，各种不同的观点都可以表达并加以调和；由于选取了多个专家共同预测，可充分利用和吸收各个专家的经验、学识和智慧；最后，如果缺乏一些基本的数据，可以运用这种方法加以弥补。

缺点：专家意见未必能反映客观事实；判断有其固有的局限性；由于估计值的权重相同，决策责任也较为分散。

3. 头脑风暴法

头脑风暴法通过参与者之间的信息交流和脑力激荡，激活潜意识，引起思维共振，产生连锁反应，诱发大量创造性想法，形成"风暴"效应，借助创意激发的程序，在创意过程中尽量鼓励产生不同意见，而禁止任何对提案的批评。

4. 关键事件分析法

在研究各个变量（事件）之间相关关系的基础上，通过用较少的几个关键事件的分析来把握环境的整体面貌，进而推断事物未来的趋势和走向。

## 【本章小结】

本章首先介绍了企业宏观环境分析的性质和目的，并分别介绍了政治法律环境、经济环境、社会文化环境、科技环境因素的概念及分析内容；其次介绍了企业的竞争对手分析、分析步骤及市场地位分析；最后介绍了外部环境评价分析方法，包括外部因素评价矩阵、竞争态势矩阵、外部环境预测方法和技术。

通过本章学习，读者应熟悉外部环境分析的内容和层次，能够充分认识到企业外部宏观环境因素，并掌握行业竞争结构分析、外部因素评价矩阵、竞争态势矩阵，以及几种外部环境预测的方法和技术。

## 【复习思考】

### 一、单选题

1. （　　）的目的就是要了解企业所处的战略环境，掌握各环境因素的变化规律和发展趋势，为制定战略打下良好的基础。

A. 明确企业当前使命、目标和战略

B. 外部环境分析

C. 内部条件分析

D. 重新评价企业的使命和目标

2. 外部环境的变化，可能会给企业带来两种性质不同的影响（　　）。

A. 提供新的机会、造成威胁

B. 确定企业的发展方向、为企业提供必要条件

C. 利用机会、避开威胁

D. 遇见机会、限制了企业的经营活动

3. 以下哪一项不属于影响企业文化的外部因素？（　　）

A. 民族文化　　　　　　　　B. 企业性质

C. 政治和市场环境　　　　　D. 科学技术因素

4. 竞争对手各种行为取向的最根本动因是（　　）。

A. 自我假设　　B. 现行战略　　C. 未来目标　　D. 潜在能力

5. 企业通过有效途径降低成本，使企业的全部成本低于竞争对手的成本，甚至在同行业中最低的成本，从而获取竞争优势的一种战略是（　　）。

A. 低成本战略　B. 营销战略　　C. 竞争优势战略　D. 差异化战略

6. 以下哪一因素不能帮助企业预测竞争对手的下一轮行动？（　　）

A. 对现行地位和业绩的满足

B. 可能采取的行动

C. 行动的强度和严肃性

D. 产品革新能力

7. 当企业主要竞争对手以可比价格提供更高质量的产品时，企业可以采用（　　）战略。

A. 市场渗透战略　B. 市场开发战略　C. 产品开发战略　D. 一体化战略

8. 环境分析技术主要有战略要素评估矩阵和（　　）两种。

A. 核心能力分析　B. SWOT 分析　　C. 财务分析　　　D. 生命周期分析法

9. 外部环境分析的主要目的在于找出企业所面对的（　　）。

A. 优势与劣势　B. 机会与威胁　C. 优势与机会　D. 劣势与威胁

## 二、多选题

1. 企业外部环境分析主要包括（　　）。

A. 宏观环境　　B. 文化环境　　C. 产业环境　　D. 竞争环境

E. 地域环境

2. 根据波特教授对竞争对手的分析，对竞争对手的分析有四个方面主要内容即竞争对手的（　　）。

A. 未来的目标　B. 替代性　　　C. 自我假设　　D. 潜在能力

E. 现行战略

3. 宏观环境因素通常指产业以外的各种因素，其中包括（　　）。

A. 经济因素　　B. 技术因素　　C. 政治因素　　D. 法律因素

E. 文化因素

4. 影响产业结构的因素有（　　）。

A. 技术进步　　B. 政府政策　　C. 市场需求　　D. 资源禀赋

E. 国际竞争

5. 一家企业对其外部环境和内部环境进行了分析，得出的结论是外部环境将以威胁为主，企业在各个竞争对手中占有较强的优势，你认为该企业可以选择的战略有（　　）。

A. 多元化　　　B. 市场渗透　　C. 一体化　　　D. 转向

E. 专注

6. 下列属于经济环境因素的有（　　）。

A. 社会经济结构　B. 经济发展水平　C. 经济体制　　D. 宏观经济政策

7. 行业生命周期阶段包括（　　）。

A. 起步期　　　B. 成长期　　　C. 衰退期　　　D. 成熟期

## 三、判断题

1. 在对企业外部环境和内部环境进行综合分析时，可以运用的战略分析工具包括波特五种竞争力模型。（　　）

2. 在企业外部环境分析中，受教育程度、风俗习惯等属于经济环境因素。（　　）

3. 产业政策不属于企业外部环境因素。（　　）

4. 企业外部环境变化是产品销售预测时考虑的最重要因素吗？（　　）

5. 近年来，随着人们生活观念的不断变化，娱乐消费市场不断扩大，根据

企业外部环境因素的分析，这一因素属于社会因素。（　）

6. 企业外部环境是指在特定时期中所有处于企业之外而又将对企业的存在和发展产生影响的各种因素的总和。（　）

7. 随机性竞争者只对某些类型的攻击做出反应，而对其他类型的攻击无动于衷。（　）

8. 北京市自1998年起对机动车辆尾气排放标准进行了严格限制，其中轿车必须安装电喷带三元催化器。它属于企业宏观环境中的技术环境因素。（　）

【案例分析】

# 案例 3-2　小米智能家居的发展战略

　　小米是一家中国科技公司，于2010年创立。以"科技为人们带来更美好生活"为理念，致力于推动高品质、高性价比的产品普及。从2013年开始，小米逐步进军智能家居领域，推出了首款智能电视、智能空调等产品，并逐渐扩大了产品线，包括智能音箱、智能灯具、智能摄像头等。小米智能家居产品以创新的设计和出色的性能脱颖而出，如小米智能音箱采用语音助手、小爱同学；小米灯泡提供定制化照明效果等，为用户带来便利和舒适的智能家居体验。小米通过低价策略将智能家居产品推向广大消费者，并积极寻求进军国际市场的机会，如在印度等地开展业务，获得了广泛认可和迅速增长的市场份额。并且小米致力于打造一个综合的智能生态系统，通过与其他企业建立合作伙伴关系，整合各类智能设备，提供全方位的智能家庭解决方案。

　　在用户需求导向上，小米注重研究消费者的需求和痛点，并基于这些洞察不断推陈出新。小米深入了解用户对智能家居产品的期望和期待，以满足他们的实际需求。在产品设计上，一方面致力于为消费者提供具有创新设计和丰富功能的智能家居产品；另一方面着重在产品设计阶段进行成本控制和优化，通过大规模生产和供应链管理来降低成本。这使小米能够提供价格相对较低的智能家居产品，给消费者带来更高的价值和性价比。在生态链整合上，小米与其他企业建立合作伙伴关系，通过整合智能家居产品、智能手机和其他智能设备，打造完整的智能生态系统，提高产品的互操作性和整体用户体验。此外，小米在技术创新方面进行了大量的研发投入，聚焦于尖端技术领域，不断提升产品的性能和功能，以提供更智能化和更便捷的家居体验。

　　我们可以发现，在各大商场里都会有小米的身影，消费者、体验者络绎不绝。这得益于小米的多渠道销售，包括官方线上平台、实体门店、授权经销商和电商平台等，这为用户提供了更便捷和多样化的购买途径。在口碑营销上，小米也是活跃在各大社交媒体平台，积极借助用户分享和参与，通过产品测评、推荐和好友推广等方式扩大产品的知名度和影响力。

综上所述，小米智能家居能在市场上极具竞争优势，赢得众多消费者的青睐主要基于以下五点：其一，它打破了传统智能家居产品的昂贵印象，将消费者从高昂的价格及防伪等销售压力中解放出来，以亲民的价格使产品更贴近消费者，为用户提供更高的性价比产品。其二，小米智能家居不断追求创新，进行了大量的研发投入，目的是应用人工智能和先进技术为消费者提供更智能化、更便捷和个性化的家居体验，从而提升产品竞争力。其三，小米智能家居优质的售后服务。小米非常注重消费者的反馈，建立了完善的客户支持体系，包括在线客服、电话服务和实体门店，针对产品反馈情况来做调整和改进，以确保用户获得良好的购买体验。其四，小米智能家居公司与其他相关企业的合作发展，它们在资源上互相协助，加速产品创新和产品迭代，这样的合作方式不仅促进了行业的整体发展，还为小米智能家居产品提供了更多的可能性。其五，小米智能家居注重经济效益与可持续发展。小米通过在研发、生产和销售等方面的成本控制来提高经济效益，实现规模效应。与此同时，小米注重环保和资源节约，致力于研发和推广可再生能源和智能能源管理系统。通过推出节能环保的智能家居产品，如节能灯具和智能电力管理设备，小米不仅为用户提供节能环保的选择，还以企业的可持续发展为目标。

随着国际市场的拓展，小米智能家居也在全球范围内获得了成功，并不断推动行业发展，为用户带来更智能、更便利和舒适的家居生活体验。

**案例讨论题**

1. 你认为小米智能家居的竞争优势有哪几点？
2. 通过对小米智能家居发展战略的分析，可以带给企业哪些思考？
3. 面对激烈的智能家居市场，试着谈一下小米智能家居的应对策略。

# 案例3-3　东方树叶营销策略分析

农夫山泉出品的"东方树叶"，作为新一届的茶类饮料网红，可谓众人皆知。2016年曾被网友评为中国最难喝饮料Top5，然而三年后却成为无糖茶品类市场占有率第一的品牌，并在2022年成为农夫山泉茶饮料业务营收的关键。这不禁让人思考，从曾经那个货架上高冷的小众选择，到如今颇受年轻人追捧，扛起增长大旗的国民饮料，东方树叶在这期间究竟做对了什么？

在饮料市场，年轻人是主力消费军，在雪碧、可乐等碳酸饮料占据大半消费者心智的当时，主打无糖茶概念的东方树叶则显得格格不入。即使要喝茶，人们也只会选择以冰红茶、茉莉花茶为代表的甜系饮料，没有甜味辅佐的东方树叶自然成了货架上的冷门产品。在2013年中国质量协会全国用户委员会的满意度调查中，东方树叶以满意度评分垫底再获"难喝"殊荣，即使背靠名声响当当的农夫山泉，依然饱受争议。然而，2016年，国家卫生计生委疾控局发布的《中国居民膳食指南（2016）》成为东方树叶命运的转折点，其中强调的每日控糖量将人们对于减糖的饮食偏好推向了一个新的高潮，原本门可罗雀的"无糖"赛道，瞬间成为各大食品行业争先恐后的角逐场。在无糖茶兴起的当口，东方树叶不断升级产品研发和包装设计，并通过年轻化营销快速破圈，成功打入年轻消费群体。

在产品创新和质量上，东方树叶品牌营销策略的核心是宣传产品的健康和天然。其产品以天然茶叶为原料，以市场流行的0糖0卡0脂为品牌的核心卖点，还凭借0香精0防腐剂成为品牌在饮料市场站稳脚跟的重要市场竞争力。可以说，东方树叶的"5个0"不仅契合了消费者对健康和天然的双重需求，还成为品牌超强的市场竞争力。同时，现在消费者推崇健康饮食，而东方树叶的产品正好站在风口上，给品牌插上了飞翔的翅膀，在长期的经营中顺势占领了年轻人市场。

在口味上，多类茶口味满足不同用户的需求。东方树叶推出的红茶、绿茶、乌龙茶等多种口味的无糖茶，一方面是为满足不同消费者的口味需求；另一方面是品牌用更深层次的传统茶文化来打开市场，满足不同需求的消费者。

在设计上，讲究创新与文化属性的双重加持。产品包装是品牌吸引消费者的重要媒介，东方树叶采用独特的包装设计，极具视觉冲击力，同时独特的包装还需要保证产品的新鲜度和口感，助力产品的保存和携带。此外，东方树叶的瓶身造型选择"上圆下方"，用富含东方韵味的插画给产品带来了厚重的文化感，引领着国潮国风文化潮流，加上特殊的透明瓶身设计，再现了茶本身的汤色，给人带来更放心的体验感。

在产品文化上，坚守无糖茶文化。在乱象丛生的消费市场，无糖饮料比比皆是，如无糖气泡水、苏打水、碳酸饮料等，而东方树叶推广的无糖茶文化以健康和天然为核心，多种口味的无糖茶和创新包装设计成功吸引了消费者的注意力，加上品牌独具魅力的文化属性，提高了消费者对无糖茶的认知和接受度。

在营销上，东方树叶善于利用数字化和社交媒体平台进行营销推广。东方树叶通过建立官方网站和移动应用，提供在线点单和配送服务，提高顾客的便利性。同时，东方树叶在社交媒体上积极与顾客互动，发布有吸引力的内容，吸引更多的关注和粉丝。

在市场拓展和合作上，东方树叶具有完善且庞大的渠道网络，在80%倚重线下渠道做生意的饮料行业，农夫山泉摸爬滚打多年，对渠道颇有沉淀。一方面，是庞大的渠道网络。截至2019年底，农夫山泉已覆盖全国终端零售网点237万个，经销商已经达到4280个，智能终端也多达6万台。另一方面，得益于2008年投入运营的NPC终端管理系统，农夫山泉对渠道一直有很强的管控力。与此同时，东方树叶积极进行市场拓展和合作，不断扩大品牌影响力。东方树叶通过开设门店、合作推广活动和与其他品牌的合作，吸引更多的顾客，以此提升品牌的知名度和曝光度。

"东方树叶""三得利"的话题冲上微博热搜，三得利作为在中国深耕几十年茶饮品的日本品牌，于2021年以高达1145亿元的营收登顶中国茶饮品行业的榜首。实际上，由于产品定位、价格等方面的相似性，两大品牌的对决也不可避免。东方树叶推出大瓶装产品，规格为900mL，而早在东方树叶之前，三得利原味乌龙茶就推出了1.25L大容量；不过在东方树叶宣布推出大瓶装后，三得利于2023年4月也发文宣布，三得利茉莉乌龙1.25L大瓶装上市。与此同时，东方树叶还会面临统一、康师傅、元气森林等品牌推出的新的茶饮品的竞争。

若论东方树叶的成功，其花费了足够长的时间，积累产品技术、渠道资源、品牌联想，沉淀消费惯性，之后便顺势而为、借机行事，将行业趋势内化为品牌机会。但面对激烈的茶饮品市场，东方树叶之后会采取哪些战略，也让我们拭目以待！

**案例讨论题**

1. 试用外部因素评价矩阵对东方树叶做出分析。

2. 东方树叶的行业关键成功因素有哪些？

3. 面对竞争对手，您认为目前东方树叶面临着哪些威胁？

# 第四章 内部分析：资源、能力与竞争优势

【知识架构】

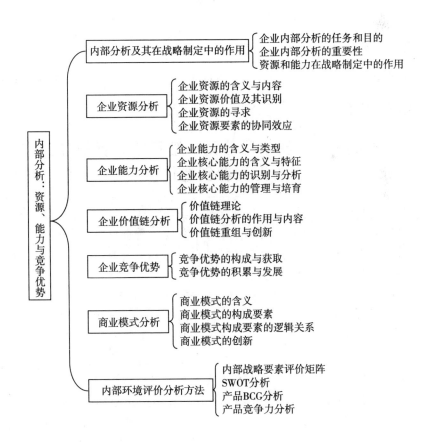

内部分析：资源、能力与竞争优势
- 内部分析及其在战略制定中的作用
  - 企业内部分析的任务和目的
  - 企业内部分析的重要性
  - 资源和能力在战略制定中的作用
- 企业资源分析
  - 企业资源的含义与内容
  - 企业资源价值及其识别
  - 企业资源的寻求
  - 企业资源要素的协同效应
- 企业能力分析
  - 企业能力的含义与类型
  - 企业核心能力的含义与特征
  - 企业核心能力的识别与分析
  - 企业核心能力的管理与培育
- 企业价值链分析
  - 价值链理论
  - 价值链分析的作用与内容
  - 价值链重组与创新
- 企业竞争优势
  - 竞争优势的构成与获取
  - 竞争优势的积累与发展
- 商业模式分析
  - 商业模式的含义
  - 商业模式的构成要素
  - 商业模式构成要素的逻辑关系
  - 商业模式的创新
- 内部环境评价分析方法
  - 内部战略要素评价矩阵
  - SWOT分析
  - 产品BCG分析
  - 产品竞争力分析

【学习要点与目标】

通过本章的学习，读者应该能够：

□了解内部条件分析的目的及重要性

□熟悉企业资源要素分类和企业能力的内涵

□掌握企业内部关键因素的识别及协同效果分析

□理解企业价值链的概念、价值活动的内涵及联系

□掌握价值链的关联与延伸

□熟悉企业竞争优势的构成

□了解寻求竞争优势的途径

□掌握企业核心能力的概念、判断标准及企业核心能力分析的内容

□掌握几种企业内部条件战略分析技术

□理解标杆管理的内涵及应用实施

【本章核心概念】

资源要素　核心能力　价值链　商业模式　竞争优势　BCG 分析　SWOT 分析

【引导案例】

## 案例 4-1　沃尔玛公司：培育核心竞争力，为消费者创造价值

在日益激烈的市场竞争中，有的企业如昙花一现，悄然逝去；有的却硬如磐石，坚不可摧。为什么会出现这种现象呢？核心竞争力是其中的一个主要原因。核心竞争力能为企业带来竞争优势。当然有利也有弊，核心竞争力也可能会削弱企业的战斗力。一般来说，建立企业的核心竞争力主要包括建立竞争优势的资源、稀缺资源、不可被模仿的资源、不可替代的资源、持久的资源。企业只有拥有这些资源，才能形成自己的核心竞争优势，从而获得有力的竞争地位。

沃尔玛公司作为一家美国的世界性连锁企业，由美国零售业的传奇人物山姆·沃尔顿先生于 1962 年在阿肯色州成立，以营业额计算为全球最大的公司。沃尔玛主要涉足零售业，是世界上雇员最多的企业，连续三年在美国《财富》杂志全球 500 强企业中居首位。经过几十年的发展，沃尔玛公司已经成为美国最大的私人雇主和世界上最大的连锁零售企业。沃尔玛在全球 27 个国家开设了超过 10000 家商场，下设 69 个品牌，全球员工总数 220 多万人，每周光临沃尔玛的顾客达 2 亿人次。

沃尔玛提出"帮顾客节省每一分钱"的宗旨，实现了价格最便宜的承诺，沃尔玛还向顾客提供超一流服务的新享受。公司一贯坚持"服务胜人一筹、员工与众不同"的原则。走进沃尔玛，顾客便可以亲身感受到周到的服务。沃尔玛推行"一站式"购物新概念。顾客可以在最短的时间内以最快的速度购齐所有需要的商品，正是这种快捷便利的购物方式吸引了现代消费者。此外，虽然沃尔玛为了降低成本，一再缩减广告方面的开支，但在各项公益事业的捐赠上，不吝金钱、广为人善。有付出便有收获，沃尔玛在公益活动上大量的长期投入及活动本身具有的独到创意，大大提高了品牌知名度，成功塑造了在消费者心目中的品牌形象。

沃尔玛公司建立了良好的企业核心竞争力，使其能在世界市场乘风破浪勇往直前。第一，建立了竞争优势的资源。这能帮助其利用外部环境中的机会，降低潜在威胁并建立竞争优势的资源。零售业的关键是顾客满意度。"天天平价"作为沃尔玛长期奉行的经营宗旨，也正是沃尔玛着眼于顾客的举措。这里的平价不是定期或不定期的减价促销活动，而是长期稳定地保持商品低加价率。

第二，稀缺资源。企业占有的资源越稀缺，越能满足顾客的独特需求，从而越有可能变成企业的核心竞争力。沃尔玛针对不同的目标消费者，采取不同的零售经营形式，分别占领高档、低档市场。例如，针对中层及中下层消费者的沃尔玛平价购物广场；只针对会员提供各项优惠及服务的山姆会员商店及深受上层消费者欢迎的沃尔玛综合性百货商店等。会员制是一种新兴的零售形式。山姆会员商店是沃尔玛经营的一大特色，是它夺取市场战胜西尔斯的一大法宝。

第三，不可被模仿的资源。沃尔玛一直在中国市场积极开发和推广沃尔玛"自有品牌"，推出"质优价更优"的自有品牌商品，覆盖了食品、家居用品、服装、鞋类等主打品类。自有品牌商品的生产厂家都经过严格的审核和产品检测，确保每件商品都拥有领先同类品牌的优良品质；同时，自有品牌商品均由生产厂家直接生产，节省了中间环节，使售价比同类商品更具竞争力。

第四，不可替代的资源。沃尔玛家族创业时白手起家，发家后虽富犹穷，通过慈善事业机构捐赠了许多福利项目。例如，关爱儿童、支持教育、保护环境、实施绿色环保计划。沃尔玛真正将经营上升到"文化营销、人文关怀"的高度，回报社会，树立了良好的社会形象，同时取得了很好的社会效益。这是别的企业无法替代的。

第五，持久的资源。资源的贬值速度越慢，就越有利于形成核心的竞争力。

一些品牌的资源实际上在不断升值，通信技术和计算机技术迅速的更新换代却对建立在这些技术之上的核心竞争力提出了严峻的挑战。沃尔玛有着卓越的供应链管理系统。卫星通信系统是沃尔玛供应链的最大优势，它的全球供应链以先进的信息技术为依托，构成了一整套先进的供应链管理系统。统一、集中、实时监控的供应链管理系统，使沃尔玛能从根本上改变以往零售商的地位，直接"控制生产"。基于信息技术的高效运作，降低成本，创造价值，不断提高生产率，从而高水准地为客户服务，沃尔玛为商界树立了成功的典范。

沃尔玛的核心竞争力是扎根于顾客至上、员工满意的核心企业文化。"天天低价"是沃尔玛对顾客长期不变的承诺。品种繁多、物美价廉的商品，方便的购物时间，免费的停车场，以及愉快的购物环境，维系了忠诚的客户群体，对员工利益的关注激励员工一起行动。沃尔玛不断创新，比竞争者更快、更好地满足顾客需求。通过与供应商建立长久稳定、互利互惠的合作关系，并借助强大的信息网络系统管理这种关系，沃尔玛不仅保证了为顾客提供"天天低价"的优质产品，而且能以最快的速度对顾客的需求变化做出反应，从而在竞争中形成明显的竞争优势。

**点评：**以上这个案例中，沃尔玛公司通过创建五大核心竞争力，很好地促进了公司的发展及客户价值的创造，充分说明了核心竞争力对于企业成功的重要作用。在当今时代，企业在做战略规划的时候，一定要充分挖掘自身资源，突出核心能力，形成一种独特的核心竞争力，这样才能在激烈的市场竞争中得以生存和发展，并保持基业长青。

# 第一节　内部分析及其在战略制定中的作用

内部分析主要是检查企业内部因素（销售及分销、研究及开发、生产及运作管理、企业资源和人事、财政及会计等），找出企业的优势和劣势；进而强化优势，开拓机遇；应付竞争威胁，修正使企业置于不利竞争位置的劣势；最终帮助企业进行正确的市场定位。

## 一、企业内部分析的任务和目的

企业内部分析的任务是通过对企业内部要素的分析，归纳出若干能够影响企业未来发展的关键战略要素，即企业的内部优势与弱点。也就是说，内部分析是一个自我检查程序，以便认定自我的"优势"和"弱点"，利用自我的"优势"开拓机会及应付市场上的冲击，并对内部的"弱点"进行改革，从而建立企业在市场上的竞争优势。

内部条件分析的目的有以下三个方面：

第一，弄清企业现状，包括资源、能力、已有业绩和存在的问题等，这些因素都是企业可以自行控制的。

第二，了解企业现已确定的将在战略规划期内实施的改革、改组、改造和加强管理的措施，并预测其成效。

第三，明确自身同竞争对手相比的优势和劣势。外部环境的分析主要回答"企业可以做什么"，内部条件的分析则主要回答"企业能够做什么"。

**二、企业内部分析的重要性**

企业内部分析的重要性体现在如何对自己的资源和能力进行有效评估和整合运用。

第一，战略管理研究的一个基本议题就在于如何获取竞争优势。在某个行业中，如果某企业的盈利能力高于该行业的平均盈利能力，那么该企业相对于其竞争对手而言就具有竞争优势。如果该企业能够在长时期内保持高于行业平均的盈利能力，那么就拥有持续竞争优势。

第二，在如今的环境特点下，对企业内部资源和能力进行分析变得更加重要。首先，在外部环境变动比较大的情况下，企业内部资源和能力是一种更为稳定和有保证的竞争优势的来源。其次，随着技术进步和全球化趋势的发展，先前的一些因素（如劳动力成本、财务资源和原材料的获取、保护主义和市场管制）已经很难为企业带来持续的竞争优势。因此，企业需要通过对内部资源和能力的分析来应对这些变化。

第三，企业资源与能力是战略资源基础观学派所提出的概念，这种观点采用的是由内而外的方式来考察竞争环境，也就是以内部环境分析为起点。与之相比，在前一章所介绍的波特五力模型采用的是由外而内的分析视角。战略的资源基础观认为，每个企业都拥有一些与其他企业不同的资源与能力，资源是能力的基础，而能力又可以使企业从中发展出自己的核心竞争力，并获得竞争优势。

**三、资源和能力在战略制定中的作用**

（一）产业组织模式

传统的战略管理理论（以波特为代表的定位学派）认为，企业战略选择及所选择的战略能否获得高于平均水平的利润率，在很大程度上受制于外部环境，因此企业为获得高于平均水平的利润率，首先要分析外部环境形势，选择一个有吸引力的行业；其次根据外部环境和行业特点制定和实施相应的战略，以赢得某种优势地位，如低成本优势、差别化优势等。至于企业是否具备成功实施战略所需要的资源与能力则是不重要的，因为资源是可以流动的，可以通过市场买卖从各种市场中得到。有学者把这种战略分析的思维逻辑称为"产业组织模式"。

这种理论模式在市场机会多、行业竞争不激烈的时代，对指导企业获得高于平均水平的利润率是有价值的，也有其合理性。

## （二）资源基础模式

产生于20世纪90年代的资源学派，即以资源为基础的战略管理理论认为：①同一行业内相互竞争的企业所拥有的资源和能力并不是没有差异的，而是相当部分的资源和能力是独特的、难以模仿的，并且也是无法轻易转移或流动的。②各个企业在收益上的差异不是因为行业不同，而是因为其所拥有的资源和能力上的差异。③一个企业之所以获得超额利润，主要是因为它拥有同行业企业没有的核心能力。

资源学派在上述发现的基础上认为，企业在制定战略和实施战略时，必须充分考虑企业的资源和能力，特别是那些企业独特的资源和能力，并在此基础上建立企业的竞争优势。这种战略分析的思维逻辑被称为"资源基础模式"。

## （三）动态资源配合战略发展的观点

战略管理的任务绝不是仅停留于对现有资源和能力的利用，更重要的是如何通过对现有资源和能力的不断投入，进一步发展市场竞争所需的资源和能力，真正建立起企业长期水平上的经营特征。这里的关键在于客观、准确地评价企业现有的资源和能力，找到它们与未来竞争目标的实现之间存在的差距。每一个企业都有自己的长处和不足，战略管理需要企业充分发挥和不断加强自身的优势，使之最有效地被利用，成为成功的关键因素。

战略管理者总是试图弥补资源的缺口，但从动态的观点来看，资源的缺口相对于动态的竞争环境总是存在的，一方面形势的发展对企业提出了越来越高的要求；另一方面原来拥有的优势随着时间的推移也会慢慢消失。因此，只有不断地投入，不断地提高自己的竞争能力，企业才能不断地创造和保持竞争优势，如图4-1所示。

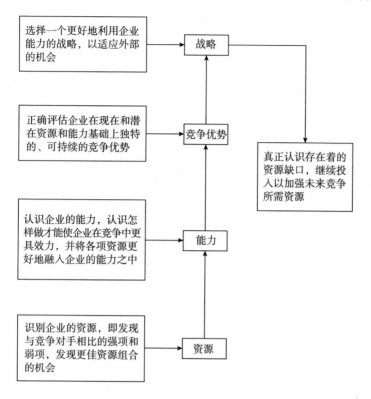

图 4-1　资源和能力在战略制定中的作用

# 第二节　企业资源分析

内部分析主要是检查企业内部因素，找出其优势和劣势；强化优势，修正劣势；帮助企业进行正确的市场定位。企业资源要素分析工作非常重要，目的是考察企业为实施某种战略所具有的经营能力和实力。企业各种资源充足，质量高，就可以制定进攻型的快速成长战略或正面进攻的竞争战略；某种资源相对匮乏，或不具备优势，就可以制定稳定发展战略或者迂回进攻的竞争战略；多种资源处于劣势，应考虑保留重点的退缩战略或者安全的求生战略。

## 一、企业资源的含义与内容

企业资源（Resources）是指企业经营活动所需要的各种各样的有形和无形输

入，是企业用于战略行动及其计划推行的人力、财力、物力等资料及时间、信息的总和。

企业资源的内容很多，具体包括：①采购与供应实力。②生产能力与产品实力。③市场营销与促销实力。④财务实力。⑤人力资源的实力。⑥技术开发实力。⑦管理经营的实力。⑧时间、信息等无形资源的把握能力。

上述的各种资源又可以概括为有形资源、无形资源和人力资源三大部分。有形资源是指具有固定生产能力特征的实体资产及可自由流通的金融性资产，包括物力资源和财力资源。无形资源是指那些根植于企业的历史、长期积累下来的资产，包括组织资源、技术资源、企业形象及企业文化等。各类资源的细分及其内容如表4-1所示。

表4-1　企业资源分类

| 资源类别 | 类别细分 | 具体资源名称 |
|---|---|---|
| 有形资源 | 物力资源 | 厂房、设备等固定资产 |
| | 财力资源 | 现有资金和可融资资源 |
| 无形资源 | 组织资源 | 企业的内部组织结构与采购、销售网络 |
| | 技术资源 | 技术储备，如专利、商标、版权、商业秘密、成功所必需的知识、创新所需要的资源 |
| | 企业形象 | 企业的信誉、知名度、品牌等 |
| | 企业文化 | 企业宗旨、理念、价值观 |
| 人力资源 | | 企业管理者与员工的培训、经验、知识、洞察力、适应性、共识及沟通能力等 |

下面对其中一些主要的资源要素进行简单说明：

（一）人力资源要素

提高企业人员素质是保持和发挥企业战略优势的首要环节。人才是事业的根本，企业战略管理的一切工作，从环境分析、战略制定、战略实施到评价战略，都必须由人去推行。因此，人力资源要素是企业战略管理中最重要的资源要素。从具体工作看，无论是市场战略、技术战略，还是产品战略、财务战略、公司总体战略等，都需要由各种优秀的经营人才、管理人才、技术人才和其他专业人才来筹划与落实。企业领导应学会"智者取其谋，愚者取其力，勇者取其威，怯者取其慎"。一个企业要想获得战略的成长，不仅要不断吸收和培养优秀的人才，加以任用，使人各得其所，各展其长，充分发挥其积极性与创造性；而且要提倡上下级、各种人员之间的密切配合，号召他们同舟共济，齐心协力才能有效达成企业的战略目标。

（二）物力资源要素

物力是生产制造的基本要素之一，也是企业战略地位优劣的一个重要方面。物力所包含的厂房、设备、工具、原材料、零部件、办公设施等，与企业生产经营活动有密切的关系，是企业为完成战略管理工作必须获得的资源。

企业物力资源主要分布在生产制造、储运、销售及事务处理四个方面。从战略角度看，主要物力资源的获得、配置、能力限度、运用、维护及重置等问题，均需依据市场需求与企业战略目标，对资源投入的时间、种类、数量等进行周密的规划与调配，为有效实施企业战略提供物质上的支援和保证。

（三）财力资源要素

财力资源主要是指企业资金实力，是生产制造的基本要素之一。资金是企业经营的血液，是获得人力、原料、机器及技术等生产要素必不可少的条件。为了发展经营事业，企业必须设法通过各种途径取得必要的资金，利用资金换取上述各项生产要素的投入，产出社会需要的产品或劳务，将这些产品或劳务在市场上销售，在获得盈利的基础上，使之转换成企业经营管理活动得以继续和发展的资金，推动企业的战略成长。

总之，企业必须根据自身经营事业的性质和规模，预估所需资金的数额，参照资金市场行情，对资金来源、筹集、运用及分配等问题进行统筹规划，以配合企业战略需要。

（四）信息资源要素

信息时代的来临，使信息对企业战略成长和发展变得至关重要。从市场机会、生产方式、产品质量、技术专利到政府的法律法规的出台与修改，乃至现代企业经营管理等一切知识、资料与创新信息，都和企业生存与发展息息相关。特别是科技创新引起的产业结构、生产技术、机械设备、生产方式、思想观念的变革，对企业的冲击更大。它不仅要求企业积极接受科技创新的事实，还必须采取适当的对策与行动。因此，企业对外部和内部信息的收集、加工、运用，成为达到组织目标的先决条件。

企业对信息资源的掌握，可根据企业战略管理的需要，采取简单的手工收集、保管资料档案，或复杂的计算机数据处理系统等各种方式。通过将资料信息有效地输入、储存、控制、分析、输出及运用，建立管理信息系统（MIS）和决策支持系统（DSS），协助企业战略活动的策划与控制。

（五）市场地位要素

从根本来看，企业的产品或劳务被社会接受，在市场上享有盛誉，企业才能获得战略的成长，否则，将注定失败。因此，要针对当前市场的消费特点，分析企业现有产品及其在直接与间接竞争下的地位与业绩，发现潜在的市场、经济发展趋势及技术创新的内容，并据此开发新产品、新市场，以增强企业的市场地位。因此，企业战略管理者应该定期、系统及客观地评估用户的反应与市场占有率，以掌握或创造有利的市场地位。

## 二、企业资源价值及其识别

有价值的企业资源才能构成企业持久竞争的优势。它需满足如下条件：①在创造价值过程中发挥重要作用。②稀缺。③不可模仿。④不可替代。⑤可以以低成本获得。

通过对企业所有资源的盘点和分析，可以使用"利用度"与"转移性"两项指标对其分类，然后再进行甄别、使用和处置。具体如图4-2所示。

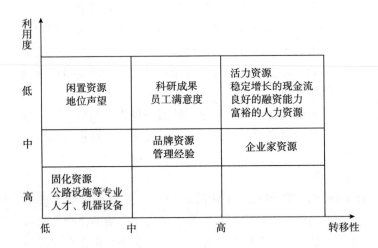

图4-2　企业资源状况的"利用度"与"转移性"两项指标分析

## 三、企业资源的寻求

从竞争角度看，资源配置只是战略中的一个问题，而资源开发（形成优势资源）、积累（提升资源）、整合（组合运用资源）和运用（配置资源）是一组连贯的战略课题。

企业资源寻求分为内部资源寻求和外部资源寻求，以及中心资源寻求和分散资源寻求。

（一）内部资源寻求和外部资源寻求

内部资源寻求可以细分为两种形式：一是通过与国内外独立厂商合资，共同参与股权，经营一家子公司，进行有关投入物的生产或产品配送与售后服务。二是公司通过设在国内外的完全控制的子公司完成这些职能。

外部资源寻求也可以细分为两种形式：一是通过国内外某一商品买卖市场，采购本公司所需的生产投入物或取得产品配送与售后服务。二是公司通过跟国内外独立厂商签订合同，或以其他非股权安排（战略联盟）方式进行有关投入物的国际生产或产品配送与售后服务。

（二）中心资源寻求和分散资源寻求

中心资源寻求是指公司成品的主要投入物，如原材料、半成品等的筹供基本上围绕着该公司的某一中心工厂而展开。

分散资源寻求是指一家公司的成品的主要投入物的筹供并不集中在一个中心工厂；相反，成品投入物的生产分别围绕着若干相聚较远的中心工厂进行，即投入物在生产出来以后送往各有关中心工厂。

## 四、企业资源要素的协同效应

（一）企业内部资源组合的协同效应

企业内部资源组合的协同效应，也叫作企业内部资源组合的整体效果，是指企业内各项投入要素、各经营单位联合起来所产生的效益要大于各个经营单位各自努力创造出来的效益的总和，即"2+2>4"的效应。

（二）企业内部资源与新业务间的协同效应

企业内部资源与新业务间的协同效应，是关于企业与新产品或新项目相配合所表现的特征。企业"附加值"的存在，为企业正常经营提供了前提。但是，企业是否应该开拓新市场、经营新业务，还要考虑企业新旧业务之间，新业务与企业现存资源之间的协同效应，或者说是相容性，包括销售协同、管理协同、运行协同。其中，销售协同包括企业产品使用共同的销售渠道、仓库等；管理协同包括一个经营单位中运用另一个单位的管理技能和经验等；运行协同包括企业内分摊间接费用，分享共同的经验曲线。

### 阅读资料：企业内部资源审视的关键要素

对于特定的行业，关键成功因素既包括外部环境因素，又包括内部条件因素。对于企业内部条件而言，其关键要素必须满足以下两个条件：

第一，满足顾客需求。顾客是一个产业合理存在的基础，也是企业生存的利润来源，因而企业必须确认顾客及他们的需求，才能有效地选择一个为顾客提供产品的价值链环节。

第二，保持企业的持续竞争优势。关键成功因素是在特定产业中能为企业带来竞争优势的资源。企业要获得成功，不仅依赖于选择一个有吸引力的行业，还在于企业的资源和独特技能与之相匹配，企业获取持久的竞争优势就必须在内部关键要素上采取有效措施。

企业常见的内部关键要素：与技术相关的关键要素；与制造相关的关键要素；与分销相关的关键要素；与营销相关的关键要素；与技能相关的关键要素；与组织相关的关键要素；与财务相关的关键要素。

# 第三节　企业能力分析

企业资源分析的目的是考察企业为实施某种战略所具有的经营能力和实力。企业能力分析是战略管理领域中一种传统的分析方法，通过与竞争对手对比来认识企业的优势和劣势，并识别和锻造企业的主要核心竞争力，促进企业发展。企业能力的范围其实很广，通常可以分为营销能力、生产能力、财务能力、组织能力、技术开发能力等。

## 一、企业能力的含义与类型

（一）企业能力的含义

企业的能力是指企业对各种资源进行协调，并将这些资源投入生产性用途的技能和知识。能力（Capability）是指运用、转换与整合资源的能耐，是资产、人员和组织投入产出过程的复杂结合，表现在整合一组资源以完成任务或者从事经营活动的有效性和效率。

注意：资源≠能力。即使企业拥有稀缺的和有价值的资源，如果没有有效运用这些资源的能力，企业也无法创造出独特的企业竞争力。

（二）企业能力的分类

企业能力可以分为个人能力和组织能力，其中个人能力包括专业技术能力、管理能力、人际网络。组织能力包括业务运作能力、技术创新与商品化的能力、组织文化、组织记忆与学习。表4-2是按职能划分的企业能力。

（三）企业能力的具体内容

企业能力的内容很广，下面重点介绍营销能力、财务能力、组织和人事能力、技术研发能力、生产能力等具体内容。

表 4-2　按职能划分的企业能力

| 职能领域 | 能力 | 例子 |
|---|---|---|
| 公司职能 | 财务控制 | 可口可乐 |
| | 多元业务的战略管理 | 通用电气 |
| | 战略创新 | 联想 |
| | 协调部门与业务单元的管理 | 联合利华 |
| | 收购管理 | 思科 |
| 管理信息 | 连接到管理决策制定部门的、全面的、整合的 MIS 网络 | 沃尔玛 |
| 研究开发 | 研究 | IBM、默克 |
| | 创新的新产品开发 | 索尼 |
| | 快速循环的新产品开发 | 佳能 |
| 生产 | 规模生产效率 | 格兰仕 |
| | 生产过程的不断改进 | 丰田汽车 |
| 产品设计 | 设计能力 | 耐克 |
| 市场营销 | 品牌管理和品牌促销 | 宝洁 |
| | 识别市场趋势并做出反应 | 苹果公司 |
| 销售与分销 | 高效的销售促进与执行 | 三星 |
| | 订单处理的效率和速度 | DELL |
| | 分销的速度 | UPS |
| | 客户服务的质量和效果 | 联邦快递、亚马逊 |

1. 营销能力分析

营销能力分析包括市场占有率、市场调研系统、产品质量、寿命周期、新产品开发、专利保护、顾客对企业及其产品的印象及口碑、产品包装方法、对产品及维修服务的定价策略、销售方法及能力、广告宣传、售后服务及分销网络，其内容框架如图 4-3 所示。

2. 财务能力分析

财务能力分析包括财政的能力及支持（资产的流动性、利润情况、流动资金等）、降低资本（降低库存、改善开放红利的政策）、资金的运用、和企业股东的关系、税务及保险政策的运用、财政计划、会计系统（成本预算、盈利计划及审计程序等）。

财务能力分析需要考虑一些相关指标，常见的主要指标包括如下几项：

第一，收益性指标。例如，总资本利润率、销售利润率、销售总利润率、成本费用率等。

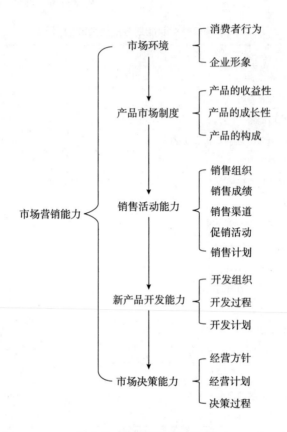

消费者行为

企业形象

产品的收益性

产品的成长性

产品的构成

销售组织

销售成绩

销售渠道

促销活动

销售计划

开发组织

开发过程

开发计划

经营方针

经营计划

决策过程

**图 4-3 营销能力分析框架**

第二，流动性指标。例如，总资金周转率、流动资金周转率、固定资产周转率等。

第三，安全性指标。例如，流动比率、活期比率、固定比率、利息负担率等。

第四，生产性指标。例如，人均销售收入、人均利润收入、人均净产值、劳动装配率等。

第五，成长性指标。例如，总利润增长率、销售收入增长率、固定资产增长率等。

财务能力分析最常用的一种方法是杜邦分析法，该方法利用几种主要的财务比率之间的关系来综合地分析企业的财务状况，是用来评价公司盈利能力和股东权益回报水平，从财务角度评价企业绩效的一种经典方法。基本思想是将企业净资产收益率逐级分解为多项财务比率乘积，这样有助于深入分析比较企业经营业绩。

3. 组织和人事能力分析

组织能力分析包括企业的形象及声望，企业组织的构架、环境及文化，公司的规模，管理方法，企业对完成指标的情况记录，政府机关及其制度影响，其内容框架如图4-4所示。

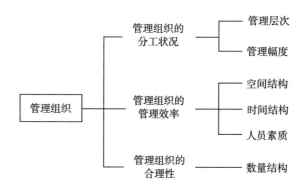

**图4-4　组织能力分析框架**

人事能力分析包括人力支援系统，员工的素质，各功能部门的沟通，与工会的关系，人事规章制度、考勤、调升、保障、福利、培训及发展等系统，降低劳工开支的方法。

4. 技术研发能力分析

技术研发能力分析包括企业自我的基本研究能力、开发产品生产的能力、产品设计、生产程序设计及改良、包装技巧、新原料的应用、生产能力（符合设计的目的及顾客的需求）、试验室的设备、技术人员的培训、工作环境的配合、中层管理人员的能力（下达生产目标并能上传研究结果）、预测技术发展的能力。

5. 其他的能力分析

其他的能力分析还包括生产管理和企业文化等。生产管理包括加工工艺和流程、生产能力、库存、劳动力、质量等。生产能力又包括生产的机械设备、生产程序（设计、生产计划、质控）、机械设备的保养及维修等。企业文化包括其形成、特色与调整。

**二、企业核心能力的含义与特征**

核心能力是指企业在长期生存发展中逐渐形成的、独特的、竞争对手难以模仿的综合能力。识别出企业的核心能力并经常检视、培育，是企业竞争获胜的重要法宝。

（一）核心能力的含义

核心能力（Core Competence），又称为核心竞争力、核心专长，是指能使企业长期或持续拥有某种竞争优势的能力，它通常表现为企业经营中的积累性学识，尤其是关于如何协调不同生产技能和有机结合多种技术流的学识。根据普拉哈拉德（Prahalad）和哈默（Hamel）的定义，核心能力是组织中的积累性学识，特别是关于如何协调不同的生产技能和有机结合多种技术流的学识。

核心能力是所有能力中最核心、最根本的部分，可通过向外辐射并作用于其他能力，影响着其他能力的发挥及效果。核心能力具有价值性、叠加性、延展性、独特性、难以模仿性。如图4-5所示，可以把一个公司比喻成一棵大树，树干和大树枝是核心产品，小树枝是业务单位，叶、花和果实是最终产品，提供养分和保持稳定的根系就是核心能力。

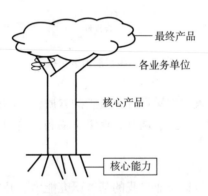

图4-5　企业核心能力

（二）核心能力的特征

企业的资源、知识和能力要想成为核心能力，必须具备如下四个特征：①价值优越性；②稀缺独特性；③难以模仿性；④难以替代性。具体如表4-3所示。

表4-3　核心能力的四个特征及其含义

| 特征 | 含义 |
| --- | --- |
| 价值优越性 | 消除威胁和利用机会 |
| 稀缺独特性 | 不是许多企业都拥有 |
| 难以模仿性 | 历史因素：独特而有价值的企业文化和品牌<br>模糊性因素：竞争能力的原因和应用不清楚<br>社会复杂性：管理者之间、供应商与客户间的人际关系、信任等 |
| 难以替代性 | 没有等价战略资源和能力 |

从顾客的角度出发，核心能力是有价值并不可替代的；从竞争者的角度出发，核心能力是独特并不可模仿的。表4-4列举了一些中外企业的核心能力。

表4-4    一些中外企业的核心能力

| 公司名称 | 核心能力 |
|---|---|
| 索尼 | 微型化技术 |
| 3M | 黏合剂、基质、涂覆、先进材料研制 |
| 佳能 | 精密仪器研制，光学、成像和微处理器控制方面 |
| 本田 | 小发动机设计和开创性的市场营销和分销能力 |
| 松下 | 开发无与伦比的加工技术和大规模生产产品的分销能力 |
| 耐克 | 优越的市场营销和分销能力及在运动服装领域的产品设计能力 |
| 微软 | 优秀的软件 |
| GE | 以前是技术，现在则是管理，尤其是人力资源培训 |
| 戴尔 | 直销能力 |
| 海尔 | 市场的整合力，企业与市场机制及产品功能与用户需求的整合 |
| 携程 | CTMS、管理团队、CTRIP 理念、商业联盟与风险融资能力 |

### 三、企业核心能力的识别与分析

并非所有资源、知识和能力都能形成竞争优势。企业的核心能力需分层次识别。

（一）核心能力的层次识别

1. 第一层次——企业资源

企业的基础是资源，资源是能力的载体，要强化企业的能力，首先必须获得优质资源。资源数量不足或质量不合要求，将直接影响高一层次能力的形成。

2. 第二层次——企业能力

企业的能力主要是指企业的职能性的能力，如 R&D 能力、制造能力与营销能力等，它是由企业拥有的资源整合而成，这些职能性的能力又是竞争能力形成的基础。

3. 第三层次——企业竞争力

企业的竞争力是企业职能性能力的有机协调和整合（Integration），是覆盖多个职能性能力的界面能力（Interface），它是以产品或战略事业（SBU）为单位来衡量。如果一个企业只有一种产品或一个 SBU，则这种竞争能力也是企业的核心能力。

4. 第四层次——核心竞争力

这是竞争能力的最高层次。核心竞争力是企业竞争能力的进一步整合，它是全部 SBU 边界的能力，是全部 SBU 共享的技能和知识，是组织中的集体学习，是不同 SBU 竞争能力的整合与协调。表 4-5 是部分企业的核心竞争力指数。

表 4-5　部分企业的核心竞争力指数

| 保护利润的强度 | 指数 | 核心竞争力 | 案例 |
|---|---|---|---|
| 高 | 10 | 建立行业标准 | 微软 |
| | 9 | 控制价值链 | 英特尔、可口可乐 |
| | 8 | 主导地位 | 喜之郎 |
| | 7 | 良好的客户关系 | 通用电气 |
| 中 | 6 | 品牌、版权、专利 | 英特尔 |
| | 5 | 2 年产品提前期 | |
| 低 | 4 | 1 年产品提前期 | 格兰仕 |
| | 3 | 10%~20%的成本优势 | |
| 无 | 2 | 具有平均成本 | — |
| | 1 | 成本劣势 | |

5. 以上四者之间的关系

资源是企业能力的源泉。能力是企业核心竞争力的源泉。核心竞争力是开发企业持续的竞争优势的基础。与有形资源相比，无形资源是核心竞争力的主要源泉。

（二）企业核心能力的内容分析

当今企业间的核心能力竞争主要体现为四个层次，如图 4-6 所示。对于跨国大公司而言，在第一层次上投入竞争最有价值。因为一旦在第一层次上处于优势，那么竞争优势可以保持最长时间。对于中国大部分企业而言，在第二层次上投入竞争最有价值并且可行。因为中国大部分企业没有实力在第一层次上与跨国大公司竞争，一旦在第二层次上处于优势，那么竞争优势可以最大限度地保持。核心能力的作用十分重要，它体现为一系列技能、技术、知识的综合体，要准确、全面地分析和评价一个企业的核心能力是比较困难的。一般而言，可以从主营业务、核心产品、核心能力等方面入手。

1. 主营业务方面的分析

主营业务方面分析的内容包括如下几个方面：企业是否有明确的主营业务？该主营业务是否有稳定的市场前景？企业优势是否体现在主营业务上？本企业在该领域中与竞争对手相比的竞争地位如何？

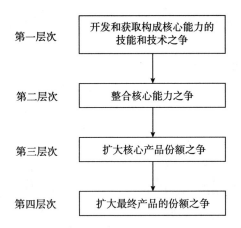

图 4-6　企业间核心能力竞争的四个层次

一个企业若没有明确的主营业务，经营内容过于分散，则很难形成核心能力。如果企业虽有主营业务，但在该业务领域中的竞争地位很弱，也谈不上有核心能力。在分析中，企业可以运用主营领域明确程度、主营领域市场占有率及其行业排名、主营领域收益占总收益的份额、主营市场前景预测等指标和方法对主营业务进行具体评价。

2. 核心产品方面的分析

核心产品是核心能力与最终产品之间的有形联结，是决定最终产品价值的部件或组件。例如，本田公司的发动机、英特尔公司的微处理器都是核心产品。目前企业间的核心产品之争，主要表现为许多企业以原创或垄断技术、设备供应商的身份向其他企业甚至竞争对手出售其核心产品，以占领"虚拟市场份额"。例如，佳能公司把激光打印机的发动机卖给苹果、惠普和其他打印机制造公司，致使其核心产品市场份额远大于其最终产品市场份额。这种虚拟市场份额是靠借用其他企业甚至竞争对手的分销渠道和品牌资源来实现的，由此获得的巨大收入和经验，可使公司取得足够的资源，加快核心能力建设的步伐。因此，分析一个企业的核心能力必须分析其核心产品。

对核心产品应具体分析企业是否有明确的核心产品、核心产品的销售现状、竞争地位、市场前景、产品的差异性和延展性、扩大虚拟份额的可能性和具体思路等。核心产品可以延展至多个最终产品领域，最大限度地实现核心能力的范围经济。

3. 核心能力方面的分析

企业核心能力的管理，一般包括五项工作：①确立核心能力；②制订获取核心能力的计划；③培育核心能力；④配置并扩散核心能力；⑤保护并保持核心能力的领先地位。分析企业的核心能力，应围绕这五个方面来判断企业核心能力管理方面的长处和弱点。

在进行企业核心能力分析时，可以运用核心能力分析矩阵，帮助企业准确把握核心能力的现状及未来的发展方向。核心能力分析矩阵如图4-7所示。

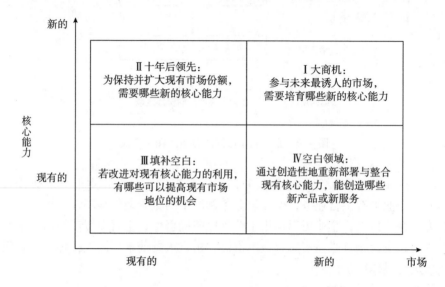

图4-7　核心能力分析矩阵

四、企业核心能力的管理与培育

（一）确认现有的核心能力

编写企业的核心能力一览表，把能力和包含这些能力的产品或服务区分开来，把核心能力与非核心能力区分开来，同时明确各项核心能力的构成要素。在此基础上，把企业的各种技术和技能进行汇集和整合，最后得到大家认可的企业核心能力。

在确定企业核心能力的过程中，企业还应将自己的核心能力与其他企业做比较，尤其需要和行业内或行业外的领袖企业做比较，以行业最高标准或是以最大竞争对手的标准作为基准（标杆）进行对标。

（二）培育新的核心能力

企业需要采取多种方法，培育新的核心能力，主要方法包括如下几种：

1. 内部开发

内部开发是指企业自主创建核心能力，包括加强技术开发和提升组织能力等。技术开发是指企业通过自主创新开发专利技术，特别是核心技术来培育和发展自己的核心能力，同时争取率先注册专利，以保护其造福用户的方式不被模仿。提升组织能力是核心能力整合的关键环节。组织能力是将各类资源能力有机结合的黏合剂。

2. 外部获取

与内部开发对应的是外部获取。外部获取是指通过外部并购或联合开发等方式从企业外部获取核心能力。从理论上说，核心能力是不能移植的，但是通过并购机制，企业把外部拥有关键技术的企业并入企业中，使被并购企业的技术专长变成企业的新能力，从而成为企业自身的专长和核心能力。外部购买就是从其他企业或组织购入与核心能力有关，并有利于其发展的技能与资源。它的实质是外部核心能力的内部化。

3. 联合开发

联合开发是指企业间或企业与其他组织之间资源共享、降低研发成本、相互获得彼此的特定技术、资源和技能，从而实现核心能力的快速发展。联合开发旨在通过战略联盟的途径来获取核心能力。通过建立战略联盟，不仅可以获得互补性资源，分担研发的成本与风险，增强企业对市场的适应性，还可以借助于联盟取长补短，优势叠加，取得联盟协作的溢出效应，加速自身核心能力的培养。

在制定战略规划时，企业应将发展战略与拟定的核心能力培育计划结合起来。第一，企业要加强对未来趋势的研判，深刻洞察产业发展的态势，准确观察现有产品的缺陷，敏锐捕捉新技术的萌芽，大胆设想，周密论证。第二，加强市场调研和与客户进行交流，客户对企业产品的质量好坏、性能优劣等最有发言权。第三，加大对技术创新的投入，研发经费是技术创新赖以进行的前提条件和重要保证。第四，企业核心能力的培育需要一定时间，要以持之以恒的态度，一抓到底。第五，核心能力的培育到了一定的阶段需要进行测评，这通常需要分析两个方面：一方面分析企业核心能力培育方法的合理性、收益性和风险性；另一方面要分析企业培育和发展核心能力的长期性和计划性。

（三）优化配置核心能力

善于将核心能力从一个部门或战略单元转移或渗透到另一个部门或单元，善于将核心能力扩散到不同的系列产品中，使其溢出效应、带动效应、杠杆效应和乘数效应最大化。

摒弃以部门为单位的资源或能力配置模式，建立能力或资源"企业拥有、部门共享"的新模式，鼓励员工把隐性知识贡献出来一同分享，把员工各自拥有的隐性知识显性化。

组建学习型组织，设立知识主管、知识经理等专职管理人员，通过开办各种讲习班、研讨会等多种形式，以及跨职能、跨领域、跨部门和跨区域的交叉平台，加快能力和知识的交流、涌现、共享和再创新。

（四）强化对核心能力的保持和保护

1. 加强核心能力保持和保护的好处

保持和保护核心能力可以使企业的技术垄断地位进一步加强，市场垄断能力进一步提高；可以通过保护知识产权在内的核心能力来制约竞争对手，使竞争对手在关键技术或商业诀窍的获得上受到更多的限制或付出更高的代价。

2. 加强核心能力保持和保护的措施

企业加强核心能力保持和保护的措施：一方面要增强专利申请意识和知识产权保护意识；另一方面要防范在培育和发展核心能力过程中可能出现的一些逆向行为。例如，关键人才的流失导致核心能力减弱或无法发挥作用；与其他企业合作造成关键技术外泄；放弃某些经营不善或前景不好的业务而失去一些具有潜在价值的核心能力。

# 第四节　企业价值链分析

企业能力通常可以分为营销能力、生产能力、财务能力、组织能力、技术开发能力等。价值链是企业为创造价值而从事的各种活动，包括设计、生产、营销等及支持性活动的集合。本节介绍企业价值链分析的相关内容。

## 一、价值链理论

价值链的概念是美国管理学家迈克尔·波特教授在《竞争优势》一书中首先提出的。迈克尔·波特认为，企业每项生产经营活动都是其创造价值的经济活动；企业所有的互不相同而又相互联系、相互作用的生产经营活动，构成了创造价值的一个动态过程，即价值链。价值链模型反映了企业生产经营活动的历史、重点、战略及实施战略的方法。企业创造的价值如果超过其成本，便有盈利；如果超过竞争对手，便拥有更多的竞争优势。

根据价值链分析法，每个企业都是设计、生产、营销、交货及对产品起辅助作用的各种价值活动的集合。各种价值活动分为两类：基本活动和辅助活动（见图4-8）。

（一）基本活动

按价值活动的工艺顺序，基本活动由五个部分构成：①内部后勤包括所有与接收、存储和分配相关联的各种活动。例如，原材料搬运、仓储、库存管理、退

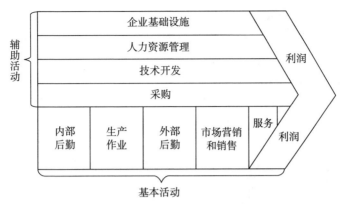

图 4-8　波特的企业价值链分析

货等。②生产作业包括所有将投入转化为最终产品或服务形式相关的各种活动。例如，加工、包装、组装、设备维修、厂房设备管理等。③外部后勤包括所有与集中、存储和将产品或服务发送给买方有关的各种活动。例如，产品库存、运货、订单处理、进度安排等。④市场营销和销售包括所有与传递信息、引导和促使客户购买有关的各种活动。例如，销售渠道选择、销售队伍、报价、广告、促销等。⑤服务包括所有能增加或保持产品或服务价值的各种活动。例如，安装、维修、培训、零配件供应和产品调整等。

（二）辅助活动

辅助活动也叫支持性活动，主要由四个部分构成：①企业基础设施包括总体管理、计划、财务、会计、法律、质量控制、信息系统及承载组织文化的组织结构和惯例。它通过整体价值链而不是单个活动起辅助作用。②人力资源管理包括组织中各级员工的招聘、雇用、培训、报酬、开发、考核和激励等价值活动。它包括支持各个单项的活动和支撑着整个价值链的活动。③技术开发牵涉基础研究、技术研发、产品设计、工艺流程、原材料改进、技术诀窍及工艺设备中所体现的技术等方面的价值活动。④采购指购买用于企业价值链各种投入的活动，包括原材料采购，以及诸如机器、设备、建筑设施等直接用于生产过程的投入品采购等价值活动。

## 二、价值链分析的作用与内容

（一）价值链分析的作用

相较于其他一些企业内部分析的工具，价值链分析的作用具体表现在如下四个方面：

第一，通过逐一分析各价值活动对企业总效益、总价值的贡献，准确抓住形成竞争优势的关键问题和关键环节。

第二，通过分析各价值活动之间的衔接耦合关系及相互配合协同促进的程度，评价资源配置与竞争优势的关系。

第三，通过分析不同价值活动的成本或差异特性，为企业寻找革新性的途径来改造业务活动中的那些高成本、低价值、无价值乃至负价值的活动提供依据。

第四，通过分析价值系统，了解与企业外的相关价值链（供应商价值链、渠道价值链、买方价值链等）的配合状况，为竞争战略方案的选择提供依据。

（二）价值链的内在联系

企业价值活动间的相互联系和作用，形成企业有机的价值链。具体包括如下两个方面：

1. 基本活动与辅助活动之间的联系

企业内部的联系主要通过两种方式表现其竞争优势：最优化与协调。最优化是指各个价值活动环节本身的优化。协调是指各价值活动之间的协调与良好的配合，即优化组合。

2. 基本活动之间的联系

基本活动之间的联系与协调，是企业整体价值和竞争能力的主要体现，特别是当各环节之间的协调影响整体价值和战略能力时，如何做出选择至关重要。

（三）价值链间的联系

企业特有的价值链是形成竞争优势的基础。同时，企业的价值链与其供应者、销售者的价值链的联系，也可构成企业竞争取胜的基础。因为导致产品获得价值的许多价值活动是在企业以外进行的，因此在考察一个企业的价值链时，还应把它与上下游产业联系起来统一考虑，构成一个价值系统，进行全面考察。价值链间的联系如图 4-9 所示。

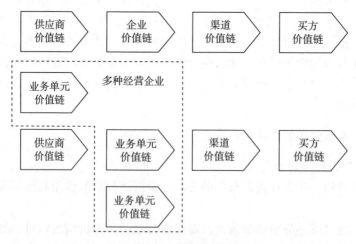

图 4-9　价值链间的联系

（四）价值链的延伸

价值链可以通过前向一体化和后向一体化进行延伸，如图4-10所示。

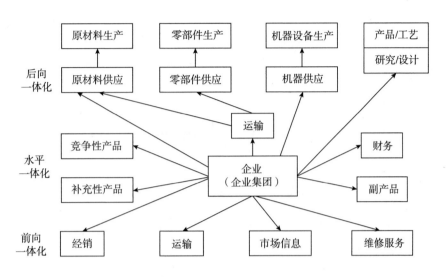

图4-10  价值链的延伸

价值链的延伸在企业（企业集团）中表现得特别明显。这种延伸可以提高资源的利用效率。它能将原来由市场联系的、属于上下游的产业价值链，转化为由集团统一组织的价值链，对整体价值链实行统一控制，提高经营效率。通过对原来不同的价值链的价值活动的优化组合，企业可以形成强大的综合优势。此外，价值链的重组能增强企业的实力和应变能力，发挥规模效应和放大效应，提高企业的竞争能力。

（五）产业价值链

价值链具有微观面与宏观面，其中微观面是指战略分析人员可以对价值链做进一步的细化分析。宏观面是指战略分析人员可以将价值链扩展成整个价值链系统来做分析，即价值活动的创造，并不一定只局限于单一企业，还可以通过战略联盟、垂直整合、并购等战略手段来扩大经营范围，以形成整个价值创造系统。

企业价值链往往是产业价值链的一个或多个环节，它同供应商的价值链、分销商的价值链、消费者的价值链一起构成产业价值链系统，如图4-11所示。

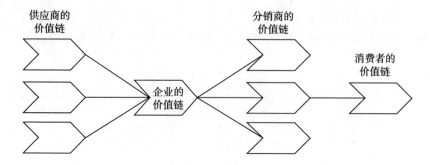

**图 4-11  产业价值链系统**

---

## 案例：人造板行业价值链

图 4-12 给出了人造板行业的价值链，同时标明不同企业在该行业价值链的分布状况。通过产业价值链分析，企业可以更清晰地了解产业链每个环节上的盈利主体，以及产品由生产、运输到最终消费的每个增值环节的增加值，从而可以就以下问题做出更好的选择：

● 对某项业务活动或某个零部件，是自己完成还是外包（这是外购决策问题）？

● 在价值链的各个环节上，谁可能是最好的合作伙伴？

● 与每个合作伙伴发展什么样的关系（供应商、一体化还是战略联盟）？

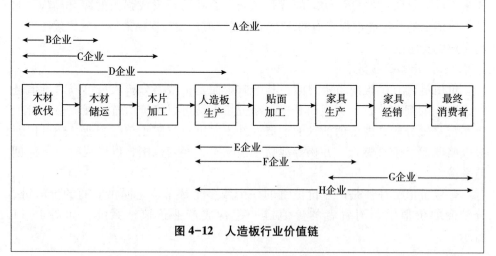

**图 4-12  人造板行业价值链**

### 三、价值链重组与创新

企业谋取竞争优势的两个主要途径：第一，提高价值链中各项活动的效率，通过工艺革新、标杆管理等方式，改进甚至取消内部的低效率环节，以更高的效率来组织和完成这些活动；第二，着眼于提高整体活动的效率，改变业内传统价值链，进行价值链重组和改进。价值链重组的实质就是优化核心业务流程，方法可采用《蓝海战略》一书中提出的"四步动作框架"，如图4-13所示。

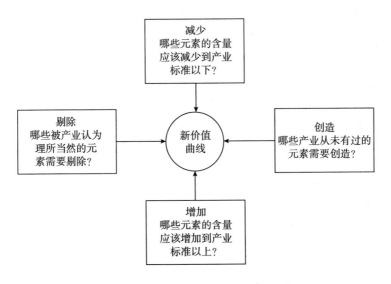

**图4-13　四步动作框架**

要想开辟蓝海，企业就需要重构价值元素，塑造新的价值曲线。金和莫博涅开发了一套四步动作框架。为打破差异化和低成本之间的权衡取舍关系，创造新的价值曲线，四个问题对挑战现有战略逻辑和商业模式而言至关重要：①哪些被产业认为理所当然的元素需要剔除？②哪些元素的含量应该减少到产业标准以下？③哪些元素的含量应该增加到产业标准以上？④哪些产业从未有过的元素需要创造？

---

### 案例："人民捷运"的价值链重组

美国"人民捷运"航空公司曾采用了类似长途汽车客运的方式组织航空客运，完全打破了主干航空客运的传统模式，把一些捆绑销售如免费行李托运、免费供餐等分离出来，这些捆绑过去被看作是业内"天经地义"的服务，现在却成为"人民捷运"降低成本的突破口之一。"人民捷运"适应中小公司经常出差的办事人员的需求，从而在主干航空公司的垄断下打开了一个细分市场。表4-6给出了"人民捷运"与主干航空公司价值链的比较。

表4-6 "人民捷运"与主干航空公司价值链的比较

|  | 销售柜台业务 | 登机口业务 | 飞机作业 | 机上服务 | 行李托运 |
|---|---|---|---|---|---|
| 主干航空公司 | 全部服务 | 全部服务 | ·购买新飞机<br>·飞行员属工会成员 | 全部服务 | 免费托运行李 |
| 人民捷运航空公司 | ·无售票柜台（或仅办理登记手续）<br>·机上购票或售票机售票 | ·二等机场和候机楼<br>·先到先得进行座位服务<br>·登机口不售票 | ·购买旧飞机<br>·飞行员不是工会成员<br>·机组人员较少，日均飞行时间较长 | ·机舱服务员不是工会成员<br>·仅供小吃或不供餐<br>·餐食和饮料一律收费 | ·提供手提行李空间<br>·托运行李收费 |

# 第五节 企业竞争优势

企业价值链是企业为创造价值而从事的各种活动。企业竞争优势源于独一无二的技能发展，这种技能通过资源的不断积累而形成。为此，企业一定要基于自身资源和能力，通过长期培育，来发展自身的竞争优势。

## 一、竞争优势的构成与获取

### （一）竞争优势的构成

竞争优势的构成包括优势地位和优势实力两个方面。优势地位主要指企业占有有利的地理位置（交通方便、信息灵通、处于原材料的富产区和接近消费市场），处于新兴产业或朝阳产业，拥有良好的企业形象和信誉。企业应该充分认识这些优势地位，使之在竞争中发挥更大的作用。优势实力主要指企业在争夺市场和顾客方面具有高于竞争对手的实力，包括直接竞争力、前提性竞争力和基础性竞争力。

### （二）获取竞争优势

第一，强化成功的关键因素。通过强化成功的关键因素建立新的竞争优势，从而找出成功的关键因素，然后结合本企业的特点加以完善。企业必须分清主次，分清关键和非关键因素，把资源集中在关键因素上，形成关键优势，在关键因素方面比竞争对手做得更好。有时在条件差的情况下，甚至可以先集中精力解决几个关键因素中的一个，而不是同时解决所有的关键因素。具体如何选择，要根据企业自己的特点与能力加以确定。部分行业的关键成功因素如表 4-7 所示。

表 4-7　部分行业的关键成功因素

| 行业 | 关键成功因素 |
| --- | --- |
| 造船、钢铁业 | 经济规模 |
| 铀、石化 | 原料来源 |
| 航空、高保真音响设备 | 设计 |
| 纯碱、半导体 | 生产技术 |
| 百货商店、零部件生产 | 产品范围、花色品种 |
| 微型计算机、大规模集成电路 | 工程设计和工程师的应用 |
| 汽车及某些饱和商品制造业 | 销售力（质量、数量） |
| 啤酒、胶卷、家用电器 | 销售网点 |
| 电梯 | 售后服务 |

第二，增强与竞争对手的差异性。这需要做好两个方面的工作：一方面要把本企业与竞争对手进行全面比较，重点在产品与经营方面进行比较。另一方面要分析竞争对手努力的领域和方向，确定其不懈努力的方面，分析增强差异的可能性及其难易程度，采取不同的措施强化这些差异因素。

第三，通过建立新的竞争规则来建立竞争优势。竞争规则是指竞争的内容和方式。当环境发生变化时，企业应及时发现并创造竞争规则，在新的竞争规则方面抢先投入资源，提前占领竞争的"制高点"，取得领先地位。

## 二、竞争优势的积累与发展

（一）决定资源和能力能否转化为竞争优势的标准

企业能否从其资源和能力上获得竞争优势和超额利润主要取决于资源和能力具有的特性。判断某项资源或能力是否具有竞争优势的标准有四个：

第一，价值性。这种资源或能力对企业是有价值的，能够使企业获益。有些资源或能力对企业来说并不能获益或者获益很少，它们不能形成企业的竞争优势。

第二，稀缺性。这种资源或能力是企业独有的还是大家都有的？如果竞争者也广泛拥有这种资源或能力，那么这种资源或能力就不能使企业产生竞争优势。这是检验资源或能力价值的基础，其他的检验标准都是这个检验标准的某一个方面。

第三，难以模仿性。这种资源或能力很难复制吗？如果这种资源或能力很容易复制的话，那么这种资源或能力就会很快在竞争企业中传播开来，企业也就丧失了竞争优势。

第四，不可替代性。这种资源或能力是能用其他资源和能力替代的吗？如果可以替代的话，那么这些资源或能力也不能产生竞争优势。

（二）企业如何发展竞争优势：积累独一无二的资源能力

能提供持续竞争优势的资源和能力的四个标准是价值性、稀缺性、难以模仿性、不可替代性，其隐含意义是竞争优势的核心特征是不对称的。

表4-8显示了这些特征对于竞争的意义。总之，成为竞争优势来源的资源和能力的核心特征是独一无二的。为享有竞争优势，公司一定要做对手不能做的，或者如果它做的是对手也能做的，那么它一定要比对手做得好。

**表4-8  资源特征对于竞争的意义**

| 价值 | 稀缺 | 难以模仿 | 不可替代 | 对于竞争的意义 |
|---|---|---|---|---|
| 无 | — | — | — | 竞争劣势 |
| 有 | 无 | — | — | 竞争对等 |
| 有 | 有 | 无 | — | 暂时的竞争优势 |
| 有 | 有 | 有 | 无 | 竞争优势 |
| 有 | 有 | 有 | 有 | 持续的竞争优势 |

（三）促进持续竞争优势形成的五个因素

竞争优势源于独一无二的技能的发展，这种技能通过资源的不断积累而形成。图4-14给出了促进持续竞争优势形成的五个因素，这五个因素促成了这种资源的积累过程，使技能更难以模仿，包括时间、依赖以往的成功、资源互联、投资、因果模糊。

（四）发挥和强化竞争优势

企业发挥优势的目标是取得竞争的有利地位，获取较高的经济效益。如果企业的优势是产品先进性的差异，企业就必须利用顾客对其差异性的要求，扩大市场占有率，当这种产品的差异性缩小时，企业就必须采用降低成本或投入新一代产品等策略，以保持优势和强化优势。如果是多种经营的企业集团，企业可以开拓新的经营领域，发挥企业整体的协同效应和综合效益，充分利用企业整体的资源与能力，使企业原有优势得到加强。企业要不断掌握竞争态势的变化，持久地保持优势。

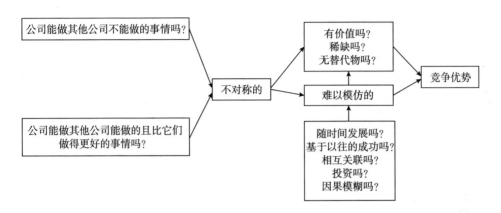

图 4-14　促进持续竞争优势形成的五个因素

# 第六节　商业模式分析

企业竞争优势源于独一无二的技能发展，这种技能通过资源的不断积累而形成。德鲁克曾说过："当今企业之间的竞争，不是产品之间的竞争，而是商业模式之间的竞争。"时代华纳前 CEO 迈克尔·邓恩说过："在经营企业过程当中，商业模式比高技术更重要，因为前者是企业能够立足的先决条件。"不管这些观点是否准确和完整，一个不争的事实是，企业必须选择一个适合自己的、有效的和成功的商业模式，并且随着客观情况的变化不断加以创新，才能获得持续的竞争力，从而保证企业的生存与发展。

## 一、商业模式的含义

虽然对商业模式的含义有争议，但大部分人都认同商业模式概念的核心就是价值创造。

商业模式是指企业价值创造的基本逻辑，即企业在一定的价值链或价值网络中如何向客户提供产品和服务并获取利润。通俗地说，就是企业如何赚钱。

商业模式的内容十分广泛，凡是与企业活动有关的内容，几乎都可以纳入商业模式范围，如现在经常提到的互联网商业模式有电子商务模式、B2B 模式、

B2C 模式、拍卖模式、代理模式、广告收益模式、会员模式、佣金模式、社区模式、O2O 模式。

---

### 案例：酱香拿铁——瑞幸与茅台的跨界联名

瑞幸咖啡（Luckin Coffee）是中国连锁咖啡品牌，成立于 2017 年，总部位于福建厦门，是中国门店数量最多的连锁咖啡品牌。瑞幸咖啡利用移动互联网和大数据技术的新零售模式，主要经营咖啡及系列饮品，还出售轻食、午餐、休闲食品、坚果、零食和其他周边产品，推出无人咖啡机"瑞即购"和无人售卖机"瑞划算"。2023 年 6 月 5 日，在中国市场的门店数量已达 10000 家，成为中国首家突破万店的连锁咖啡品牌。瑞幸咖啡连续五年在 IIAC 国际咖啡品鉴大赛斩获金奖，"SOE 耶加雪菲"两次斩获 IIAC 国际咖啡品鉴大赛铂金奖。瑞幸咖啡的愿景是"创造世界级咖啡品牌，让瑞幸成为人们日常生活的一部分"。

2023 年 9 月 4 日，与茅台联名推出的"酱香拿铁"正式上市，首日销量突破 542 万杯，首日销售额突破 1 亿元。茅台与瑞幸，作为中国白酒与咖啡领域的翘楚，联名打造了一款名为"酱香拿铁"的饮品，立即引起了广泛的关注。可见，品牌联名将两个或多个品牌的力量结合在一起，共同推出新产品或服务。这种合作不仅是为了实现市场目标，还是为了借用彼此的品牌影响力和资源，创造出一种独特的联名效应。

瑞幸咖啡联名活动频繁，吸引众多消费者的目光，借茅台的势，扩大自己在中高端消费者中的影响力，提升品牌形象。茅台作为传统白酒巨头，通过联名寻求拓展年轻市场，布局年青一代消费者矩阵，这是瑞幸与茅台寻求联名的动机。这样的联名策略，使传统与现代、高端与平民完美结合，并且高端品牌与平价咖啡品牌联名，具有强烈的冲击感与反差感。

瑞幸与茅台跨界联名合作，抓住了品牌之间的差异化定位，人群或产品的优势互补，价值观的契合，并善于利用社交媒体的影响力进行宣传，实现了破圈，达到了联名的真正意义，获得了巨大成功。

---

### 二、商业模式的构成要素

商业模式被看作是一个系统，但就商业模式的构成要素，理论界通常认为商业模式包含九个必备要素：①价值主张即公司通过其产品和服务能向消费者提供何种价值。价值主张体现了公司相对于消费者的实际应用价值。②客户细分（或目标顾客）即公司经过市场细分后所瞄准的消费者群体。③分销渠道描绘公司用来接触、将价值传递给目标客户的各种途径，涉及公司如何开拓市场和实战营销策略等诸多问题。④客户关系阐明公司与其客户之间建立的联系，主要是信息沟通反馈。⑤收入来源（或收益方式）描述公司通过各种收入流来创造财富的途径。⑥核心能力概述公司实施其商业模式所需的关键资源和能力。⑦关键业务（或企业内部价值链）描述业务流程的安排和资源的配置。⑧重要伙伴即公司同其他公司为有效提供价值而形成的合作关系网络，这也描述了公司的商业联盟范围。⑨成本结构即运用某一商业模式的货币描述。

### 三、商业模式构成要素的逻辑关系

根据九大要素间的逻辑关系，商业模式的设计可以分四步进行，如图 4-15 所示。

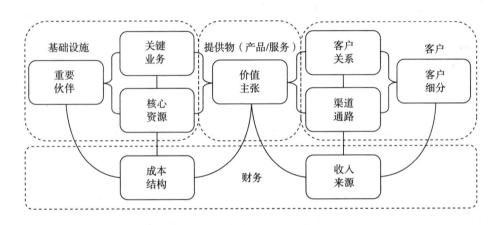

**图 4-15　商业模式构成要素的逻辑关系**

第一步，价值创造收入：提出价值主张、寻找客户细分、打通渠道通路、建立客户关系。

第二步，价值创造需要基础设施：衡量核心资源及能力、设计关键业务、寻找重要伙伴。

第三步，基础设施引发成本：确定成本结构。

第四步，差额即利润：根据成本结构，调整收益方式。

### 四、商业模式的创新

商业模式的创新是指企业价值创造提供基本逻辑的变化，即把新的商业模式引入社会的生产体系，并为客户和自身创造价值。典型商业模式创新企业的构成条件有三个：

第一，提供全新的产品或服务、开创新的产业领域，或以前所未有的方式提供已有的产品或服务。例如，亚马逊卖的书和其他零售书店没什么不同，但它卖的方式全然不同。西南航空提供的也是航空服务，但它提供的方式也不同于已有的全服务航空公司。

第二，涉及商业模式多个要素同时发生大的变化，一般应有多个要素明显不同于其他企业，而非少量的差异。也就是说，其创新行动的表现更为系统和根本，而不是单一因素的变化。例如，亚马逊相比传统书店，其产品选择范围广、通过网络销售、在仓库配货运送等。西南航空也在多方面不同于其他航空公司，如提供点对点基本航空服务、不设头等舱、只使用一种机型、利用大城市不拥挤机场等。

第三，有良好的业绩表现，体现在成本、盈利能力、独特竞争优势等方面。例如，亚马逊在一些传统绩效指标方面的良好表现，也表明了该商业模式的优势，短短几年就成为世界上最大的书店。西南航空公司的利润率连续多年高于全服务模式的同行。

# 第七节　内部环境评价分析方法

企业必须选择一个适合自己的、有效的和成功的商业模式，并且随着客观情况的变化不断加以创新，才能获得持续的竞争力，从而保证企业的生存与发展。内部环境评价分析可以帮助企业更好地从事生产经营活动。本节介绍内部环境评价分析的几种常用方法，包括内部战略要素评价矩阵（IFE）、SWOT 分析、产品BCG 分析和产品竞争力分析。

## 一、内部战略要素评价矩阵

内部战略要素评价矩阵（Internal Factor Evaluation Matrix，简称 IFE 矩阵）可以帮助企业战略决策者对企业内部各个职能领域的优势与劣势进行全面评价，具体包括五个步骤：

第一步，识别关键战略要素。由经营战略决策者识别企业内部战略环境中的关键要素，通常列出 10 个左右为宜。

第二步，赋予权重。为每个关键战略要素指定一个权重以表明该要素对企业战略的相对重要程度。权重取值为 0.0（表示不重要）～1.0（表示很重要），但必须使各要素权重之和为 1.0。

第三步，评价各要素。以 1、2、3、4 分别代表相应要素对于企业战略来说是主要劣势、一般劣势、一般优势、主要优势。

第四步，计算加权平均值。将每一要素的权重与相应的评价值相乘，即得到该要素的加权评价值。

第五步，汇总加权平均值。将每一要素的加权评价值加总，就可得到企业内部战略条件的优势与劣势情况综合评价值。

表 4-9 就是某企业的内部战略要素评价矩阵的结果。

**表 4-9　某企业的内部战略要素评价矩阵的结果**

| 关键战略要素 | 权重 | 评价值 | 加权评价值 |
|:---:|:---:|:---:|:---:|
| 职工士气 | 0.20 | 3 | 0.60 |
| 产品质量 | 0.20 | 4 | 0.80 |
| 营运资金 | 0.10 | 3 | 0.30 |
| 利润增长水平 | 0.15 | 2 | 0.30 |
| 技术开发人才 | 0.05 | 2 | 0.10 |
| 组织结构 | 0.30 | 1 | 0.30 |
| 综合加权评价值 | 1.00 | — | 2.40 |

## 二、SWOT 分析

（一）什么是 SWOT 分析

SWOT 分析是指企业在战略制定和战略实施之前，对企业所处的外部环境造成的影响，以及企业内部资源状况进行综合判断的一种方法。它将企业内部环境的优势（Strengths）与劣势（Weaknesses）、外部环境的机会（Opportunities）与威胁（Threats），同列在一张"十"字形图表中加以对照，既可一目了然，又可从内外环境条件的相互联系中做出更深入的分析评价。SWOT 分析是一种最常用的企业内外环境战略因素综合分析方法。在对企业进行 SWOT 分析的基础上，可以进行战略的匹配，从而形成多个战略方案。

（二）SWOT 分析的步骤

1. 分析环境因素

S 指企业内部的优势（Strengths）。

W 指企业内部的劣势（Weaknesses）。

O 指企业外部环境的机会（Opportunities）。

T 指企业外部环境的威胁（Threats）。

## 2. 构造 SWOT 矩阵

表4-10 为某洗衣机厂的 SWOT 分析。

表4-10　某洗衣机厂的 SWOT 分析

|  | 威胁（T） | 机会（O） |
|---|---|---|
| 外部环境 | 1. 城市市场中洗衣机滞销<br>2. 原材料价格涨幅40%以上<br>3. 新进入洗衣机行业者 | 1. 城市郊区和农村购买者日益增多<br>2. 政府将限制洗衣机进口<br>3. 两种型号的洗衣机有出口的可能 |
|  | 优势（S） | 劣势（W） |
| 内部环境 | 1. 技术开发能力强<br>2. 产品质量稳步提高<br>3. 管理基础工作较好<br>4. 协作、公众关系紧密 | 1. 设备老化<br>2. 技术工人年龄结构有断层<br>3. 资金严重不足<br>4. 无国际化经营的经验 |

## 3. SWOT 综合分析

SO 战略是努力发扬自身优势，充分利用外部的机会。

ST 战略是充分依靠自身的优势和实力去抵御外部的威胁，迎接挑战。

WO 战略是巧妙利用外部的机会来克服或补偿内部的弱点。

WT 战略是避免暴露自身弱点，避开外来威胁，尽可能减少损失，维持生存，等待时机。

SWOT 分析要求必须对企业内外部环境做出更全面的、更深层次的综合情况分析，从产业发展、市场竞争的角度研究潜在的优势与劣势、机会与威胁（见表4-11）。

表4-11　SWOT 分析检验

|  | 潜在机会（O） | 潜在威胁（T） |
|---|---|---|
| 外部环境 | 纵向一体化、市场增长快、可以增加互补产品、能争取到新的用户群、进入新的市场或市场面、多元化进入相关产品领域、有能力进入战略联盟、具有成本优势、在同行中业绩优良、扩展产品线以满足需求、其他 | 市场增长较慢、竞争压力增大、有关政策限制、有新的竞争者进入、替代品销售额正在上升、用户议价能力提高、用户消费偏好改变、易受衰退和商业循环影响、通货膨胀压力增加、突发事件、其他 |
|  | 潜在优势（S） | 潜在劣势（W） |
| 内部环境 | 产权技术优势、成本优势、竞争优势、经验曲线优势、规模经济性、特殊能力、产品创新能力、财务资源良好、人力资源充沛、企业形象好、其他 | 产权不清、成本过高、竞争劣势、缺乏核心技术、产品线范围太窄、竞争地位恶化、研究开发能力不强、缺乏资金、人才出现断层、营销水平低、其他 |

### 三、产品 BCG 分析

波士顿咨询集团（Boston Consulting Group，BCG）是由亨德森在 1963 年创办的一家咨询公司，主要从事国际化战略和一般管理咨询。

波士顿增长份额经营组合矩阵（The BCG Growth-Share Business Portfolio Matrix，波士顿矩阵，又称波士顿咨询集团法、四象限分析法、产品系列结构管理法等）是由波士顿咨询集团首创的一种规划企业产品组合的方法。

（一）基本原理

该方法将企业所有产品从销售增长率和市场占有率角度进行再组合。

（二）基本步骤

第一步，核算企业各种产品的销售增长率和市场占有率。

基本计算公式：

本企业某种产品绝对市场占有率＝该产品本企业销售量/该产品市场销售总量

本企业某种产品相对市场占有率＝该产品本企业市场占有率/该产品市场占有份额最大者（或特定的竞争对手）的市场占有率

第二步，绘制四象限图。

如图 4-16 所示，就是为某企业绘制的四象限图。具体绘制方法这里不再详细介绍。

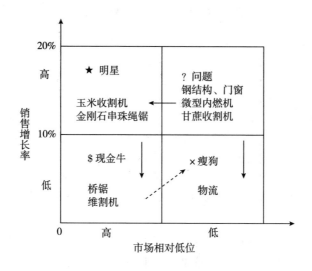

图 4-16　某企业的四象限图

### 四、产品竞争力分析

产品竞争力分析是从技术开发能力与市场开发能力两个角度对企业的现有产品进行强、中、弱分析，并构造两个维度的矩阵分析图，从而确定各类不同产品的竞争能力。

图4-17是某企业的产品竞争力分析图。具体绘制方法这里不再详细介绍。

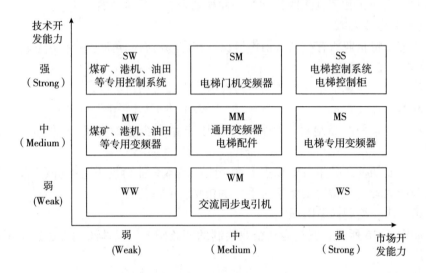

**图4-17  某企业的产品竞争力分析**

## 【本章小结】

本章首先介绍了内部分析及其在战略制定中的作用，包括内部条件分析的目的及其重要性；其次介绍了企业的资源、能力和价值链分析，包括企业资源要素分类（有形、无形和人力资源）、关键因素识别（利用度和转移度）、企业核心能力的含义和识别及企业价值链的关联与延伸；最后介绍了企业的竞争优势、商业模式及内部环境评价分析方法，包括寻求竞争优势的途径、商业模式的构成因素及几种评价分析方法（内部战略要素评价矩阵、SWOT分析、产品BCG分析及产品竞争力分析）。

通过本章学习，读者应熟悉企业资源要素分类和竞争优势的构成，能够充分认识到企业内部关键因素识别、价值链关联与延伸，以及几种企业内部条件战略分析技术。

## 【复习思考】

### 一、单选题

1. 所有竞争优势的起点都必须从（　）入手。

A. 分析企业外部环境　　　　　　B. 分析企业的内部资源和能力

C. 企业的战略　　　　　　　　　D. 企业的人力资源

2. （　）是企业核心竞争力的源泉。

A. 核心产品　　　B. 最终产品　　　C. 人力资源　　　D. 核心能力

3. 管理者必须努力从凝聚着某项竞争力的具体产品中跳出来，思考如何把这种竞争力应用于新产品领域中去，即考察该竞争力的（　）。

A. 价值　　　　　　　　　　　　B. 替代性

C. 难以模仿的程度　　　　　　　D. 延展性

4. （　）是涉及产品的物质创造及其销售、转移给买方和售后服务的各种活动。

A. 利润中心　　　B. 成本中心　　　C. 辅助活动　　　D. 基本活动

5. 内部战略环境在很大程度上受制于（　），所以对企业资源和能力的充分认识为制定更为长远的企业经营战略提供了可能性。

A. 企业的战略　　　　　　　　　B. 企业的财务资源

C. 企业所拥有的资源和能力　　　D. 企业的核心竞争力

6. （　）是指组织中的积累性学识，尤其是如何协调各种不同的生产技能和有机整合各种技术流的能力。

A. 协调能力　　　B. 整合能力　　　C. 核心能力　　　D. 核心竞争力

7. （　）要研究的是一家公司如何通过检验每一项活动对顾客价值的贡献来创造顾客价值。

A. 价值活动　　　B. 价值链分析　　　C. 供应链分析　　　D. 产业链分析

### 二、多选题

1. 企业资源的内容涵盖面非常广泛，大致可以分为（　）。

A. 战略资源　　　B. 有形资源　　　C. 无形资源　　　D. 人力资源

E. 自然资源

2. 下列说法正确的有（　）。

A. 核心能力是企业核心竞争力的源泉

B. 最终产品是核心能力的市场表现

C. 核心产品是核心能力的物质载体

D. 最终产品是联结核心能力与最终产品的根本途径

E. 核心产品是企业核心竞争力的源泉

3. IFE 矩阵可以说明两个问题，包括（　　）。

A. 各种机会和威胁的重要程度

B. 各种机会和威胁对企业在产业中成败的影响程度

C. 各种优势和劣势对企业在产业中成败的影响程度

D. 各种优势和劣势的重要程度

E. 确认该企业的核心竞争力

4. 内部环境分析是为了获得企业的（　　）。

A. 优势　　　　　B. 劣势　　　　　C. 机会　　　　　D. 威胁

E. 资源

5. 有形资源是指企业的物资和资金，包括（　　）。

A. 生产设备　　　B. 原材料　　　C. 财务资源　　　D. 不动产

E. 计算机系统

6. 下列属于无形资源的有（　　）。

A. 品牌　　　　　B. 组织文化　　　C. 专利　　　　D. 积累的组织经验

E. 不动产

7. 核心竞争力的检验标准包括（　　）。

A. 有价值的　　　B. 稀少的　　　C. 不可替代性　　D. 难以模仿的

E. 具有延展性

8. 价值活动可分为（　　）两大类。

A. 利润中心　　　B. 基本活动　　　C. 成本中心　　　D. 辅助活动

E. 价值中心

### 三、判断题

1. 内部环境分析主要回答"企业可以做些什么"。（　　）

2. 无形资源通常包括品牌、商誉、组织文化、技术、专利、商标及累积的组织经验等。（　　）

3. 相对于资源而言，能力在投入使用前比较容易衡量其价值。（　　）

4. IFE 矩阵用于确认企业的主要竞争者及相对于该企业的战略地位、主要竞争者的特定优势与劣势。（　　）

5. 售后服务活动属于价值链中的辅助活动。（　　）

6. 有形资源是指企业的物资和资金，包括生产设备、原材料、财务资源、不动产和计算机系统等。（　　）

7. 由企业内部资源转换为能力及核心竞争力的过程是企业家战略思考的过程，也是企业执行战略意图的过程。（　　）

8. 一般而言，资源本身并不能产生竞争能力和竞争优势，竞争能力和竞争优势源于对多种资源的特殊整合。（　　）

9. IFE 矩阵总结和评价了企业各职能领域的优势与弱点，并为确定和评价这些领域间的关系提供基础。（　　）

10. 核心竞争力是企业获得长期竞争优势的源泉。（　　）

【案例分析】

# 案例 4-2　麦当劳"另类"的竞争优势

　　麦当劳（McDonald's）是来自美国南加州的跨国连锁快餐店，也是世界最大的快餐连锁店，主要贩售汉堡包及薯条、炸鸡、汽水、冰品、沙拉、水果、咖啡等快餐食品，目前总部位于美国芝加哥近郊的橡树溪镇。麦当劳是全球首屈一指的餐饮品牌和世界零售食品服务业的领先者，在全球 120 多个国家和地区拥有超过 32000 家餐厅，每天为超过 6000 万顾客提供服务。1955 年，世界上第一家麦当劳餐厅由创始人雷·克洛克（Ray Kroc）在美国芝加哥伊利诺伊州 Des Plaines 成立。从 1990 年深圳第一家餐厅开业起，麦当劳至今在中国大陆开店总数已超过 2000 家，拥有员工超过 7 万名。目前，中国是麦当劳的一个重要市场，也是麦当劳新店开业规模最大的市场——餐厅分布在全国 26 个省区市，餐厅数量以平均每年 17% 的数量增长。

　　麦当劳在全球拥有 3 万多家餐厅，意味着 3 万多个地产成功被其拥有或开发，这个成就与其公司地产部的作用有着密不可分的关系。以至于有一次其创始人雷·克洛克在酒会上对一班学生半开玩笑地说："女士们、先生们，其实我不做汉堡包业务，我的真正生意是房地产。"在国外，麦当劳总部干得更多的事情，是琢磨哪个地段是一个城市将来人流最旺的地方。论证完毕后，就买下看中的地块并建起快餐店，然后寻找特许经营的合作伙伴，将快餐店租给他们经营，向他们收取特许经营费和这块商业旺地的租金。

　　与专业地产投资和开发商相比，麦当劳地产的成功之处在于前者是在努力复制一批相同风格的商业地产项目，但它本身的商业经营并不强势，至少没有形成品牌，而后者是已经在商业经营方面形成了相当强势的品牌，它对商业的分析使人信任；前者只卖地产项目，而后者是卖专业的商业经营分析水平。

**案例讨论题**

1. 根据你所了解的知识，分析麦当劳与其他同行企业在竞争力上的不同之处。

2. 请分析一下麦当劳的主要资源、核心能力与竞争优势是如何助推其成功的?

3. 从上述麦当劳核心能力的案例中,你得到了什么启发?

# 案例 4-3　特斯拉企业战略管理分析

特斯拉 (Tesla) 是一家美国电动汽车制造商和能源公司,总部位于加利福尼亚州的帕洛阿尔托。特斯拉的目标是推动电动汽车和清洁能源技术的发展,生产高性能、高效、安全和环保的电动汽车,同时通过其所持有的太阳能电池板和电池技术为家庭和企业提供可再生能源解决方案。特斯拉公司成立于 2003 年,由现任 CEO 埃隆·马斯克联合创办,是全球最大的纯电动轿车制造商之一。特斯拉的车型涵盖了轿车、跑车、SUV 等多个类型,并在性能、续航里程和创新技术方面占据领先地位。特斯拉还建有全球最大的锂离子电池工厂,可生产高容量的动力和能量储存设备。

特斯拉品牌具有革新精神和前瞻性思维,严格把控其产品的研发和制造过程,很多消费者愿意为其产品付出更高的价格,成为全球范围内具有很高品牌价值的电动汽车品牌之一。

## 一、特斯拉 SWOT 分析

### 1. 优势

在技术创新方面,特斯拉在电动汽车和电池技术方面积累了深厚的专业知识和技术实力,引领行业发展。在品牌价值方面,特斯拉品牌在全球范围内享有很高的知名度和声誉,得到消费者的认可和追捧,并且在全球处于领先地位。特斯拉是全球最大的电动汽车制造商之一,具备规模经济和全球市场份额。

### 2. 劣势

特斯拉的电动汽车相对于传统燃油车价格较高,降低了更多消费者的购买意愿。供应链具有风险,特斯拉的生产与供应链管理存在一定的风险,如零部件供应不稳定等。此外,充电基础设施上仍存在一些问题,全球范围内充电基础设施的建设仍不完善,为电动汽车的普及带来一定的挑战。

### 3. 机遇

各国政府对于环保和可持续发展的倡导,为特斯拉和电动汽车行业提供了良好机遇。消费者对环保和节能的关注度不断增加,电动汽车市场需求持续增长。此外,充电技术的研发创新,充电技术的创新和提升,可以进一步提高电动汽车的可用性和便捷性。

4. 威胁

随着越来越多的传统汽车制造商涉足电动汽车市场，特斯拉面临着日益激烈的竞争。新兴技术不断发展也带来了挑战：新能源技术的不断创新和突破，可能给特斯拉的技术优势带来挑战。此外，法规和政策的变化也对特斯拉发展造成了一定影响，如政府对于汽车排放标准和补贴政策的改变可能影响特斯拉的市场地位和竞争力。

## 二、特斯拉营销策略

1. 利用社交媒体营销

特斯拉善于通过社交媒体进行宣传和营销，通过 Facebook、Twitter 等社交媒体平台进行品牌传播、发布产品信息、与消费者互动和回应，以满足消费者的需求和建立消费者信任。

2. 直销销售模式

特斯拉采用直销模式，通过自有的线上渠道和销售渠道进行产品销售。这种模式可以降低销售成本，提高产品的品牌溢价，并且增加销售渠道的自主权，更好地掌握市场节奏。

3. 高品质用户服务

特斯拉注重保证产品在售前、售中和售后的高品质用户服务，帮助客户更好地享受产品的使用过程，增强品牌关系。

4. 将产品影响扩展到其他领域

特斯拉的产品从汽车扩展到了能源产品，如太阳能板和电池储能系统，以创造更加环保和可持续的未来。

总之，特斯拉采用了多种策略，包括直销、社交媒体、客户服务和环保技术，以满足消费者需求并扩大其在电动汽车领域的影响力。这些策略帮助特斯拉建立了企业形象和品牌价值，并且提高了公司在竞争市场中的竞争力。

## 案例讨论题

1. 你认为特斯拉在其行业中处于优势的原因有哪些？

2. 本案例结合 SWOT 分析和战略地图，对特斯拉的竞争战略和竞争优势进行了分析，可以看出特斯拉的成功绝非偶然。你认为特斯拉的关键成功因素有哪些？

3. 请参照本案例的分析框架，对你所熟悉的某家企业进行核心能力与竞争优势分析。

# 第五章 公司层战略：企业成长的路径选择

【知识架构】

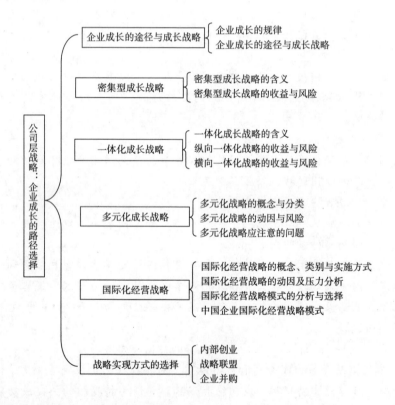

【学习要点与目标】

通过本章的学习，读者应该能够：

☐熟悉各种战略方案

☐知悉企业成长的规律、途径与成长战略选择

□掌握密集型成长战略

□掌握一体化成长战略

□掌握多元化成长战略

□掌握国际化经营战略

□掌握内部创业、战略联盟与企业并购

## 【本章核心概念】

企业成长途径　战略类型　成本分析　收益风险　竞争战略　内部开发　兼并收购　战略联盟

## 【引导案例】

# 案例 5-1　企业狙击手成为当今的维权股东

20 世纪 80 年代，许多维权股东购入企业大量股份，寻求增加负债，低价卖掉一些业务单元来缩小业务范围，解雇大量员工，精简规模。如果这些企业没有做到股东运动人士所要求的，便会被强制上缴一笔股票额外费用，这种手段被称作"绿票讹诈"（Greenmail）。如今许多维权投资者也在做同样的事情，不一样的是，这些维权投资者有金融机构投资者的支持，金融机构投资者常常听从维权投资者的领导并给予维权投资者必要的支持。有趣的是，维权基金的数量从 2010 年仅有的 76 个发展到 2014 年的 203 个，参与维权活动的企业也从 2010 年的 136 个扩展到 2014 年的 344 个。花旗银行的分析师托拜厄斯·列夫科维奇（Tobias Levkovich）认为，维权人士的活动范围是有限的，套利机会总有一天会被耗尽。

这些维权投资者采取的策略之一是给企业施加压力，让企业允许维权投资代表到指定的公司董事会参与选举活动。获得契机的另一策略是通过代理过程为股东投票提供股东决议，这种代理过程得到法庭、美国证券交易委员会（SEC）的同意，要求股东提供更多的代理投票机会。然而，代理方式的扩张可能导致股东的长远利益受到持有特殊目的的董事代表的伤害。虽然如此，管理者的决策似乎为企业打开了新的大门——允许更多代理方式存在。例如，企业股东可以就维权股东呈上的战略问题进行投票，也可以通过任命代表他们利益的董事成员来引导维权股东。

其中不乏大型公司，如杜邦公司、维旺迪公司及高通公司。杜邦公司的 CEO 艾伦·库尔曼（Ellen Kullman）在媒体业务上打了一个代理仗。特里安基金管理公司的代表在 CEO 纳尔逊·佩尔茨的领导下，走遍全美，目的是为了劝说股东改变获得董事席位的立场。特里安公司希望得到四个董事席位，这对佩尔茨来说非常重要，"特里安公司正在试图取代某些关键董事成员的职位"。库尔曼回应道，"佩尔茨希望建立一支'阴影管理'的团队，致力于短期议程的推行"。库尔曼还提到，杜邦公司缩减了 10 亿美元的成本开支，同时寻找高效方案。特里安公司希望任命缺乏耐心和经验的负责人来控制农产品和化工产品企业——农产品和化工产品企业开发和推出新产品往往需要数年的时间。库尔曼提问道："你可以节约成本，创造短期震荡？也许可以，那么 2 年内，5 年内企业又会往哪里发展？10 年内企业还会存在吗？"通常这些维权投资者会寻求股票回购，提高股息，同时卖掉那些业绩欠佳的业务单元。一段时间后，在这种激进主义活动的影响下，关于公司治理安排的反对意见变得更加尖锐，对高层管理人员的监管会更加紧张。

然而，从康宝莱公司（Herbalife）发生的一例冲突可以看出，维权方式存在很大的风险。威廉·阿克曼（William Ackman）掌管的潘兴广场资本管理公司（Pershing Square Capital Management L. P.）宣称，营养品生产商康宝莱公司拥有一种"非法的金字塔体系"。

资料来源：A. Ackerman 和 J. S. Lublin（2015）。

**点评：**正如"引导案例"中提到的，企业战略抉择十分复杂，涉及对企业经营进行监督。从广义上来讲，就是将某个国家制定的制度类型，作为企业竞争的框架。本章将讨论战略选择问题，即根据外部环境带来的机会、威胁和自身具有的优势、劣势，确认企业可能会采取哪些战略方案。

# 第一节　企业成长的途径与成长战略

### 一、企业成长的规律

企业的成长就是从市场份额、盈利、机制、资本及组织整合等方面的小规模低水平向大规模高水平不断扩大的过程。在此过程中，企业可以在现有行业、现有产品、现有业务领域内，通过不断做大做深来挖掘机会；也可以通过开发新技术、新产品来扩大企业现有产品线，占领更多细分市场；还可以新建或干脆并购与目前经营领域相关的业务，以谋求更大的市场。

现代企业是一个有机生命体，成长是其必然要求。但不同的企业有不同的成长路径，人们对企业成长的认识也不尽相同，企业如何成长与变革是一个值得深思的战略问题。

任何企业的成长都需要战略，在不同的企业成长阶段，战略能确定企业应朝向哪个方向，采取什么样的行为，达到什么样的结果，以及在下一个阶段有什么样的整体规划等。显然，企业成长是要依托战略来进行的。企业战略为企业成长提供方向、方法与动力。另外，企业成长是企业战略执行的目标。企业战略的任务就是预测企业业务的外部环境与竞争的变化趋势，评估内部的资源与能力，制订战略计划并加以实施，目的是实现企业既定的成长目标。

公司层战略直接关系到企业成长路径的选择。公司层战略是相对经营层战略而言的，目的是使公司整体力量大于每个业务单位力量简单相加之和。如果说经营层的战略是考虑在既定范围内和资源配置条件下，如何实现可持续竞争优势的问题；那么，公司层战略就要决定企业的经营范围和资源配置方式。这种经营业务范围和资源的配置不能理解为静态的，而是一种动态的配置甚至是持续创新。企业通过公司层战略来进行业务选择与安排、资源与能力的分配与创新，实现企业的持续成长。另外，公司层战略也更加关注企业组织成长过程中如何与外部动态环境相匹配；在多元化成长中如何实现协同，如何推动组织结构的变革；在培育公司整体优势过程中如何处理好整体与部分之间的关系。

企业从诞生到死亡的整个过程为企业的生命周期，它反映了企业成长受到各种内在与外在因素的影响而形成的周期性。但是在这一过程中企业实际上在努力通过各种变革进入新的成长周期，实现永续经营。20世纪70年代后期，美国管理思想家伊查克·麦迪思在《企业生命周期》一书中，把企业生命周期形象地比作人的成长与老化，从企业的灵活性和可控性这两个方面出发，将企业的生命周期分为成长阶段、再生与成熟阶段、老化阶段三个大的阶段，进而把企业生命周期细分为孕育期、婴儿期、学步期、青春期、盛年期、稳定期、贵族期、官僚化早期、官僚期、死亡期十个阶段（见图5-1）。每个阶段具有自己的行为特征、领导、目标、形式和功能及生命周期定位的决定因素。对企业生命周期阶段的划分，为企业制定相应的经营战略提供了依据。

根据麦迪思的理论，盛年期是企业生命周期曲线中最为理想的点，在这一点上企业的自控力和灵活性达到了平衡。盛年期的企业知道自己在做什么，该做什么，以及如何才能达到目的。盛年期并非生命周期的顶点，企业应该通过正确的决策和不断的创新变革，使它持续增长。但如果失去再创业的劲头，就会丧失活力，停止增长，走向官僚化和衰退。另外，企业生命周期除了受企业自身能力的影响外，还受企业生存环境的影响。

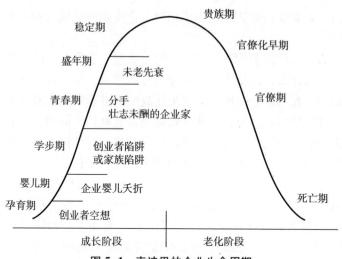

图 5-1　麦迪思的企业生命周期

　　决定和影响企业未来成长与发展的因素很多，但其中最具决定意义和关键作用的是企业成长战略的选择。企业成长战略决定了企业未来成长与发展的途径和方式，决定了企业未来资源配置和使用的方式。绝大多数企业的发展过程及战略选择基本上遵循了一定的规律性：在企业创建初期和之后的一段时间内，通常采取一业为主的密集型成长战略，即将企业的资源高度集中于一项业务中，增加其主要业务的销售量，提高市场占有率，培育用户对企业的感情，建立企业的市场地位和竞争优势。这时企业经营活动的战略重心是生存和发展，积聚实力，建立起超过主要竞争对手的优势，为今后的成长与发展打下基础。在执行密集型成长战略时，企业不断地强化产品线以满足不同细分市场的需要，同时企业还不断地扩大经营的地域范围，从当地市场逐步扩大到全国市场乃至国际市场。

　　当企业认为其最初业务的扩展已到一定规模，积聚了相当的资源，或是在满足现有业务的竞争发展需要之外还有剩余的资源，或是企业已不满足于单一业务的结构时，它首先会选择的战略就是一体化成长战略——延长企业的价值链，或扩大企业的规模。一体化成长战略是企业发展和扩大过程中的一个自然阶段，大部分世界著名的跨国企业以及近年来中国出现的企业集团都是通过一体化成长战略实现其规模经济和垄断地位的。为了避免企业资本和经营活动全部集中在一个行业可能产生的风险，以及产业进入成熟阶段后对企业发展速度的约束，有实力的大型企业一般在一项业务发展到了一定规模后会采取多元化成长战略。这时企业需要解决的首要问题是决定向哪一个新的行业发展，如何确定企业的业务组合及发展顺序，也有可能需要解决同时退出哪一个行业的问题。最后，当企业经营遇到困难而在短时期内造成经营困难的因素无法消除时，企业不可避免地面临对紧缩或是退出战略的选择。

当然，上述有关企业成长规律及其战略演变过程的描述只是一种抽象的一般总结，具体到每一个企业来讲，并非都会在其寿命周期内全部经历这一战略演变和成长过程。有相当一部分企业在诞生后还没有来得及明确其发展战略就已经死亡了；有些企业可能会在发展到某个阶段或经历了上述过程后，其战略过程还会有所反复——这既可能是企业经营环境变化的要求，又可能是企业战略选择实施出现失误被迫而为。例如，许多企业在盲目实施多元化成长战略遭遇失败后，认识到多元化战略对企业资源和管理水平的极高要求非企业目前所能企及的，于是通过组织变革再次返回密集型成长战略或是强调一业为主的同心多元化战略上来。总之，成长战略问题与企业是时刻相生相伴的，企业生存一天就一天也离不开成长战略的指导。

**二、企业成长的途径与成长战略**

追求成长是企业经营的永恒主题，也是企业在激烈竞争的环境中谋求生存与发展的手段。企业追求成长的途径有多种，这便是企业成长的战略选择问题。不同的成长战略，对企业外部环境和自身资源状况有着不同的特殊要求。恰当地选择企业成长战略并正确地加以实施，可使企业在一个较长的时期内获得健康成长；反之，将会使企业陷入"成长的陷阱"，非但不能获得成长，还有可能导致经营危机的发生。因此，企业成长战略的选择，是关乎一个企业生存与发展的重大问题。

成长战略又称扩张型战略或发展战略，是在企业经营实践中最广泛采用的战略，旨在扩大企业经营规模，增强企业抵御市场风险的能力，使企业达到更高的收入水平和盈利水平。如前所述，从总体上讲，企业谋求成长的途径有四种：密集型成长、一体化成长、多元化成长与国际化经营。相应地，企业成长战略也分为四种基本模式：密集型成长战略、一体化成长战略、多元化成长战略和国际化经营战略。

那么企业如何选择成长的路径呢？一般可以从企业关于市场与业务选择的经营决策，以及企业内在组织、流程与战略变革的管理决策两个方面思考。

（一）企业成长路径：外部限制的突破

安索夫曾经以产品、市场两个维度定义了一个企业的成长路径，他认为企业战略应解决的问题之一是确定企业的成长路径，即企业从现有产品和市场相结合的态势向未来产品和市场相结合的态势移动的方向。他认为以现有的产品面对现有的顾客，力求增大产品的市场占有率，属于市场渗透；用原有的产品去开发新的市场，属于市场开发战略；在原有的市场中投入新开发的产品，属于产品开发战略；用新的产品去开发新的市场，就属于多元化战略。由于企业大量的外部机会存在于新市场、新产品或服务的开发中，且新市场地域和新业务领域的高度混合，难以区分。这是一种企业外部成长路径，人们一般更倾向于用专业化和多元化成长来描述。

1. 专业化成长路径

企业采用专业化成长路径，优点是能集中资源，有利于形成竞争优势，因而这种战略尤其适用于规模较小、资源有限的中小企业。但潜在风险也是明显的，由于全部业务都在一个行业之内，如果需求发生重大变化或者强大的竞争者进入该行业，企业将面临生存的考验。

从持续成长的角度来看，企业未来的发展将受到成长空间的制约。如果企业处于新兴行业，则成长空间越来越大，有利于持续成长；如果处于成熟产业，则空间相对稳定；如果处于衰退行业，则空间越来越小。当行业严重衰退时，企业可以实行战略转移，进入新的空间以谋求继续发展。

企业采用专业化战略，其持续成长主要受市场规模、竞争能力两大因素的制约。地域扩张是突破市场规模制约的成长路径。但是市场规模扩大并不一定能保证企业持续成长，因为这还取决于企业的竞争能力，而且竞争能力的制约更有普遍性。即使企业处于新兴行业，也可能由于竞争能力相对较弱而被对手挤出去。在成熟行业甚至是衰退行业，具有明显竞争优势的企业也可以继续成长。专业化企业的成长空间只存在于一个行业，积极培育、巩固和发展核心竞争能力，其重要意义不言而喻。

2. 多元化成长路径

多元化是企业成长最重要的一种方式，安索夫认为多元化是公司发展到一定阶段，为寻求长远发展而采取的一种成长或扩张行为。1965 年，安索夫在《公司战略》中提出了四种多元化的类型，即水平多元化、垂直多元化、同心多元化和混合型多元化。尤其值得注意的是，他提出了"协同性"（Synergy）的概念，并认为企业在多元化发展时要最大限度地利用协同性。

多元化经营可以通过充分利用内部优势和分散公司经营风险来提高公司价值。多元化经营公司与单一经营公司相比，相当于将原来由多个单一化经营公司的经营活动组合在一个公司内进行。在这个公司内，管理人员借助于计划和行政手段决定不同经营方向之间的资源配置，以减少交易成本，提高资源配置的效率。

（二）企业成长路径：内部限制突破

对企业成长路径的寻求还可从突破企业内部因素出发。企业在成长过程中，不仅受到来自企业外部环境的成长约束，还受到来自企业内部的成长约束，主要表现为管理能力、组织结构、效率等组织约束。企业需要通过企业再造和组织变革等来突破成长限制。

1. 再造业务流程

迈克尔·哈默与詹姆斯·钱皮在 1993 年出版的《企业再造》一书中，将业务流程再造定义如下：为了在衡量绩效的关键指标上取得显著改善，从根本上重新思考，彻底改造业务流程。其中，衡量绩效的关键指标包括产品、服务质量、顾客满意度、成本、工作效率等方面。核心内容包括流程再造的出发点是顾客需求；再造的对象是业务流程；再造的主要任务是对业务流程从根本上重新设计；再造的目标是企业经营绩效的巨大飞跃。

2. 再造战略

再造战略是企业对自己的战略进行重新思考和构造，采取全新的战略。这是企业为了获得可持续竞争优势，根据所处的环境、自身能力或资源整合与利用已经发生的变化，对自身整体能力进行评估，以及结合战略、管理与能力三者之间的动态协调性原则，改变企业战略内容的发起、实施、可持续化的系统性过程。

再造战略包括五项内容。①战略变革：企业定位（包括产品类型、顾客特征及其产销活动所涉及地理区域等）与核心专长（组织建立其竞争优势所需要的资源与能力）的改变；②技术变革：企业的技术、生产流程设备、作业方法及相关规章制度与政策的改变；③结构变革：组织结构的改变、个别职务内容的重新设计，以及这两者衍生的权力结构变化；④人员变革：通过组织学习实现人员的理念、技能、知识水平等的改变；⑤文化变革：组织成员共同价值观与行为规范的改变。

3. 再造产业

哈梅尔曾提出战略是一种革命，企业必须借助于战略管理新范式，创造新的产业并打破产业现有的规则。通过企业经营观念、产品服务、技术方法的创新，寻求主动影响企业所在的产业环境。再造产业的思想不是要求企业通过业务选择来获胜，也不是通过内部的变革来获胜，而是要求企业创造出新的产业来获胜。例如，微软对于操作系统的创新、雅虎对于互联网搜索产品的创新，实际上是一个行业的创造。再造产业表现在以下三个方面：

第一，企业经营理念的创新。企业要改变过去仅仅从市场现实需求分析，明确消费者的要求，有针对性地开发相应的产品和服务的市场驱动战略，转变为驱动市场战略，企业通过洞察消费者的潜在需求，并挖掘这种潜在的需求使之成为有购买能力支持的欲望，进而转化为现实需求，最终形成市场。正如哈梅尔和普拉哈拉德所说，企业应该比消费者走得更远些。

第二，企业产品服务的创新。重点是通过变革产业内生产条件和生产方式来提高生产率。把不间断的新产品开发作为企业的生命线，更重要的是新产品开发策略选择上的革新，以最大限度创造顾客价值为原则主导新产品的开发研究。例如，企业交货更加快速及时，信用担保体系建立、安装等售后服务也日趋完善。此外，企业努力使产品和服务的界限变得模糊不清，使硬件、软件和服务融为一体。

第三，企业技术方法与产业规则的创新。企业在技术、产品服务管理方法上的创新，重点是使企业利用其市场上的影响力重新修改和制定产业规则，提高产业进入壁垒。另外，企业应着力发现和开发新的产业。

# 第二节　密集型成长战略

## 一、密集型成长战略的含义

密集型成长战略（Intensive Growth Strategy）有时也叫专业化成长战略、产品—市场战略，是企业在产品、业务方面保持单一，将拥有的全部资源都集中于企业最具优势或最看好的某种产品或业务上，力求将其做大做强；基本不涉足新的业务、市场领域，企业的成长与发展是在保持原有产品或业务项目不变的基础上，采取扩大生产经营规模、开拓新市场、渗透老市场、开发新产品等来提高企业市场占有率、增强竞争优势。例如，美国沃尔玛公司、可口可乐公司、麦当劳公司等都是在一项业务内经营并获得成功的著名企业。

密集型成长战略又分为以下具体的战略形式，如表5-1所示。

表5-1　企业成长矩阵

|  | 现有产品 | 新产品 |
|---|---|---|
| 现有市场 | 市场渗透战略 | 产品开发战略 |
| 新市场 | 市场开发战略 | 多元化战略、一体化战略 |

（一）市场渗透战略

市场渗透战略（Market Penetration Strategy）是指企业通过更大的市场营销努力，提高其产品或服务在选定目标市场上的份额，扩大产销量及生产经营规模，从而提高收入水平和盈利水平。市场渗透战略是比较典型的竞争战略，是企业最基本的发展战略，主要包括成本领先战略、差异化战略、集中化战略三种有竞争力的战略形式。这三种战略形式将在第六章做详细分析，本章暂不阐述。市场渗透战略的具体做法包括增加销售人员、增加广告投入、采取广泛的促销手段、加强公关宣传努力等。

（二）市场开发战略

市场开发战略（Defined Marketing Strategy）是指企业将现有产品或服务打入

新的地区市场或开发新的用户群体，通过扩大市场覆盖面来得到更多的顾客，从而扩大企业的产品销量、经营规模，提高收入水平和盈利水平。该战略的具体做法：开拓新的地区市场；进入新的细分市场；开发产品的新用途，从而找到新的用户群。日本松下公司曾将国内已饱和的黑白电视机和老型号彩色电视机推向国外市场，维持其增长速度，就是市场开发战略的例子。

---

### 案例：青岛啤酒进军北京

如今，在北京许多社区的小卖部里，都会看到写有"青岛啤酒"的冰柜，店主告诉记者，这是青岛啤酒供他们无偿使用的，店主只需交纳1000元的押金。实际上，这正是青岛啤酒将销售终端直铺社区、攻击燕京"软肋"的重要举措。

面对北京年消费量100多万吨的巨大市场，各啤酒企业都想分一杯羹。但除了百威、青岛、科罗娜等品牌只能在高端市场占据一席之地，北京低端市场几乎是燕京的天下。从2000年8月开始，青岛啤酒先后收购了北京五星、三环两家啤酒厂，接着又收购了河北廊坊啤酒厂，意在打破燕京在北京市场的铁桶阵。但在并购之后的数年时间里，除传统的高端市场外，青岛啤酒并没有从燕京手中有所斩获。

为了打破此格局，青岛啤酒耗巨资对旗下的几家北京的啤酒厂进行整改重建，并于2005年1月开始生产低端产品"大优"啤酒，主攻北京市场。青岛"大优"从低价位切入，同长期占领北京低端市场的"普通燕京"展开了对攻。双方给零售商的售价均在每瓶1.3元左右，同时每瓶的销售利润也相当。

青岛啤酒显然是有备而来的，它前期在渠道的建设上投入了大量资金，打造了一支职业送酒队伍。截至2005年2月，青岛啤酒就已经进入北京近3万个销售网点，并把之前的纯直销改为直销与直供相结合，以"直销+直营"的模式吸引加盟者，目前青岛啤酒旗下的直供商（直接为终端网点送货的经销商）已超过800家。

由于燕京的铺货范围主要集中在餐饮业，对社区终端控制相对较弱，因此青岛啤酒把进攻重点放在了社区，于是一些被燕京忽略的小型社区批发点成为青岛啤酒开展大型社区战略的主要力量。青岛啤酒在2005年4月启动针对北京1500个社区的社区工程，并展开免费赠饮、抽奖等大众活动。在宣传上则以进入普通百姓生活为目标，策划了符合百姓生活环境的系列广告，而何冰以其北京人的特征和日常的荧屏形象，成为"大优"广告片的主角。经过这一系列的进攻，"大优"最好时一天能卖到4万箱，青岛啤酒在北京市场已经突破了20%

的份额，等于从燕京手里硬夺走 10% 的市场阵地。

资料来源：摘自《中国经营报》2005 年 8 月 19 日的《为争夺市场份额啤酒巨头青啤燕京决战紫禁之巅》。

**点评**：通过这个案例，青岛啤酒兼并了北京的五星啤酒，减少企业竞争压力，若一个没有形成自己优势的品牌在竞争过程中具有很大压力，这表明市场营销可以帮助品牌进行定位，明确自身优势，获得消费者信赖。如今市场开发战略的运用至关重要，市场经济是开放性的经济体系，坚持对外开放发展战略，扩大国际贸易与国际经济技术合作，是社会经济发展的基本要求；同时也能促进企业更好发展，引导企业树立正确的市场营销决策。

（三）产品开发战略

产品开发战略（Products Development Strategy）是指企业通过改进和改变技术，开发更新、更优的产品或业务种类来增加产品的销售，从而获取更高的市场份额。例如，长虹看准国内高质低价的大屏幕液晶彩电市场是一个空白，当时本土品牌尚没有开发大屏幕液晶彩电，外来品牌大屏幕液晶彩电价格普遍偏高，大众消费者无法承受。长虹及时研究开发，改进技术，不失时机地填补了这一空白，终于取得了成功。

**二、密集型成长战略的收益与风险**

（一）密集型成长战略的收益

从经济学意义上讲，密集型成长战略因其具有的"专业化"特点，有利于企业实现规模经济和学习曲线效应的好处，获得较高的运作效率。

由于企业将资源集中于一种产品或业务，因此，有可能在生产技术、产品开发、市场知名度、对用户要求的敏感性和满足程度，以及对市场的了解和营销、服务等涉及企业价值活动的诸多方面做得更好，在行业中或市场上建立起较强的竞争力和成本领先或差异化优势。同时，管理人员在对业务、技术、市场、管理诸方面也会有更深的了解和更丰富的经验，这一切都有利于企业形成较强的核心能力和持久的竞争力，并提高企业的盈利能力，从而将某种产品或业务做精、做大、做强，使企业占据行业的领导地位，成为某一产品市场上的"专业化巨人"。

该战略还具有对追加资源要求低、有利于发挥企业已有能力等优点。因此，密集型成长战略适用条件较为广泛，取得经营成功的可能性也大，许多成功企业都是通过这种发展战略成长壮大起来的。在企业成长的初期，采取这种战略显得更为迫切。

（二）密集型成长战略的风险

虽然密集型成长战略能使企业获得稳定发展，但由于产品市场范围所限，其发展总有尽头；加之企业将全部资源投入单一行业、集中在单一市场上从事经营，使竞争范围变窄，这犹如"将所有鸡蛋放入一个篮子里"，所以，当市场变得饱和或缺乏吸引力或因新技术、新产品出现使购买者偏好发生快速转移导致其产品业务需求下降、行业发生萎缩时，采取这一战略的企业容易受到较大打击。

因此，当企业面临所从事经营的产品（业务）是即将或已经进入衰退的夕阳产业，没有发展前景，或整个行业产品市场需求下降、竞争过度，企业将长期处于微利、无利甚至亏损状态，生存艰难、更无发展前景时，企业应利用已积累的资源，及早寻找并开拓新的经营领域或产品项目，通过多元化发展战略的转换，确立企业未来新的经营支柱产品（业务），保证企业健康发展。

# 第三节　一体化成长战略

## 一、一体化成长战略的含义

一体化成长战略（Integrative Growth Strategy）是指企业充分利用自身在产品（业务）上的生产、技术、市场等方面的优势，沿着其产品（业务）生产经营链条的纵向或水平方向，不断地扩大其业务经营的深度和广度，以扩大经营规模、提高收入水平和利润水平，使企业发展壮大。其中，企业若是沿着延长原有产品（业务）生产经营链条的方向发展，叫作纵向一体化成长战略；若是沿着水平方向发展，则叫作水平一体化成长战略。图5-2以制造商为例，展示了采用一体化战略的可选路径。

具体来讲可分为三种战略模式，其中，前向一体化和后向一体化合起来叫作纵向一体化战略（Vertical Integration Strategy），又叫纵向整合或者垂直一体化战略。

### （一）前向一体化成长战略

前向一体化成长战略（Forward Integration Strategy）是指以企业初始生产经营的产品（业务）项目为基准，企业生产经营范围的扩展沿其生产经营链条向前延伸，使企业的业务活动更加接近最终用户，即发展原有产品的深加工业务，提高产品的附加值后再出售；或者直接涉足最终产品的分销和零售环节。例如，"双汇"集团原是一家肉联厂，主要从事生猪屠宰、冷藏业务，1992年开始发展猪肉的深加工业务——生产火腿肠和各类熟肉制品，1999年以后又涉足肉制品零售业务，在全国陆续设立1000家"双汇"专卖店，向食品零售业务发展。

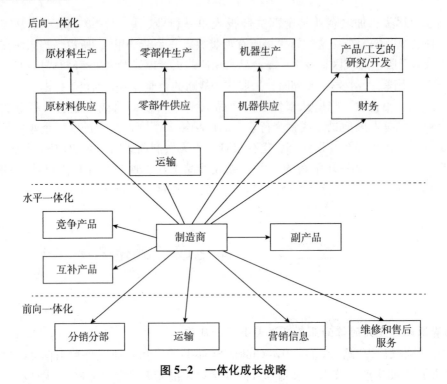

图5-2 一体化成长战略

### (二) 后向一体化成长战略

后向一体化成长战略（Backward Integration Strategy）是指以企业初始生产经营的产品（业务）项目为基准，企业生产经营范围的扩展沿其生产经营链条向后延伸，发展企业原来生产经营业务的配套供应项目，即发展企业原有生产经营业务所需的原料、配件、能源及包装服务业务的生产经营。例如，服装生产企业发展纺织面料的生产经营业务；金属冶炼企业自办电厂等。又如，"双汇"集团在以火腿肠为主的熟肉制品生产规模达到一定水平后，又发展了聚偏二氯乙烯（PVDC）肠衣、包装箱、彩色印刷等项目，将原需向外部市场购买的生产火腿肠等熟肉制品所需的原材料改为自己生产，既降低了熟肉制品的生产成本，又扩展了企业生产经营的范围和规模，综合经济效益十分显著。

---

#### 阅读材料：中国石化的一体化结构

中国石化是中国首家在香港、纽约、伦敦和上海四地上市的公司，亦是中国及亚洲最大的石油和石化公司之一。中国石化是中国第二大石油和天然气生产商，中国最大、全球第五大炼油生产商，中国和亚洲最大的石油产品分销和

---

营销商，中国最大、全球第六大石化产品生产商和分销商。中国石化的主营业务包括四部分：油气勘探及开采、炼油、油品营销及分销和化工。油气开采勘探为上游业务，炼油和化工生产为中游业务，成品油销售为下游业务。一体化石油公司的最大优势在于，上中下游业务之间紧密联系保证原材料供给、缩短供应链、降低成本、减少赋税等。另外，一体化石油公司还可以增强企业的抗风险能力，平衡经济周期对企业经营带来的负面影响。当油价走低，油田亏，但是炼油、化工和销售赚；油价高，炼油亏，但油田和销售赚。

发挥一体化结构的优势依赖于一体化结构的合理化。根据埃克森美孚2003年的年报，埃克森美孚的上游、下游和化工业务的固定资产比例为 6 ∶ 3 ∶ 1。上游的开采业务为炼油业务和化工业务提供了充足的资源，一方面节省了采购成本，另一方面也保证了资源安全和减少价格波动风险。埃克森美孚80%以上的炼油厂与化工产品和润滑油生产部门建在一起，炼油厂生产的产品直接供给下游的化工生产部门和润滑油生产部门，提高了生产效率。中国石化也是一个上中下游一体化的石油企业，但是中国石化的产业链呈现头小尾大之势，其原油资源比起庞大的炼油业务来说太小了。目前，中国石化的油气开采收入只占全部营业额的10%，公司所需的原油70%以上依赖外购，其中进口原油占原油需求量的比例达到60%，而且呈现出递增趋势。

国际一体化石油公司上游业务的平均基准线为50%，本来石油行业就是一个波动较大的行业，原油价格经常大起大落，石油价格波动风险对于中国石化的经营业绩有非常大的影响。一旦发生突发性事件，导致石油进口渠道被切断，将严重影响公司的经营安全。

资料来源：巨潮资讯网。

**点评：** 通过案例分析可知，在一体化整合上，中国石化立足发展战略，推进企业层面横向重组和产业链完善，进一步优化资源配置、降低经营成本、提高管理效率、提升上市公司质量。这表明一体化结构有利于帮助企业提高经营效率，实现规模经济，提升控制力或获得某种程度的垄断。

（三）横向一体化成长战略

横向一体化成长战略（Horizontal Integration Strategy），也称为水平一体化成长战略，是指与处于相同行业、生产同类产品或工艺相近的企业实现联合，实质是资本在同一产业和部门内的集中，目的是实现扩大生产规模、降低产品成本、巩固市场地位。例如，海尔集团整体收购黄山电子集团，就是为了进一步扩大海尔彩电的生产规模。横向一体化战略可以通过契约式联合、合并同行业企业来实现。

## 二、纵向一体化战略的收益与风险

（一）纵向一体化战略的收益

1. 降低经营成本，节省交易费用

（1）通过把技术上相区别的生产运作放在一起，企业有可能实现高效率。例如，在制造业，这一做法能够减少生产过程的步骤，降低成本，减少运输费用。又如，在热钢压平的经典事例中，如果钢铁生产和压平活动被连接在一起，钢坯就没有必要再次加热。

（2）由于成品和零部件归并成一个系统，在生产、设计、营销等内部环节上，更易控制和协调，从而会提高企业的生产效率。

（3）生产与销售一体化有利于准确、及时地反馈市场信息，使企业能迅速地了解市场供求和监控市场，而且实行一体化还能将收集信息的总成本由各部分分摊，从而减少信息成本。

（4）通过纵向一体化，企业可以节约市场交易的销售、谈判和交易成本。尽管内部交易过程中也常常要进行某些讨价还价，但其成本绝不会接近市场交易成本。这主要是因为内部交易不需要任何销售力量和市场营销或采购部门，也不需要支出广告促销费用。

2. 稳定供求经济，规避价格波动

实行纵向一体化，可以使上游、下游企业之间不会随意终止供求关系，不管是产品供应紧张还是总需求很低时期，都能保证充足的货源供应，从而减少供求的不确定性。由于实现了纵向一体化，上游、下游企业之间的交易虽然也必须反映市场价格，但这种内部转移价格实际上只是一种为了便于业务管理、成本核算的影子价格，企业可以主动调节，从而可以避免产品价格的大起大落。

3. 提高差异能力，树立经营特色

由于企业规模扩大，成本降低和控制加强，进入壁垒提高了；而且强化了对关键零部件设计的控制，有可能更好地满足不同市场层面用户的特殊需求，从而增强对最终用户的控制；同时也有更多机会通过使用特殊原材料、零部件或技术等途径寻求区别于同行业竞争者的产品特色。

（二）纵向一体化战略的风险

1. 弱化激励效应

纵向一体化意味着通过固定的关系进行购买与销售，也就是说把原本的市场交易内部化，变成了企业内部交易。上游企业的经营激励可能会因为是在内部销售而不是在市场上竞争而有所减弱，下游企业同样也会由于是从企业另一个单位购买产品，从而不会像从外部供应商购买时那样激烈地讨价还价。因此，纵向一体化可能减弱激励效应，从而降低企业运作的效率。我国企业界普遍存在的"大而全"效率往往低于"小而专"现象的原因就在于此。为了纠正纵向一体化的这种弊端，很多企业实施了"企业内部市场化"的做法，收到了较好的效果。

2. 加大管理难度

实行一体化战略以后，两个或多个不同的企业合并或联合在一起，企业的管理层次与管理幅度都大大加大，企业管理所需的生产、营销、服务等各项职能都更加复杂，尤其不同企业文化的融合更是非一朝一夕所能解决的，这些因素都对企业管理者的管理素质和管理技巧提出了很高的要求。显而易见，管理难度要比一体化之前大得多。

3. 加剧财务紧张

虽然企业实行纵向一体化战略以后，一些零部件和原材料由企业外购转变为企业自制，这些零部件和原材料的成本也比外购低，但自制所需的生产资金、储备资金和材料资金等都要比外购时多得多，如果企业的财务资源不够雄厚的话，就有可能加剧企业的财务紧张，甚至导致整个一体化战略的失败。

4. 降低经营灵活性

企业选择纵向一体化会导致产品设计方面的局限性，对厂房和原材料来源的巨额投资，常常阻碍新的产品设计或材料品种的完善。如果企业不实行纵向一体化战略，企业可以根据外界环境变化而削减原材料的采购量，或转向其他供应企业，而采用了纵向一体化战略的企业就缺乏这种机动性，同时经营方向的调整也更加困难，因而也就增大了经营风险。

（三）纵向一体化的成本分析

1. 克服退出壁垒的成本

纵向一体化要求企业克服退出壁垒，在上游产业或下游产业竞争。这就需要付出成本，如需克服规模经济、资本需求及专有技术或合适的原材料而具有的成本优势引起的壁垒等。

2. 增加经营的固定成本

纵向一体化的企业生产产品，即使有些原因降低了产品的需求，企业也必须承担生产过程中的固定成本。由于上游单位的销售量衍生于下游单位的销售量，两项业务中的任何一个引起波动的因素也会在整个价值链中引起波动。因此，纵向一体化增加了企业经营的固定成本，从而在一定程度上增加了企业经营风险。确定企业纵向一体化的边界如图5-3所示。

3. 降低改换伙伴的灵活性

纵向一体化意味着企业的命运至少部分地由其内部供应者及顾客的竞争能力来决定。技术的变化、产品设计包括零部件设计的变化、战略的失败或者管理问题等，都会使内部供应者提供高成本、低质量或者不合适的产品和服务，或者内部顾客或销售渠道失去了应有的市场地位。与签约某些独立实体相比，纵向一体化提高了改换其他供应商及顾客的相关成本。

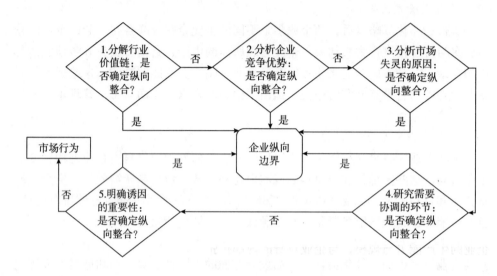

**图 5-3　确定企业纵向一体化的边界**

4. 较高的全面退出壁垒

进一步增加资产的专门化，战略上的内部关系或者对某一企业的感情联系的纵向一体化，可能提高总体退出壁垒。

5. 资本投资需求

纵向一体化需要耗费资本，这就存在机会成本的问题，与一个独立实体打交道则应用外部的资本投资。纵向一体化还会降低企业分配其投资资金的灵活性。

6. 封阻获得供应商及顾客的研究及技能的通道

纵向一体化可能来自供应商及顾客的技术流动。例如，如果企业不实施后向一体化，供应商经常愿意在研究、工程等方面积极支持企业，反之亦然。

7. 弱化激励

纵向一体化意味着通过固定资产的关系来进行购买与销售。上游企业的经营激励可能会因为是在内部销售而不是为生意进行竞争而有所减弱。反过来，在一体化企业内部向另一个单位购买产品时，企业不会像与外部供应商做生意时那样激烈地讨价还价。

8. 不同的管理要求

尽管存在纵向关系，企业也能在结构、技术和管理上有所不同。熟悉如何管理这样一个具有不同特点的企业是纵向一体化的主要成本之一。

### 三、横向一体化战略的收益与风险

（一）横向一体化战略的收益

1. 获取规模经济

横向一体化通过收购同类企业达到规模扩张，这在规模经济明显的产业中可以使企业获取充分的规模经济，从而大大降低成本，取得部分优势。同时，通过收购往往可以获取被收购企业的技术专利、品牌名称等无形资产。

2. 减少竞争对手

横向一体化是一种收购企业竞争对手的增长战略。通过实施横向一体化可以减少竞争对手的数量，降低产业内企业间相互竞争的程度，为企业的进一步发展创造一个良好的产业环境。

3. 扩张生产能力

横向一体化是企业生产能力扩张的一种形式，通过合并或联合可以迅速提高企业的生产能力与规模，与企业自身的内部扩张相比，这种扩张形式相对较为简单与迅速。

（二）横向一体化战略的风险

1. 管理协调问题

收购一家企业往往涉及收购后母子公司管理上的协调问题。由于母子公司在历史背景、人员组成、业务风格、企业文化、管理体制等方面存在着较大的差异，因此母子公司的各方面协调工作非常困难，这是横向一体化的一大风险。

2. 政府法规限制

横向一体化容易造成产业内垄断的结构，因此，各国法律法规都对此做出了限制。例如，美国司法部反托拉斯局在确定一项企业合并是否合法时要考虑以下因素：这一合并是否导致过高的产业集中度；这一合并是否增强合并企业对其他企业的竞争优势；进入该产业的困难程度是否提高；产业内是否已经存在一种合并的倾向；被合并企业的经济实力；对该行业产品需求是否增长；这一合并是否有激发其他企业进行合并的危险。

（三）横向一体化战略的成本分析

1. 在同一产业中持续投入导致的风险提高

实施横向一体化战略要求在原有产业的基础上，整合经营处于同一水平或阶段的相关企业，这意味着将会在同一经营领域中投入更多的资源从而扩大企业经营规模。横向一体化成功的重要前提是该经营领域必须是不断成长、存在较大增长空间、满足政策许可及符合消费者的需求变动趋势，一旦这些前提不能成立或出现了其他的非可控因素，横向一体化战略的实施就会给企业带来巨大的经营风险，并导致企业退出壁垒的显著提高。

2. 由于规模过于庞大而出现的规模不经济

只有适度的经营规模才能形成规模经济，规模扩张过度也可能会给企业带来不利影响，导致效率低下和管理费用的增加。在原材料供应紧张的情况下，如果因为规模的扩大而使原材料价格上涨，会产生采购中的规模不经济。因为经营规模的扩大改变了产品供求关系，甚至当转变为供过于求时，将会使产品不得不以更低的价格进行销售，从而产生销售的规模不经济；随着规模的扩大，企业内部各部门、子公司和分公司间协调的复杂性和成本不断增加，也可能会导致某项管理的规模不经济。此外，规模的不经济特别容易存在于对市场需求比较敏感的产品和专业服务部门，这些经营领域在很大程度上依赖于快速应变能力，而不是单纯经由横向一体化而产生的规模经济。

# 第四节　多元化成长战略

在市场营销中，多元化成长战略指企业为了获得最大的经济效益和长期稳定经营，开发有潜力的产品或丰富充实产品组合结构，在多个相关或不相关的领域同时经营多种不同业务的战略，是企业寻求长远发展的一种成长行为。

## 一、多元化战略的概念与分类

（一）多元化战略概念

多元化战略（Diversification Strategy）也称为多样化战略、多种经营战略或多角化战略，是指企业同时经营两种以上基本经济用途不同的产品或服务的一种发展战略。多元化战略是相对企业专业化经营而言的，其内容包括产品的多元化、市场的多元化、投资区域的多元化和资本的多元化。产品的多元化是指企业新生产的产品跨越了并不一定相关的多种行业，且生产多为系列化的产品；市场的多元化是指企业的产品在多个市场，包括国内市场和国际区域市场，甚至是全球市场；投资区域的多元化是指企业的投资不仅在一个区域，而且分散在多个区域甚至世界各国；资本的多元化，是指企业资本来源及构成的多种形式，包括有形资本和无形资本如证券、股票、知识产权、商标等。

（二）多元化战略的分类

1. 按照多元化拓展方向分类

按照安索夫在其著作《企业战略论》中的论述，企业多元化战略可以分为以下四种类型：

（1）横向多元化，也称水平多元化，即企业利用现有市场，向水平方向扩展生产经营领域，进行产品、市场的复合开发。

（2）纵向多元化，即企业进入生产经营活动或产品的上游或下游产业。这实际上就是纵向一体化。

（3）同心多元化，也称同轴多元化，即企业利用现有技术、特长、经验及资源等，以同一圆心扩展业务。同心多元化又分为市场相关型、技术相关型、市场与技术相关型。

（4）混合多元化，又称非相关多元化，即企业进入与现有经营领域不相关的新领域，在与现有技术、市场、产品无关的领域中寻找成长机会。

2. 按照多元化产品关联程度分类

按照多元化产品关联程度分类，可以分为相关多元化战略和非相关多元化战略。

（1）相关多元化战略。相关多元化是指企业的各业务活动之间存在着技术的、市场的或生产的关联性的一种多元化。根据关联内容的不同，相关多元化战略又可以分为技术相关产品战略和市场相关产品战略两种类型。

技术相关产品战略是指以企业现有的设备和技术能力为基础，发展与现有产品和劳务不同的新产品或新劳务。例如，某电子公司先后生产出家庭音响设备、激光唱片、激光音响、电话录音和自动回答机、收录机等家庭电子产品。

市场相关产品战略是指企业充分利用自己在现有市场上的优势和较高的社会声誉，根据用户的需要生产不同的产品。例如，以生产运动饮料而闻名的健力宝集团利用其在体育运动消费者中的影响，邀请退役的"体操王子"李宁加盟建立了李宁体育用品公司，生产和销售包括运动服等在内的系列体育用品，开辟了全新的业务领域。

（2）非相关多元化战略。非相关多元化是指通过合并、收购其他企业或合股经营等形式来增加与现有产品或劳务不相同的新产品或新劳务的一种战略。例如，春兰（集团）公司除主要从事家电产品空调、电冰箱、洗衣机等生产外，还先后进入高性能动力电池、卡车、摩托车、电子信息、投资贸易等领域，形成了非相关多元化经营格局。

3. 按照专业化率和相关率组合标准分类

美国学者赖利-鲁迈特依据专业化率（SR）和相关率（RR）的组合，对多元化战略进行分类。其中，专业化率是指企业最大经营项目的销售额占企业销售总额的比例。相关率是指企业最大一组以某种方式相关联的经营项目的销售额占企业销售总额的比例。

## 二、多元化战略的动因与风险

（一）多元化战略的动因

1. 企业多元化战略的外在动因

（1）产品需求趋向停滞。当企业原有产品处于产品生命周期的衰退期时，原有产品由于需求停滞而无法满足企业发展的要求，企业必须寻求需求增长快的新产品和新市场，从而开展多样化经营。

（2）市场集中度提高。这里说的集中程度是一个卖方结构指标。计算这个指标时，将企业按规模大小顺序排列，然后合计几个主要企业占行业总体的百分比。集中程度越高时，产品由少数卖方企业控制。在集中程度高的行业中，企业要想得到更高的增长率，一般是用降低价格、扩大供应能力、支付高额广告费等方法蚕食对手企业的市场占有率，但用这些方法既增加费用又有风险。因此，在集中程度高的行业中，企业想追求较高的增长率和收益率，只有进入本企业以外的新产品、新市场。企业所在行业的集中程度越高，越能诱发企业从事多样化经营。

（3）市场需求多样性和不确定性。由于市场需求的不确定性，企业经营单一产品或服务便会面临着很大的风险，其增长率和收益率会被该产品的需求动向左右。假如该产品的需求动向有很大的不确定性，企业为了分散风险，便要开发其他产品，从事多样化经营。即使原来已从事多样化经营的企业，当原有产品市场需求有很大风险时，为了分散风险，也将积极开展多样化经营。

2. 企业多元化战略的内在动因

（1）纠正企业目标差距。企业制定有关增长率和收益率目标，并根据目标的完成情况来决定下一阶段的行动方针，当实际完成情况低于原定目标时，企业往往要从事多种经营以弥补差距，实现预期目标。一般来说，目标差距越大，从事多种经营的可能性就越大。

（2）实现规模经济。规模经济是一种经营资源，企业可以通过职能要素或产品要素获得低成本，即实现最佳的资源使用密度。导致规模经济的具体要素，一般包括特殊用途的机器设备、专门的技术技能、专门的营销服务和专门的信息网络等。企业从事多种经营，扩大其规模，能在质量和数量方面占有丰富的经营资源，享受规模经济效益，同时还可弥补企业规模不当的弱点，提高盈利水平。

（3）实现范围经济。企业考虑如何使用与生产环节或产品无关的要素，是为了获得最少的单位生产间接费用，并由此达到最佳的使用广度。导致范围经济的非具体要素一般包括通用机器设备、普遍应用的技术技能、普通的营销服务和通用的信息网络等。从寻求范围经济的角度出发，企业希望在两个或多个经营单位中分享如制造设施、分销渠道、研究开发等资源，以减少在各经营单位的投资，降低成本。

（二）多元化战略的风险

尽管多元化战略可以带给企业各种好处，但也可能给企业带来不利和风险。

1. 原有产业遭受削弱的风险

企业资源总是有限的，多元化经营的投入往往意味着原有产业要受到削弱。这种削弱不仅是资金方面的，管理层注意力的分散也是一个方面，它所带来的后果往往是严重的。然而，原有产业是多元化经营的基础，新产业在初期需要原产业的支持，若原产业受到迅速地削弱，公司的多元化经营就会面临危机。

2. 市场整体的风险

支持多元化经营的一个流行说法是，多元化经营通过"把鸡蛋放在不同的篮子里"去化解经营风险——正所谓"东方不亮西方亮"。然而，市场经济中的广泛关联性决定了多元化经营的各产业仍面临共同的风险。也就是说，"鸡蛋"仍放在一个篮子里，只不过是篮子稍微大一些罢了。在宏观力量的冲击之下，企业多元化经营的资源分散反而加大了风险。

3. 行业进入的风险

行业进入不是一个简单的"买入"过程。企业在进入新产业之后还必须不断地注入后续资源，去熟悉这个行业并培养自己的员工队伍，塑造企业品牌。另外，行业的竞争态势是不断变化的，竞争者的策略起初也是不明朗的，企业必须根据情况相应地调整自己的经营策略。因此，进入某个行业是一个长期、动态的过程，很难用通常的投资额等静态指标来衡量行业的进入风险。

4. 行业退出的风险

企业在多元化投资前往往很少考虑到退出的问题。然而，如果企业深陷一个错误的投资项目无法做到全身而退，那么很可能导致企业全军覆没，一个设计良好的经营退出渠道能有效地降低多元化经营风险。摩托罗拉当初看好卫星通信业务而发起了"铱星"计划，当最后"铱星"负债数十亿美元而陨落时，摩托罗拉因一开始就将"铱星"项目注册为独立的实体，只需要承担有限的责任和损失。

5. 内部经营管理整合的风险

不同的行业有不同的业务流程和不同的市场模式，对企业的管理机制有不同的要求。企业作为一个整体，必须把不同行业对其管理机制的要求以某种形式融合在一起。多元化经营的多重目标和企业有限资源之间的冲突，使这种管理机制上的融合更为困难，使企业多元化经营的战略目标最终趋于内部冲突的妥协。当企业通过兼并其他企业进行多元化经营的时候还会面临一种风险，即企业文化是否能够成功融合的风险。企业文化的冲突对企业经营往往是致命的。

显然，无论企业定位何种多元化经营战略目标，都应对上述五种风险进行仔细评估，衡量企业自身的资源、管理制度和文化是否能够容纳和支撑多种经营的状况，尽量发挥自己的优势，降低多元化战略的风险。

### 三、多元化战略应注意的问题

#### （一）客观评估企业多元化经营的必要性与能力

从上面的论述可以看出，多元化经营既可以给企业带来巨大的收益，又可能加剧企业的经营风险。企业在采用多元化战略之前，必须客观评估企业多元化经营的必要性。切不可头脑发热，跟潮流，盲目进行多元化。尤其是对自身能力的评估，除要考虑企业现有的资源存量之外，还必须考虑企业是否具备把新业务领域培育成利润增长点期间所需要的资源数量。当企业不具备这些资源时，其他业务领域的预期收益再好也只能让别人去做。

#### （二）坚持把主业做好之后再考虑多元化

稳定而具有相当优势的主营业务，是企业利润的主要来源和企业生存的基础。企业应该通过保持和扩大企业自己所熟悉与擅长的主营业务，尽力扩展市场占有率，以求规模经济效益最大化。要把增强企业的核心竞争力作为第一目标，在此基础上，兼顾专业化与多元化。世界上的优秀企业在业务领域的选择上，都是首先确立了自己的核心业务（即主营业务）之后，以此为基础，再考虑多元化经营的。

#### （三）新业务领域与现有业务领域之间具有一定的战略关联

当企业内部不同业务单元之间可以通过分享共同的资源，组合相关的生产经营活动，进行核心专长如技术开发、管理能力、品牌等的转移时，则把企业不同业务部门之间的这种关系称为战略关联。在多元化战略实施中，能够建立有效的战略关联，是决定多元化成败的核心因素之一。一般来说，企业首先应该把那些与其主营业务和已经建立的核心能力关联密切，容易获得关联优势的业务领域作为多元化的主要进入目标。其根本原因在于，与进入关联程度低的领域相比，进入关联程度高的领域更容易依托在主营业务领域建立起来的优势地位和核心能力，以较低的成本和风险建立优势地位。

# 第五节　国际化经营战略

国际化经营战略是指企业从国内经营走向跨国经营，从国内市场进入国外市场，在国外设立多种形式的组织，对国内外的生产要素进行配置，在一个或若干个经济领域进行经营活动的战略。

从事国际化经营的企业通过系统评价自身资源和经营使命，确定企业战略任务和目标，并根据国际环境变化拟定行动方针，谋求在国际环境中长期生存和发展。

## 一、国际化经营战略的概念、类别与实施方式

（一）国际化经营战略的概念

国际化经营战略（Internationalization Strategy）是指企业打破主权国家在地域上对其经营活动的限制，在世界范围内筹划其生产经营活动，从而获得更大的市场空间，更能增加其竞争力的资源，并最终转化为更强大的竞争优势，使企业达到比在国内更大的经营规模，以更快的速度提高其收入和利润。

实施国际化经营战略，既是企业谋求在更大空间内更快速成长发展的需要，又是经济全球化的要求。由于技术、经济、政治等诸多方面因素的共同作用，经济全球化早已成为不可逆转的历史潮流，摆在企业面前的现实是，企业所面对的竞争对手早已不再仅仅是本国内那些熟悉的、与本企业差别不大、竞争实力有限、屈指可数的同行企业，而是来自全球各国的、能力差别巨大、竞争实力更强、早已在生产经营各方面国际化了的企业，甚至是"巨无霸"型的企业。因此可以说，无论企业自身是否"走出国门"，是否愿意并主动挑战全球竞争对手，都必须面对来自全球的国际化竞争，这已成为所有企业不可回避的现实。由于实施国际化经营战略可给企业从各个方面带来竞争优势，所以从根本上讲，一个将自己的经营成长局限于一国之内的企业是无法与国际化经营的企业相竞争、相抗衡的。因此，实施国际化经营战略是现代企业生存与发展的必由之路。

---

### 案例：华为的国际化

华为国际市场的开拓，还是沿用国内市场所采用的"农村包围城市"的先易后难策略，首先瞄准的是深圳的近邻香港。

1996 年，华为与长江实业旗下的和记电信合作，提供以窄带交换机为核心产品的"商业网"产品，与国际同类产品相比，除价格优势外，可以比较灵活地提供新的电信业务生成环境，从而帮助和记电信在与香港电信的竞争中取得差异化优势。在这次合作中华为取得了国际市场运作的经验，和记电信在产品质量、服务等方面近乎"苛刻"的要求，也促使华为的产品和服务更加接近国际标准。

---

随后，华为开始考虑发展中国家的市场开拓，重点是市场规模相对较大的俄罗斯和南美地区。以俄罗斯为例，1997 年 4 月华为就在当地建立了合资公司（贝托-华为，由俄罗斯贝托康采恩、俄罗斯电信公司和华为三家合资成立），以本地化模式开拓市场。2001 年，在俄罗斯市场销售额超过 1 亿美元，2003 年在独联体国家的销售额超过 3 亿美元，位居独联体市场国际大型设备供应商的前列。南美市场的开拓并不顺利，虽然 1997 年就在巴西建立了合资企业，但由于南美地区经济环境的持续恶化及北美电信巨头长期形成的稳定市场地位，一直到 2003 年，华为在南美地区的销售额还不到 1 亿美元。

2000 年之后，华为开始在其他地区全面拓展，包括泰国、新加坡、马来西亚等东南亚市场，以及中东、非洲等区域市场。特别是在华人比较集中的泰国市场，华为连续获得较大的移动智能网订单。此外，在相对比较发达的地区，如沙特、南非等也取得了良好的销售业绩。

此后，华为开始在觊觎已久的发达国家市场有所动作。在西欧市场，从 2001 年开始，以 10G SDH 光网络产品进入德国为起点，通过与当地著名代理商合作，华为产品成功进入德国、法国、西班牙、英国等发达国家，2003 年的销售额为 3000 万美元。就北美市场而言，它既是全球最大的电信设备市场，也是华为最难攻克的堡垒，仅仅销售了少量电源等低端产品，主流产品到 2004 年仍难以打入。为配合市场国际化的进展，华为也在不断推进产品研发的国际化。1999 年，在印度班加罗尔成立了华为印度研究所，2004 年已有 700 人的规模，迅速提升了自己的软件开发水平，成为国内唯一一家达到 CMM5 级认证的企业。2000 年之后，华为又在美国、瑞典、俄罗斯建立了自己的研究所，通过这些机构以各种形式引入国际先进的人才、技术，为华为总部的产品开发提供支持与服务。

资料来源：http://www.dianliang.com，解读华为的国际化。

（二）国际化经营战略的类别

国际化经营企业可采用的成长战略有四种基本类型：国际成长战略、多国成长战略、全球成长战略和跨国成长战略。

1. 国际成长战略

采用国际成长战略的企业通过把自己有价值的技能和产品推向外国市场而获得收益。这些市场中的当地竞争企业不具备这些技能、不生产这些产品或不提供这些服务。实施这种战略的企业将产品的开发功能放在本国内进行，根据需要也可以在有业务的主要国家设立生产和营销功能，根据当地的条件制定产品和营销战略，但这些活动的规模是有限的。企业总部最终保持着对产品和营销战略的牢牢控制。

2. 多国成长战略

多国成长战略又叫国际本土化战略。实施多国成长战略的企业致力于最大限度地满足各个国家和地区的地域差别，它们在把本国所开发的技能和产品向海外市场转移的同时，为适应各国不同的具体情况，广泛地调整产品和营销战略。根据需要，它们还倾向于在有业务的主要国家建立一整套的经营活动功能（包括研究与开发、生产制造、营销等）。

3. 全球成长战略

全球成长战略又叫全球标准化战略。实施全球成长战略的企业根据最大限度地获取低成本竞争优势的目标来规划其全部经营活动，它们将研究与开发、生产、营销等活动按照成本最低原则分散在少数几个最有利的地点进行，在产品和其他功能活动方面则更多地采取标准化和统一化以节约成本。

4. 跨国成长战略

实施跨国成长战略的企业同时在获取低成本和适应各地区差别化两方面努力。它们一方面按照成本最低原则在全球范围内规划其全部功能活动，另一方面则高度重视地域差别对企业活动提出的要求，为此，它们一改那种仅仅由母公司向分布在外的子公司输出经营才能和产品的做法，而在其全部企业之间互相转让和推广能给企业带来竞争优势的与众不同的能力与经验。各个企业为了适应本地购买者的偏好和要求，其各种产品及各项功能活动的开展都在不同程度上差别化。

（三）国际化经营战略的实施方式

企业确定了国际化经营战略之后，可采用多种具体实施方式来进入外国市场，基本上有五种不同的进入方式：出口、交钥匙工程、许可证贸易、合资企业、独资子公司。每一种进入方式都有各自的优点和缺点，管理人员在选择进入方式的时候必须仔细考虑这些优缺点。

1. 出口

出口即产品在国内完成其开发设计和生产制造的全部或大部分过程，然后销往国外。大多数生产型企业是作为出口商开始它们的全球扩展的，只是到了后来才转向其他的进入方式。

2. 交钥匙工程

在交钥匙工程中，承包人承揽外国客户的工程项目并负责项目的一切细节，包括操作人员的培训。当合同完成的时候，外国客户将获得一个可以随时完全运作的整个设施的"钥匙"——"交钥匙"的名字由此得来。交钥匙工程实际上是向其他国家出口工艺技术的一种方法。从某种意义上说，这是一种高度专业化的出口。在化学行业、制药行业、炼油行业和冶金行业中，交钥匙工程非常普遍，因为这些行业都使用复杂和昂贵的工艺技术。

3. 许可证贸易

根据许可协议，许可人把"无形财产的权利"授予被许可人，供后者使用特定的一段时期。作为回报，许可人将从被许可人那里获得特许权使用费。无形财产包括专利、发明、配方、工艺、设计、版权及商标等。

4. 合资企业

合资企业是由两个或两个以上的、本来相互独立的企业共同投资创建、共同拥有、共同经营管理的企业。长久以来，与外国企业建立合资企业一直是打入外国市场的颇为流行的方法。

5. 独资子公司

在独资公司中，企业拥有 100% 的股权。在外国市场上建立独资子公司的方法有两种：①企业可以在当地建立新的公司；②通过兼并现存企业，并利用兼并的企业来促进在该国市场上的产品销售。

## 二、国际化经营战略的动因及压力分析

（一）国际化经营战略的动因分析

企业为什么要实施国际化经营战略呢？因为国际化经营、全球扩展能使企业从中受益——以纯国内企业所不能及的方式获得成长与发展并增加盈利。一般来讲，从事国际化经营的企业能够做到以下几点：①从自己独特的技术和核心能力中获取更大回报。②通过把某种价值创造活动设在效率最高的地点而实现区位经济。③实现更大的规模经济和经验曲线经济，从而降低价值创造活动的成本。

（二）在全球范围转移核心能力

核心能力是企业竞争优势的基础，它可以通过降低生产成本或者增加产品价值从而使高位定价成为可能。例如，日本本田公司在发动机的设计生产方面就具有核心能力，它生产的发动机品质高、设计优，同时成本之低是世界上其他竞争者无法比拟的，依靠这种核心能力，本田公司使它的汽车、摩托车、发动机及其他以车辆内燃机为动力的机械产品都获得了竞争优势。本田公司具备这种能力的秘密似乎在于它出色的产品设计、生产和原材料管理。与此相似，宝洁公司在开发和营销知名消费品方面具有核心能力。

对企业而言，全球扩展使它们能够在更大的市场中施展自己的能力和特长，销售自己的产品，从而进一步发挥这些能力、特长和产品创造价值的潜力。当企业拥有的能力、特长和提供的产品最具特色，当消费者认为产品物有所值，当国外市场上具有相似能力、特长和产品的竞争者寥寥无几时，企业利用全球扩展创造价值的潜力将是最大的。具备独特和宝贵的技能和产品的企业通过把自己的技

能和产品投放到国外市场将获得巨额利润，因为当地的竞争者可能缺乏类似的技能和产品，或者市场很大而竞争很弱。例如，近年来麦当劳迅速地扩展海外市场，它经营快餐业的能力和特长在包括中国在内的众多千差万别的国家中和在美国一样有价值。在麦当劳到来之前，这些国家中都不曾有美式快餐连锁店，于是麦当劳把自己独特的产品和技能带到了这些国家。由于当地竞争者们不具备类似的技能和产品，也就意味着不存在真正的竞争，在这种情况下，麦当劳利用转移核心能力的战略极大地提高了盈利能力。

（三）国际化经营的两种竞争性压力

实施国际化经营的企业在其实际行动中所面对的竞争性压力是巨大的——因为它们面对的是全球范围的竞争对手，这些竞争对手的经验、实力、优势都是企业在一国之内遇到的竞争对手所不可比拟的。这种竞争性压力的类别，总体上可分为两大类，即降低成本的压力和顾及地域差别的压力。这些压力对企业提出了相互矛盾的要求。降低成本的压力要求企业尽量把单位成本降到最低水平。实现这个目标可能意味着企业必须在最有利的低成本地点从事生产活动，而不论这个地点在世界的什么地方；它还可能意味着企业必须向全球市场提供标准化的产品，从而使企业能够在经验曲线上尽快地向下运动。与此相反，顾及地域差别的压力要求企业在不同的国家采取不同的产品和市场策略，从而满足由于各国消费者偏好、商业惯例、分销渠道、竞争条件和政府政策等方面的不同而产生的千差万别的需求。根据各国的不同需求而定制不同产品有可能造成重复劳动，并使企业无法实现标准化，这种做法有可能导致成本上升。

不同的企业承受着不同的压力——有些企业面临着较重的降低成本的压力和较轻的顾及地域差别的压力，有些企业则面对较轻的降低成本的压力和较重的顾及地域差别的压力，但是很多企业承受的两种压力都很重，这主要取决于企业所从事的行业与产品种类、行业与市场的结构及竞争特点等。对于某一家具体企业而言，如何处理这两种相互冲突、相互矛盾的压力既是一个战略上的难题，也是企业在选择具体的国际化经营战略时要考虑的主要问题。

（四）降低成本的压力

国际化经营的企业面临着越来越大的降低成本的压力。对于生产大宗商品的行业而言，成本压力更大。这是因为企业很难在价格因素以外的方面区别它的产品，价格是主要的竞争手段。满足人们普遍需求的产品往往是这种情况：当不同国家消费者的品位和偏好相似或相同时，就会产生普遍的需求。一些传统的大宗商品，如化学品、石油、钢铁、食糖等就属于这类商品。很多工业品和消费品（如便携式计算器、半导体芯片和个人电脑）也属于此类商品。另外，当一个行业中主要的竞争者们都位于低成本地区，或者该行业总是具有剩余生产能力，又或者当消费者力量强大并且更换供应商的成本较低时，那么降低成本的压力也很大。很多评论家认为，近几十年来，世界贸易和投资环境的自由化促进了国际竞争，也增加了成本压力。

### 三、国际化经营战略模式的分析与选择

**（一）国际化经营战略模式的比较分析**

如前所述，企业的国际化经营战略有四种具体的战略模式，同时，企业在实施国际化经营中将面临两种竞争压力。下面从抵御这两种竞争压力的能力角度，对四种国际化经营战略模式做一简要分析，如表5-2所示。

表5-2 四种国际化经营战略模式比较

| 战略模式 | 优点 | 缺点 |
|---|---|---|
| 国际成长战略 | 有利于把核心能力转移到国外市场 | 不能够对地域差别做出反应<br>不能实现区位经济<br>不能实现经济曲线经济 |
| 多国成长战略 | 根据各地条件定制产品、调整营销策略 | 不能实现区位经济<br>不能实现经验曲线经济<br>不能把核心能力转移到国外市场 |
| 全球成长战略 | 有利于实现经验曲线经济<br>实现区位经济 | 不能够对地域差别做出反应 |
| 跨国成长战略 | 有利于实现经验曲线经济<br>有利于实现区位经济<br>有利于把核心能力转移到国外市场<br>有利于企业获得全球学习的好处 | 由于组织上的问题而很难实行 |

**（二）国际化经营战略模式的适用条件**

以上四种国际化经营战略模式各有优缺点，某种战略模式是否适用于一个企业，要根据该企业在国际化经营中所承受的成本压力和地域差别压力而定（见图5-4），它们的适用条件可分述如下：

第一，当企业拥有独特而有价值的核心能力，国外市场上的竞争者又不具备这种能力，并且企业所面临的成本压力和地域差别压力较小时，国际成长战略便是适当的选择。此时，国际成长战略能够给企业带来丰厚的利润。但是，如果顾及地域差别的压力较大，采取国际成长战略的企业有可能在竞争中输给那些更加重视产品和营销战略本地化的企业。不仅如此，由于生产设施的重复性建设，采取国际成长战略的企业将付出较高的经营成本。因此，当成本压力较高时，企业

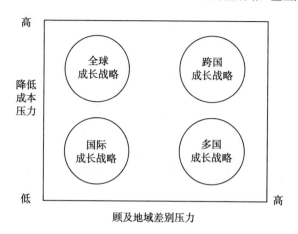

**图 5-4　四种国际化经营战略模式的选择**

采取这种战略就不合适。

第二，当企业顾及地域差别的压力较大而降低成本的压力较小时，采用多国成长战略就显得更加适宜。由于企业生产设施的重复性建设所造成的高成本，这种战略不宜在那些成本竞争压力很大的行业中使用。这种战略的另外一个缺点是，很多多国型企业最后发展成为由较为独立的各国子公司组成的松散的联盟。结果经过一段时间以后，公司将会丧失把核心技能和产品向全球各子公司转移的能力。例如，在 20 世纪 70 年代晚期飞利浦公司试图使它的 V2000 型录像机成为录像机行业的主要标准，从而与松下公司的 VHS 版本竞争。但是，由于飞利浦的美国子公司拒绝采用 V2000 型版本，这个计划被迫搁浅了。相反，那家美国子公司转而购买了由松下公司生产的录像机，并且贴上自己的商标。

第三，当国际化经营企业面临着很大的降低成本的压力而顾及地域差别的压力很小时，全球成长战略就是最适宜的。在许多工业产品行业，上述这些条件越来越普遍。例如，在半导体工业，全球标准已经形成，从而产生了对全球性标准化产品的巨大需求。相应地，像英特尔和摩托罗拉公司都采用全球战略。但是，在很多消费品市场上，这些条件尚未形成。在这些市场上，人们对地域差别的要求仍很高（如录音机、汽车和食品）。当顾及地域差别的压力很大时，这种战略是不适宜的。

第四，当企业面临的降低成本的压力及顾及地域差别的压力都很高时，采用跨国成长战略是最适宜的。采用跨国成长战略的企业试图同时取得低成本和产品多样化的优势，但采用这种战略并非易事，面临着诸多困难。因为顾及地域差别的压力和降低成本的压力对企业提出了互相矛盾的要求。顾及地域之间的差别使产品多样化必然会增加成本，从而很难实现降低成本的目标。这种战略要求企业在产品设计、生产制造等方面更多地采用现代化的原理与方法，以提高多样化产品之间在零部件、总成本及生产设施上的通用性，控制成本。

### 四、中国企业国际化经营战略模式

综观中国企业的国际化战略，大致可以分为四种模式：一是海外设厂，生产本地化，如海尔；二是自有产品直接出口，如华为；三是并购国外企业，如联想；四是产品贴牌出口，这类企业以浙江温州企业为主。前三种方式是中国企业国际化的方向，也代表了中国公司在国际上的竞争力，因此我们主要分析这三种类型的国际化战略。

#### （一）海外投资工厂——海尔模式

海尔在国内站稳脚跟就开始把战略眼光投向海外，从 20 世纪 90 年代开始海尔向欧洲、美洲出口家电产品，但是发现国外认可度不高，而且贸易保护主义盛行。海尔开始在海外投资工厂，以本土化生产、本土化销售为方向，结果不仅成功绕过贸易壁垒，而且使海外销售迅速发展起来。虽然海外投资设厂实现生产本地化，成功避免了贸易保护主义对出口的限制，但是海外的高成本限制了中国企业的低成本优势，因此海尔开始寻求新的战略。2005 年 6 月，海尔宣布以 23 亿美元的代价竞购美国第三大家电巨头美泰（Maytag），开始新的国际化战略。

#### （二）自主知识产权的自有品牌出口——华为模式

华为一直专注于通信技术的进步，每年把不低于销售额 10% 的经费投入研发领域。华为的国际化策略是对外直接投资，主要是建立研究机构和销售网络。在产品方面，华为一直坚持自主品牌的出口方式。华为的国际化采取了先从第三世界国家入手，进而攻陷发达国家。这种国际化战略使本来国际知名度不高的中国华为在国际上声名鹊起。

#### （三）通过并购获得市场与技术——联想模式

联想通过收购 IBM（International Business Machines Corporation）的 PC（计算机）业务，成为全球第三大电脑生产商，同时也获得了原 IBM 的技术和市场。

# 第六节　战略实现方式的选择

前面讨论了企业成长的四种主要战略，本节阐述战略实现方式的选择。如前所述，企业成长战略属于企业总体战略的范畴，主要研究企业应该选择哪些经营业务，进入哪一行业或领域。当企业选择了新业务，就需要对以何种方式进入一种新的行业或业务领域（也包括跨国的地理区域）进行决策，这就是企业进入方式的选择问题。其实，企业发展战略的选择总是和其进入方式的选择结合在一起的。一般地，我们把企业进入一个新的行业或业务领域的方式分为三大类，即内部创业、战略联盟和企业并购。

## 一、内部创业

内部创业又叫内部开发，是指企业通过内部投资或创新进入一个新的业务领域。内部创业不一定全是创新，也包括模仿跟随。通过内部形成一个新起点的公司进入一个行业的最大障碍是跨越进入壁垒的成本和建立一个强大和有利的竞争地位所要花费的额外时间。企业在运用内部创业模式进入新的业务领域时，必须考虑两个问题：一是进入障碍；二是该领域（行业）中的已有企业的反应。也就是说，企业采取内部创业战略，除了在新领域中对必要的生产设施、人员等进行投入外，还要克服如商标识别、专有技术等行业壁垒，以及因该领域企业报复性行为而导致的额外投资。

（一）内部创业的应用条件

企业选择内部创业战略进入新的经营领域，需要考虑以下条件：行业处于不平衡状态，竞争结构还没有完全建立起来，如新生的行业。

行业中原有企业所采取的报复性措施的成本超过了由此获得的收益，使这些企业不急于采取报复性措施，或者报复性措施的效果不佳。

由于企业现有技术、生产设备同新经营业务有一定的联系，导致进入该经营领域的成本较低。

企业进入该经营领域后，有独特的能力影响其行业结构，使之为自己服务。

企业进入该经营领域，有利于发展企业现有的经营内容，如提高企业形象、改进分销渠道等。

（二）内部创业的特性

企业采用内部创业战略时，需要注意它的两个特性：时间性和进入规模。

1. 时间性

根据实证研究，采用内部创业战略而组成的新的经营单位（如新建一家钢铁厂）一般要经营 8 年才有获利能力；经过 10~12 年的时间，该单位的效益可达到成熟业务的水平；12 年以后，该单位才有可能获得最高的效益和很高的市场占有率。因此，企业在采用内部创业战略时，前几年的战略目标应放在提高市场占有率上，而不要只看重短期的获利能力。

2. 进入规模

进入规模的大小，对企业采用内部创业战略有着很重要的影响。从长期来看，新的经营单位以较大的规模进入要比以较小的规模进入更早地收到效益。企业大规模进入新的经营领域需要大量的资金，以便承受前8年的利润负增长；如果规模过小，该经营单位的风险就更大。

（三）内部创业的失败与成功

内部创业战略往往由于企业进入规模过小、商品化程度过低、战略实施不当三个方面的原因而失败率较高。

1. 企业进入规模过小

许多企业认为，大规模进入一旦失败，损失较大，于是愿意采用小规模进入的战略，结果会造成大错。在这种情况下，企业无法建立起长期立足的市场占有率。从短期来看，规模小会损失小，规模大则成本高且损失大。但从长期来看，规模大的收益高，如图5-5所示。

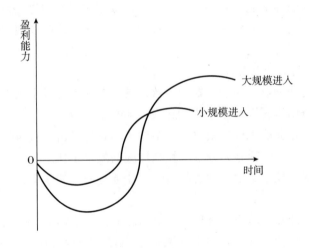

图5-5　企业进入规模与盈利能力

2. 商品化程度过低

采用内部创业战略的企业多为高新技术企业，其研究开发的成果多属于高新技术领域。如何将高新技术的研究成果进一步商品化，满足市场的需求，是成功地运用内部创业战略的关键。许多企业失败的原因在于过分追求科技成果领先，忽略了市场的实际需求。这一点在计算机行业中表现得格外突出。

3. 战略实施不当

在战略执行的过程中，企业要考虑组织管理的问题，要将科研项目的研究与内部创业战略的关系处理好。如果企业同时支持多项不同的内部创业战略，则会导致财力资源分散，不能保证最佳的创新成果获得市场的成功。同时，企业还应注意，研究开发的成果并不一定都具有战略价值与市场价值，要对此做出正确的决策。此外，企业对上面提到的时间问题也要考虑。面对需要 8~12 年才能产生利润的经营业务，企业不应过早转变方向。

企业要成功地运用内部创业战略，不仅要尽量避免以上几种导致失败的因素，还需要注重职能层次的研究开发与高层的战略认识。具体地讲，企业应做到五点：①确立战略目标，从总体上把握运用内部创业战略的时机、规模、资源和周期；②有效地运用企业的研究开发能力，使企业的研究开发与总体的战略目标保持一致；③加强研究开发与市场营销的联系，确保企业的研究开发是为市场需求而进行的，不是为研究而研究；④改善研究开发与生产制造的联系，提高企业生产新产品的能力；⑤严格筛选与监控内部创新活动，保证实现预期的创新产品的市场份额目标。

### 二、战略联盟

战略联盟（Strategy Alliance），简单地说就是企业与企业之间通过战略性合作，形成一种协作性的竞争组合，但合作各方仍保持其生产经营的独立性。它不同于垄断组织和企业集团等经济联合体，联盟企业之间在合作中竞争，在竞争中合作，并在合作过程中获取更多的竞争优势。

战略联盟具有众多形式，而且可以采用许多不同手段，为联盟者提供了一种保障长期业务合作关系的纽带。战略联盟可能会衍生出合资经营、技术共享、市场与销售协议、少数股权投资、风险资本投资、特许经营、OEM（Original Equipment Manufacture）等发展战略。以下介绍常用的几种战略形式，如合资经营、少数股权投资、风险资本投资、特许经营。

（一）合资经营

合资企业（Joint Ventures）是指两家或更多的企业或经济组织共同投资、共同管理、共同承担风险和共享利润的企业。

合资企业的资源来自不同的企业，存在很强的互补性。合资经营分散经营风险和由于技术进步带来的成本上升，并可以增强同第三者相抗衡的竞争能力。此外，合资经营特别适合跨国公司在全球范围内的发展。但是，合资经营分散了企业的权力和控制，管理者之间存在矛盾和文化冲突，而利益分配和权力协调会浪费双方的大量精力。实际上，尽管每一个参与合资经营的企业都可能比不参与合资经营的企业获得更多的收益，然而，正是大家共同分享收益的事实常常使合资企业举步维艰。

合资经营有四种形式：第一种形式是两家或更多企业共同提供资源成立一家新企业来开发新技术，使成熟技术商品化或开拓新市场；第二种形式是两家或更多企业将现有的下属企业或业务合并组成一家新企业，从而增强市场竞争力；第三种形式是合资经营产生于一家企业将其下属企业或业务的部分股权出售给其他企业；第四种形式是两家或更多企业联合收购一家现有企业，这样可以分散收购成本，而且还有利于在将来把共同拥有的企业分解，有关资产则分配给需要的企业。不论哪一种形式的合资经营，成功的关键在于签订尽可能完善的合资协议，确保友好的合作机制，避免潜在冲突，并使合资企业拥有自由灵活的决策权力。

（二）少数股权投资

少数股权（Minority Investment）投资是指一些企业购买其他企业的不超过50%的股份，在一定程度上参与经营管理，并谋取投资回报。许多小型企业拥有生产技术领先的边缘性产品，但缺乏资金来开拓业务。于是，一些大型企业便会通过购买少量股权为其提供资金，以换取董事会席位和利润回报。但是，这些大型企业很少对它们采取兼并行动，因为一方面被投资企业处于发展阶段，前景难料，少量参股可以降低风险；另一方面被投资企业一旦与大型企业合并，很可能会失去其原有的经营活力和竞争动力。

（三）风险资本投资

风险资本（Venture Capital）投资是指企业将一部分资金投资于获利高、风险大的企业或购买证券。风险资本的投资对象既有高收益，又有很大的不确定性，因此企业通常把实施风险资本战略的部门单独划分出来，并聘用熟悉有关业务的资深管理人员来运作。当企业拥有无法找到适宜投资渠道的富余资金，并为获得一般性投资无法获得的高额回报而甘冒风险时，风险资本投资战略是一种常用的辅助性发展战略。

（四）特许经营

特许经营（Franchise）是指具有产品、服务或品牌竞争优势的企业，选择并授权若干家企业从事其特许业务活动的一种经营方式。特许经营的本质是控制、沟通、自主及持续关系，即授权企业为实现合作的"双赢"，对接受特许权的企业进行经营指导和控制，并收取一定的特许费。合作企业之间既是一种控制与被控制的关系，又是一种相互沟通协作、彼此尊重对方的自主权的持续关系。一旦特许方发现被特许方有违反协议的行为或要求，或者双方感到这种合作无利可图，那么特许方可以收回特许权，被特许方也可以退出特许经营，从而终止这种关系。

现有的特许经营体系有四种类型：①制造企业与零售企业相结合，如汽车公司或石油公司对销售店或加油站的特许；②制造企业与批发商相结合，如著名饮料公司把商标或品牌的特许权转让给批发商；③服务企业与零售店相结合，如日常生活中经常遇到的快餐服务、食品销售、美容美发等以服务为中心的零售店特许化；④批发商和零售店相结合，即批发商把个人的商誉卖给零售店而结成的一种关系，使零售店得到的一种品牌或在一定地区的特许代理权、包销权。

特许方企业提供给被特许方企业的项目主要有九种：①商品、服务或两者混合；②名牌产品或著名品牌；③对被特许方企业进行经营指导；④广告宣传、样品展览和其他促销手段；⑤有关知识和技术、技能；⑥质量保证和保护；⑦店铺位置的选择和分析；⑧适当的金融、开发、教育、培训援助；⑨对建筑物、设备及店铺的设计指导。

作为中小企业，若想加盟特许经营，必须具备以下条件：①有很强的协作能力；②有独立经营者的资格、素质及必备的资金；③熟悉市场情况，掌握必要的知识和技术；④能在一定时期内保持经营的连续性，不随便更换经营项目。

目前，我国特许加盟经营的企业已有数千家，涉及 30 多个行业。但在特许加盟企业迅速发展的同时，也出现了一些问题。其中，知识产权是最突出的问题，如马兰拉面遭受假冒品牌的侵害，一些企业商标被他人非法抢注或以谐音、形似等手段进行效仿等。更有甚者，一些企业打着特许加盟的幌子从事非法敛财活动，破坏了市场秩序，损害了特许经营的整体形象。

### 三、企业并购

#### （一）并购含义

并购是"合并"（Merger）与"收购"（Acquisition）的统称（简称 M&A），是指公司通过各种产权交易获得其他公司的产权，以控制另外一个公司的经营权为目的的一种企业资产重组行为。一般而言，合并包括吸收合并和新设合并两种形式。一个公司吸收其他公司，被吸收的公司解散，称为吸收合并；两个以上公司合并设立一个新的公司，合并各方解散，称为新设合并。1996 年波音公司以133 亿美元的价格收购麦道公司的绝对股权，麦道公司解散，波音公司存续，属于吸收合并；2008 年济钢集团、莱钢集团、山东省冶金工业总公司所属企业（单位）成立了全新的山东钢铁集团，则属于新设合并。收购是指并购企业购买目标企业的资产、营业部门或股票，从而控制目标企业的交易行为。收购可以分成资产收购和股份收购两种形式。资产收购是指一家企业购买另一家企业的部分或全部资产（包括资产和营业部门）的行为。很多上市公司就是通过资产收购方式，将集团内部的资产注入上市公司，从而达到集团整体上市的目的。股份收购是指并购企业直接或间接购买目标企业的部分或全部股票，并根据持股比例与其他股东共同承担目标企业的所有权利与义务。

#### （二）方式

按照不同的角度，并购可以分为多种类型。首先从并购双方所处行业、并购方式、并购动机、并购支付方式等进行分类，然后给出综合的分类，以囊括常见的基本并购类型。

1. 按并购双方所处的行业划分

从并购双方所处的行业情况看，企业并购可以分为横向并购、纵向并购和混合并购。

（1）横向并购。它是指处于相同行业、生产同类产品或生产工艺相近的企业之间的并购。这种并购实质上是资本在同一产业和部门内集中，有助于企业迅速扩大生产规模，扩充企业的产品线，提高市场份额，增强企业的竞争能力和盈利能力。

（2）纵向并购。它是指企业的生产或经营过程相互衔接、紧密联系的企业之间的并购。其实质是通过处于生产同一产品不同阶段的企业之间的并购，从而实现纵向一体化。纵向并购不仅有助于确保可靠的供应，还有助于促进生产过程各个环节的密切配合，减少整个价值链总的生产成本。其目的是提高生产流程的效率，变联合前的成本中心为利润中心。

（3）混合并购。它是指处于不同产业部门、不同市场，且这些产业部门之间没有特别的生产技术联系的企业之间的并购。它包括三种形态：①产品扩张型并购，即生产相关产品的企业间的并购；②市场扩张型并购，即一个企业为了扩大市场范围而对其他地区生产同类型产品的企业进行并购；③纯粹的并购，即生产和经营彼此间毫无联系的产品或服务的若干企业之间的并购。混合并购可以降低一个企业长期处于一个行业所带来的风险。另外，通过这种方式可以使企业的技术、原材料等各种资源得到充分的利用。

2. 按是否通过中介机构划分

按并购是否通过中介机构，可以把企业并购分为直接收购和间接收购。

（1）直接收购。它是指收购企业直接向目标企业提出并购要求，双方经过磋商，达成协议，从而完成收购活动。如果收购企业对目标企业的部分所有权提出要求，目标企业可能会允许收购企业取得目标企业新发行的股票；如果是全部产权要求，双方可以通过协商，确定所有权的转移方式。在直接收购情况下，双方可以密切配合，因此相对成本较低，成功的可能性较大。

（2）间接收购。它是指收购企业直接在证券市场上收购目标企业的股票，从而控制目标企业。由于间接收购方式很容易引起股价的大幅上涨，还可能引起目标企业的强烈反应，因此这种方式会导致收购成本上升，增加收购的难度。

3. 按并购双方的意愿划分

按企业并购双方的并购意愿，可划分为善意并购和恶意并购。

（1）善意并购。收购企业提出收购条件后，如果目标企业接受收购条件，这种并购称为善意并购。在善意并购下，收购价格、方式及条件等可以由双方高层管理者协商并经董事会批准。由于双方都有合并的愿望，所以这种方式的成功率较高。

（2）恶意并购。如果收购企业提出收购条件后，目标企业不同意，收购企业若在证券市场上强行收购，这种方式称为恶意并购。在恶意收购下，目标企业通常会采取各种措施对收购进行抵制，证券市场也会迅速对此做出反应，通常是目标企业的股价迅速攀升。因此，除非收购企业有雄厚的实力否则很难成功。

4. 按支付方式划分

按并购支付方式的不同，可以分为现金收购、股票收购、综合证券收购。

（1）现金收购。它是指收购企业通过向目标企业的股东支付一定数量的现金而获得目标企业的所有权。现金收购在西方国家存在资本所得税的问题，这会增加收购企业的成本，因此在采用这一方式时，必须考虑这项收购是否免税。另外，现金收购会对收购企业的资产流动性、资产结构、负债等产生不利影响，所以应当综合考虑。

（2）股票收购。它是指收购企业通过增发股票的方式获取目标企业的所有权。采用这种方式，可以把出售股票的收入用于收购目标企业，企业不需要动用内部现金，因此不至于对财务状况产生影响。但是，企业增发股票会影响股权结构，原有股东的控制权会受到冲击。

（3）综合证券收购。它是指在收购过程中，收购企业支付的不仅有现金、股票，而且有认股权证、可转换债券等多种形式的混合。这种方式兼具现金收购和股票收购的优点，收购企业既可以避免支付过多的现金，保持良好的财务状况，又可以防止控制权的转移。

5. 按照并购的功能性分类

在不同的产业环境或企业经营目标下，并购交易可能服务于不同的功能。哈佛教授鲍尔提出的分类为整体性思考并购提供了一种有用的方法。

（1）产品和市场扩张型并购。在产品扩张型并购中，收购企业通过购买其他企业来扩张自己的产品线。在这种情况下，收购企业已经确信这种方式要比在内部开发新的产品线的回报更大。在市场扩张型收购中，一家企业购买与自己产品基本相同但在自己未曾涉足的地域市场中具有经营平台的另一家企业，以实现企业势力范围的地理延伸。

（2）地域席卷型并购。地域席卷型并购虽然也是一个企业收购在同一产业内却处在不同地域市场的另一家企业，但其性质不同于市场扩张型并购。因为通过席卷式扩张的方式，收购企业试图在一个分散产业中成为一个大的地区性、全国性甚至是国际性的竞争者，实现小型的本地企业所不能实现的规模经济和范围经济，从而以一种根本的方式改变产业竞争的本质。在地域席卷型并购中，收购企业通常保留被收购企业的管理层和资源，但把自身的组织流程施加给被收购企业以实现新企业的整合。

（3）研发型并购。有些企业利用收购的方式替代或补充内部研发。通常，收购企业收购另一家企业是为了获取其技术的所有权。这种战略在一些产业很普遍，因为在这些产业中技术进步非常快，任何企业都难以独立实现参与产业竞争所需的所有创新。例如，在计算机产业，研发型并购战略在诸如思科、微软和英特尔等企业的运用中取得了很好的效果。它们通过并购小的、拥有前景的技术的创业企业从而获取潜在的创新机会。

（4）产能过剩型并购。产能过剩型并购的目的在于，在行业生产能力超过不断下降的需求的成熟产业中，减少竞争者的数量。参与产能过剩型收购的企业，实际上在试图整合整个产业，以改变产业结构与竞争格局。例如，同一产业内的两家企业合并（或一家收购另一家）以使产业合理化并削减过剩的生产能力。产能过剩型合并能够在一定程度上实现更大程度的规模经济，但在很多情况下，合并前两家企业的规模往往都达到了最小有效规模。这时，效率的改进主要源于价值链的整合。

（5）产业融合型并购。当两个产业开始重叠并变得高度互补时，它们就开始融合。如果产业边界消失，则利用产业融合的某些特征会使企业获得更好的竞争地位。例如，在传媒和娱乐产业，美国时代公司拥有广泛的印刷媒体业务和一些有线电视业务；华纳兄弟公司在有线电视领域具有很高的地位，并且拥有巨大的影片库。1989年，美国时代公司收购华纳兄弟公司，目的在于把传媒内容和分销联合起来。产业融合型并购的目的在于利用和整合产业融合过程中蕴含的大量商业机会。例如，企业通过并购获取那些在当前竞争环境中看起来不太有价值，但在预期的新产业环境中将变得非常重要的资源。

（6）投资者/控股企业型并购。根据鲍尔的研究，这种并购在总的收购活动中占了很大的比例。在投资者/控股企业并购交易中，独立的投资者或控股企业购买现有企业。在一些情况下，投资者为获得长期所有权和持续经营而购买企业。但在另外的情况下，购买者的目的在于，在被收购企业中实施某些管理技术、运作流程和财务制度，以提高被收购企业的经营效率和业绩，日后再把它卖掉以赚取一定的利润，而不是把被收购企业纳入其业务组合。例如，一家投资基金参与一家企业的杠杆收购就属于这种类型的并购。

### （三）并购的动机

#### 1. 加强市场力量

并购的一个主要原因就是取得较大的市场力量。许多企业拥有较强的实力，但缺乏进一步扩展市场力量的某些资源和能力。在此情况下，通过并购同行业的企业和相关行业的企业，可以迅速达到加强市场力量的目的。对同行业竞争者的并购称水平并购；对高度相关行业中企业的并购称相关并购。

#### 2. 克服进入行业的壁垒

进入壁垒是指为了进入某一领域所要克服的困难。例如，在一个已经有很多较大的竞争者的市场上，很难再建立一家新企业。如果想进入这样的市场，新进入者为了取得规模经济并以竞争价格销售产品，就必须在生产设施、广告和促销活动方面进行大量的投资；为了达到足够的市场覆盖度，还要求企业拥有高效率的销售体系和销售网络；如果消费者已经对某一品牌形成忠诚，这时市场进入就更为困难。这时，通过并购市场上现有企业而进入特定市场就成为一个最佳选择。虽然并购可能投入很大，但通过并购企业可以立即进入特定市场，并且可以获得具有一定顾客忠诚度现成的企业及其产品。实际上，进入的壁垒越高，就越应当考虑运用并购手段进入特定市场。

#### 3. 降低成本、风险和提高速度

通常，在企业内部开发新产品和建立新企业需要大量的投资和相当长的时间。例如，新建企业在发达国家需要 8 年才能取得利润，需要 12 年才能产生大量的现金流。据估计，88% 的产品创新不能取得足够的投资回报，大约 60% 的创新产品在获得专利后的 4 年内就可能被大量模仿。因此，内部开发常被管理者看成是具有高风险的投资。另外，并购过程中由于可以对目标企业以往的经营业绩进行评估，并根据这些业绩预测未来的收入和成本，所以风险的不确定性要比内部开发小得多。更有人认为，可以用并购替代产品创新。因此，一些企业就把并购看作是速度快、成本低、风险小的市场进入方式。

#### 4. 多元化经营

实现多元化经营战略最常用的方法之一就是进行并购。事实上，企业认为在现有的市场或业务领域内开发新产品和建立新企业是比较容易的，这是因为企业的管理者对产品和市场都非常了解。然而，企业要开发与现有业务完全不同的新产品及进入一个新的市场，管理者就会感到很困难。因此，多元化经营很少是通过内部开发来实现的，尤其是跨行业的非相关多元化，而是通过并购来实现。

#### 5. 避免竞争

许多企业通过并购来降低在某一市场上的竞争，或是在更大范围内增强竞争

的力量。例如，20世纪80年代雀巢公司对世界第四大巧克力公司罗翠的兼并，20世纪90年代波音与麦道的合并，都是这种情况。

（四）并购失败的原因分析

在企业并购的实践中，许多企业并没有达到预期的目标，甚至遭到了失败。一些学者对此做了大量的分析研究，发现企业并购失败的主要原因有以下几个方面：

第一，并购后不能很好地进行企业文化的整合。企业在通过并购战略进入一个新的经营领域时，并购行为的结束只是成功的一半，并购后的整合状况将最终决定并购战略的实施是否有利于企业的发展。企业完成并购后面临着战略、组织、制度、业务和文化等多方面的整合。其中，企业文化的整合是最基本、最核心，也是最困难的工作。企业文化是否能够完善地融合一体影响着企业生产运营的各个方面。如果并购企业与被并购企业在企业文化上存在很大的差异，企业并购以后，被并购企业的员工不喜欢并购企业的管理作风，并购后的企业便很难管理，而且会严重影响企业的效益。因此，通过并购得到迅速发展的海尔集团提出自己的经验：在并购时，首先去的地方不应是财务部门，而应是被并购企业的文化中心。企业应当重视用企业文化而不是资产来改造被并购企业。

第二，决策不当的并购。企业在并购前没有认真地分析目标企业的潜在成本和效益，过于草率地并购，结果无法对被并购企业进行合理的管理；或者过于高估并购后所带来的潜在的经济效益，高估自己对被并购企业的管理能力，结果遭到失败。例如，20世纪70年代中期，可口可乐公司认为自己可以运用在饮料方面的完善的营销能力控制美国的酿酒行业，但在购买了三家酿酒公司以后，认识到酒类产品与饮料产品是大不相同的，各自有不同的消费者、定价系统及分销渠道。在维持了7年的边际利润后，可口可乐公司只好将酿酒公司卖出，结果损失极大。

第三，支付过高的并购费用。当企业想以收购股票的方式并购上市公司时，对方往往会抬高股票价格，尤其是在被收购公司拒绝被收购时，会为收购企业设置种种障碍，增加收购的代价。另外，企业在采用竞标方式进行并购时，也往往要支付高于标的的价格才能成功并购。这种高代价并购增加企业的财务负担，使企业从并购的一开始就面临着效益的挑战。

凡此种种，企业在并购时应引起注意，避免由于准备不足或过于自信而造成并购失败。

本章介绍了企业成长战略及其实现方式的选择，这是战略管理的重点和核心内容。但也要认识到，企业总体战略的范畴不仅要解决企业如何成长或发展的问题，还包括在不利环境条件下的如何收缩和巩固问题。特别是对于一个具有多种经营业务的企业来讲，保持一个均衡的组合投资模式既需要进入新的经营领域，又需要从目前所从事的经营业务中退出。

国际化战略是指从事国际化经营的企业通过系统地评估自身的经济资源及经营使命，确定一个较长时期内企业的主要任务和目标，并根据变动的国际环境拟定必要的行动方针，为企业在国际环境中求得长期的生存和发展所制订的长远的、总体的规划。

国际化战略环境分析包括经济市场环境、社会文化环境、政治法律环境等方面，对国际化经营的环境因素进行分析，可以明确国际市场存在的机遇、风险和威胁。常用的国际化战略分析框架主要有全球一体化-当地响应框架、波特的配置-协调框架。围绕海外市场进入做出的战略决策，是企业国际化战略的核心内容。企业开拓海外市场的进入模式包括贸易型进入战略模式、契约型进入战略模式和投资型进入战略模式等。

## 【本章小结】

前面几章介绍了战略及战略管理的基本概念，分析了外部环境因素和行业结构特点、企业本身的资源和能力，以及企业使命和战略目标对战略的制定和实施会有怎样的影响和制约，以上这些基本上属于战略分析的内容，同时也是战略选择和战略实施的前提。本章讨论战略选择问题，即根据外部环境所带来的机会、威胁和自身所具有的优势、劣势，确认企业可能会采取哪些战略方案。本章详述了企业成长可供选择的各种战略方案。解决企业如何成长或发展的问题，当然也包括在不利环境条件下的收缩和巩固问题。

本章主题——企业成长的路径选择，即企业战略属于公司层战略或企业总体战略的范畴，主要研究企业应该选择哪些经营业务，以及进入哪一行业或领域。

## 【复习思考】

### 一、单选题

1. 下列企业采用的成长型战略中，属于多元化成长战略的是（　　）。

A. 甲碳酸饮料生产企业通过按季更换饮料包装、在各传统节日期间附赠小包装饮料等方式增加市场份额

B. 乙汽车制造企业开始将其原在国内生产销售的小型客车出口到南美地区

C. 丙洗衣粉生产企业通过自行研发，开始生产销售具有不同功效的洗发水

D. 丁酸奶生产企业新开发出一种凝固型酸奶，并将其推向市场

2. 甲公司是一家日用洗涤品生产企业。甲公司在市场调研中发现，采购日用洗涤品的消费者主要是家庭主妇，她们对品牌的忠诚度不高，但对价格变动非

常敏感。目前，甲公司主要竞争对手的各类产品与甲公司的产品大同小异。在这种市场条件下，最适合甲公司选择的战略是（　　）。

　　A. 成本领先战略　B. 差异化战略　　C. 集中化战略　　D. 一体化战略

　　3. 甲集团是国内大型粮油集团公司，近年来致力于从田间到餐桌的产业链建设，2008 年收购了以非油炸方式生产"健康"牌方便面的乙公司，并全面更换了乙公司的管理团队。2009 年"健康"牌方便面市场份额下降，为了从竞争激烈的方便面市场上重新赢得原有市场份额，2010 年初需要制定方便面竞争战略。该竞争战略属于（　　）。

　　A. 公司战略　　　B. 业务单位战略　C. 产品战略　　　D. 职能战略

　　4. 乙公司为国内经营多年的制药公司，近期成功研制了一种预防新型流感的疫苗。乙公司管理层计划将此疫苗规模化生产，并同时在国内市场和国外市场销售，预计该疫苗的销售可为公司未来数年带来较高的净收益。根据企业成长矩阵，乙公司进军国外市场的计划属于（　　）。

　　A. 市场渗透战略　B. 市场开发战略　C. 产品开发战略　D. 多元化战略

　　5. 以下各项中，不属于外部环境和经营战略差距的是（　　）。

　　A. 宏观环境和经营战略差距　　　　　B. 企业业绩与经营战略差距

　　C. 行业环境与经营战略差距　　　　　D. 行业竞争对手与经营战略差距

## 二、判断题

1. 多元化战略的采用与协同效应有关而与分散风险无关。（　　）

2. 多元化战略有可能分散企业资源。（　　）

3. 归核化战略也就是专业化战略。（　　）

4. 一般而言，企业在实施多样化战略后，业务种类会增加。（　　）

## 三、简答题

1. 企业为何要开展国际化经营？

2. 企业实现并购后，应如何进行整合？

## 【案例分析】

# 案例 5-2　百事公司的成长历程

　　百事可乐 1898 年诞生于美国。由于可口可乐早在 10 多年前就已经开始大力开拓市场，到这时早已声名远扬，控制了绝大部分碳酸饮料市场，在人们心目中形成了定势，一提起可乐，就非可口可乐莫属，饮料市场是可口可乐一统天下。1922 年和 1931 年百事可乐两次宣告破产，它甚至主动提出将公司卖给可口可乐公司，但被断然拒绝了。

## 一、市场拓展战略

20世纪30年代，美国经历了严峻的"经济大萧条"时期。在亚特兰大的可口可乐帝国推出了一款自动饮料机，用5分钱就可以买到一瓶184.68毫升（6.5盎司）的可口可乐。这一举措大受萧条时期的消费者欢迎。百事可乐却在此时推出一种340.96毫升（12盎司）的新型瓶装，价格也同可口可乐一样，只卖5分钱一瓶。"5分钱买双份"的广告语响亮顺口，在大街小巷中回荡，一下子从可口可乐的手中夺走大片的市场。百事可乐销售额直线上升，渐渐成为仅次于可口可乐的第二号饮料。

1962年，百事可乐精心地策划了一系列市场战略，推出了"觉醒吧，你属于百事的一代"的著名广告语。电视画面上"觉醒"成为完美的思想，几秒钟宁静的轻快音乐之后，轻型高速摄影机，通过背景而衬托的夕阳，对准客车、摩托车、直升机和运动员，创造出一系列新奇而喧闹欢快的效果。这一策划符合"二战"中成长起来的美国人对传统的强烈反抗，追求自我的独立心理，结果使百事可乐在全球风靡了整整两年。到了20世纪60年代中期，美国25岁以下的年轻人几乎都迷上百事可乐。在一次青少年消费者的调查中，70%的人认为自己属于"百事可乐新一代"。

百事可乐开始在美国国内市场及国外市场向可口可乐发起了最有力的挑战，与国内市场完全一样，百事可乐因为可口可乐的先入优势已经没有多少空间，百事可乐的战略就是进入可口可乐公司尚未进入或进入失败的"真空地带"，当时公司的董事长唐纳德·肯特经过深入考察调研，发现苏联、中国及亚洲、非洲还有大片空白地区可以有所作为。

肯特的至交，美国总统尼克松帮了大忙，1959年，美国展览会在莫斯科召开，肯特利用他与当时的美国副总统尼克松之间的特殊关系，要求尼克松想办法让苏联领导人赫鲁晓夫手举百事可乐，露出一脸心满意足的表情，这是最特殊的广告，百事可乐从此在苏联站稳了脚跟，这对百事可乐打入苏联市场也起了很大的推动作用。但是，百事可乐虽然进入了苏联市场，却未能实现在苏联建立工厂，垄断可乐在苏联销售的计划。

于是，1975年，百事可乐公司以帮助苏联销售伏特加酒为条件，取得了在苏联建立生产工厂并垄断其销售的权力，成为美国闯进苏联市场的第一家民间企业。这一事件立即在美国引起轰动，各家主要报刊均以头条报道了这条消息。

在以色列，可口可乐抢占了先机，先行设立了分厂，但是，此举引起了阿拉伯各国的联合抵制，百事可乐见有机可乘，立即放弃本来得不到好处的以色列，一举取得了中东其他市场，占领了阿拉伯周围的每一个角落，使百事可乐成了阿拉伯语中的日常词汇。

20世纪70年代末，印度政府宣布，只有可口可乐公布其配方，它才能在印度经销，结果双方无法达成一致，可口可乐撤出了印度，百事可乐的配方没有什么秘密，因此它乘机以建立粮食加工厂、增加农产品出口等为交换条件，打入了这个重要的市场。

**二、多元化战略**

从20世纪60年代到90年代中期，百事公司秉承多元发展策略，不仅拥有软饮料、快餐、餐馆三大主营业务，还拥有一家长途搬运公司。

自20世纪70年代开始，可口可乐公司大举进军与饮料无关的其他行业，在水净化、葡萄酒酿造、养虾、水果生产、影视等其他行业，大量投资、并购和新建这些行业的企业。1982年1月，可口可乐公司斥资7.5亿美元收购哥伦比亚制片厂，但是这些投资给公司股东的回报少得可怜，其资本收益率仅为1%，直到80年代中期，可口可乐公司才将精力集中于主营业务，结果利润出现直线上升。

百事可乐就幸运多了，它从20世纪60年代起就试图打破单一的业务门类，迅速发展其他行业，使公司成为多元化企业，从1977年开始，百事可乐进军快餐业，它先后将肯德基食品公司（KFC）、必胜客（Pizza Hut）、意大利披萨饼和特柯贝尔（Taco Bell）墨西哥餐厅收入麾下。百事可乐这次的对手是快餐大王麦当劳公司，肯德基、必胜客和特柯贝尔在被百事可乐兼并前，都只是一些忽冷忽热的餐馆，仅仅在自己狭小的市场内略有优势，百事可乐兼并它们之后，立即提出目标和对手"不应该再是城里另一家炸鸡店、馅饼店，而应该是伟大的麦当劳！"于是，百事可乐又在快餐业向强手发起了挑战。

当时正是美国通货膨胀不断高涨的年代，麦当劳的食品价格也随着物价不断上涨，百事可乐看准时机，以此为突破口，开始了它的攻势。公司不断设法降低成本，制定了"简化、简化、再简化"的原则（这不是指食品的制作和质量，而是尽量减少非食品经营支出），如预先做好部分食品，在店外烧烤牛肉，尽量减少厨房用地，降低人工成本，修改菜单，将制作快的菜放在前面，以加快流通速度，结果销售额很快达到以前的两倍，而员工只有以前的一半。由于收入迅速增加，成本大大降低，利润猛增，已经能够与麦当劳抗衡，并且带动了百事可乐饮料的销售。

百事可乐还首创快餐业"送货上门"的新型营销方式，当时百事可乐公司的总裁韦恩·卡拉维说："如果只等着忙碌的人们到餐厅来，我们是繁荣不起来的，我们要使炸鸡、馅饼的供应像看时间那样方便。"百事可乐以质优、价廉的食品，高效、多样的服务赢得了顾客的青睐，销售额年年创纪录，很快成为世界上最赚钱的餐饮公司。甚至麦当劳也受到了巨大的威胁，20 世纪 70 年代末 80 年代初，麦当劳公司的年利润率为 8%，百事快餐公司的年利润率却高达 20%。

百事可乐终于在它诞生 92 周年的时候赶上了竞争对手。1990 年，两种可乐平分市场，在零售方面百事可乐甚至超了 1 亿美元，该年度尼尔森公司对美国、欧洲和日本的 9000 名消费者进行了调查，排出了世界上最有影响力的 10 大名牌，百事可乐和可口可乐均获此殊荣，分列第 6 位和第 8 位，百事可乐已实现了成为全世界顾客最喜欢的公司的梦想。1997 年，百事可乐公司全球销售总额为 292.92 亿美元，位列 1998 年度《财富》世界 500 强第 92，荣获饮料行业世界冠军，可口可乐只能屈居亚军，销售额只有 188.68 亿美元，排名在第 201 位。

### 三、回归专业化

随着时间的延续，过长的战线导致百事经营难以为继。1996 年，新的百事全球首席执行官认识到了多元化经营中的弊端，为了更好地发挥产品结构优势，做出重大战略调整。1997 年，将肯德基、必胜客、Taco Bell 餐饮业务分离出去，使之成为一家独立的上市公司——百胜全球公司，集中力量开发软饮料，1999 年，百事公司又将旗下的灌装集团分拆上市，集中精力进行品牌建设和品牌营销。

随着专业化优势的显现，百事在饮料行业又开始了新一轮并购行动。2001年 8 月，百事公司以 134 亿美元的价格收购了世界著名的桂格公司（Quaker Oats），这是百事公司历史上规模最大的一次收购行动。通过此次收购，占有美国运动饮料市场绝对份额、被称为"美国生活的一部分"的佳得乐（Gatorade）品牌归入百事帐下。百事公司如愿以偿地成为全球非碳酸饮料行业的龙头老大，占据了非碳酸饮料 25% 的市场份额，是可口可乐同领域的 1.5 倍。

2005 年 12 月 12 日，百事可乐的股价一路上扬，可口可乐却只能面对股价下滑的尴尬，百事可乐的市值首次超过可口可乐。然而 10 年前，可口可乐 1330 亿美元的市值还是百事的 2 倍多，当时前者的股价为 37.89 美元，大大领先于后者的 25.47 美元。

**案例讨论题**

1. 如何评价百事可乐的多元化行为？
2. 多元化与归核化，哪一种是未来发展的趋势，百事可乐为什么要回归专业化？
3. 试对当前百事可乐与可口可乐的成长战略进行概括，并比较其战略效果。

# 案例 5-3　花西子品牌出海

2017 年 3 月 8 日，花西子诞生于中国杭州。2018 年 8 月，花西子发出了海外的第一笔订单，买家是一位被"张敞画眉"典故所打动的华裔。2019 年 9 月，花西子来到了纽约时装周，第一次亮相世界舞台。2020 年 10 月 25 日，花西子登上美国纽约时代广场纳斯达克大屏，发布了"苗族印象"产品的巨幅海报，该系列产品海报也随之在日本涩谷新宿、泰国等地出现。2021 年 3 月 1 日，花西子进驻日本亚马逊首日多款产品售罄，品牌全球化战略正式开启。日本是花西子海外布局的第一站。花西子的海外官网已于 2021 年 5 月上线，并陆续开通日本、美国、欧洲等物流。截至 2022 年，花西子支持销售 43 个国家和地区，其中美国、澳大利亚、欧洲是其主要市场。

首先，花西子在 TikTok 上建立了属于自己的话题标签，花西子在 TikTok 上给自己定的官方媒体账号名是 Florasis，如果你现在搜"#florasis"，你会发现它在 TikTok 上有根本拉不完的话题标签，以品牌为名的话题标签#florasis 在 TikTok 上拥有 1 亿+的搜索量。其次，账号垂直，准确输出产品信息。一个账号内容会怎么被推送，都是看该账号整体定位，在你一次次浏览一次次发布的时候，TikTok 系统就会给这个账号打上一定的标签。例如，美妆、美食，再往下会细分为口红、干脆面等更细致的类别，花西子专注美妆，账号垂直，花西子以国潮起家，产品自带中国风 Buff，牢牢抓住老外对咱们中国元素的好奇与喜爱，也完美契合自己的品牌定位，并且每个视频都带自己品牌的话题标签。账号垂直+话题标签+国潮元素，一系列下来，让品牌联系更紧密。还有，花西子会跟国外网红合作，此次出海能突围而出，确实得益于花西子跟 TikTok 上不少腰部甚至是头部的 KOL 合作，其实花西子还跟国外明星、大牌模特等全球有影响力的人合作。

花西子以东方彩妆为立足根本，将持续深度挖掘东方文化这座宝藏，一方面更贴合中国消费者的需求和文化趋势，另一方面也能给全球消费者提供高品质的独特产品。无论是在设计工艺还是原料配方上，花西子都在"中国风"上面下了很深的功夫。

随着中国消费品牌出海的日趋成熟，入驻第三方电商平台已不是唯一的选择。花西子通过对独立站中用户累计数据的分析，来制定更有效率的运营策路，优化整个"拉新-留存-复购"的行为闭环。花西子海外独立站已在 46 个国家和地区开通服务，也入驻了亚马逊、Shopee 等电商平台，覆盖了日本、美国和东南亚等多个市场。根据数据显示，2021 年花西子销售额突破 54 亿元，

2022年3月宣布未来5年投入10亿元用于夯实东方美妆研发体系，发力多个基础研究，为打造优质产品力、成就世界性美妆品牌打下坚实的根基。

**案例讨论题**

1. 查阅相关资料，花西子在未来应如何发展，采取哪种战略？

2. 花西子的国际化战略属于哪种类型，你如何评价？

# 第六章　业务层战略：基本竞争战略的选择

【知识构架】

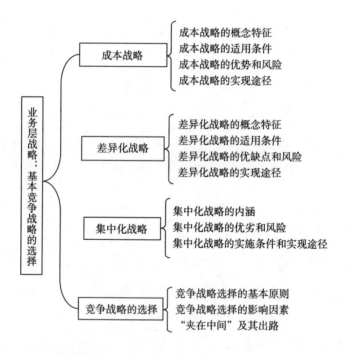

【学习要点与目标】

通过本章的学习，读者应该能够：

□了解业务层战略的概念

□掌握顾客与业务层战略之间的关系

□了解并熟练掌握成本战略、集中化战略、差异化战略的内容及相互之间的区别

□掌握各种业务层战略的适用条件及风险

【本章核心概念】

业务层战略　成本战略　差异化战略　集中化战略　竞争战略　五力竞争

【引导案例】

# 案例6-1　小米公司的战略模式

在进入正式的本章学习之前，我们首先思考：在经济全球化的今天，我国各类科学技术水平显著提高，企业外部生存环境日益艰难，在面临国内市场竞争不断加剧的同时，还需要应对来自国内外市场竞争的压力与冲击。

小米公司的创始人雷军在企业运行初期便意识到公司的短板是现金流不足，为了弥补不足，小米公司从进入市场开始便确定了成本领先战略，从增收和节流两个方面入手，并且把节流作为压缩成本的主要方式。

在众多竞争对手中，小米公司实现营业额反超，这彰显着互联网公司在当代市场的巨大潜力，也体现了运用互联网思维颠覆传统企业游戏规则的重大成功。战略成本管理是小米公司得以开拓一片蓝海市场的重大战略。

小米长期战略：通过巩固中低端市场扩大高端市场，投入研发核心产品；继续发展小米手机的线下体验中心，拓宽销售渠道，完善售后服务；丰富营销手段，增加消费者购买体验；继续建设全产业生态链。

小米商业模式主要是铁人三项模式：硬件+新零售+互联网服务。

虽然小米重要的用户入口是硬件，但管理者并不希望硬件成为小米利润的主要来源。小米通过高效的线上线下零售渠道交付用户，以新零售打造全新布局。

轻资产模式对供应链的掌控能力弱，容易出现缺货、断货现象；积极开拓海外新兴市场，在印度市场表现突出。

小米公司基于内部价值链的战略成本管理主要通过两大途径实现。

**一、全力助推开放式创新，降低研发成本**

小米公司在研发团队组建及相关生产开发工作上面投入了大量的资金成本及人力服务。让顾客参与开发过程，可以使公司充分了解用户的产品需求，增强用户的参与感，不仅减少了公司研发创新团队的测试成本，还避免了未来产品不符合顾客购买理念的风险，极大地提升了公司的创新研发能力。

**二、严格管控价格和数量，降低采购成本**

小米公司在零部件配置的价格方面，与不同的生产供应商保持合作，选择符合产品质量要求并且报价较低的上游企业，如小米手机的 CPU 来自高通，屏幕则选择夏普为主要供应商。

小米公司在产品数量方面严格进行库存管控，避免产品积压带来的沉没成本和滞销风险。同时雷军还特别关注零部件的材料质量，在公司内部建立了完善的产品质量管控，保障了产品的生产质量。

目前，小米公司的主要战略还是成本领先战略，未来小米公司则要向差异化战略发展，只有这样才能在日益激烈的市场竞争中发展壮大自己，而成本控制的方法也要随着竞争战略的变化而发生改变。

资料来源：微信公众号——Quality 质量与检验。

**点评：**

第一，小米成功地选择了成本领先战略。小米全力助推开放式创新，降低了研发成本，因此降低了手机开发的测试成本和风险成本。这种方式不仅减少了公司研发创新团队的成本，还避免了未来产品不符合顾客购买理念的风险，极大地提升了公司的创新研发能力。

第二，小米严格管控价格和数量，降低采购成本。小米与供应商保持密切关系，选择高品质的供应商长期合作。同时特别关注零部件的材料质量，建立了完善的质量管控机制，确保产品质量。

第三，小米未来实行差异化战略。为了增加产品类型研发费用，加快项目研发速度，减少测试时间，提升工作效率以应对日益激烈的市场竞争。

# 第一节　成本战略

著名学者迈克尔·波特认为有三种能够带来成功机会的基本竞争战略：成本战略、差异化战略、集中化战略。在这三种基本竞争战略中，成本战略是构建竞争优势的基础。成本战略是指企业通过降低成本，在研究开发、生产、销售、广告等领域，使本企业的总成本低于竞争对手的成本，甚至达到全行业最低，以构建竞争优势的战略。成本战略是建立在规模效益和经济效益的理论基础之上的，首先是规模效益，当生产规模不断扩大时，单位产品的生产成本就会随之不断降低，从而使企业获得由规模扩大而带来的效益；其次是经验效益，随着生产数量的增加，人们的生产与管理的技术与经验水平不断提高，从而降低单位产品的成本，为企业带来效益。

## 一、成本战略的概念特征

成本战略又称成本领先战略，是企业在同行业中获取竞争优势的战略之一。成本领先战略是指企业在同行业向顾客提供相同产品或服务时，在顾客能够接受的前提下，通过内部采取有效的手段控制成本，在研究、开发、生产、销售、服务和广告等领域内把成本降到最低限度，使成本或费用明显低于行业平均水平或主要竞争对手，从而赢得更高的市场占有率或更高的利润，以低成本为竞争的主要手段，使自己在激烈的市场竞争中保持优势，成为行业中的成本领先者的一种竞争战略。"薄利多销"是对成本领先战略最好的概括，规模经济则是成本领先战略最根本的经济学逻辑。在经营实践中，有许多企业通过采用成本领先战略取得了良好的绩效。

成本战略是企业为了成为行业中的成本领先者，以便在后期的竞争中居于有利地位而采取的战略决策。成本战略的形式有简化产品、改进设计、节约原材料、降低工资费用、实行生产革新和自动化、降低管理费用等。企业采用这种战略，可以很好地防御行业中的五种竞争力量，获得超过行业平均水平的利润。前面提到，产品或服务的低价格本身就是一种特色，企业需要以低价格向顾客提供能满足他们基本价值需求的"可接受的"产品或服务，同样需要以其产品或服务比竞争者有更大的性价比为基础。一家企业市场地位高低的最重要标志就是看它所提供产品的成本和价格是否比同行业竞争对手更有竞争力；即使在产品具有差异性的产业中，竞争企业还是要想办法把成本和价格维持在较低水平上，以保证顾客在购买企业产品时，在价值认知上决定该企业超过其竞争对手。

实行成本战略需要一整套具体政策：经营单位要积极建立大规模、高效率的设施；努力降低经济成本；严格控制成本开支和简介费用；追求研究开发、服务、销售、广告及其他部门的成本最小化。为达此目的，必须在成本控制上做大量艰苦的管理工作。未来与竞争对手相抗衡，企业在质量、服务及其他方面的管理也不容忽视，但降低成本是贯穿整个战略的主题。成本领先战略也许是三种通用战略中最清楚明了的。在这种战略的指导下企业决定成为所在产业中实行低成本生产的厂家。企业经营范围广泛，为多个产业部门服务甚至可能经营属于其他有关产业的生意。企业的经营面往往对其成本优势举足轻重。成本优势的来源因产业结构不同而异。它们可以包括追求规模经济、专利技术、原材料的优惠待遇和其他因素。例如，在电视机方面，取得成本上的领先地位需要有足够规模的显像管生产设施、低成本的设计、自动化组装和有利于分摊研制费用的全球性销售规模。在安全保卫服务业，成本优势要求极低的管理费用、源源不断的廉价劳动力和因人员流动性大而需要的高效率培训程序、追求低成本的生产厂商地位。典型的低成本生产厂商生产标准化或实惠的产品，并且要在强调从一切来源中获得规模经济的成本优势或绝对成本优势上大做文章。

成本战略的内容如图 6-1 所示。

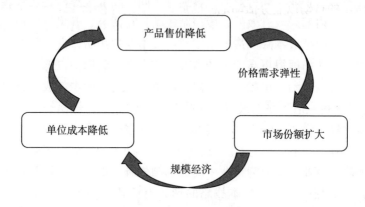

**图 6-1 成本战略的内容**

采用成本领先战略的企业向这一产业的最典型消费者销售标准化的产品或服务，但是拥有竞争力的质量流程改造，是一种涉及生产和集成的新方法和新技术，可以使企业的运行更有效率，对成功使用成本领先战略至关重要。最近几年，企业开始发展采购战略，找到低成本的供应商，向它们外包多种功能（如生产），使自己的成本降低。

正如我们注意到的，成本领先的产品和服务必须具有可以为顾客创造价值的差异化竞争水平。先锋集团（Vanguard Group）在共同基金及交易型开放式指数基金（ETF）行业选择了低成本战略，它采用的方法是利用被动指数型基金使投资者的成本降到最低，这样的确说服了部分顾客。2014 年，投资者从积极管理型共同基金及 ETF 中抽出了 984 亿美元，而向被动指数型基金中投入了 1668 亿美元。一位评论员说："低成本的市场营销力量是不容置疑的。积极管理型基金更多的是关注品牌的信誉，这将会带来很高的成本，而低成本的被动指数型基金有着更好的表现。当你和品牌的力量较量时，这可能是一场难打的仗。"

成本领先者也会仔细地检查其所有的辅助活动以寻找降低成本的新渠道。开发一套新的系统以寻找低成本和生产公司产品及服务所需要的可接受的原材料质量的最佳结合，就是采购这一辅助活动有助于成功运用成本领先战略的一个例子。

Big Lots 就采用了成本领先战略。立志成为"全球最好的卖便宜货的地方"

的 Big Lots，是全美最大的清仓折扣连锁店，拥有 1400 家门店，年销售额接近 50 亿美元。对于 Big Lots 来说，清仓商品是 3000 家生产商提供的名牌产品，并将以比其他零售商低得多的价格销售。

企业利用价值链分析来确定其运作的增值环节和非增值环节。如果企业不能把图 6-1 所示的行动以业务活动地图的形式有机地连接起来，那么公司将会很明显地缺少成功运用成本领先战略所必需的核心竞争力。

## 二、成本战略的适用条件

采取成本领先战略的企业必须发现和开发具备所有成本优势的资源，努力将生产和分销成本降到最低，以确保自己能够把价格定得比竞争对手低。经过长期的成本竞争，低成本企业有可能将一般性企业赶出市场，从而扩大其市场份额。总体来讲，成本领先战略就是以大规模的生产和经营来降低成本，再以低成本所支持的低价格来赢得市场，增加收入，最终实现盈利。

实施低成本领先战略要想取得好的效果，需具备相应的环境条件，主要体现在以下几个方面：

第一，产品和服务的销售量对价格很敏感，具有较高的价格弹性。品牌之间的差异化对购买者来说并不重要，或者说对购买者有价值的差异化不大，以致购买者对产品价格差异十分敏感。一般来说，购买者对价格越敏感，就越倾向于购买价格最优的厂商的产品，低成本战略就具有吸引力。

第二，行业的产品基本上是标准化产品或者商品化同质产品，购买者很容易从很多卖方厂商那里获得，购买者从一个卖方厂商转向另一个卖方厂商所承担的转换成本很低，因此购买者很容易转向低价格同质量的卖方厂商。在这种条件下，购买者可以以最优惠的价格购买产品。

第三，绝大多数购买者使用产品的方式是一样的。用户要求相同，产品标准相同，在这种情况下，低销售价格就成为购买者选择产品的主要因素，而不是特色或是质量。

第四，购买者具有很大的降价谈判能力。

第五，其他条件（企业自身）。企业实施成本领先战略，除具备上述外部条件之外，企业本身还必须具备如下技能和资源：①持续的资本投资和获得资本的途径；②生产加工工艺技能；③认真的劳动监督；④设计容易制造的产品；⑤低成本的分销系统。

## 三、成本战略的优势和风险

（一）低成本领先战略的优点

一般来说，实行低成本领先战略的企业依靠以降低成本为主要目标的商业模式实现竞争优势和超过平均水平的利润率。它所具有的优势主要体现在：

第一，对竞争者进入同行业形成障碍。企业已经建立起巨大的生产规模和成本优势，使欲加入该行业的新进入者望而却步，从而形成进入障碍。

第二，增强自身讨价还价的能力。面对强有力的购买商要求降低产品价格的压力，处于低成本地位的企业在进行交易时握有更大的主动权，可以抵御购买商讨价还价的能力。

第三，降低替代品的威胁。企业处于低成本地位上，可以抵挡现有竞争对手产生同类产品的对抗，即在竞争对手在竞争中不能获得利润、只能保本的情况下，该企业仍能获利。

第四，企业可获得乐观的市场占有率。采取低成本领先战略的企业，与行业中同类企业提供的是相同的产品或服务，顾客更愿意选择较低价格的相同产品。因此，低成本战略的企业会在行业中占有一定比例的市场份额。

（二）成本领先战略的价值

从战略管理自身的角度看，有效地实施成本领先战略可以抵御各种竞争力量。

第一，成本领先企业具有较强的对供应商的议价能力。成本领先战略通过大规模生产和销售建立起成本优势，这使这类企业在与供应商的谈判中通常具有较强的议价能力，进一步增强了其成本优势。

第二，成本领先地位可以抵御竞争对手的进攻。低成本企业可以减轻来自对手的降价压力，能够有效地防御竞争对手的抗争，避开惨烈的价格战从而有效地保护企业。

第三，强有力的购买者可能会索要低价或要求更高的质量从而对企业形成威胁。低成本企业能对抗强有力的买家，利用其弹性的利润空间保证自己能够获得一定水平的利润。

第四，为了争取顾客，成本领先者可以有更大的空间降低价格。足够低的价格可能会保持现有产品对于替代品的吸引力，从而有效地应对来自替代品的竞争。

第五，成本领先战略有助于通过规模经济建立基于成本的进入联盟从而减少潜在进入者。由于格兰仕的成本地位和定价策略，微波炉行业的进入者远远少于其他家电行业。

（三）成本领先优势的来源

成本领先战略的重点和关键在于通过各种方式提高效率，降低成本，建立起相对于竞争对手的成本优势。从价值链的角度来看，低成本优势可以通过提高价值链管理效率、改造价值链、省略或跨越高成本的价值链活动获得。企业的成本地位是企业价值链中各项活动综合作用的结果，如美国西南航空公司通过采购统一的波音737客机，从而节约了大量的飞机维修成本和零部件购买成本，使企业获得了有利的竞争地位。

价值活动成本形成机制取决于成本的一些结构性因素，迈克尔·波特把它们称为成本驱动因素。若干成本驱动因素及它们的相互作用结合起来，就可以决定一种既定价值活动的成本，即成本形成机制。不同行业的成本形成机制因产业结构的不同而各有差异。即使是处于同一产业中，企业如果采取不同的价值链活动，那么其成本驱动因素可能互不相同，因而不同企业的成本形成机制是有差异的。实行成本领先战略的企业不但要努力向经验曲线的下方移动，还必须探询成本优势的一切来源，看看是否存在值得持续改进的地方。

企业在某种价值活动中的相对成本地位，取决于其相应的重要成本驱动因素的地位。迈克尔·波特提出了主要的成本驱动因素：规模经济效应、学习与经验曲线效应、生产能力利用率、垂直一体化、协同效应、资源共享、标准化、专业化、自动化、政策因素（政府规定、税制等其他政策手段）。在现实的经营实践中，以上各种成本因素交织在一起，综合影响着成本领先战略的相对吸引力。

（四）低成本领先战略的缺点

相对而言，成本领先战略是一种有效的战略选择，但并非在任何情况下都是适用的。

第一，引起价格战。

第二，企业高层领导把过多的注意力集中于低成本战略，会导致企业忽视顾客的需求、顾客对产品差异的兴趣及对价格敏感性的降低等，这样很可能被采用产品差异化战略的竞争对手击败。

第三，破坏产业价值链的良好协调关系。

第四，企业投资较大，因为企业必须具有先进的生产设备，才能高效率地进行生产，以保持较高的劳动生产率。

（五）成本领先战略的风险

在实践中，实施成本领先战略要想取得好的效果，需要具备相应的条件。成本领先战略要发挥作用和效力，需要具备以下一些条件：能够实现大规模生产；市场是完全竞争的；产品是标准化或同质化的；产品具有较高的价格弹性；购买者具有很强的议价能力。如果企业不能根据自身的实际情况而盲目实施的话，将会导致企业竞争地位的下降。以下是成本领先战略可能面临的主要风险和可能出现的主要问题：

1. 将注意力过度放在成本上，容易忽视消费者需求与偏好的变化

对企业成本的执着控制，可能会将企业经营的重点过分集中在成本上，而忽

略价格以外的其他产品特征。如果购买者转向高质量、创造性的性能特色，更快的服务，以及其他一些差别性的特色，那么对低成本的热忱就有被放弃的危险。过分专注于降低成本，固守传统的成功做法，就容易忽视顾客需求的改变和差异化等其他竞争领域，进而可能产生严重的问题。

2. 技术变革的突破可能使企业过去的优势地位下降

产业技术上的重大突破可能会使过去的战略失效，或竞争对手有可能采用更新的技术、更好的设备，具有更低的人工成本，形成新的低成本优势，使企业原有的优势不复存在。技术上的突破也可能为竞争对手打开降低成本的天地，使低成本领导者过去获得的在投资和效率方面的利益，顷刻之间变得一文不值。这类低成本公司容易受到新技术的伤害，并且为使成本降低而投入的大量资本会使它陷入两难境地。船大难掉头正是对这种现象的一种形象描述。石英表就是一个很好的例子，很能说明突破性技术对原有优势企业的影响。

3. 成本领先战略容易引起行业其他企业的学习模仿

产业的新加入者或者追随者通过模仿或者以其对高科技水平设施的投资能力，用较低的成本进行学习，使整个产业的盈利水平降低。成本优势的价值取决于它的持久性，如果竞争对手发现模仿领导者的低成本方法相对来说并不难或并不需要付出太大的代价，那么低成本领导者的成本优势就不会维持很长时间，也就不能产生有价值的优势。

4. 低成本领先地位的丧失

实行低成本领先战略的企业面临的最大的挑战就是必须始终保持产业内的低成本地位，但要做到这一点，比获得成本领先地位更加困难。一方面是技术问题。处于成本领先地位的企业，通常拥有相对先进与完善的技术体系，这一点竞争对手深知，然而，竞争对手要想获胜就会绞尽脑汁寻求新的技术体系来取代原来的技术体系，一旦某产业的技术体系发生了质变，就必然会使过去的领先企业在技术领域的投资大幅度贬值。另一方面是成本降价空间的问题。企业要想维持成本领先地位，必须不断降低成本以保持对竞争对手的成本优势。但随着技术与产业的成熟，企业降低成本的空间与幅度会日渐缩小，这是不容忽视的事实。

5. 企业的成本优势难以弥补差异化劣势

在市场上，价格优势是成本领先企业获胜的有力武器，而其所具有的劣势就是产品没有个性。当企业产品的价格优势无法弥补差异化所带来的劣势时，企业必然会拱手把市场优势让与实施差异化战略的企业。导致企业差异化劣势过分突出的原因，既可来自企业的内部经营不善，又可来自外部市场环境的变化。

成本领先战略带来风险的一个典型例子是 20 世纪 20 年代的福特汽车公司。

福特公司曾经通过限制车型及种类、采用高度自动化的设备、积极实行后向一体化，以及通过严格推行低成本化措施等取得过所向无敌的成本领先地位。然而，当许多收入高同时已购置了一辆车的买主考虑买第二辆车时，市场开始偏爱具有风格的、车型有变化的、舒适的和封闭型的汽车，而非敞篷型的 T 型车。通用汽车看到了这种趋势，因而对开发一套完整的车型进行资本投资有所准备。福特公司由于为把被淘汰车型的生产成本降至最低而付出了巨额投资，这些投资成了一种顽固障碍，使福特公司的战略调整面临极大代价。

因此，经营单位在选择成本领先的竞争战略时，必须正确地估计市场需求状况及特征，努力使成本领先战略的风险降到最低。

**四、成本战略的实现途径**

有效地运用成本战略可以使企业获得巨大利润，尽管企业竞争激烈。以下几点将会解释企业是如何实施成本战略的（五力模型）：

（一）现有企业之间的竞争非常激烈

处于低成本的位置可以有效抵御竞争对手的进攻。由于拥有成本领先者的有利位置，竞争对手将很难在价格上与其竞争，特别是在衡量这种竞争的潜在后果之前。沃尔玛在吸引高端客户上的一些做法使它的低成本地位在对手面前显得非常脆弱，而一元店、亚马逊和其他竞争对手就抓住了这一机会。亚马逊似乎已成为一个低成本领导者，一元店为客户提供价格更低的产品和便捷服务。这两个对手开始抢走沃尔玛的客户。

目前的竞争程度取决于一系列因素，如规模和竞争资源、对特定市场的依赖性、地理位置和以往的竞争互动关系等。公司或许也可以采取行动减少它所面临的竞争。例如，公司组建合资企业来减少竞争，同时增加公司在行业中的盈利能力。在中国，公司通常会与关键利益相关者建立起很强的联系，如建立在部门、供应商和顾客之间，由此来牵制竞争。

（二）购买者（顾客）具有较大的降价谈判能力

强有力的购买者可以迫使成本领先者降低价格，但通常不会使其低于行业内第二有效率的竞争者可以赚到的平均利润水平。尽管强有力的购买者可以迫使成本领先者把价格降到低于这个水平，但他们通常不会选择这样做。因为更低一点的价格会阻止第二有效率的竞争者赚到平均利润，从而导致其退出市场，这样就使成本领先者处于更加强有力的地位。此时，顾客不得不以更高的价格从这家在行业内无任何竞争对手的公司购买，其议价能力也就丧失了。有些时候，强有力的竞争者也许会向公司施压，要求它们提供更加创新的产品和服务，而不是使公司降低价格。

购买者也可以通过精心分析和理解每一个客户，开发出一种制衡客户力量的能力。购买者可以加入客户网络，以获得客户信息和了解客户。通过这种方式，他们共享信息，建立信任，参与到客户中共同解决问题。反过来，他们利用所获得的信息为客户提供一种能最有效地满足其需求的具备卓越价值的产品。

（三）供应商的议价能力

成本领先者可以比其他竞争对手赚到更高的毛利，成本领先者希望通过降低成本而不断获取更高的毛利。除了其他好处之外，高于竞争对手的毛利率也使成本领先者有可能从供应商的价格上涨中获得好处。当一个行业处于供应商持续涨价的时期，只有成本领先者有可能支付得起高价格，并持续获得平均水平或高于平均水平的收益；或者，一个强有力的成本领先者才有可能迫使供应商降低价格，而这也将减少供应商的利润。沃尔玛就没有看到这一点。由于减少了所售的产品数量和种类，它也减弱了与几个供应商之间议价的能力，结果是它也无法比竞争对手获得最优（最低）的产品价格。因此，亚马逊和一元店开始通过低价瓜分沃尔玛的市场份额。

事实上，沃尔玛仍然是北美市场上最大的零售商，这也给了沃尔玛对于供应商的一个很大权力。沃尔玛是美国最大的超市运营商，其山姆会员店也是美国第二大的仓储会员店。从整体上来看，2014年沃尔玛的销售额已达到大约4857亿美元，市场渗透率也不容小觑（每周有超过2亿人光顾沃尔玛的11000家商店），这说明沃尔玛仍然具备从供应商那里获取低价格的能力。

一些公司通过外包其所有的功能来建立与供应商的依存关系，它们这样做是为了减少总成本。它们可能因为来自利益相关者的盈利压力（如持有公司大部分股份的投资机构），选择将活动外包来减少成本。但是，外包也会产生新的成本，因为供应商和合作伙伴需要更大的价值份额。当有这样的盈利压力时，公司通常会寻找国外成本更低的供应商，以使产品更物美价廉。然而，当公司选择外包，尤其是外包给国外供应商时，它们也需要投入时间和精力来建立一个良好的关系，以期建立公司之间的相互信任。这些努力将供应商整合到了公司的价值链中。

（四）潜在进入者

通过不断的努力使成本低于竞争对手，成本领先者显得非常有效率。因为不断提高的效率（如规模经济）可以巩固毛利，所以这种不断提高的效率对于潜在进入者而言，就成为一种重要的进入壁垒。新进入者不可能赚到超额利润，除非它们达到接近成本领先者效率所必需的水平。另外，对新进入者而言，即使要赚取平均利润，也必须要能够把成本降到与其他竞争对手大致的水平，而不是降到成本领先者的水平。成本领先者较低的利润水平（相对于执行差异化战略的企业而言），使它必须销售大量产品才能获得超额利润。然而，试图成为成本领先者的企业应当避免将价格定得过低，否则即使销量提高了，但其获利能力仍会降低。

（五）替代品——企业所处产业的产品基本上是标准化或者同质化的

与行业内竞争对手相比，成本领先者对替代品来说也占据了比较有吸引力的位置。当替代品的特性和特征在成本和差异化的特性方面对成本领先者的顾客产生吸引力时，替代品对这个公司来说就成为很大的威胁。面临可能出现的替代品，成本领先者通常比其他竞争对手更加灵活机动。为了留住顾客，成本领先者可以降低产品或服务的价格。有了更低的价格和有竞争力的差异化水平，成本领先者增大了顾客更偏爱自己的产品而不是替代品的可能性。

成功实现成本战略的关键在于，在提供对顾客至关重要的产品和服务的前提下，实现相对于竞争对手的可持续性成本优势。换言之，奉行成本战略的企业必须开发成本优势的持续性来源，形成防止竞争对手模仿成本优势的障碍，唯有如此这种成本战略方能持久。运用这种战略获取利润业绩的思路有两种：一是利用成本优势指定对竞争对手更低的价格，广泛吸引对价格敏感的顾客，进而提高总利润；二是不削减价格，满足于现有市场份额，利用成本优势提高利润率，进而提高总利润和总的投资回报率。成本战略的理论基石是规模效益和经验效益，要求企业的产品必须具有较高的市场占有率。

企业的估价和按照成本地位采取行动时会犯的一些最常见的错误如下：

1. 集中于生产活动的成本，别无他顾

提起"成本"大多数管理人员都会自然而然地想到生产。然而，总成本中即使不是绝大部分，也是相当大一部分产生于市场营销、推销、服务、技术开发和基础设施等活动，它们在成本分析中却常常很少受到重视。审查一下整个价值链，常常会得出能大幅度降低成本的相对简单的步骤。例如，近年来电脑和电脑辅助设计的进步对科研工作的成本有着令人瞩目的影响。

2. 忽视采购

许多企业在降低劳动力成本上斤斤计较，对外购投入却几乎全然不顾。它们往往把采购看成是一种次要的辅助职能，在管理方面几乎不予重视；采购部门的分析也往往过于集中在关键原材料的买价上。企业常常让那些对降低成本既无专门知识又无积极性的人员去采购许多东西；外购投入和其他价值活动的成本之间的联系又不被人们所认识。对于许多企业来说采购方法稍加改变便会产生成本上的重大效益。

3. 忽视间接的或规模小的活动

降低成本的规划通常集中在规模大的成本活动和（或）直接的活动上，如元器件制作和装配等，占总成本较小部分的活动难以得到足够的审查。间接活动如维修和常规性费用常常不被人们重视。

4. 对成本驱动因素的错误认识

企业常常错误地判断它们的成本驱动因素。例如，全国市场占有率最大的又是成本最低的企业，可能会错误地以为是全国市场占有率推动了成本。然而，成本领先地位实际上可能来自企业所经营地区的较大的地区市场占有率。企业不能理解其成本优势来源则可能使它试图以提高全国市场占有率来降低成本。它也可能将其防御战略集中在全国性的竞争厂商上，而忽视了由强大的地区竞争厂商所造成的更大的威胁。

5. 无法利用联系

企业很少能认识到影响成本的所有联系，尤其是和供应厂商的联系及各种活动之间的联系，如质量保证、检查和服务等。利用联系的能力是许多日本企业成功的基础。松下电器公司和佳能公司认识和利用了联系，即使它们的政策与传统的生产和采购方法相矛盾。无法认识联系也会导致犯以下错误，如要求每个部门都以同样的比例降低成本，而不顾有些部门提高成本可能会降低总的成本的客观事实。

6. 成本降低中的相互矛盾

企业常常企图以相互矛盾的种种方式来降低成本。它们试图增加市场占有率，从规模经济中获益，而又通过型号多样化来抵消规模经济。它们将工厂设在靠近客户的地方以节省运输费用，但在新产品开发中又强调减轻重量。成本驱动因素有时是背道而驰的，企业必须认真对待它们之间的权衡取舍问题。

7. 无意之中的交叉补贴

当企业在不能认识到成本表现各有不同的部分市场的存在时，就常常不知不觉地卷入交叉补贴之中。传统的会计制度很少计量上述产品、客户、销售渠道或地理区域之间所有的成本差异。因此企业可能对一大类产品中的某些产品或对某些客户定价过高，而对其他的产品或客户给予了价格补贴。例如，白葡萄酒由于变陈的要求低，因此所需要的桶比红葡萄酒的便宜。如果酿酒厂商根据平均成本对红、白葡萄酒制定同等的价格，那么成本低的白葡萄酒的价格就补贴了红葡萄酒的价格了。无意之中的交叉补贴又常常使那些懂得利用成本来削价抢生意以改善自身市场地位的竞争厂商有机可乘。交叉补贴也把企业暴露在那些仅仅在定价过高的部分市场上集中一点的竞争厂商面前。

8. 增值的考虑

为降低成本所做的努力常常是在现有的价值链争取增值改善，而不是寻求重新配置价值链的途径。增值改善可能会达到收益递减点，重新配置价值链却能通往一个全新的成本阶段。

9. 损害别具一格的形象

企业在降低成本中如果抹杀了它对客户的别具一格的特征，就可能损害其与众不同的形象。虽然这样做可能在战略上是合乎需要的，但这应该是一个有意识选择的结果。降低成本的努力主要侧重在对企业别具一格没有什么好处的活动方面。此外，成本领先的企业只要在任何不花大钱就能创造别具一格的形象的活动方面下功夫，就会提高效益。

五力模型如图 6-2 所示。

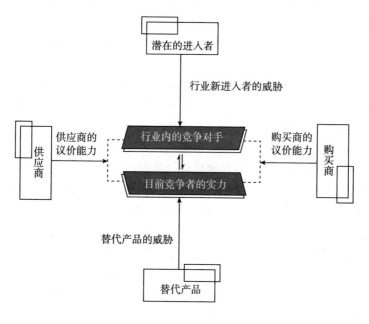

**图 6-2　五力模型**

# 第二节　差异化战略

成本领先战略是指企业通过加强内部成本控制，合理降低各经营环节的成本支出，最终改善企业整体经营状况，并在行业中逐步形成竞争优势的战略。差异化战略是将公司提供的产品或服务做到独具特色。如果一个企业的产品或服务的溢出价格超过因其独特性所增加的成本，就可以获得超额收益。选择差异化战略同样需要具备市场与资源能力方面的基本条件，如顾客需求的多样化、强大的产品创新、营销能力等。一家企业做出的财务决策，除了与企业所处的环境，即行业挂钩之外，还会受到企业自身战略规划的影响。

## 一、差异化战略的概念特征

### （一）差异化战略的含义

差异化战略又称别具一格战略。差异化战略是指整合的一系列行动，企业向顾客提供与其他竞争对手相对具有顾客认知差异的、别具一格的差异化产品或服务，以获得竞争优势的一种战略。这种战略的核心是创造全行业和顾客都认为是独特的产品或服务，以获取某种顾客认为有价值的独特性。

当顾客的价值需求和偏好具有多样性，而且不能从标准化产品中得到满足时，差异化战略成为创造竞争优势的有效选择。为成功实施差异化战略，企业需要深入细致地研究顾客的价值需求特征和购买行为，根据顾客的价值需求特征，提供相应的产品特征和价值，而且这样的产品特征应该是顾客能显著感知的。一般来说，产品差异性可以体现在产品品位特殊功能、超值服务、备用件供应、产品声誉、产品可靠性、技术领先等各个方面。因此，体现差异化战略的方法也多种多样，企业可以从很多角度寻求差异化，从粗略的方面来讲，如产品的差异化（大饼的一种独特口味）、服务差异化（美团优选的次日达买菜、家具公司的免费安装服务）和形象差异化（各行业的特色产品）等。从细致的方面来讲，如一种独特的口味（披萨饼）、一系列的特色（斯沃琪手表）、可靠的服务（联邦快递公司的隔夜快递业务）、及时提供备用零件（卡特彼勒公司保证向全球各地的任何一个客户提供48小时备用零件的送货和免费安装服务）、物超所值（麦当劳和沃尔玛）、工程设计和性能卓越（奔驰汽车）、名望和特异性（劳力士手表）、产品可靠性高（强生公司婴儿产品）、高质量的制造（本田汽车）、技术领导地位（索尼公司的新产品）、全系列的服务（海尔的星级服务）、居于同类产品线高端的形象和声誉（里茨·卡尔顿旅馆业务）等。这种产品由于具有与众不同的特色而赢得一部分用户的信任，培养用户对品牌的忠诚，使同产业内的其他企业一时难以与之竞争，其替代品也很难在这个特定的领域与之抗衡。

差异化来源如图6-3所示。

总之，差异化战略是一种极具顾客导向的战略，它很注重研究顾客需求与满足顾客需求。其目标是比竞争对手更好地满足顾客需求，其手段是使产品融入顾客需要的独特个性。独特个性的融入，使实施差异化战略企业的产品与众不同，实现差异化战略。因此，差异化战略是使企业获得高于同行业平均水平利润的一

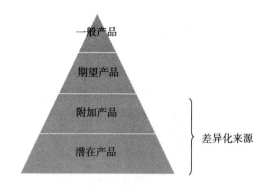

图 6-3　差异化来源

种有效的竞争战略。

相较于前面所说的成本战略，差异化战略服务于典型的某一行为的顾客，采取差异化战略的企业瞄准的是那些对它们所寻求的产品或服务的特定特质有高度重视的消费者群体。产品创新是引入新方法解决顾客问题的结果，同时也可以给顾客和公司带去好处，创新对成功实施差异化战略至关重要。

最具吸引力的差异化方式是那些竞争对手模仿起来难度很大或代价很高的方式。事实上，资源丰富的公司几乎能够及时地仿制任何一种产品或者特色与属性，这就是持久的差异化优势通常要建立在独特的内部能力和核心能力的基础之上的原因。差异化战略所要寻求的是持久的差异化优势，但这并不意味着企业可以忽视成本因素，只不过成本在这里不再是其主要的战略目标而已。

（二）差异化战略的类型

一个好的产品或者一项好的服务可以在很多方面实现差异化。不寻常的特性、及时的顾客服务、快速的产品创新、技术上的领先、在顾客心中的声誉和地位、不同的口味、工程设计和性能的特殊性都可以成为差异化的来源。思想决定行为，因此差异化的发现与确认需要打破传统的思维定式。实施差异化，首先要做的是树立差异化的"思维"。《孙子兵法》中讲道："凡战者，以正合，以奇胜。""奇"在现代企业经营中，即"差异化"。迈克尔·波特认为差异化来源于企业进行的各种具体活动，以及这些活动影响买方的方式。因此，价值链的核心活动和辅助活动都可称为企业实施差异化的来源。企业可以做的能为顾客创造真实或感知价值的一切都可以作为差异化的基础，可以实现产品、渠道、服务、人员、形象、定位的差异化。

打造差异化的具体内容如图 6-4 所示。

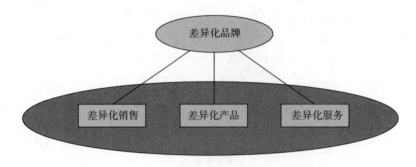

图6-4　打造差异化

**1. 产品差异化战略**

产品差异化的主要因素有特征、工作性能、一致性、耐用性、可靠性、易修理性、式样和设计。产品差异化可以体现在产品形式、风格、质量、耐用性、可靠性和可维修性等方面。以产品设计为例，因为它可以为顾客带来积极的体验，所以正成为差异化的重要来源。例如，苹果公司凭借杰出的创造力和设计能力而推出的iPhone、iPad等创新时尚产品大受消费者的欢迎。优秀的产品可靠性和耐用性及高性能的音响系统，就是丰田汽车公司生产的雷克萨斯汽车的差异化特性。雷克萨斯的口号是"我们追求完美，因此您可以追求生活"，暗示了丰田将汽车的整体质量作为差异化来源的一种承诺。

**2. 服务差异化战略**

服务的差异化主要包括送货、安装、顾客培训、咨询服务等因素。服务的差异化优势可以通过方便的订货、快捷安全的交付、专业的安装、定期的客户培训、周到的客户咨询、及时维修保养等体现。例如，IBM高度强调服务的重要性，甚至为了客户利益，不惜向客户推荐使用微软、太阳微系统等竞争对手的产品，这一过程中所体现出的对服务的重视和关注，为其带来了大量的忠诚客户。

**3. 人事差异化战略**

训练有素的员工应能体现出下面的六个特征：胜任、礼貌、可信、可靠、反应敏捷、善于交流。在不同的企业文化熏陶下，员工的特质是不同的。称职、谦恭、诚实、可靠、负责、沟通是衡量优秀员工的标准。员工是消费者直接感知企业的载体，相应地为差异化的实现提供了另外一种渠道。例如，海底捞的周到服务、胖东来的人性化服务给它们带来了良好的口碑和竞争优势。

**4. 形象差异化战略**

企业形象应该是标志性的，可以通过企业观念识别、行为识别和视觉识别完成同其他企业的形象区分。例如，美国杜邦公司通过"用化学改进生活"的经营理念完成企业形象识别，麦当劳通过红色与黄色的搭配完成视觉识别，这种形象上的区分可以使企业实现差异化识别的目标。

5. 渠道差异化

渠道的选择同样可以体现差异化。当传统营销渠道被与消费者直接发生关联的"直复营销"取代时，消费者由于渠道方式改变而感受到的巨大便利，就会成为企业的差异化优势。例如，戴尔的直销模式为其创造了最低成本优势，在1998~2003年，戴尔公司的平均投资利润率达到了惊人的39%，这一数字远远领先于竞争对手。

6. 定位差异化

定位是通过对产品和形象进行设计，使其在目标顾客心目中形成独特印象、占有独特位置，本质上体现为差异化。Swatch 手表名字中的"s"不仅代表它的产地瑞士，而且含有"Second Watch"（第二块表）的意思，表示人们可以像拥有时装一样，同时拥有两块或两块以上的手表。Swatch 不仅是一种新型的优质手表，还将带给人们一种全新的观念：手表不再只是一种昂贵的奢侈品和单纯的计时工具，而是一种"戴在手腕上的时装"。这样，Swatch 手表以结合时尚的"Second Watch"为定位，与在走时准确、材质精良等方面进行激烈竞争的其他手表生产企业拉开了距离，形成了鲜明的差异化特色。

（三）差异化战略的特征

差异化战略的特征包括：

（1）基础研究能力强（产品创新）。

（2）有机式的组织结构，各部门之间协调性强。

（3）超越思维定势的创造性思维能力和洞察力。

（4）市场运作能力强（市场研究能力、促销能力使市场认可产品是有差异的）。

（5）基于创新的奖酬制度。

（6）公司在产品质量和技术领先方面的声望。

---

**拓展知识：解读差异化战略**

**一、竞争就是"差异"**

很多经理人认为竞争就是达到最好，于是总在通过找到某种最佳的方式来赢得竞争。实际上，任何一个行业都不是只有一种最佳方式，因为很多的客户有各种不同的需求。良好的竞争方式有很多种，有很多提供价值的方式。有一种关于竞争的想法更加有用：如何能够做到与众不同，并且以这种方式提供独特的价值。这种竞争方式为顾客提供了更多的选择，为市场提供了更多的创新。

### 二、"数一数二"不是战略

错误的理解就会导致错误的决策。对战略的常见误解有以下五种：

（1）认为战略是一种抱负。例如，"我的战略就是成为产业第一或第二"，或"我的战略就是要发展"。其实这不是战略，只是希望而已。战略不是一个目标，而应该是方法，也就是"如何"成为第一或第二。关键是如何实现你的竞争优势，怎样独树一帜。

（2）认为战略就是一些行动。例如，"我们的战略就是要兼并""要国际化""要外包"等，这些行动做起来应该是合适的，但这些是步骤而不是战略。战略就是怎样定位，使你有特色、有优势，这是关键所在，然后再决定采取什么样的步骤。如果把战略作为行动来定义，那么这些行动可能是孤立而不相关的行动，没有服务于一个统一的目标。

（3）认为重要的东西都是战略。例如，"营销战略""政府战略""技术战略"等。其实，战略的核心就是整合。一个企业只有一个战略，不能有很多的战略。企业的各项业务、所有相信的事情，要整合在一起成为一个整体的战略，而不是把很多战略捏在一起，而且这个战略要一次做成，否则战略各部分就会出现方向不一的情况。

（4）认为战略就是愿景。例如，"我们的战略就是为社会制造出重要的产品"，或"为人类提供服务"。战略应该是你的竞争优势何在，你在产业中如何定位才能取得竞争优势，才能持续发展。

（5）认为战略就是试验。"因为世界发展非常快，所以不应该从一开始就制定战略，应该做很多尝试，看看哪些是成功的。"这是很危险的想法。一些小企业不会做了很多次实验之后才开始制定战略。

## 二、差异化战略的适用条件

（一）外部条件

差异化战略适用的外部条件包括：

（1）可以有很多途径创造企业与竞争对手产品之间的差异，并且这种差异被顾客认为是有价值的。

（2）顾客对产品的需求和使用要求是多种多样的，即顾客需求是有差异的。

（3）采用类似差异化途径的竞争对手很少，即真正能够保证企业是"差异化"的。

（4）技术变革很快，市场上的竞争主要集中在不断地推出新的产品特色。

（二）内部条件

除上述外部条件之外，企业实施差异化战略还必须具备如下内部条件：

（1）具有很强的研究开发能力，研究人员要有创造性的眼光。

（2）企业具有以其产品质量或技术领先的声望。

（3）企业在这一行业有悠久的历史或吸取其他企业的技能并自成一体。

（4）很强的市场营销能力。

（5）研究与开发、产品开发及市场营销等职能部门之间要具有很强的协调能力。

（6）企业要具备吸引高级研究人员、创造性人才和高技能职员的物质设施。

（7）各种销售渠道。

### 三、差异化战略的优缺点和风险

（一）差异化战略的优点

差异化战略的战略优势主要体现在以下几个方面：

（1）能建立起顾客对企业的产品或服务的忠诚度。当产品或服务的价格发生变化时，差异化战略可以为企业在同行竞争中形成一个"隔离带"，从而避免受到同行竞争对手的侵害。

（2）顾客对商标的信赖和忠诚形成了强有力的行业进入障碍，增加了新进入者进入该行业的难度。

（3）差异化战略产生的高边际效益增强了企业对供应商讨价还价的能力。

（4）削弱购买商讨价还价的能力。一方面，企业通过差异化战略使购买商缺乏可以与之进行比较产品的选择，从而降低顾客对价格的敏感度。另一方面，通过产品差异化使购买商具有较高的转换成本，使其依赖于企业。

（5）企业通过差异化战略建立起顾客对产品的信赖，使替代品无法在产品性能上与之匹敌。差异化战略是增强企业竞争优势的有效手段。产品差异化对市场价格、市场竞争、市场集中度、市场进入壁垒、市场绩效均有不同程度的影响。差异化的产品或服务能够满足某些消费群体的特殊需要，这种差异化是其他竞争对手不能提供的，可以与竞争对手相抗衡；产品或服务差异化也将降低顾客对价格的敏感性，不大可能转而购买其他的产品和服务，从而使企业避开价格竞争。

（6）差异化本身可以给企业产品带来较高的溢价。这种溢价应当补偿因差异化所增加的成本，并且可以给企业带来较高的利润。产品的差异化程度越大，其所具有的特性或功能就越难以替代和模仿，顾客越愿意为这种差异化支付较高的费用，企业获得的差异化优势也就越大。

（7）由于差异化产品和服务是竞争对手不能以同样的价格提供的，因而明显地削弱了顾客的讨价还价能力。

（8）采用差异化战略的企业在应对替代品竞争时将比其竞争对手处于更有利的地位。因为购买差异化产品的顾客不愿意接受替代品。

（二）差异化战略的缺点

差异化战略的缺点如下：

（1）企业形成产品差异化的成本过高。因为实行这种战略要增加设计及研究开发的费用，要用高档的原材料，企业是把保持产品经营特色放在第一位，降低成本放在第二位。因此，企业产品差异化所取得利润的一部分或大部分要被产品成本的提高而抵消。

（2）竞争对手推出相似的产品，降低产品差异化的特色。

（3）竞争对手推出更有差异化的产品。

（4）购买者对差异化所支付的额外费用是有一定支付极限的，若超过顾客的支付极限，低成本、低价格产品对顾客的吸引力与高价格、差异化产品对顾客的吸引力相比就显示出竞争力。

（5）进入成熟期时，差异化优势也容易被竞争对手模仿。对于那些具有差异化优势的企业，竞争者会想方设法地学习与模仿，以改进自己的产品或服务，达到缩小或弥补差异化劣势的目的。因此，获得差异化优势的企业既不可高枕无忧，又不可一劳永逸，必须注重差异化优势的保护、维持与强化，还要不断寻求新的差异化优势。

（三）差异化战略的一系列风险

差异化战略的一系列风险主要包括以下方面：

（1）面临实行低成本战略企业的威胁，可能丧失部分客户。如果采用成本领先战略的竞争对手压低产品价格，使其与实行差异化战略的厂家的产品价格差距拉得很大，同时顾客对某种差异化产品可觉察价值的评价不足以使其认同该产品的高价格，在这种情况下，用户为了大量节省费用，放弃取得差异的厂家所拥有的产品特征、服务或形象，转而选择物美价廉的产品。

（2）用户所需的产品差异的因素下降。当用户变得越来越老练时，对产品的特征和差别体会不明显时，就可能发生忽略差异的情况。

（3）购买方所需要的差异化程度要求降低。购买方变得更加精明时，这个时候，购买方会降低对企业的产品或服务的差异化要求，转而选择价格较低的产品或服务。

（4）过度差异化使产品相对于竞争对手的价格过高。在这种情况下，企业所提供的差异化特征可能会超出顾客的承受能力或心理价位。此时，企业就很难经得起竞争对手的挑战，因为竞争对手提供的产品在性价比上更能满足顾客的需求，从而使产品相对于竞争对手的价格过高。

（5）差异化程度减小。大量的模仿缩小了感觉得到的差异，特别是当产品发展到成熟期时，拥有技术实力的厂家很容易通过逼真的模仿减少产品之间的差异，导致产品的差异化程度减小，这是随着行业成熟而产生的一种普遍现象。

（6）忽视差异化特征的有效传播，无法获得消费者的认可与青睐。在这个普遍供过于求的买方市场上，选择的多样化使消费者的眼球和注意力越来越分散。"皇帝的女儿也愁嫁""好酒也怕巷子深"，若因宣传不力或定位不当而导致消费者不能感知到产品的独特性和价值，则很难获得消费者青睐。

（7）企业未能准确定位顾客真正的需要是什么，无法形成消费者认可的差异化优势。企业假定的差异化特征是从自身角度出发虚构出来的，而非顾客真正认可和接受的价值，这样的差异化注定会失败。此外，产品附加功能过多或变化过于频繁，使消费者感到困惑或无所适从，提供的产品特色或服务的独特性并不能引起顾客的兴趣，这种独特性无法形成差异化优势。

企业差异化推演如图6-5所示。

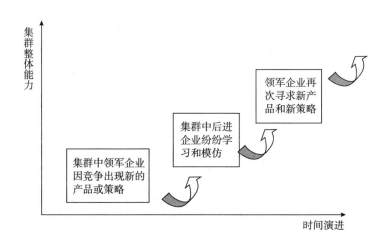

**图6-5　企业差异化推演**

#### 四、差异化战略的实现途径

（一）差异化战略的实施

要运用差异化战略的成果来保持成功，公司就必须持续提升顾客所重视的差异化特征，或者在没有明显提高成本的情况下，创造新的有价值的特征，这一做法要求公司持续地改变产品线。这些公司既有可能提供一个相互补充的产品组合来丰富顾客的差异化需求，也有可能满足顾客的一个需求组合。因为差异化产品能够满足顾客的独特需求，实施差异化战略的公司就有能力去改变溢价，即始终以高于创造差异化特征的成本的价格来销售一个产品或服务，这一能力使公司得以超越对手并获得高于平均水平的收益。公司实施差异化战略主要考虑的并不是成本，而是投资和发展产品的差异化特征，这些特性能够使一个产品为顾客创造价值的方式变得与众不同。总体而言，实施差异化战略的公司努力寻求在尽可能多的维度上与竞争对手不同。一家公司的产品或服务与竞争对手的产品或服务的相似度越小，它就越能缓冲竞争对手带来的冲击力。普遍公认的差异化产品包括丰田的雷克萨斯、拉夫劳伦的系列产品、卡特彼勒的重型推土设备，以及麦肯锡公司的差异化咨询服务。

实现差异化战略可以有许多方式：设计或品牌形象（Mercedes Benz 在汽车业中声誉卓著）、技术特点（Coleman 在野营设备业中）、外观特点（Jenn-Air 在电器领域中）、客户服务（Crown Cork 及 Seal 在金属罐产业中）、经销网络（Caterpillar Tractor 在建筑设备业中）及其他方面的独特性。最理想的情况是公司使自己在几个方面都差异化。例如，卡特彼勒推土机公司（Caterpillar Tractor）不仅以其经销网络和优良的零配件供应服务著称，而且以其极为优质耐用的产品享有盛誉。所有这些对于大型设备都至关重要，因为大型设备使用时发生故障的代价是昂贵的。应当强调，差异化战略并不意味着公司可以忽略成本但此时成本不是公司的首要战略目标。

如果差异化战略成功地实施了，它就成为在一个产业中赢得高水平收益的积极战略，因为它建立起防御阵地对付五种竞争力量，虽然其防御的形式与成本领先有所不同。波特认为，推行差异化战略有时会与争取占有更大的市场份额的活动相矛盾。推行差异化战略往往要求公司对于这一战略的排他性有思想准备。这一战略与提高市场份额两者不可兼顾。在建立公司的差异化战略的活动中总是伴随着很高的成本代价，有时即便全产业范围的顾客都了解公司的独特优点，也并不是所有顾客都愿意或有能力支付公司要求的高价格。

产品差异化带来较高的收益可以用来对付供方压力，同时可以缓解买方压力，当客户缺乏选择余地时其价格敏感性也就不高。最后采取差异化战略而赢得顾客忠诚的公司，在面对替代品威胁时，其所处地位比其他竞争对手也更为有利。

实现产品差异化有时会与争取占领更大的市场份额相矛盾。它往往要求公司对于这一战略的排他性有思想准备，即这一战略与提高市场份额两者不可兼顾。较为普遍的情况：如果建立差异化的活动总是成本高昂，如广泛的研究、产品设计、高质量的材料或周密的顾客服务等。那么实现产品差异化将意味着以成本地位为代价。然而，即便全产业范围内的顾客都了解公司的独特优点也并不是所有顾客都愿意或有能力支付公司所要求的较高价格，当然在诸如挖土机械设备行业中这种愿出高价的客户占了多数。因而 Caterpillar Tractor 的产品尽管标价很高仍有着占统治地位的市场份额。在其他产业中，差异化战略与相对较低的成本和与其他竞争对手相当的价格之间可以不发生矛盾。

差异化战略的实施需要具备一定的内外部条件。从需求角度来看，需要存在大量的个性化需求，即顾客的需求是多样化的。从供给角度来看，需要存在创造差异的机会。当外部的需求条件得以满足之后，企业是否具备相应的能够消除差异化需求的能力就显得极为重要。因此，产品必须能够充分实现差异化，且被顾客认可。差异化战略的重点和关键是塑造产品特色，为顾客创造价值，从而建立起相对于竞争对手的差异化优势。此外，企业所在行业技术变革较快，创新成为竞争的焦点。要创造有效的差异化优势和有效地创造差异化优势，必须解决好以下三个基本问题：①建立什么样的产品差异；②在什么地方建立产品差异；③以何种方式建立产品差异。

差异化的实现包括五个方面，具体如图 6-6 所示。

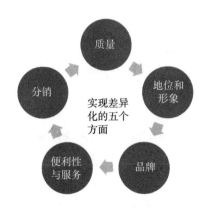

**图 6-6　差异化的实现**

（二）差异化战略的制定

尽管差异化是企业建立竞争优势的重要途径，但许多企业囿于狭隘的观点仅从产品实体或营销方案上来实施差异化，从而影响了该战略的成功。下面通过几个步骤给出选择和制定一种差异化战略的完整框架。

1. 确定实际购买者，企业价值链对买方价值链的影响

企业、机构或家庭并非实际购买者。实际购买者是买方实体中一个或多个具体的决策个人，他或他们将对使用标准进行解释并定义价值信号标准。因此，企业首先要确定谁是实际购买者，进而需弄清买方价值链。显然，除非企业提供的

差异化对顾客有价值，否则差异化战略不会成功。要弄清什么对顾客有价值，就必须从分析买方价值链入手。企业提供的产品或服务是买方价值链的一种外购投入。买方价值链决定企业的产品实际被使用的方式及对买方活动的其他影响。工商企业或公共机构客户的价值链容易辨识，个人消费者的价值链其实也可以辨识，它表现为一个家庭及其成员利用合适的产品或服务所进行的一系列活动。前者的价值链反映了买方的战略和实施方法；后者的价值链反映了其成员的习惯和需求。一个成功实施差异化战略的企业能够在分析买方价值链的基础上找到降低买方成本、提高买方效益的独特途径。获得这种独特途径的关键，是找到企业价值链与用户价值链之间的种种联系，因为每一种联系都可能存在着差异化的机会。企业价值链对买方价值链的直接或间接影响越多，形成差异化的机会就越多，在整体水平上取得难以模仿的差异化优势的可能性就越大。卡车制造商如果能找出自身价值链对买方价值链的所有影响，就可以通过改进自身价值链上的各种价值活动，全面提升买方价值。例如，载重卡车的设计影响用户的载货能力和发运次数，卡车的减震性影响所运货物的质量和包装，卡车的能耗、易维修性、装卸的难易程度、服务、交货期、备件供应、信贷制度等均不同程度地影响用户的运营成本。由此可见，一个企业为其客户创造的价值是由该企业价值链与其客户价值链之间所有联系的整体水平决定的。换言之，一个企业差异化水平的高低，取决于企业价值链与用户价值链的联系中全部独特性的累积价值的高低。

2. 确定买方的购买标准

对买方价值链的分析，提供了确定买方购买标准的基础。买方的购买标准有两种形式：使用标准和信号标准。使用标准包括产品的质量、功能、技术性能、价格和服务内容等。信号标准包括企业的信誉和形象、累积的广告效应、商标和包装、产品的外观和尺寸、从业时间、用户名单、市场份额、规模、财务稳定性、卖方职员的专业性及外表和个性等。使用标准是用户衡量企业产品为自身创造价值的大小的尺度；信号标准是显示使用标准的尺度。所以，满足使用标准的独特性可以创造买方的价值，而满足信号标准的独特性，将使这种价值得以实现。由于客户不会为他们不知道的价值（即使这种价值真实存在）付款，因此企业实行差异化所获得的溢价，既反映客户实际到手的价值，又反映客户对这种价值的觉察程度。一个交货价值中等但所发出的价值信号极具吸引力的企业，有可能比一个交货价值高但发出的信号不那么具有吸引力的企业获得更高的溢价。因而，强调使用标准而忽视信号标准，将会削弱客户对一个企业价值的了解；强调信号标准而忽视使用标准最终也将失败，因为使用标准才是买方价值的真正来源。为准确确定买方购买标准，企业应做好以下工作：

（1）了解购买决策人和对决策有影响的人的具体购买标准。

（2）准确描述使用标准并尽可能具体化、定量化。

（3）依据对买方价值链的分析，确定用户具体使用标准重要程度的排序。

（4）根据购买决策人对使用标准的理解方式，分析确定购买决策人的信号标准，据此进行价值信号及其表现方式的设计和选择。例如，如果可靠的交货期是一个关键的使用标准，那么过去的交货记录和顾客赠送的锦旗或表扬信就有可能是有效的价值信号。

3. 评估企业价值链中现有的和潜在的独特性来源

价值链的独特性是形成差异化的基础，企业应结合买方价值链和买方购买标准对自身价值链进行全面评估，确定哪些价值活动能产生独特性，进而影响用户购买标准。

企业在分析现有价值活动独特性的来源时，还应注意发掘潜在的独特性来源。采用新技术、新工艺、新材料、新的营销方式等增加独特性的可能，以及竞争对手价值活动现有独特性和潜在独特性的来源，都是确定企业差异化方向和程度的关键依据。

各种差异化驱动因素决定着整体差异化的水平和持久性，因而企业在研究价值链独特性的来源时，还必须分析各种差异化驱动因素的影响。这些因素包括企业的各项政策、价值链中各项价值活动的联系、企业与供应商及销售渠道的联系、采取价值活动的时间和地理位置、不同价值链之间的协同效应、一体化程度、规模及政治体制因素等。

4. 制订差异化战略方案

经过以上步骤的研究分析后，企业就可以制订具体的差异化战略方案。该方案应符合两个原则：能够有效控制各种差异化驱动因素；能够有效控制实施差异化的全部成本。

一般而言，成功实施差异化的主要途径有以下四种：

（1）控制各种差异化驱动因素，从整个价值链出发提升整体独特性。具体包括：在一些辅助价值活动中开发差异化的来源，以提升整体的差异化程度；把产品的设计（意向使用标准）与用户的使用标准（实际使用标准）相统一，使用户能正确使用且易于使用产品；用信号标准加强使用标准的差异化；通过赋予产品在使用中产生信息的功能（如汽车行驶里程油耗的连续显示器）来形成差异化。

（2）控制实施差异化的成本。具体包括：发掘形成差异化的廉价来源；控制成本驱动因素；降低与差异化无关的活动成本。

（3）改变规则以创造独特性。例如，通过影响、转变买方决策者的观念、决策方式和购买标准，来突出企业产品的独特性或独特性的可见价值；揭示未被买方和竞争者认识的购买标准；发现并优先满足改变购买标准的用户的独特性需求。

（4）重构价值链。通过价值链的重新构造来实现差异化。

5. 检验差异化战略的持久性

除非已选择的差异化战略能够持久地赢得顾客，并能持久地抵制侵蚀或模仿，否则不会形成持久的竞争优势。在下列条件下，差异化将更为持久：在差异化的同时创造转换成本，以减少买方改变供应商的威胁；形成差异化方面的成本优势；设置模仿障碍；具有多重差异化来源。

（三）实施误区

企业对差异化战略的一些误解和实施差异化战略时容易犯的一些错误，常常使其陷入差异化战略的误区。

1. 无价值的独特性

企业形成的差异化，在购买方看来并不能降低他们的成本或者增加他们的利益。企业不能准确理解或确认购买方认为有价值的差异化内容，往往导致差异化战略的失败。

2. 过度差异化

过度差异化使产品或服务的价格相对于竞争对手的产品或服务来说太高，或者差异化属性超出了购买方的需求。例如，产品的质量和服务的水平超过了用户的需求，那么这个企业应该使产品和服务的价格降低，这样才不会让更便宜的竞争对手挑战成功而导致失败。

3. 定价过高

如果企业对差异化产品或服务定价过高，那么必然会降低差异化带给客户的价值，而使客户流向低价格的竞争对手。除非企业以一种适当的价格与客户分享所创造的价值，否则就有可能失去客户。

4. 忽视对价值信号的需要

价值信号是购买方辨识企业产品或服务的价值尺度。价值信号的存在源于购买方知识的不完整性，因为购买方不能完全辨识不同供应商产品或服务之间的区别，所以需要依靠价值信号来辨识。忽视价值信号无异于拒绝购买方了解本企业产品或服务的价值。

5. 只重视产品而不重视整个价值链

一些企业从有形产品中寻找差异化机会，而忽视价值链的其他部分。事实上，整个价值链为差异化奠定了数量众多且持久的差异化基础。

## 案例：海底捞的差异化战略

### 一、产品差异化

海底捞在继承川、渝餐饮文化原有的"麻、辣、鲜、香、嫩、脆"等特色的基础上，不断创新，以独特、纯粹、鲜美的口味和营养健康的菜品，赢得了顾客的一致推崇并在众多的消费者心目中留下了"好火锅自己会说话"的良好口碑。

海底捞始终坚持"绿色、无公害、一次性"的选料和底料原则，严把原料关、配料关，自成立以来历经市场和顾客的检验，成功地打造出信誉度高，颇具四川火锅特色，融汇巴蜀餐饮文化，"蜀地、蜀风"浓郁的优质火锅品牌。

海底捞的火锅有10多种锅底，口味选择丰富。还有就是它的调料，除了一般的麻酱和油碟外还有海底捞自制特色调料，20多种原材料任由搭配。

在新菜品开发方面，海底捞打造了三大系列的菜品：①健美食品系列（能预防肥胖及胆固醇升高等城市病、现代病，保持人体生态平衡的食品系列）；②绿色食品系列（即安全无害、无污染，绝对新鲜的食品）；③营养食品系列（补充人体所缺乏的各种微量元素，能够增强体力和开发智力的食品）。

在食品安全和卫生方面，海底捞也制定了标准化的工程体系：

1. 产品菜品安全

保证每种菜品、底料的生产制作符合国家规定的标准，配有权威部门的合格检验报告书。此外，各店还建立菜品24小时留样制度，以备出现食品安全问题时追溯和查验。

2. 菜品制作标准化工程

①制作后堂所有菜品的《技术标准操作手册》。②制作技术标准化操作示范光盘。③后堂操作透明化工程，即后堂卫生、操作全过程通过视频在顾客就餐大厅展示。

海底捞在保证产品安全卫生的同时，将后堂操作透明化，使顾客产生信赖感，产品形成品牌效应，达到了更好的差异化效果。

"美其食必先美其器"，如今的消费者去就餐并非满足简单的吃饱，更多的是追求消费体验，而环境正是满足消费者消费体验的最明显表达。从中式餐饮环境的开展趋势来看，时尚化、西餐化成为一种开展潮流。这种餐饮时尚化很大程度满足了年轻顾客对就餐环境的需要和情感依托，而西餐代表着精致、干净、整洁。

海底捞火锅的"西式化""时尚化"环境成了赖以制胜的关键。海底捞通过对环境属性的加强，对消费者更加具有吸引力。环境作为消费体验中的一部分，海底捞营造出了吸引当下消费人群的良好优雅环境。

## 二、服务差异化

海底捞始终秉承"服务至上、顾客至上"的理念，以创新为核心，改变传统的标准化、单一化的服务，提倡个性化的特色服务，将用心服务作为根本经营理念，致力于为顾客提供"贴心、温心、舒心"的服务。海底捞的服务不仅在于某一个细小的环节，还形成了顾客从进门到就餐完毕离开的一套完整的服务体系。

海底捞的服务之所以让消费者印象深刻，就在于将其他同类火锅店存在的普遍性问题通过服务的形式得到了很好的解决，比方说在就餐顶峰的时候，为等候的客人提供一些让人感觉很温暖、很温馨的服务，如各式免费小吃、饮料。同时，顾客在等待的时候还可以免费上网，甚至女士可以在等待的时候免费修理指甲等。

海底捞的服务：

对于海底捞来说，让顾客放心是三级服务，让顾客满意是二级服务，让顾客感动才是一级服务。

海底捞的服务体现在以下三点：①服务好，味道就好；②个性化服务让品牌更容易脱颖而出；③服务的最高层次——从满意到感动。

第一，服务好，味道就好。对于顾客来说，他可以原谅一个人的技术水平差点，因为能力有高有低是正常现象，但是不能容忍一个人的服务态度差，更不能容忍别人不尊重自己，而优质的服务恰恰表达了对客户的尊重。当一个人感觉自己受尊重的时候，往往就忽略掉了很多别的东西。海底捞的老板与员工正是抓住了顾客的这一心理特点，做足了文章，将顾客的心牢牢地抓在了手里。

第二，个性化服务让品牌更容易脱颖而出。在众人眼里，海底捞所提供的各种各样的个性化服务早已成为"最好服务"的代名词，甚至因为长久以来一直没有得到过如此周到而体贴的服务，消费者们都有一种诚惶诚恐的感觉，继而竟有"海底捞的个性化服务是'变态服务'的认识"。正是这样的高于竞争对手的个性化服务使海底捞更加出众。

第三，服务的最高层次——从满意到感动。在竞争如此激烈的餐饮市场中，众口难调，海底捞体现在细节方面的贴心服务，超越了顾客对餐饮业的饮食需求和服务的根本期望，是一种超出客户期望且满足客户潜在需求的服务，这种服务是差异化的"客户感动"。当感动不断重复出现的时候，顾客就在一定程度上形成了对该产品和服务的固定认识，对服务的评价与认识也就随之提高到相应的水平，从而成为忠实的消费者。

从顾客进门等候到就餐完毕，海底捞的服务贯穿其中。海底捞的服务相比其他餐饮店显得更加突出，是餐饮企业在服务上需要借鉴与学习的。

虽然有些服务会增加海底捞的运营成本，但这种付出是值得的，与稳定的顾客源、不断扩大的忠实消费群及品牌的美誉度相比，这种投入是十分划算的，这也正是海底捞的聪明之处。

# 第三节　集中化战略

前面我们学习了成本战略和差异化战略，这里介绍另外一种战略——集中化战略。差异化战略又称别具一格战略，是将公司提供的产品或服务差异化，形成一些在全产业范围中具有独特性的东西。

## 一、集中化战略的内涵

集中化战略（Focus Strategy）是指企业把经营的重点目标放在某一特定购买者群体、某种特殊用途的产品，或某一特定地区上，来建立企业的竞争优势及其市场地位的战略。由于资源有限，一个企业很难在其产品市场展开全面的竞争，因而需要瞄准一定范围的重点目标，以期产生巨大有效的市场积聚力量。因此，集中化战略又称为聚焦战略或专一战略。

集中化战略与成本领先战略和差异化战略一样，可以防御行业内各种竞争者的力量，使企业能够在本行业中获得高于平均水平的收益。该战略可以用来防御替代品的威胁，也可针对竞争对手最薄弱的环节采取行动。

集中化战略与成本领先战略和差异化战略不同的是，成本领先战略和差异化战略是面向整个市场、整个行业，从大范围谋求竞争优势；集中化战略则围绕一个特定的、相对狭小的目标市场，进行密集型的生产经营活动，提供比竞争对手更为有效的产品或服务，建立竞争优势，它们之间的关系如图6-7所示。

集中化战略有两种表现形式：一种着眼于局部领域获得成本领先优势，称为集中成本领先战略；另一种着眼于在局部领域获得差异化优势，称为集中差异化战略。之所以采用集中化战略，是因为企业能比竞争对手更有效地为特定的顾客群体服务，即企业能在为目标消费者服务的过程中降低成本，或由于能够更好地满足特定需求而获得产品差异，或两者兼而有之。

| | | 竞争优势的来源 | |
|---|---|---|---|
| | | 低成本 | 产品独特性 |
| 竞争范围选择 | 宽泛的市场 | 成本领先战略 | 差异化战略 |
| | 狭窄的市场 | 集中化战略<br>（集中成本领先战略或集中差异化战略） | |

**图 6-7 三种基本竞争战略关系**

## 二、集中化战略的优劣和风险

（一）集中化战略的优势

（1）便于集中使用整个企业的力量和资源，更好地服务于某一特定的目标。

（2）更好地调查研究与产品有关的技术、市场、顾客及竞争对手等各方面的情况，做到“知彼”。

（3）经济效果易于评价，战略管理过程容易控制，从而带来管理上的简便。

（4）可以针对竞争对手最薄弱的环节使用集中化战略采取行动。

（二）集中化战略的劣势

（1）由于企业全部力量和资源都投入一种产品、服务，或一个特定的市场，当顾客偏好发生变化、技术出现创新、新的替代品出现时，这部分市场对产品或服务的需求下降，企业就会受到很大的冲击。

（2）竞争者也可能会进入企业选定的目标市场，并且采取更优于企业的集中化的战略。

（3）产品销量可能变小，产品要求不断更新，造成生产费用的增加，削弱了企业的成本优势。

（三）集中化战略的风险

无论企业采用何种集中化战略，都面临着与整个行业内采用成本领先战略或差异化战略的公司同样的一般性风险。然而，集中化战略还具有一般性风险以外的三种风险。

风险一：竞争对手可能会集中在一个更加狭窄的细分市场上，从而使原来的集中化战略不再集中。如果有一家公司可以为宜家的客户群（喜欢低价而时髦家具的年轻人）提供同等价位且更多差异化选择，或者是同样的差异化货源而价位更低，那么宜家就将面临这种风险。

风险二：在整个行业内竞争的企业可能会认为执行集中化战略的公司所服务的细分市场很有吸引力，值得展开竞争。例如，克罗格、西夫韦和沃尔玛正试图与有机食品超市品牌全食超市和乔氏超市进行竞争，结果是全食超市对许多商品进行了降价，增加了广告投入，引进了新的自有品牌。除此之外，为了更有效地竞争，全食超市还进行一项忠诚度试验。联席 CEO 及创始人约翰·麦基说："全食超市是一家十分有竞争力的企业，当对手崭露头角，我们面临挑战时，我们就积极应战。"虽然调整初期它的利润空间有所侵蚀，但最终的结果是好的，越来越多的顾客选择了全食超市。

风险三：一段时间后，狭窄的竞争细分市场中的顾客需求也许会变得和整个行业中的顾客需求更加相似，这会导致集中化战略的优势不是被减弱就是消失殆尽。正如睿侠公司（Radio Shack）起初设定的目标市场——自制无线电业余玩家的独特需求，随着时间流逝，睿侠公司的高层多年来一直在苦苦挣扎，最终企业土崩瓦解。

集中化战略有时也会遇到另外一些风险。例如，地方企业因运费低而在地方市场上处于有利地位，但会因交通工具不发达而失掉市场。在狭小市场的部分产品的差异化和成本优势还可能因其他条件变化而削弱。总之，集中化战略对外部环境变化的适应性较差。

### 三、集中化战略的实施条件和实现途径

（一）个性化用户群体

具有完全不同的用户群，这些用户或有不同的需要，或以不同的方式使用产品。

（二）规避竞争

在相同的目标细分市场中，其他竞争对手不打算实行重点集中战略。

（三）企业资源约束

企业的资源不允许其追求广泛的细分市场。

（四）细分部门优势

行业中各细分部门在规模、成长率、获利能力方面存在很大差异，致使某些细分部门比其他部门更有吸引力。

（五）选好战略目标

企业选择集中化战略目标基于以下的原则：选择那些竞争对手最薄弱环节的目标和最不易受替代产品冲击的目标。

（六）选好实施方式

企业保证集中化战略目标的成功实施要基于以下原则：选择对其他竞争对手的成功不是至关重要的经营方式，如选择基于市场开发和市场渗透战略的某些专一经营方式。

（七）注重权衡取舍

企业选择集中化战略要在产品销售量和产品获利能力之间进行权衡取舍，要在产品差异化和管理成本之间进行权衡取舍。

综上所述，要成功地实行以上三种一般竞争战略，既需要不同的资源和技能，也需要不同的营销策略和开发措施，还需要不同的组织安排和控制系统。因此，企业必须考虑自己的优势和劣势，根据经营能力选择合适的竞争战略方案。

# 第四节  竞争战略的选择

波特认为企业有三种一般战略，即成本领先战略、差异化战略与集中化战略。企业必须从这三种战略中选择一种，作为其主导战略。竞争压力会随着市场的发展而增加，一旦行业进入了成熟期，就只有两个竞争战略会产生竞争优势：低成本和差异化。

## 一、竞争战略选择的基本原则

以上论述了三种基本的一般竞争战略，下面讨论一个经营单位应如何选择适合自身的竞争战略问题。总的来说，在选择竞争战略时应遵循如下两个原则：三种之中应选择其一；从经营单位具体情况出发。

（一）从三种竞争战略中择一

在讨论集中化战略时已经指出，它是在市场的某一部分建立起自己的产品在成本领先或产品（服务）差异上的优势地位。这就是说，集中化战略是成本领先战略或差异化战略在市场某一部分上的运用。因此，这里只讨论成本领先战略和差异化战略的选择。

有关学者实证研究得出如下结论：大部分成功的企业有一个共同特点，就是在成本领先与差异化两者之中取得了某一方面的竞争优势地位。也就是说，它们在成本领先（价格）与差异化（质量）两者之中选择一个方面，全力以赴，直到全面胜利，避免同时追赶两个目标造成资源分散。企业或是致力于降低成本，利用价格优势增加销售额，扩大市场占有率以获得较高利润；或是大力推进差异化，在本行业中提供技术水平最高、质量最好的产品或最佳的服务。例如，在钢铁行业，因兰德公司采取成本领先战略，而国际公司采取差异化战略；在重型卡车行业，福特公司靠的是成本领先，而帕卡公司依赖的是差异化。

从理论上来说，不能同时追求成本领先战略和差异化战略，这是由两种不同战略要求的条件决定的。采用成本领先战略的企业就应该在所有的生产环节都实行彻底的合理化，除成本控制外，最重要的是追求产品的大批量，以充分利用大机器生产标准的产品。相反，采用差异化战略的企业必须有特别的工艺、设备与技术，同时为了使用户了解本企业的这种"差异"，或者让本来是标准品的产品在消费者心目中建立起"差异"的形象，企业在销售方面还要组织耗资巨大的广告宣传和产品推销活动。这一切决定了产品差异化必然与成本领先发生矛盾冲突。理论上，同时追求这两个目标的企业往往在竞争中失败。但是在实践中，也有少数企业在两个方面都取得了成功。例如，经营建筑机械的卡特彼勒公司既在生产方面努力取得了成本的优势，又在流通与服务方面取得了差异化的优势；又如，经营卷烟业的菲利普·莫里斯公司，依靠高度自动化的生产设备，既取得了世界上生产成本最低的好成绩，又在商标、促销方面投资，在差异化方面也取得了成功。对此，也有学者提出了"最优成本供应商战略"。

因此，在成本领先和差异化两方面选择其一并不是绝对的原则。在具体选择时，企业还可以考虑下面的几种组合：

（1）一个经营单位可以在不同的产品线上采取不同的竞争战略。例如，奔驰公司在轿车线上采取差异化战略，而在卡车线上采取成本领先战略。

（2）一个经营单位可以在价值链的不同活动上采取不同的竞争战略。例如，可以在生产环节上采取成本领先战略，而在销售和售后服务上采取差异化战略。

（3）一个经营单位在不同时期可以采取不同的竞争战略。例如，当行业处于投入期和成长期时，可以采用成本领先战略；当行业处于成熟期时，则采用差异化战略。

（二）从每一经营单位具体情况出发选择战略

除上述的"三者选一"的基本原则外，竞争战略的选择还要考虑下列一些因素：

1. 经营单位面临的生产力与科技发展水平

在一个高度发达的经济系统里，一方面由于企业之间的激烈竞争，另一方面由于居民收入随生产力发展而迅速提高，成本领先战略就在很大程度上失去了意义，此时差异化战略更有效。相反，在经济较落后的情况下，则应重视成本领先战略以刺激需求。

2. 经营单位自身的生产与营销能力

一般来说，规模较小的经营单位的生产与营销能力比较薄弱，应选择集中化竞争战略，以便集中经营单位的优势力量于某一特定顾客、特定地区或特定市场。如果经营单位的生产能力较强而营销能力较差，则可考虑运用成本领先战略；相反，如果经营单位营销能力较强而生产能力相对较弱，则可考虑运用差异化战略。如果经营单位的生产与营销能力都很强，则可考虑在生产上采取成本领先战略，在销售上采取差异化战略。

3. 经营单位产品的市场寿命周期

通常在产品的投入期或成长期，为了抢占市场防止潜在加入者的进入，经营单位可采用成本领先战略，以刺激需求，使经营单位处于低成本、高市场占有率、高收益和更新设备投资四者的良性循环。在产品的成熟期与衰退期，其消费需求呈多样化、复杂化与个性化，这时经营单位应采取差异化或集中化战略。

4. 经营单位的产品类别

不同的产品需求对价格、质量、服务等方面有不同的敏感性。第一，资本品与消费品。一般来说，资本品很多都是标准品，如钢材、标准机械等，在保证基本质量的前提下，价格将成为竞争中最重要的因素，因此经营单位应采取成本领先战略。但对资本品中的专用机械类，非常强调售后服务，对此应采取差异化战略。消费品是非专家购买，绝大多数消费者都是依靠广告宣传、产品包装及价格等来确定是否购买，对生产消费品的经营单位来说，应尽量使产品在服务和市场营销管理方面差异化。第二，日用品与耐用消费品。日用品由于人们几乎每天都消费，反复少量购买，因此应采取成本领先战略。耐用消费品是一次购买、经久耐用的产品，这些产品的质量与售后服务非常重要，因此经营单位应采取差异化战略。

## 二、竞争战略选择的影响因素

行业是企业竞争的重要环境。不同的行业有着不同的行业集中程度、不同的成熟状况及不同的国际竞争状况。因此，企业在选择基本竞争战略以后，还要根据自己行业的特色，考虑如何面对行业中的竞争对手，扩大自己的竞争优势。下面根据行业的特点及寿命周期的不同阶段，探讨企业的竞争战略。

（一）分散行业中的竞争战略

分散行业是指由大量中小型企业组成的行业。快餐业、洗衣业、照相业等都属于这种行业。在这种行业中，企业的市场占有率没有明显优势，企业也不存在规模经济，一个企业无法对行业的运行产生决定性的影响。

1. 行业分散的原因

一个行业成为分散行业的原因有很多，既有历史的原因，又有经济的原因。

（1）进入障碍低。行业障碍低，企业就比较容易进入这种行业，大量的中小型企业成为该行业中竞争的主导力量。

（2）缺乏规模经济。有的行业中，企业生产过程比较简单，难以实行有效的机械化和规范化。在这类企业中，尽管生产规模会不断扩大，其成本并不会下降，或者下降幅度很小。同时，企业的储存成本高，而且销售额的变化无规律可循，企业难以发挥规模经济的作用。因此，这些行业往往会形成分散行业。

（3）产品的差别化高。这可以有效地限制企业规模，使效率不同的中小型企业得以生存发展。

（4）讨价还价能力不足。在分散行业里，供应方与购买方的结构决定了行业中的企业在与相邻企业或单位进行交易时，不具备讨价还价的能力。同时，供应方与购买方也有意识地鼓励新企业进入该行业，使行业保持分散状态，并使企业维持小规模。

（5）市场需求多样化。在某些行业中，由于地域的差异，顾客的需求是分散的，而且形式多样，导致行业分散化。

（6）行业初期阶段。在行业发展的初期阶段，所有的企业都处于发展状态，没有能力扩大生产或进行兼并。因此，这时的行业处于一种分散的状态。

2. 行业的战略选择

针对行业分散的状态，理论界和实业界都在探讨整合行业的战略与方法，试图改变分散的产业结构，运用一般竞争战略获得竞争优势。企业常用的战略有以下三种形式：

（1）连锁经营。企业运用这种方法主要是为了获得成本领先的战略优势。连锁经营改变以往零售店分散布局的状态，建立联络网络，形成规模经济，拥有大量的购买力。同时，连锁经营可以建立区域性的供货配送中心，克服高运输成本的现象，减少库存成本，快速反应商店和顾客的需求，以及分享共同的管理经验。这些都可以大幅度地降低企业的成本，形成竞争优势。目前，国内出现的百货连锁店就是很好的例证。

（2）特许经营。在分散行业里，企业要形成差别化，多采取特许经营的方式，获得竞争优势。企业通过特许经营还可以减轻迅速增加的财务开支，并获得大规模广告、分销与管理的经济效益，使企业迅速成长。必胜客（Pizza Hut）快餐店就是这方面的例子。

（3）横向合并。为了求得发展，企业在经营层次上合并一些产业中的小企业，以形成大企业。例如，将一些地方性的企业合并成全国性的企业，使之形成规模经济效益或形成全国性市场。从而，企业可以采用成本领先战略或差别化战略。

（二）规模集中行业中的竞争战略

在规模经济显著的行业中，往往会出现企业规模巨大、企业数目较少的寡头型企业规模结构。在这种行业中，企业首先要能确定自己在本行业中的地位，根据在行业中的不同位次，确定自己的竞争战略。根据市场占有率等指标，企业在行业中的竞争地位可以划分为领导型企业、优胜型企业和一般企业三种类型。

1. 领导型企业的竞争战略

在规模集中的行业中，都有一个或几个企业处于市场领导地位，它们的产品在市场上有最高的市场占有率，而且在产品、市场、价格、销售和促销等方面起领导作用。处于领导地位的企业的战略核心就是要稳定整个市场，使行业在价格、市场占有率、技术、销售等方面不发生激烈的竞争，以保持第一的市场地位。这些企业通过寻找新用户、开发产品的新用途或增加产品的使用量等方式扩大行业的总需求量。

以日本汽车行业为例，处于第一位的丰田汽车公司对于位次不同的其他汽车制造企业采用不同的竞争战略：通过对产品品种、销售区域、销售渠道等方面采取宽容政策，以谋求整个市场的稳定和扩大，目的是与处于第二位的日产汽车公司保持距离；对第三、第四位的三菱汽车公司、东洋汽车公司的态度是在产品系列上采取宽容态度，以牵制第二位的日产汽车公司；对于第五位的本田汽车公司，丰田则明确地采取产品差别化战略和市场差别化战略；对于第六位的大发汽车公司采用联合战略，让其承担对丰田轻便车、女性专用车、电动汽车等产品的装饰加工任务，以此来补充丰田的产品系列。

2. 优胜型企业的竞争战略

在行业中位于第二、第三位的企业称为优胜型企业。由于优胜型企业的竞争地位决定了它可以有两种战略选择：一是采用进攻型战略；二是采用跟随战略。

（1）进攻型战略。所谓进攻型战略，就是把领导型企业、与自己企业规模实力相当的企业和比自己弱小的企业作为战略进攻的目标，以此制定竞争战略。在一般情况下，优胜型企业比领导型企业更加注意产品和技术的开发，及时掌握环境和市场的变化，争取在新市场中取得有利的竞争地位，成为新领域里的领导型企业，然后再向原有经营领域里的领导型企业挑战。向与自己规模实力相当的企业或者向比自己弱小的企业挑战的目的是为了进一步夺取市场，可以采用联合、兼并等手段，形成较强大的竞争集团，以便和领导型企业抗争。

（2）跟随战略。当优胜型企业对于企业目前的市场占有率、市场地位和利润水平比较满意时，可以根据领导型企业的战略变化及时调整自己的竞争战略，以保持自身的战略地位，避免领导型企业的激烈反应而采取报复行动。在领导型企业忽视的或者薄弱的细分市场上采用集中化和差别化战略，从而形成企业独特的竞争优势。

3. 一般企业的竞争战略

一般企业是指市场占有率比较低的企业。一般企业要想获得高收益应采用的战略有以下三种：

（1）补缺战略。对原有的细分市场再进行细分，寻找能有效利用本企业长处的市场环节，根据自己的优势，针对某一具有特殊性能的产品或某一特定消费群展开经营活动，避免和领导型企业、优胜型企业发生冲突，充当市场补缺者的角色。

（2）联合战略。创造弱者集结的条件，用弱者之间的联合形成强大的竞争实力，其目的是避免领导型企业和优胜型企业的侵犯，并尽量与之协调，努力稳定行业市场，利用企业之间的联合在特定的环节上保持自己的市场地位。

（3）依附型战略。所谓"依附"，就是把本企业的生产经营与发展相对固定地纳入或联结在某个大企业上，成为大企业系列生产中的一个组成部分，进行专业化的生产和开发。这是根据中小型企业力量单薄、产品单一的特点而制定的一种经营发展战略。其好处在于为企业长期的生存和发展提供一个可靠的基础，尤其是对实力较弱、创办时间不长的小企业来讲，采用这种战略可以大大减少经营风险。

（三）新兴行业中的竞争战略

新兴行业是指由于技术创新、新需求的出现、新产品的产生及社会经济的变化而使某种新产品或新服务成为一种现实的发展机会，从而新形成的或重新形成的行业。简单地讲，新兴行业是由先驱性企业创造出来的行业。例如，苹果公司创造出计算机行业，施乐公司创造出复印机行业等。

1. 新兴行业的特点

（1）技术与战略的不确定性。在新兴行业中，企业的生产技术还不成熟，有待于继续创新与完善。同时，企业的生产和经营也还没有形成一整套的方法和规则，哪种产品结构最佳，哪种生产技术最有效率等都还没有明确的结论。

（2）企业技术的不确定性，导致了战略的不确定性。在新兴行业中，各企业在技术和战略上都处于一种探索阶段，表现为新兴行业初期的多变性，从而战略选择也是多种多样的，各企业的产品或市场定位、营销、服务方式都表现出这一点。从具体的经营活动来看，新兴行业生产规模小，但生产成本高，随着生产规模的扩大、经验的积累、生产组织的趋于合理及规模经济的形成，成本才会下降。同时，企业缺乏制定战略必需的信息，不了解竞争对手的数目、竞争对手的分布状况及其优势和劣势状态、购买者的需求规模和偏好，以及市场成长的速度和将实现的市场规模等。在相当一段时间里，该新兴行业的参与者只能在探索中寻求适当的战略与成功的机会。

（3）行业发展的风险性。在新兴行业中，许多顾客都是第一次购买者。在这种情况下，市场营销的中心活动是诱导初始购买行为，避免顾客在产品的技术和功能等方面上与竞争对手的产品发生混淆。同时，还有许多潜在顾客对新兴行业持观望等待的态度，认为第二代或第三代技术将迅速取代现有的产品，他们等待产品的成熟与技术和设计方面趋向标准化。因此，新兴行业的发展具有一定的风险性。

2. 新兴行业的战略选择

（1）在新兴行业中，企业的战略选择必须与技术的不确定性和行业发展的风险性相适应。由于不存在公认的竞争对策原则、尚未形成稳定的行业结构、竞争对手难以确定等因素，都使行业发展过程的新兴阶段成为战略自由度最大、战略影响程度最高的阶段。企业利用这一特点，在行业初期多变的环境中做出正确的战略选择，就会在一定程度上决定企业今后在该行业中的经营状况和地位。

（2）选择适当的进入时机。企业何时进入新兴行业是个风险问题。一般来说，具有以下特征时，企业进入新兴行业较为适宜：①在企业的形象和声誉对该行业产品的购买者至关重要时，企业最先进入可提高企业的形象和声誉；②经验曲线在该经营领域作用重大，先进入的企业所创造的经验使后进入的企业不易模仿；③企业先进入可优先将产品卖给第一批购买者，以赢得顾客的忠诚度；④对于原材料供应商和销售商的优先承诺，可使企业获得成本优势。

但是，最先进入的企业在下列情况下也会面临巨大风险：初期的竞争和市场细分可能会与行业发展成熟后的情况不同，企业在技术结构与产品结构等方面如果投资过大，在转变时就要付出高额的调整费用；技术变更也会使先进入企业的投资过时，后来的企业则可能拥有最新的技术和产品。当然，企业进入的新兴行业必须是有吸引力的行业，即行业的最终结构将有利于企业获得超出平均收益水平的利润，同时企业能获得长期巩固的行业地位。

（3）促进行业结构形成。在新兴行业的战略选择问题上，首先考虑企业是否有能力促进行业结构趋于稳定而且成型。这种战略选择使企业能够在产品策略、营销方法及价格策略等领域建立一套有利于自身发展的竞争规则，争取成为行业的领先企业。

（四）成熟行业中的竞争战略

正如产品存在寿命周期规律那样，行业也存在一个由迅速成长时期转变为增长缓慢的成熟时期的过程。行业成熟所引起的竞争环境变化，要求企业战略做出迅速反应；同时，也深刻地影响着企业的组织结构，要求组织结构也要加以调整，以适应战略的转变。

1. 成熟行业的特点

（1）低速增长导致竞争加剧。由于行业不能保持过去的增长速度，市场需求有限，企业一方面保持自身原有市场份额，同时将注意力转向争夺其他企业的市场份额。这样，行业在向成熟转变过程中，其内部形成两方面的竞争：一是众多企业对缓慢增长的新需求的竞争；二是企业相互之间对现有市场份额的竞争。企业将根据自己的实力，要求对市场份额进行重新分配。

（2）注重成本和服务上的竞争。由于行业增长缓慢，技术更加成熟，购买者对企业产品的选择越来越取决于企业所提供产品的价格与服务的组合。此外，在成本竞争的压力下，企业要增加投资，购买更加先进的设备。

（3）裁减过剩的生产能力。行业低速增长，企业的生产能力缓慢增加，有可能产生过剩的生产能力，企业需要在行业成熟期中裁减一定的设备和人力。

（4）行业竞争趋向国际化。技术成熟、产品标准化及寻求低成本战略等使企业竞相投资于经营资源丰富的国家和地区，从事全球性的生产和经营活动。同时，在成熟行业中，企业所面临的国内需求增长缓慢而且趋于饱和。在竞争的压力下，企业转向经济发展不平衡、行业演变尚未进入成熟期的国家。在这种情况下，竞争的国际化便不可避免。

（5）企业间的兼并和收购增多。在成熟的行业中，一些企业利用自己的优势进行兼并与收购，产生行业集团。同时，这种行业集团也迫使一些企业退出该经营领域。伴随着行业的不断成熟，即使是强有力的竞争企业也常因战略与环境的不适应而遭到淘汰。所有这些变化都迫使企业重新审视其经营战略，进行战略调整和转移。

2. 成熟行业的战略选择

在行业成熟期，一般可供企业选择的战略有以下几种形式：

（1）缩减产品线。在以价格竞争为主要手段、以市场份额为目标的成熟行业里，原有产品系列结构必须调整，企业要缩减利润低的产品，将生产和经营能力集中到利润高或者有竞争优势的产品上。

（2）创新。随着行业的发展成熟，企业要注重以生产为中心的技术创新。通过创新，企业推出低成本的产品设计、更为经济的生产方法和营销方式，力争在买方价格意识日益增强的市场中具有独特的竞争优势。

（3）降低成本。价格竞争激烈是成熟行业的基本特征。通过从供应商处获得更优惠的供应价、使用更低廉的零部件、采用更经济的产品设计、提高生产和销售的效率及削减管理费用等方法，企业可以获得低成本优势，从而在竞争中发挥价格优势。

（4）提高现有顾客的购买量。在成熟行业中，企业很难通过争取竞争对手的顾客的方式，扩大自身产品的销售量。在这种情况下，企业应采取更好的促销手段，提高自己现有顾客的购买数量。同时，企业也应开拓新的细分市场，以扩大顾客的购买规模。

（5）发展国际化经营。当国内行业已成熟时，企业应谋求国际化经营的原因：①同一行业在各国的发展是不平衡的，在一国处于成熟期的行业，可能在其他国家正处于迅速成长期；②企业进行国际化经营，可以充分利用各国的经营资源，使自己的生产经营更为经济；③企业进行国际化经营，可避免饱和市场上的激烈竞争。不过，企业应认识到，随着企业的国际化经营，行业内的国内竞争也会变成国际化的竞争。行业内的企业开始争夺海外市场，同时开展与该市场所在国企业的竞争。总之，企业应该根据行业具体情况和企业自身优势与劣势，选择上述其中一种或几种战略形式。同时，企业也要注意战略运用的难点。企业不要为了短期利益而牺牲长远利益，不要为了一时销售额增长而做过分的投资，要对削减价格做出积极反应，要在需求出现停滞趋势时减少生产能力等。不过，企业最危险的战略难点是，企业做不出明确的战略选择，在成本领先、差别化和集中化战略之间徘徊，使企业丧失竞争优势。

（五）衰退行业中的竞争战略

许多行业迟早会进入衰退阶段。在这个阶段上，行业的总体市场需求低于经济增长，经济规模开始缩小。企业的产品需求也开始减少，利润开始下滑。因此，企业应根据这种行业竞争结构的变化，采取相应的竞争战略。

1. 衰退行业的特点

（1）行业需求下降。导致行业需求下降的原因有多种：①技术替代。新技术和技术改造替代了落后的技术与工艺，导致顾客对传统需求的衰退。②需求转移。消费者偏好发生转移，从而引起行业的衰退。③人口因素。人口发生变化时，由人口因素引起的某一行业的衰退也必然会对其上游行业需求发生影响。

（2）衰退的方式和速度不确定。企业对未来需求继续衰退的估计存在不确定性。如果企业认为需求有可能回升，将会继续保持其市场地位，在该行业中继续经营。如果企业确信该行业需求将继续衰退，则要转移其生产能力，有步骤地退出该经营领域。有时，由于衰退缓慢，又被某些短期因素干扰，企业更难以估计未来的衰退状况。同时，企业也难以判断行业是平缓的衰退，还是由经济的周期性波动造成的短期现象，从而难以采取适当战略。

（3）退出障碍的影响。衰退行业也存在退出障碍，会迫使经营不佳的企业继续留在行业中从事生产经营活动。在考虑退出时，企业要妥善处理与退出障碍有关的事宜。

2. 衰退行业的战略选择

在衰退行业里，企业可以选择的战略有以下四种：

（1）定位战略。在衰退行业中，企业要寻找能够生存与发展的细分市场甚至更细分的市场，集中资源占领或垄断该细分市场，获得竞争优势。

（2）领先战略。在衰退行业中，企业通过提高产品质量和销售规模，在质量和成本上形成领先地位，建立差异化优势。

（3）收获战略。企业在考虑退出衰退行业时，可以通过削减新投资、减少现有设备、压缩销售渠道等方法实行收获战略，收回最大量的资金。

（4）放弃战略。在衰退加剧的行业里，企业应考虑及早出售其经营不善的经营单位或整体退出，以收回其投资。企业何时放弃其经营单位，取决于企业对未来需求的估计。

### 三、"夹在中间"及其出路

前面论述的三种一般竞争战略是企业对付竞争力量的有效战略。按照波特的说法，未能在上述三个方面来开展竞争的战略就属于"夹在中间"（Stuck in the Middle）战略，又叫中庸战略。采取"夹在中间"战略的企业处于非常不利的战略地位。这样的企业缺乏高的市场占有率、资本投入及实施其他三种战略的途径，这可能是受含糊的企业文化及一套相互矛盾的组织设计或激励体系的影响。总之，处于这种状况的企业几乎肯定是只有较低的营利性，因为它们既丢失了需要较低价格而大量购买的顾客，又不能与采取差异化战略和集中化战略的企业相竞争。

处于"夹在中间"地位的企业要想改变不利的战略局面，就必须进行根本性的战略转变。它要么采取措施来达到成本领先战略的目的（这需要大量现代化的投资，甚至占有较高的市场占有率），要么使自己面向一个特定的目标（集中化战略），或者取得某种程度的独特性（差异化战略）。对这三种战略的每一种选择要依据企业的能力和局限来做出，因为成功地实施每一种战略都需要不同的资源、组织设计及管理风格等，很少有一个企业适合三种战略的要求。

对成本领先战略、差异化战略、集中化战略和中庸战略的优劣评价，是根据市场占有率和营利性两者存在的可能关系做出的。波特认为，以投资收益率代表营利性指标，在一些行业中，营利性和市场占有率两者之间存在着"U"形曲线关系，如图6-8所示。在"U"形曲线的A部分，较低的市场占有率也能获得较高的投资收益。在这部分的企业一般采取集中化战略或差异化战略，因为这两种战略都与较低的市场占有率相联系。在C部分的企业有较高的市场占有率，也带来较多的投资收益。处于这部分的企业大都采取成本领先战略，因为成本领先战略与较大的产品生产和销售累计数量相联系，因而也就具有较高的市场占有率。C部分的企业也并非都采取成本领先战略，如IBM公司、SONY公司等均证明，采取差异化战略有时也能获得较高的市场占有率和较多的投资收益。在B部分的企业具有中等的市场占有率，却带来最低的投资收益效果。原因在于 B 部分的企业采取了中庸战略，这是一种含糊不清的战略，它不能使企业在上述三种有效战略的任何一个方向上发展，因而具有最低的效益。

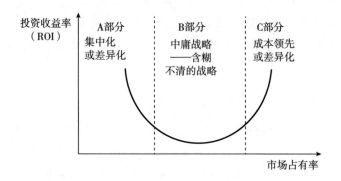

**图 6-8　市场占有率与营利性的关系**

市场占有率与营利性存在"U"形曲线关系的另一个含义是，较小的企业能够选择集中化战略或差异化战略，较大的公司能够选择成本领先战略或差异化战略，因此这两类企业都是最有营利性的企业。中等规模的企业，由于其市场占有率的中等性，可能具有最低的营利性。因此，对任何类型的经营单位，要想具有较高的投资收益率（营利性），要么采取成本领先战略或差异化战略来达到较高的市场占有率；要么放弃追求全行业范围的高市场占有率，而采用集中化战略或差异化战略来追求特定目标市场上的较高市场占有率。

最后需要指出的是，图 6-8 中的"U"形曲线关系并非存在于每一行业中。在一些行业，不可能存在集中化战略应用的机会，唯一的选择是成本领先战略，如许多大宗商品的情况即是如此。在其他一些行业，竞争非常激烈，取得高于平均收益的盈利的唯一途径是集中化战略或差异化战略。因此，"U"形曲线的存在及选择什么样的战略还要看行业的特点。

## 【本章小结】

企业如何在所选定的经营领域内展开竞争并取得竞争优势以获取超额利润，是业务层战略的研究内容。

根据企业竞争优势的来源和展开竞争的领域不同，波特提出了三种基本的业务层战略：成本领先战略、差异化战略和集中化战略。这三种基本战略都有自身的适用条件、竞争优势和实现途径，但也面临不同的风险，企业需要根据自身条件审慎选择。

基于更加动态的观点，依据顾客可感知的价值与价格，将企业的战略选择分为四个区域，并提供了八种可供选择的战略路径。

随着获利性增长空间的压缩，企业要实现可持续发展，必须突破传统的竞争惨烈的"红海"市场，拓展非竞争性的"蓝海"市场空间，创造新的需求，这就是蓝海战略。基于价值创新，利用一套分析工具和框架，企业通过制定和实施蓝海战略，可以获得高额回报。

在动荡的环境中，企业的竞争过程体现出较强的动态性和互动性。企业要观测、预判竞争对手的战略动态，据此及时调整和优化自己的竞争战略。企业的动态竞争其实是一个由进攻战略和反击战略组成的不断交织演进的过程，并由意识、动机和能力等因素驱动。

企业发展受行业环境的约束，业务层战略必须适应行业环境的变化，并与自身地位相契合，才能保持相应的竞争优势。根据企业所处行业的生命周期，可分为新兴、成长、成熟和衰退四个阶段。企业应根据所处阶段的特点，选择相应的竞争战略。由于行业的集中或分散程度不同，企业竞争战略的选择也要有所差异。另外，企业的资源和竞争能力有差异，企业的市场地位也会不同，一般有市场领导者、市场追随者、市场挑战者和市场补缺者四种类型。处于不同的市场地位，其战略选择也要有所差别，才能确保企业的盈利。

## 【复习思考】

### 一、单选题

1. 成本领先战略的目标是（　　）。

A. 提供与竞争者存在差异的产品或服务

B. 成为整个行业中成本最低的制造商

C. 在行业内自己的定位

D. 使企业最深刻地了解市场及产品

2. 下列各项中，不属于成本领先战略特有的是（　　）。

A. 可以提高产品利润及顾客忠诚度

B. 实现规模经济以增加进入壁垒

C. 增加企业产品的竞争力

D. 用弹性来应对成本增长

### 二、多选题

1. 成本领先战略主要适用于（　　）。

A. 市场中存在大量的价格敏感用户

B. 产品难以实现差异化

C. 购买者不太关注品牌

D. 消费者的转换成本较低

2. 下列各项中，属于低成本特征的是（　　）。

A. 相对标准化的产品

B. 价格相对比较低

C. 产品的性能和质量能够被大多数顾客接受

D. 快速创新

3. 企业可以通过以下哪些领域建立一种或者多种成本优势？（　　）

A. 高效率、大规模、低成本的生产和物流设施、设备

B. 创造新的营销概念

C. 市场和消费者研究

D. 严格控制生产运营和行政开支

4. 采用低成本定位战略企业的最大威胁来自于（　　）。

A. 模仿　　　　　　　　　　　B. 改变竞争的规则

C. 学习　　　　　　　　　　　D. 忽视顾客需求

**三、判断题**

1. 经营级战略的主要内容会涉及投资、开拓和进入其他的行业或业务。（　　）

2. 经营级战略的目的是追求利润最大化。（　　）

3. 一个专门从事某个行业或者业务经营的独立法人企业，其股东大会和董事会投资成立这个企业的目的就是让它在一个特定的行业中经营，并且实现股东的投资收益最大化。（　　）

4. 企业战略管理者作为主体制定的战略就是职能级战略。（　　）

## 【案例分析】

## 案例 6-2　旺旺品牌营销策略

　　旺旺集团是我国台湾重要的民营企业，旺旺集团的品牌营销在系列措施的配合下成功地在市场竞争中占据了重要地位。随着市场经济的不断深入与发展，如今的市场已经进入一个品牌化竞争的时代，企业取得市场竞争优势地位在很大程度上取决于品牌的力量，而做好品牌营销成为企业关注的焦点，品牌营销对于品牌建设和推广宣传有着重要作用，企业通过实施品牌营销策略，使自己的品牌和产品在市场竞争中占有优势。

　　产品差异化是指企业根据消费者的不同偏好，以某种方式改变那些基本相

同的产品，以满足不同消费者的需求。每个品类都有生命周期，旺旺的产品也不例外。经过多年的快速发展，旺旺的主要品类已在食品市场达到饱和，很难增加产品销量。因此，旺旺在产品上通过创新实现差异化，以解决产品品牌老化和销售难增长的问题。米果系列产品的创新在这一轮收入增长中发挥了非常重要的作用，而其中的一款坚果版的仙贝——"田舍米烧"，是在经典旺旺仙贝基础上进行创新的，采用非油炸的工艺，由精心挑选的优质大豆和麸质谷物制成，含有更多的营养成分，更绿色、更健康。在"2019年全球食品和饮料创新大会（FBIC）"上获得"新消费创新产品奖"。此外，在电子商务渠道上推出的重口味米果类产品"辣人"品牌，也受到许多消费者的欢迎。旺旺推出的高毛利率的现代渠道专供礼包及浪味仙薯米片等产品亦有效提高了米果类的获利能力。旺旺在米果系列下不断创新推出新产品，使产品销量和市场份额不断增加。在差异化的市场竞争中，竞争对企业和消费者来说是共赢的，旺旺利用差异化策略获取可观的收益，固然差异化营销策略也离不开消费者的支持，企业要想获得发展，更要加强与消费者的联系，充分了解消费者的偏好与习惯，提升企业市场定位的精准度。

多品牌营销策略是指公司满足消费者多元化的消费需求，不断在消费市场上细分产品并扩大公司的市场份额的策略。旺旺针对市场上产品众多、消费者需求升级、渠道多元化等现状，采取多品牌策略，各类别品牌将更加有目的性地满足不同消费群体的需求。例如，有老少皆宜的"旺旺"品牌，主打产品有旺旺雪饼和旺旺仙贝；面向孩子的"旺仔"品牌包括旺仔牛奶、QQ糖和旺仔小馒头等产品；瞄准宝妈消费群体的"贝比玛玛"品牌是专门为儿童成长提供健康的零食辅食产品。旺旺还推出添加了胶原蛋白和纤维的产品品牌——"Queen Alice"，以女性消费群体为主。针对轻食理念人群的"Fix x Body"系列，产品主要是低热量的粗粮和饮料，包装设计简单环保，每个袋子都采用独立的小包装，在包装的显眼位置标注了可计算的能量摄入量，直观地提示消费者控制总卡路里，以满足消费者对"低碳"零食的需求。秉承关爱老人的品牌理念，针对老年人领域的新品牌"爱至尊"为老年人设计主打少糖、健康营养的产品，弥补了国内老年市场的空缺。

在精准营销的背景下，品牌传播的范围是有限的，因此行业和行业开始相互渗透和融合，于是便有了跨界，跨界营销基于不同行业、不同偏好和不同产品的消费者之间的共通性和连通性，把看似不相关的行业进行相互渗透，通过结合所呈现出的生活态度与审美观，来吸引更多的目标消费者，增加传播的影响力，有助于跨界合作的品牌营销最大化地实现。作为国民品牌的旺旺，其品牌

IP 形象，"大眼旺仔"的标志性笑脸家喻户晓，在 20 世纪 80 年代和 90 年代的消费者记忆中具有独特的情怀优势，但由于品牌印象过于固化很难吸引年轻消费者的关注。于是旺旺就开始了跨界，旺旺与国潮时尚品牌塔卡沙的合作恰恰是看重其年轻的客户群，这块正是旺旺空缺的，也是目前需要的，能使旺旺以最快的速度融入新一代的年轻群体。两个品牌的跨界合作也确实在网络引爆社交话题，时尚界和食品界之间的碰撞创造另一种的时尚火花，增加了品牌的影响力。选择在天猫国潮行动中独家上线联名系列服装，刚好能蹭一波天猫的热度，刷足存在感，吸引了大量年轻消费者的关注。旺旺还尝试了跨界美妆，与自然堂合作推出了"雪饼气垫霜"，在外观设计上还原了旺旺雪饼的模样，联名款一经发布，就在社交平台上引起热议，再加上多位美妆博主发布的测评视频，吸引了众多女性消费者的注意。此外，旺旺还跨界了茶饮、家具和日用品等品类。面对新的市场环境，旺旺通过跨界合作激发了消费者的深层需求，创造出更多具有体验价值的产品，发挥了不同品牌之间的协同作用，并实现了强有力的合作。跨界合作不仅可以扩大品牌的影响力，提高品牌的附加值和品牌在消费者心中的新鲜感，还可以在品牌与消费者之间建立积极的互动关系，同时也是在摸索年轻人消费心理的一个过程。

旺旺在品牌营销的过程中，始终"做自己的代言人"，在精耕现有渠道的同时，增加新兴渠道投入，通过打造产品差异化、品牌多元化，实施跨界营销，重塑品牌形象，实现品牌年轻化，提升品牌的效益。但是，旺旺在品牌营销中还存在一定的缺陷，加之目前国内休闲食品行业竞争越来越激烈。因此，促进旺旺品牌营销策略的更好实践，就必须注重不断优化内外部环境，以促进旺旺品牌营销策略的有效性。我国企业应重视品牌营销，强化品牌意识，努力打造品牌的核心价值，通过提供优质的产品和服务，赢得消费者对品牌的信任并建立良好的企业信誉，在新的市场环境和营销环境中找到自己的位置，与时俱进。

**案例讨论题**

1. 旺旺集团的经营运用了哪些业务层战略？
2. 旺旺品牌营销存在哪些问题？
3. 旺旺品牌营销策略改进的对策建议有哪些？

# 第七章 战略决策：战略匹配与选择方法

## 【知识架构】

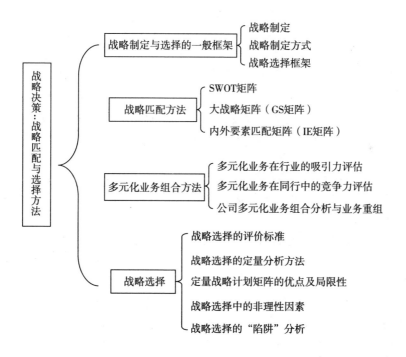

## 【学习要点与目标】

通过本章的学习，读者应该能够：

☐ 掌握战略制定与选择的一般框架

☐ 掌握 SWOT 矩阵、大战略矩阵和内外要素匹配矩阵

☐ 了解多元化业务的重要性

□掌握公司多元化业务如何进行组合分析与业务重组

□了解战略选择的目的与意义

□了解战略选择的评价标准

□掌握定量战略计划矩阵（QSPM）的优点及局限性

□了解战略选择中的非理性因素和"陷阱"

## 【本章核心概念】

SWOT 矩阵　大战略矩阵（GS 矩阵）　内外要素匹配矩阵（IE 矩阵）　多元化业务　战略选择　定量战略计划矩阵（QSPM）

## 【引导案例】

## 案例 7-1　比亚迪：制胜之道

比亚迪股份有限公司，创立于 1995 年，2002 年 7 月 31 日在中国香港主板发行上市，公司总部位于中国广东深圳，是一家拥有 IT、汽车及新能源三大产业群的高新技术民营企业。

2021 年，比亚迪新能源汽车销量突破 60 万台，同比大幅增长 218.3%。2022 年前 10 个月，比亚迪新能源汽车销量 140.29 万辆，同比增长 158.52%。为什么比亚迪销量能够实现大幅跃升？

"我觉得大家可能只看到了我们这两年的爆发，其实这背后是我们 20 多年的坚持。别人是厚积薄发，我们是'厚积厚发'。"比亚迪汽车品牌及公关事业部总经理李云飞表示。

比亚迪董事长兼总裁王传福称，2003 年，比亚迪怀着绿色可持续发展的初心，进入汽车行业，目前已经逐步掌握车用动力电池、电机、电控和芯片等全产业链的核心技术，实现了产业链的自主可控，不被"卡脖子"。

经济学家柏文喜说："比亚迪能够实现销量的'加速奔跑'，主要是由于比亚迪拥有动力电池核心技术、整车制造能力并实现了向上游资源的产业链整合，从而让比亚迪新能源汽车有了更好的性价比，也成为世界第一家停产燃油车的车企。"

为什么中国品牌汽车能在新能源时代脱颖而出？

经济学家柏文喜表示，中国品牌汽车近年来市场份额不断提升一方面得益于中国市场的快速增长和中国车企的技术创新与市场创新，另一方面也得益于新能源汽车的崛起及中国制造业的整体优势。我们的核心竞争优势一个是占据了新能源汽车的创新高地，另一个是产业链比较完备所形成的制造业优势。

深度科技研究院院长张孝荣表示，我国电动车产业布局早，受惠于政策驱动，产业各部门发育齐全，在全球出现了先发优势。在政策指引下，我国电动车市场出现井喷，成为世界最大的新能源汽车消费区域。

**点评：**以上这个案例中，比亚迪作为民营汽车生产公司，在国外燃油车专利约束的情况下，果断追随国家发展新能源的总体战略，在企业内制定新能源汽车发展战略以匹配国家新能源战略。在市场竞争日趋激烈的今天，组织需要形成整体的力量，这好比拳头打出去比单独每一根手指更有力。如今社会科学技术文化发展加快，在一次次的经济浪潮中，不断地扩大发展自己，对于自身所处环境及未来具体想要达到的目标，都需要通过合理的战略决策来辅助实现，这是不得不去做的也是一定不能够缺少的关键一环。

# 第一节 战略制定与选择的一般框架

在战略管理中关于企业战略究竟是如何形成的这一问题有两种不同的观点，一种是早期以战略计划、战略设计为代表的观点，认为企业战略是企业有目的、精心设计和制定的，另一种认为企业战略是企业在发展过程中逐渐形成的，并没有一个特别的战略制定过程。因此，形成了两种对战略管理的认识。

## 一、战略制定

### (一) 精心设计的战略管理

精心设计（Deliberate Design）的战略管理是指战略在企业高层的主持下，运用战略分析的技术与工具精心设计出战略及其实施方案并加以推行。战略管理的整个过程通常需要自上而下加以分析和决策，多个不同部门共同参与，是一个理性的、分析的、结构化和指导性的过程。精心设计的战略管理常常通过战略计划或战略设计的方法来成。

例如，1965 年美国钢铁公司通过战略计划来实施战略管理，首先是预测未来的产品市场需求，在分析了各个市场的需求之后确定出各个市场的最优生产水平，这时往往需要运用计算机将需求与生产能力、运输能力等进行匹配。当生产水平确定后就决定各种需要投入的资源、资本、设备等，公司在衡量生产能力和财务政策之后，形成一个长期的经营计划，同时根据不同的情况也形成备用计划。该公司的战略计划由一名副总负责制订，董事会和高层管理人员做出必要的决策。这种精心设计的战略管理需要运用许多分析工具、计划制订工具和决策工具。20世纪五六十年代后企业领导者发现随着公司发展壮大，协调各种政策和控制公司越来越困难，于是通过长期计划的方式来管理企业。通过长期计划，企业管理者为每年的财务计划提供基本的决策框架，通过宏观经济的分析预测为公司的发展提供决策基础。制订五年计划是企业常用的方法，在企业中非常流行并发展出了很多分析和制订计划的方式和工具。但是，随着经营环境产业化越来越频繁，竞争越来越激烈，战略计划开始难以满足企业应对外部变化和竞争的要求，这时战略计划才真正开始转向战略管理。

精心设计的战略也可以通过外部的咨询机构来制定。外部咨询机构的专业性、独立性，拥有大量的案例和丰富的经验，可以通过战略设计的过程帮助企业加快学习和克服自身的一些缺陷。在一个竞争激烈、社会分工日益细化和强调合作发展的时代，充分利用外部咨询机构的力量是一个发展趋势。

（二）逐渐显现的战略管理

然而，许多企业的战略并不是系统、有计划形成的。沃尔玛公司（以下简称沃尔玛）在发展过程中形成了大规模卖场、枢纽式配送系统、定位于小城镇及独特的员工激励模式等特点，这在实践中被证明是一种非常成功的战略，但沃尔玛似乎并没有正式地设计这一战略。另一个非常著名的例子是本田汽车成功进入美国市场。按照精心设计战略的思想，战略管理应该是一个理性的、分析的过程。当时波士顿咨询公司认为本田应该通过规模经济和成本优势来进军国际市场。但随后对本田美国市场经理的访问显示，本田的市场进入是偶然的，几乎没有什么严密的分析和明确的规划。这个案例对关注理性的、分析的、精心设计的战略管理提出了挑战。

战略管理领域随后展开了关于战略如何形成的争论，明茨博格提出了有意图的战略（Intended Strategy）、现实的战略（Realized Strategy）和逐渐显现的战略（Emergent Strategy）。有意图的战略是由高层管理团队构想的战略，即便如此，战略的形成也需要协商、讨价还价和妥协，企业中的许多人都需要参与进去。现实的战略是企业实际实施的战略；逐渐显现的战略是企业在一个不断认识和适应外部环境的复杂过程中形成的战略。

因此，如果战略被认为是随着时间的推移而形成的组织的长期发展方向，而不是在有意建设的战略管理动机指导下形成的，那么这就是一种自然发生的战略，是组织政治和组织文化过程的产物，是一种在实践过程中逐渐显现的战略（Emergent Strategy）。

## 二、战略制定方式

制定战略的组织过程有多种形式，管理者参与评析公司态势和确定公司战略的方式也各不相同。在规模较小的民营企业中，战略制定往往取决于管理者个人的经验、观点和看法，较少有科学的数据采集和分析过程，是公司高层管理者的企业家式的判断结果。最后形成的战略大多数也只存在于企业家的头脑之中，或仅限于与少数关键员工之间的口头交流和传播，很少会以战略规划的形式用正式文件表达出来。企业战略制定是管理好一个企业的关键一环。在管理实践中，企业制定战略通常根据企业的规模、业务特点等选择不同的制定战略的方法。

（一）由下到上的方法

由下到上的方法是指，首先每个业务部门制定战略，然后呈送上级机构，最后公司将各业务部门制定的战略汇总起来形成公司的战略，也就是各个业务部门战略的组合。

在战略制定的第一层，即各业务部门，一般是根据自身所处的环境相应地制定战略，主要的战略目标则是为了各个部门现有的业务活动，以及巩固和加强各部门的地位。

不过，由于业务部门对公司生存的重要程度，一般来讲，业务部门的管理者通常很熟悉公司的生存现状，在企业也有比较高的话语权，所以，业务部门选定的战略，往往是解决公司发展迫切需求的方案，送上级主管部门审批时比较容易通过。

但这一战略制定方法也有缺点：由于每个业务部门的战略都是根据自身的特殊环境制定的，这样汇总起来的公司级战略就容易变成大杂烩，缺乏公司范围的凝聚性、统一性和一致性，对于规模较大、结构较为复杂的公司，可能难以和整个公司的环境和资源相契合。

（二）自上而下的方法

自上而下的方法在一些认为制定战略能够便于团队管理的企业比较常见，一般是只有企业的小部分管理者投入战略制定过程中，因而，这一战略反映了高层管理者对如何有效地获取企业目标所做的决定。

这种制定企业战略的方法，可以对各业务部门之间存在的任何矛盾，在公司范围内彻底讨论并解决（当然研究时也需要下层管理者提出建议和意见以便考虑）。

一般来讲，自上而下制定的企业战略是具有凝聚性和统一性的战略计划，公司方向、目标和行动目标都很明确。当公司战略确定后再分解成每一个业务部门的战略和指导方针并交给各业务部门去实施。另外，公司级战略计划所包含的战略目标和行动目标也就成为考核各业务部门经营好坏的基础。

### （三）协商式的方法

协商式的方法是指公司和业务部门的管理者相互交叉、联合制定业务部门和公司的战略。

这样制订出来的战略计划既反映了公司目标与要求，又和业务部门管理者对其所辖业务的特殊情境有密切的联系。也许在战略制定过程中由于协商和考虑过程较长，耗费了较多的时间和精力，但是这种耗费会由于战略的批准时间和实施步骤的缩短而得到补偿。

另外，在这种方法下，在制定战略过程中，公司管理者会特别注意业务部门战略的形式和内容，达成相对的统一。同时，由于前期的协商，管理者不需要再花费大量的精力去测算业务部门的战略建议，可以根据公司资源、战略目标和公司方向使各业务部门的战略形成一个公司战略组合。

### （四）半自治式的方法

半自治式方法的主要特点是公司和业务部门的战略制定活动都是相对独立的。

其中，业务部门的战略是以适应各部门环境和目标而制定的。业务部门战略形成经过公司批准执行，一般每年对战略进行一次定期检查和评估。

公司级的战略制定和重新修改不必有连续性，只要将其重点放在认清公司的发展方向上，从公司的角度分析出现的各种威胁和机会，决定经营哪些新的业务、淘汰哪些现有的业务，对公司现有组合内的各项业务制定适宜的优先原则等。也就是说，公司级管理者的工作重点放在研究业务组合并着手从整体上改善业务组合的行为，而不是放在测算和制定业务部门的战略的详细过程上。

## 三、战略选择框架

战略的本质是选择。企业之所以要做战略，是因为企业的资源和能力毕竟是有限的，能力不足，不能所有的都选择。企业战略选择是以市场为主导的；技术逻辑是以科技发展为主导的。对于技术逻辑而言，技术本身的进步便足够了；但对于企业战略而言，技术本身的进步仅仅是必要条件，还必须综合考虑市场竞争的多种因素，才能取得成功。

企业的技术路线必须服从于战略选择，不是由技术专家讨论决定的，企业战略之中应包含对技术路线（即技术发展方向）及企业在技术方面的一切努力。公司战略要解决的问题是确定企业的整个经营范围或方向，以及公司资源在不同经营单位之间的分配事项。这些任务只能由企业的最高管理层来完成，并且这些决策的影响具有较长的时限。

战略选择类型主要有以下三种：

（一）总成本战略

总成本战略的主导思想是以低成本取得行业中的领先地位。它要求坚决建立起来大规模的高效生产设施，选择的市场必须对某类产品有稳定、持久和大量的需求。产品的设计要便于制造和生产，要广泛地推行标准化、通用化和系列化。

（二）差别化战略

差别化战略就是使企业在行业中别具一格，具有独特性，并且利用意识形成的差别化，建立起差别竞争优势。实行差别化战略的方式有许多，如树立名牌、产品具有独特性、服务别具一格等。

（三）专一化战略

专一化战略是主攻某个特殊的细分市场或某一种特殊的产品。前提是企业业务的专一化能够以更高的效率、更好的效果为某一狭窄的战略对象服务，从而在某一方面或某一点上超过那些有较宽业务范围的竞争对手。

我国著名战略专家唐东方教授在其《战略选择：框架·方法·案例》一书中提出了战略选择的框架。唐东方认为，企业战略就是对企业长远发展方向、发展目标、发展业务及发展能力的选择及相关谋划。战略的目的就是为了解决企业发展问题，实现企业的长远发展。因此，战略选择的框架包括发展方向、发展目标、发展领域和发展能力的选择四个方面。

第一，愿景的选择，即发展方向的选择。

第二，发展目标的选择，包括发展型战略目标、维持型战略目标和收缩型战略目标的选择。

第三，发展领域的选择，包括产业战略、区域战略、客户战略和产品战略的选择。

第四，职能战略的选择，即发展能力的选择。

# 第二节　战略匹配方法

战略匹配是指公司寻求的竞争优势与公司用于获取竞争优势的流程能力和管理政策之间的一致性，又或者称之为人力资源管理战略与外部环境和组织战略一致。战略匹配方法是根据机会、威胁、优势、劣势分析的结论，利用战略匹配工具制订的可行战略备选方案。进行战略匹配分析要运用一些定性或定量的工具和方法，经常用到的有 SWOT 矩阵、大战略矩阵（GE 矩阵）、内外要素匹配矩阵（IE 矩阵）等。

## 一、SWOT 矩阵

SWOT 是英文 Strengths（优势）、Weaknesses（劣势）、Opportunities（机会）和 Threats（威胁）的首字母缩写。SWOT 分析实际上是对企业内部和外部条件的各方面内容进行综合和概括，进而分析企业的优势和劣势、面临的机会和威胁，从而对企业的内部整体情况进行客观公正评价的一种方法。SWOT 方法有利于识别企业的各种优势、劣势、机会和威胁因素，拓展思路，正确地制定适合企业实际情况的企业战略。其中，优劣势分析主要着眼于企业自身的实力及其与竞争对手的比较，而机会和威胁分析将注意力放在外部环境的变化及对企业的可能影响上，但是外部环境的变化给具有不同资源和能力的企业带来的机会与威胁可能完全不同，因此两者之间又有紧密的联系。

SWOT 分析通常的做法是通过形式分析确定企业的主要内部条件要素和外部条件要素，然后画出如图 7-1 所示的图，分别将这些要素列举出来。通过将这些优势、劣势和机会、威胁互相组合，就可以产生不同的战略选择。例如，通过使用企业的相对竞争优势来利用机会，就形成了 SO 战略，这种战略一般是增长型战略；ST 战略代表的是利用优势来避免威胁，如多元化战略；WO 战略则是通过利用机会来克服企业的劣势，这种战略包括扭转型战略；为了避免所面临的威胁并使劣势最小化，企业就必须选择 WT 战略，防御型战略是这种战略的代表。

|  | 优势（S） | 劣势（W） |
|---|---|---|
| 机会（O） | SO战略<br>使用优势来利用机会 | WO战略<br>通过利用机会来克服劣势 |
| 威胁（T） | ST战略<br>使用优势来避免威胁 | WT战略<br>使劣势最小化和避免威胁 |

**图 7-1　SWOT 分析**

SWOT 矩阵的目的是构思供选择的战略，而不是进行战略选择。因此一般来说，进行 SWOT 矩阵分析时应先构思出企业所有可能采取的战略，以生成一个具有所有可能战略的表格，然后再根据 SWOT 矩阵对这些战略进行归类和筛选。

进行 SWOT 分析要求以企业的战略评价为起点，对企业内部的优势和劣势及面临的机会和威胁进行全面细致的比较分析，在战略分析的基础上形成战略方案，以确定企业的战略方向与实现措施。

表 7-1 以某国有风电公司为例，分析了该公司在开发风电业务时面临的机遇与威胁、存在的优势与劣势。

**表 7-1　某国有风电公司的 SWOT 分析**

| 企业的优势 | 企业的劣势 |
| --- | --- |
| • 拥有开发新能源的技能和专门技术<br>• 融资能力强，现金流充足<br>• 品牌声誉好<br>• 人力资源优势明显<br>• 良好的政府关系<br>• 上级公司支持<br>• 企业文化凝聚力强 | • 行业经验不足<br>• 专业人才缺乏<br>• 项目布局分散<br>• 资源利用效率低<br>• 储备项目不足<br>• 发展空间受限 |
| 企业面临的机会 | 企业面临的威胁 |
| • 战略性产业，发展前景广阔<br>• 国家宏观政策法规支持<br>• 行业补贴和税收优惠<br>• 行业技术进步，经济性得到提升<br>• 海上风电发展加快<br>• 上网难题得到解决 | • 风电资源竞争激烈<br>• 规模受限<br>• 价格补贴逐步调低<br>• 风电生产不稳定<br>• 海上风电开发难度大<br>• 核准难度大 |

　　一旦企业的管理者确定了企业的资源优势和劣势，就必须认真地估量这两大类因素。某些资源优势可能具有更大的价值，因为它们有助于企业制定更适宜的战略，建立更明显的领先地位，从而维持更为持久和可靠的盈利水平。同样，如果有些资源劣势得不到弥补的话，可能会对企业产生致命的打击。将企业内部的优势和劣势与外部的机会和威胁进行综合分析，可以建立四个不同的象限及相应的战略选择，如图 7-2 所示。

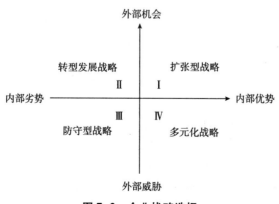

**图 7-2　企业战略选择**

如果企业处于第Ⅰ象限，即外部机会多，内部具有强大的优势，宜采用扩张型战略；处于第Ⅱ象限，外部虽有机会，但内部条件不佳，宜采取转型发展战略；处于第Ⅲ象限，外部有威胁，内部状况又不佳，企业应设法避开威胁，以消除自身劣势，可采用防守型战略；处于第Ⅳ象限，企业具有一定的内部优势而外部存在威胁，宜采用多元化战略以分散经营风险。

与其他很多战略模型一样，SWOT分析也有自身的局限性。战略决策需要信息，SWOT分析对战略决策需要的信息做了关于企业自身的信息和关于企业所处环境的信息两种利害区分，即对企业有利的内部优势（S）、外部机会（O）和对企业有害的内部劣势（W）和外部威胁（T）。毫无疑问，这种分类大大明晰和简化了企业制定战略时需要掌握的信息，然而这也是导致SWOT缺陷的隐含假定。在SWOT分析中通常认为，机会和威胁只存在于外部环境中，优势与劣势只存在于内部环境中，然而事实上优势和劣势可能出现在企业外部，机会和威胁也可能出现在企业内部。彭罗斯指出，企业的发展机会往往存在于企业内部，企业内部剩余的生产性资源是企业得以成长的重要机会。同时，SWOT分析忽视了企业改变现状的主动性，企业可以通过寻找新的资源来创造企业所需要的优势，从而实现过去无法实现的战略目标。

---

### 案例：隆中对

亮躬耕陇亩，好为《梁父吟》。身长八尺，每自比于管仲、乐毅，时人莫之许也。惟博陵崔州平、颍川徐庶元直与亮友善，谓为信然。

时先主屯新野。徐庶见先主，先主器之，谓先主曰："诸葛孔明者，卧龙也，将军岂愿见之乎？"先主曰："君与俱来。"庶曰："此人可就见，不可屈致也。将军宜枉驾顾之。"

由是先主遂诣亮，凡三往，乃见。因屏人曰："汉室倾颓，奸臣窃命，主上蒙尘。孤不度德量力，欲信大义于天下；而智术浅短，遂用猖獗，至于今日。然志犹未已，君谓计将安出？"

亮答曰："自董卓已来，豪杰并起，跨州连郡者不可胜数。曹操比于袁绍，则名微而众寡。然操遂能克绍，以弱为强者，非惟天时，抑亦人谋也。今操已拥百万之众，挟天子而令诸侯，此诚不可与争锋。孙权据有江东，已历三世，国险而民附，贤能为之用，此可以为援而不可图也。荆州北据汉、沔，利尽南海，东连吴会，西通巴、蜀，此用武之国，而其主不能守，此殆天所以资将军，将军岂有意乎？益州险塞，沃野千里，天府之土，高祖因之以成帝业。刘璋暗弱，张鲁在北，民殷国富而不知存恤，智能之士思得明君。将军既帝室之胄，信义著于四海，总揽英雄，思贤如渴，若跨有荆、益，保其岩阻，西和诸戎，南抚夷越，外结好孙权，内修政理；天下有变，则命一上将将荆州之军以向宛、洛，将军身率益州之众出于秦川，百姓孰敢不箪食壶浆以迎将军者乎？诚如是，则霸业可成，汉室可兴矣。"

先主曰："善！"于是与亮情好日密。

关羽、张飞等不悦，先主解之曰："孤之有孔明，犹鱼之有水也。愿诸君勿复言！"羽、飞乃止。

SWOT 分析

优势：

将军既帝室之胄，信义著于四海，总揽英雄，思贤如渴，将军占人和。

劣势：

北让曹操占天时，南让孙权占地利，先取益州为家，后即取西川建基业。

机会：

董卓以来，天下豪杰并起；荆州北据汉、沔，利尽南海，东连吴会，西通巴、蜀，此用武之国，非其主不能守，此殆天所以资将军，将军岂有意乎？益州险塞，沃野千里，天府之土，高祖因之以成帝业。刘璋暗弱，张鲁在北，民殷国富而不知存恤，智能之士思得明君。

威胁：

今操已拥百万之众，挟天子而令诸侯，此诚不可与争锋。孙权据有江东，已历三世，国险而民附，贤能为之用，此可用为援而不可图也。

## 二、大战略矩阵（GS 矩阵）

大战略矩阵（Grand Strategy Matrix）是由市场增长率和企业竞争地位两个坐标因素组成的一种模型，在市场增长率和企业竞争地位不同组合情况下，指导企业进行战略选择的一种指导性模型，它是由汤普森（Thompson）与斯特里克兰（Strickland）根据波士顿矩阵修改而成。

大战略矩阵是一种常用的制定备选战略的工具。它的优点是可以将各种企业的战略地位都置于大战略矩阵的四个战略象限中，并加以分析和选择。公司的各分部也可按此方式被定位。大战略矩阵基于两个评价数值：横轴代表竞争地位的强弱，纵轴代表市场增长程度。位于同一象限的企业可以采取很多战略，图7-3列举了适用于不同象限的多种战略选择，其中各战略是按其相对吸引力的大小而分列于各象限中的。

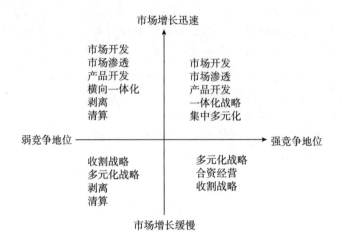

图 7-3　大战略矩阵

（一）战略选择

1. 第一象限公司

位于大战略矩阵第一象限的公司处于极佳的战略地位。对这类公司，继续集中经营于当前的市场（市场渗透和市场开发）和产品（产品开发）是适当的战略。第一象限公司大幅度偏离已建立的竞争优势是不明智的。当第一象限公司拥有过剩资源时，后向一体化、前向一体化和横向一体化可能是有效的战略。当第一象限公司过分偏重于某单一产品时，集中多元化经营战略可能会降低过于狭窄的产品线所带来的风险。第一象限公司有能力利用众多领域中的外部机会，必要时它们可以冒险进取。

2. 第二象限公司

位于第二象限的公司需要认真地评价其当前参与市场竞争的方法。尽管其所在产业正在增长，但它们不能有效地进行竞争。这类公司需要分析企业当前的竞争方法为何无效，企业又应如何变革而提高其竞争能力。由于第二象限公司处于高速增长产业，加强型战略（与一体化或多元化经营战略相反）通常是它们的首选战略。然而，如果企业缺乏独特的生产能力或竞争优势，横向一体化往往是理想的战略选择。为此，可考虑将战略次要地位的业务剥离或结业清算，剥离可为公司提供收购其他企业或买回股票所需要的资金。

3. 第三象限公司

位于第三象限的公司处于产业增长缓慢和相对竞争能力不足的双重劣势下。在确定产业正处于永久性衰退前沿的前提下，这类公司必须着手实施收割战略。首先应大幅度地减少成本或投入，其次可将资源从现有业务领域逐渐转向其他业务领域，最后便是以剥离或结业清算战略迅速撤离该产业。

4. 第四象限公司

位于第四象限的公司其产业增长缓慢，但处于相对有利的竞争地位。这类公司有能力在有发展前景的领域中进行多元化经营。这是因为第四象限的公司具有较大的现金流量，并对资金的需求有限，有足够的能力和资源实施集中多元化或混合式多元化战略。同时，这类公司应在原产业中寻求与竞争对手的合作与妥协，横向合并或进行合资经营都是较好的选择。

财务战略是为谋求企业资金均衡有效地流动和实现企业战略，加强企业财务竞争优势，在分析企业内外环境因素影响的基础上，对企业资金流动进行全局性、长期性和创造性的谋划。由此可见，财务战略是战略理论在财务管理方面的应用与延伸。财务战略应隶属于企业战略，但其特殊性使它不能等同于一般战略，企业的筹资、投资和股利分配活动几乎涵盖了企业的整个生产经营过程，而企业财务战略的谋划对象是企业的资金流动及在资金流动时产生的财务关系，企业整体战略与其他职能战略的实施也离不开资金。因此，财务战略必须具有一定的独立性，在企业战略中处于核心地位。

（二）大战略矩阵作用

第一，大战略矩阵是帮助决策者进行内外部信息匹配的工具之一。

第二，大战略矩阵的应用范围较广，既可用于企业又可用于企业的分部。

### 三、内外要素匹配矩阵（IE 矩阵）

IE 矩阵（Internal-External Matrix）是在原来由 GE 公司提出的多因素业务经营组合矩阵基础上发展起来的。多因素业务经营组合矩阵又称市场吸引力-经营实力矩阵（GE 矩阵），经营实力表明企业的竞争能力（内部因素），而市场吸引力表明企业所处行业的发展状况与发展趋势（外部因素）。在 GE 矩阵基础上发展起来的 IE 矩阵即用内部因素与外部因素取代该矩阵中的竞争能力和行业吸引力。

在 IE 矩阵中（见表 7-2），IFE 加权评分数为 1.0~1.99 代表企业内部的劣势地位，2.0~2.99 代表企业内部的中等地位，而 3.0~4.0 代表企业内部的优势地位。相应地，EFE 加权评分数为 1.0~1.99 代表企业面临着较严重的外部威胁，而 2.0~2.99 代表企业面临中等的外部威胁，3.0~3.99 代表企业能较好地把外部威胁的不利影响降到最小。

可以把 IE 矩阵分成具有不同战略意义的三个区间。第一，IE 矩阵对角线第Ⅲ、第Ⅴ、第Ⅶ象限；第二，IE 矩阵对角线左上方的第Ⅰ、第Ⅱ、第Ⅳ象限；第三，IE 矩阵对角线右下方的第Ⅵ、第Ⅷ、第Ⅸ象限。对落在 IE 矩阵不同区间

表7-2 IE 矩阵

| | | IFE 加权评分 | | |
|---|---|---|---|---|
| | | 强（3.00~3.99） | 中（2.00~2.99） | 弱（1.00~1.99） |
| EFE 加权 评分 | 高（3.0~4.0） | I | II | III |
| | 中（2.0~3.0） | IV | V | VI |
| | 低（1.0~2.0） | VII | VIII | IX |

的不同业务或产品，企业应采取不同的战略。

首先，落入 I 、II 、IV 象限的业务应被视为增长型和建立型（Grow and Build）业务。所以应采取加强型战略（市场渗透、市场开发和产品开发）、一体化战略（前向一体化、后向一体化和横向一体化）或投资/扩展战略。

其次，落入 III 、V 、VII 象限的业务适合采用坚持和保持型（Hold and Maintain）战略，或选择/盈利战略，如市场渗透和产品开发战略等。

最后，落入 VI 、VIII 、IX 象限的业务应采取收获型和剥离型（Harvest and Divest）战略或收获/放弃战略。

（一）详细说明

该分析方法是把战略制定过程中对企业内部和外部环境分析的结果分成高、中、低三个等级，从而组成了有九个象限的内部-外部矩阵。

在内部-外部（IE）矩阵中，纵坐标（EFE）是对企业外部环境所包含的机会与威胁的评价值及企业对外部环境所做出反应的程度。EFE 加权值越高，说明企业越能利用外部有利的市场机会和减少外部竞争威胁的不良影响，即企业在外部环境方面处于优势。EFE 加权值越低，说明企业越是面临着严峻的竞争威胁，而且企业不能有效地利用有利的市场机会和消除竞争威胁的不利影响，即企业在外部环境方面处于劣势。

在矩阵中，横坐标（IFE）是对企业内部各因素综合分析得出的加权值。它反映了企业内部的综合实力和竞争能力。IFE 加权值越高，说明企业的综合实力和竞争能力比较强，即企业在内部状况方面处于强势。IFE 加权值越低，说明企业的综合实力和竞争能力比较低，即企业在内部状况方面处于弱势。

矩阵用九个象限对企业的所有产品或业务进行分类，再把这九个象限分成具有战略意义的三个区间。这样就把企业的产品或业务分成三种类型，然后根据不同类型产品的特点采取不同的发展战略。

IE 矩阵与 BCG 矩阵的相似点：它们都是用矩阵的方式对企业的所有产品或业务进行分类；它们分析的思路都是从内部和外部两个方面对企业的产品或业务进行评价；它们都是一种组合矩阵分析法，即可用于分析企业最佳的业务组合战略和确定企业每项业务的发展战略。

IE 矩阵与 BCG 矩阵的区别：虽然两个矩阵都是从内部和外部两个方面进行分析，但 IE 矩阵是从综合的角度分析内部和外部因素。也就是说，IE 矩阵比 BCG 矩阵需要更多的企业内部和外部的信息；两个矩阵的轴线也不同，BCG 矩阵是把纵轴和横轴分成高低两种情况，形成四个象限进行分析，IE 矩阵则是把纵轴和横轴分成高、中、低三种情况，形成九个象限后又分成三个战略区间进行分析。

（二）做法与作用

在 IE 矩阵中的横坐标表示竞争地位，纵坐标表示行业吸引力。用什么具体表示竞争地位和行业吸引力呢？答案是外部因素评价矩阵（External Factor Evaluation Matrix，EFEM）和内部因素评价矩阵（Internal Factor Evaluation Matrix，IF-EM）。根据分析，x 轴的竞争地位可用 IFE 的总加权分数表示，y 轴的行业吸引力可用 EFE 总加权分数表示。在一个大企业集团内的分厂都应该建立自己的 IFE 和 EFE 矩阵。由各分厂得出的 IFE 和 EFE 的总加权分数是建立大企业集团 IE 矩阵的基础。

如图 7-4 所示，在 IE 矩阵 x 轴上，IFE 总加权分数 1.0~1.99 代表企业内部竞争处于弱势地位，2.0~2.99 处于中等地位，3.0~4.0 处于强势地位。同理 y 轴上，EFE 总加权分数 1.0~1.99 代表行业吸引力低，2.0~2.99 代表行业吸引力中，3.0~4.0 代表行业吸引力高。

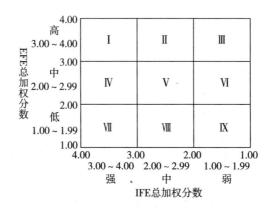

**图 7-4　IE 矩阵**

IE 矩阵可以分成三个不同意义的战略区域，各战略区域可用不同的战略。在第一个区域，即落在 I 、 II 、 IV 三个象限的分厂最适于采用"增长和建立"型战略，如加强型战略（市场渗透、市场开发和产品开发）或一体化战略（前向一体化、后向一体化和横向一体化）。在第二个区域，即落在Ⅲ、Ⅴ、Ⅶ三个象限的分厂最适于采用"坚持和保持"型战略，即市场渗透和产品开发战略。在第三个区域，即落在Ⅵ、Ⅷ、Ⅸ三个象限的分厂最适于采用"收获和剥离"型战略。一个成功的企业集团应使其分厂尽量落在第Ⅰ象限或靠近第Ⅰ象限的Ⅱ、Ⅳ象限之中。

# 第三节 多元化业务组合方法

多元化业务组合方法由著名的战略大师安索夫于 20 世纪 50 年代提出，是指企业为了获得最大的经济效益和长期稳定经营，开发有发展潜力的产品或者丰富产品组合结构，在多个相关或不相关的产业领域同时经营多项不同业务的战略，是企业寻求长远发展而采取的一种成长或扩张行为。

## 一、多元化业务在行业的吸引力评估

多元化战略又称多元化经营战略或者多元化经营，一般而言，多元化战略是指一家企业向不同的行业市场提供产品和服务，从而同时在两个或两个以上的行业中进行经营。随着经济的发展及企业组织结构的变化，多元化经营的内涵已大大超出其最初的含义：一方面，它不仅是企业的一种经营方式，还是企业的一种成长行为；另一方面，多元化是具有长远性、根本性及全局性的战略行为。

具体而言，多元化战略可以分为相关多元化战略和非相关多元化战略。

相关多元化战略是指企业利用核心竞争力横向或纵向拓展现有的业务领域，即进入与现在业务领域在价值链上相互竞争又在战略价值上相互匹配的新业务。近几年，西方国家兼并浪潮又起，一个最显著的特点就是以相关行业为主，尽可能追求业务的相关性。这里的相关性是指能够共享在市场、营销渠道、生产、技术、采购、管理、信用、品牌、商誉和人才等方面相关业务之间的价值活动。因为相关多元化战略行为共享主要依靠物流、财务、培训等主要活动和采购等辅助活动实现；核心竞争力的传导则凭借企业内部的无形资源，如知识、经验、技术、企业文化等来达成。

非相关多元化也称离心多元化，是指企业在其他行业投资，把业务领域拓展到其他行业中去，新产品、新业务与企业的现有业务、技术、市场毫无关系的战略。适用条件：企业当前产业或市场缺乏吸引力，企业也不具备较强的能力和技能转向相关产品或市场，较为现实的选择就是采用非相关多元化战略。非相关多元化是多元化形式和战略之一。企业经营的多种业务不存在实质的相似性，即不强调多种业务共享企业的技术和价值链活动，而是强调每种业务都能为企业提供有吸引力的盈利机会。目的：分散财务风险；把财务资源投入最佳的盈利机会；降低盈利水平的波动性；增加股东价值。值得注意的是，企业难以有效管理多种差异性很大的非相关业务；许多非相关多元化企业的业绩低于预定的目标。

多元化战略经营的模式能帮助企业规避风险、解除威胁，但是任何一种经营模式都有两面性，存在优势的同时，也有不足的地方。若应用得当，它可以使企业的优势得以发挥；相反，则会影响企业资源配置的合理性，使企业丧失竞争优势。

公司采用多元化战略的原因有很多（见表7-3）。一般来讲，公司采用多元化战略主要是为了提升整体业绩表现，从而增加公司的价值。在实施相关多元化或者非相关多元化战略时，如果该战略能使公司在执行业务层战略的同时增加收入或者降低成本，那么该战略就为公司创造了价值。

表7-3　采用多元化战略的原因

| 价值创造的多元化 | | |
| --- | --- | --- |
| ● 范围经济（相关多元化） | ● 市场影响力（相关多元化） | ● 财务经济（非相关多元化） |
| 行为共享 | 通过多点竞争阻止竞争对手进入 | 有效的内部资金分配 |
| 传递核心竞争力 | 纵向一体化 | 业务重组 |
| 价值不确定的多元化 | | |
| ● 反垄断条例 | ● 低业绩　● 税法 | ● 降低公司风险 |
| ● 未来现金流的不确定性 | ● 有形资源 | ● 无形资源 |
| 降低价值的多元化 | | |
| ● 分散管理者的工作风险 | ● 增加管理者的报酬 | |

行业吸引力-竞争能力分析法是由美国通用电气公司与麦肯锡咨询公司共同发展起来的。根据行业吸引力和经营单位的竞争能力，它也用矩阵来定出各经营单位在总体经营组合中的位置，据此制定出不同的战略，如图7-5所示。

（一）行业吸引力的评价因素

经营单位所处行业的吸引力按强度分成高、中、低三等，所评价的因素一般包括以下内容：①行业规模；②市场增长速度；③产品价格的稳定性；④市场的

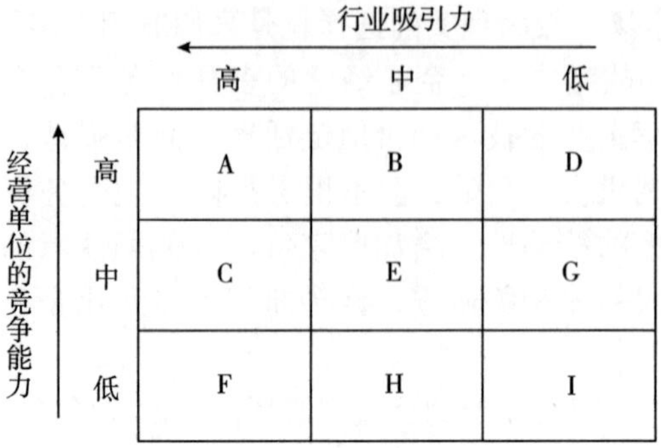

行业吸引力

| | | 高 | 中 | 低 |
|---|---|---|---|---|
| 经营单位的竞争能力 | 高 | A | B | D |
| | 中 | C | E | G |
| | 低 | F | H | I |

图 7-5 各经营单位在总体经营中的位置

分散程度；⑤行业内的竞争结构；⑥行业利润；⑦行业技术环境；⑧社会因素；⑨环境因素；⑩法律因素；⑪人文因素。

（二）竞争能力的评价因素

经营单位所具备的竞争能力按大小也分为高、中、低三个等级，评价的因素包括以下几项：①生产规模；②增长情况；③市场占有率；④营利性；⑤技术地位；⑥品线宽度；⑦产品质量及可靠性；⑧单位形象；⑨造成污染的情况；⑩人员情况。

（三）不同类型的经营单位应采取的战略

行业吸引力的三个等级与经营单位竞争能力的三个等级构成一个具有九个象限的矩阵，企业中的每一个经营单位都可放置于矩阵中的每一个位置。但总体来说，企业内的所有经营单位都可归结为三类，对不同类型的经营单位应采取不同的战略。

1. 发展类

这一类包括处于 A、B 和 C 位置的经营单位。对于这一类经营单位，企业要采取发展战略，即要多投资以促进其快速发展，因为这类行业很有前途，经营单位又具有较强的竞争地位，所以应该多投资，以巩固经营单位在行业中的地位。

2. 选择性投资类

这一类包括处于 D、E 和 F 位置的经营单位。对于这类单位，企业的投资要有选择性，选择其中条件较好的单位进行投资，对余者采取收获战略或放弃战略。

3. 收获或放弃类

这一类包括处于 G、H 和 I 位置的经营单位。这一类单位的行业吸引力和经营单位实力都较低，应采取不发展战略。对于一些目前还有利润的经营单位，可采取逐步回收资金的收获战略；对于不盈利而又占用资金的单位则采取放弃战略。

（四）政策指导矩阵法

与行业吸引力-竞争能力分析法相类似的是由荷兰皇家/壳牌公司所创立的政策指导矩阵法，根据行业前景和竞争能力，它也用矩阵来定出各经营单位的位置。行业前景分为吸引力强、吸引力中等、吸引力弱三个等级，并以市场增长率、市场质量、市场（行业）的盈利稳定性及其他环境因素（法规形势）等加以定量化描述。经营单位竞争能力分为强、中、弱三个等级，由市场地位、生产能力、产品研究和开发等因素决定。

对不同区域的经营单位，企业应采取不同的战略（见图7-6）。

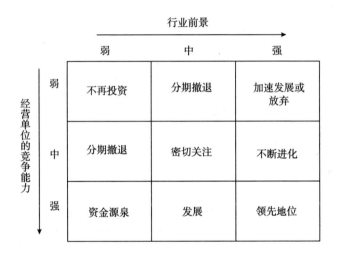

**图 7-6 政策指导矩阵**

1. 领先地位

应优先保证该区域经营单位需要的一切资源，以维持其有利的市场地位。

2. 不断进化

应通过分配更多的资源，努力使该区域经营单位向下一区域（领先地位）移动。

3. 加速发展或放弃

该区域经营单位应成为企业未来的"高速飞船"。企业应选择其中最有前途的少数经营单位加速发展，对余者采取放弃战略。

4. 发展

这个区域中的经营单位一般会遇到少数几个强有力的竞争对手，因此很难处于领先地位。可采取的战略是分配足够的资源，使之随着市场而发展。

5. 密切关注

该区域经营单位通常都有为数众多的竞争者。可采取的战略是使其带来最大限度的现金收入，停止进一步投资。

6. 分期撤退

对于这些区域中的经营单位而言，应采取的战略是缓慢地退出，以收回尽可能多的资金，投入盈利更多的经营单位中去。

7. 资金源泉

对这一区域采取的战略是，用少量投资寻求未来的扩展，并将其作为其他快速发展的经营单位的资金源泉。

8. 不再投资

对这一区域的经营单位应采取放弃战略，将拍卖资产所得的资金投入更有利的经营单位中去。

（五）经营单位在矩阵中的位置确定

下面讨论如何对行业吸引力和竞争能力中的每个因素进行定量化，以便确定出每个经营单位在矩阵中的位置。

首先，确定对每个因素的度量方法。一般来说，选用具有 5 个等级的李克特（Likert）等级度量法（见表 7-4），然后对每一等级赋予一定的分值，如某一因素很不吸引人，可以赋值 1 分，而很吸引人的因素可以赋值 5 分。

表 7-4  李克特等级及赋值

| 等级 | 很不吸引人 | 有些不吸引人 | 一般 | 有些吸引人 | 很吸引人 |
|---|---|---|---|---|---|
| 赋值分数 | 1 | 2 | 3 | 4 | 5 |

其次，根据实际情况对行业吸引力或经营单位竞争能力中的每个因素，确定一个等级值。但是，由于每个因素的地位和重要程度对经营单位来说是不一样的，因此还要为每个因素赋予一个权数，以代表其重要程度，这些权数加起来要等于 1。以行业吸引力为例，表 7-5 中除了社会、环境、法律外，对其他因素都给了一个权数。

从表 7-5 中可以看出，权数最大的是利润率，权数为 0.20，说明它是最重要的。接着是市场规模，权数是 0.15。总分计算的办法比较简单，先将权数乘以等级值得出每个因素的计分，然后把所有因素的计分累加起来就得到行业吸引力的总分。在本例中，行业吸引力总分为 3.38。

表7-5　行业吸引力加权平均

| 因素 | 权数① | 等级② | 计分③=①×② | 因素 | 权数① | 等级② | 计分③=①×② |
|---|---|---|---|---|---|---|---|
| 市场规模 | 0.15 | 4 | 0.60 | 周期性 | 0.05 | 2 | 0.10 |
| 增长 | 0.12 | 3 | 0.36 | 财政 | 0.10 | 5 | 0.50 |
| 价格 | 0.05 | 3 | 0.15 | 能源 | 0.08 | 4 | 0.32 |
| 市场多样性 | 0.05 | 2 | 0.10 | 社会 | OK | 4 | — |
| 竞争 | 0.05 | 3 | 0.15 | 环境 | OK | 4 | — |
| 利润率 | 0.20 | 3 | 0.60 | 法律 | OK | 4 | — |
| 技术 | 0.05 | 4 | 0.20 | 人力 | 0.05 | 4 | 0.20 |
| 通货膨胀 | 0.05 | 2 | 0.10 | 总计 | 1.00 | — | 3.38 |

## 二、多元化业务在同行中的竞争力评估

对于企业多元化经营的时机选择，有赖于企业对于新业务未来发展趋势的把握，并需要综合考虑企业自身竞争实力与现有业务市场增长潜力的情况。这意味着，关于多元化经营时机的决策，实际上是建立在企业对于市场前景及自身实力这两个假设基础之上的，在不同的假设指导下必然会有不同的多元化经营选择。一般地，如果将我国的许多企业放在国际市场环境下考虑，则在竞争实力与相对地位上都还很弱，还没有达到可以脱离"专精一业"以求更大发展的实力水平。在这种情况下，面对国际上大公司的竞争，这些企业如果不集中精力扎实地做好本地市场，而贸然采取分散实力的多元化经营战略，结局只会是胜少败多。当然，这并不排除在某些局部的区域市场上，有些企业能够表现出较强的竞争实力，从而在现有核心业务市场已经饱和的情况下，可以考虑采取多元化经营的做法（见图7-7）。

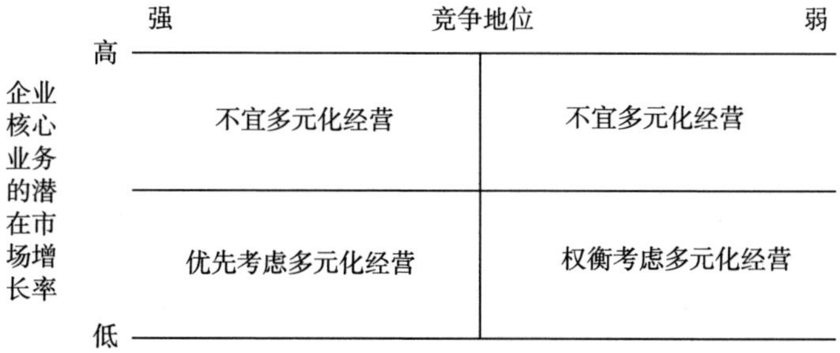

图7-7　多元化经营时机选择政策指向矩阵

由图 7-7 所示的多元化经营时机选择政策指向矩阵可知，企业可以有以下四个选择：

第一，如果企业自身竞争实力很弱，即与同行相比在现有核心业务领域中竞争地位很靠后，一般情况下不宜多元化经营。在这种情况下，除非企业具有远见卓识，真正把握了新业务未来发展的趋势，找到比现有业务更有增长潜力的发展机会，而且自身又正好具有抓住该新机会所需的实力，才可以考虑采取多元化经营战略。

第二，如果企业自身竞争实力确实很强，在现有业务领域中与同行相比竞争地位不弱，在这种情况下，当企业现有核心业务市场增长潜力不足，而同时又能找到适当的新的业务增长点时，可以优先考虑选择多元化经营。

第三，当企业现有核心业务市场增长潜力很大，亟待进一步开发时，则应该首先考虑将精力集中在现有核心业务领域的开拓上。

第四，当企业现有核心业务市场增长潜力已基本穷尽，但尚未找到新的业务增长点时，应该考虑进一步积累竞争优势，积极寻找多元化经营的新的业务增长点。

同时用同样的方法和步骤，也可以计算出经营单位竞争能力的总分，如表7-6 所示。

表 7-6　竞争能力加权平均

| 因素 | 权数① | 等级② | 计分③=①×② |
|------|-------|-------|-------------|
| 研究与开发 | 0.10 | 1 | 0.10 |
| 生产 | 0.05 | 3 | 0.15 |
| 推销 | 0.30 | 3 | 0.90 |
| 财务 | 0.10 | 4 | 0.40 |
| 分配 | 0.05 | 2 | 0.10 |
| 管理能力 | 0.15 | 5 | 0.75 |
| 利润率 | 0.25 | 4 | 1.00 |
| 总计 | 1.00 | — | 3.40 |

根据行业吸引力和竞争能力总分值可以确定经营单位的位置。在这里为了简单起见，将行业吸引力或竞争能力中的强、中、弱三个等级的分界点定为 3.00 和 1.50，即分值在 1.50 以下者为弱，处于 1.50~3.00 者为中，高于 3.00 者为强。以上述例子来说明，行业吸引力总分为 3.38，竞争能力总分为 3.40，则经营单位是一个比较理想的企业。

如果企业有多个经营单位（见表7-7），则用同样的方法可以确定出每个经营单位在矩阵图中的位置。

表7-7　多个经营单位的竞争能力和行业吸引力分值

| 经营单位 | 竞争能力 | 行业吸引力 |
| --- | --- | --- |
| A | 3.40 | 3.38 |
| B | 2.50 | 1.05 |
| C | 0.75 | 2.45 |
| D | 2.20 | 3.50 |
| E | 3.60 | 2.35 |
| F | 0.75 | 1.10 |

根据不同经营单位在矩阵中所处的位置，应用行业吸引力-竞争能力分析法，对不同位置上的经营单位采取不同的战略（见图7-8）。

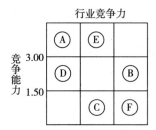

图7-8　各经营单位的所处位置

## 三、公司多元化业务组合分析与业务重组

业务组合分析是通过定性和定量分析，对企业现有业务进行战略定位，进而根据业务定位并参照业务结构合理组合的原则，制定企业的事业结构。业务组合分析的基本单位是战略经营领域或战略业务单位。如何科学、合理地选择和确定企业的战略经营领域是公司层战略的重大课题和基本任务。

（一）公司战略经营领域及其结构

1. 战略经营领域的概念

战略经营领域（Strategic Business Area，SBA）是企业生存、发展的特定微观环境，是企业在其中投放资源，提供特定产品或服务，满足特定市场需求，同时制定特定战略，追求理想效益的经营场所。

2. 战略经营领域结构

当企业不仅仅经营一个SBA，而是由两个或两个以上的SBA所构成的复合型微观环境时，就涉及企业的战略经营领域结构问题。一般而言，企业经营的两个或两个以上的SBA所构成的微观环境格局，称作该企业的战略经营领域结构。对企业战略经营领域结构进行分析，集中在以下几个方面：①企业具有哪些战略经营领域；②企业战略经营领域之间是什么关系，孰轻孰重；③如何在企业战略经营领域之间分配有限的企业资源；④企业战略经营领域的确定和变更。

（二）战略经营领域结构确定的原则

SBA是企业进行投资、生产和经营的具体微观环境，选择什么样的SBA将决定企业的业务组合。

SBA的关键成功因素与企业的战略优势平衡，是指企业的战略优势必须建立在综合判断SBA关键成功因素的基础上。任何一个SBA都从属于某个具体的行业，行业的五种竞争力量决定了企业在该行业的关键成功因素。例如，消费品行业的关键成功因素是营销渠道及提高消费者忠诚度，高科技行业的关键成功因素则是对关键技术人才的把握、将关键技术产业化的能力及吸引风险投资的能力。

然而，每个SBA又是行业的一个组成部分，具有特定的竞争格局。因此，企业必须在行业分析的基础上，对自己的SBA做进一步细分。以服装行业为例，竞争的焦点一般集中在服装的款式、面料、做工、价格和品牌五个方面。这是其关键成功因素的共性，但在不同的子市场中，关键成功因素又有所不同，如表7-8所示。

表7-8 服装行业子市场关键成功因素比较

| 领域 | 消费者 | 竞争者 | 产品特征 | 关键成功因素 |
|------|--------|--------|----------|--------------|
| SBA1 | 青年/工薪阶层 | 普通国外休闲品牌 | 款式新颖<br>价格适中 | 渠道<br>设计能力<br>低成本 |
| SBA2 | 青年富有阶层 | 国外名牌 | 款式独特<br>面料上乘<br>做工精细 | 设计能力<br>品牌知名度<br>制作精良<br>渠道 |
| SBA3 | 职业高层消费者 | 国外名牌 | 款式独特<br>面料上乘<br>做工精细 | 品牌知名度<br>设计能力<br>制作精良 |
| SBA4 | 白领/教师 | 对手较多 | 款式大方<br>价格便宜<br>做工精细 | 设计能力<br>低成本<br>制作精良<br>渠道 |

可见，企业确定其SBA结构，必须做到：

第一，逐个判断SBA的关键成功因素与企业竞争状态。这一步主要是判断企业应如何设定SBA的结构。

第二，综合考虑SBA与企业力量和条件的关系。这一步主要是判断企业应如何把握关键成功因素，来弥补自身力量和条件的不足。

（三）企业内部集合性与外部适应性的平衡

这种平衡是指企业的内部集合性必须与外部适应性保持一致。所谓内部集合性，是指企业系统的各个组成部分有机结合为具有特定功能的整体特性。外部适应性是指系统作为一个有机整体，适应外部环境的规则而健康成长的特性。

如果企业拥有的SBA数量较多，可以获取更多的机会，也有助于增强分散风险的能力，但缺点是难以把握复杂的环境特征，而且容易造成企业资源分散、内部管理复杂的不利局面；SBA数量较少，外部环境就相对较为简单，更容易认识和把握企业的关键成功因素，但缺点是结构过于集中，风险较大。从SBA关联性强弱的角度分析，如果企业不同SBA之间的业务关联性强，就有利于企业把握成功关键因素，企业的资源投放、整合和共享也较为准确，但缺点是各经营领域相互关联，业务结构相对脆弱，风险也较大；如果SBA关联性弱，企业分散风险的能力增强，机会也较多，但关键成功因素难以识别，也难以对企业实时控制和管理。基于以上分析，从SBA的数量和关联性两个维度，把企业的SBA结构进一步划分为A、B、C、D四种类型，如图7-9所示。

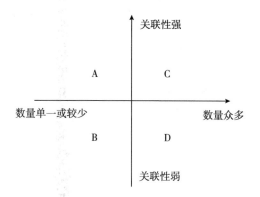

图7-9　战略经营领域结构分析

其中，A类是高度集中化的结构，B类是相对集中化的结构，C类是相关多元化的结构，D类是无关多元化的结构。

在实际企业运营中，以上四种SBA结构都是存在的，也难以比较它们孰优孰劣。更为重要的是，企业应该根据自己的实际情况、资源特点和外部环境，合理地选择适合自己的 SBA 结构，制定成功的战略并付诸实施。

（四）波士顿矩阵

波士顿矩阵又称"四象限分析法""产品系列结构管理法"等，是进行多种经营的企业在规划多种业务组合时，分析各种业务的地位及相互关系的一种工具。波士顿矩阵将组织的每一个事业部标在一种二维的矩阵图上，横轴为相对市场占有率，纵轴为销售增长率，从而将不同的事业部划分为明星型业务、问题型业务、现金牛业务、瘦狗型业务四种类型（见图 7-10）。

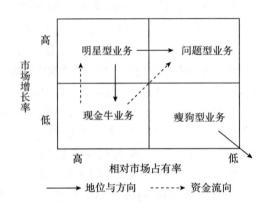

**图 7-10 波士顿矩阵**

1. 波士顿矩阵的划分方法

波士顿矩阵需要综合分析横轴和纵轴两个维度，其划分方法如下：

（1）横轴。该矩阵的横轴代表该业务相对于最大竞争对手的市场份额，用数字 0，1 表示，并以相对市场份额 1，0 为分界线。

（2）纵轴。该矩阵的纵轴代表该业务的销售量或销售额的年增长率，用数字 0~20% 表示，并认为市场成长率超过 10% 就是高速增长，也叫市场引力，以该行业（市场）增长率为标志。值得注意的是，这里的销售增长率是 20 世纪 60 年代初期美国国民生产总值（GNP）的平均增长速度。因此，具体应用波士顿矩阵分析时，应把特定时期、特定区域的 GNP 平均增长速度作为标志，根据波士顿矩阵，可以发现任何一个 SBA 都是市场引力与企业实力的一种组合。其中：①明星型业务代表高增长、高市场份额。②问题型业务则伴随着高增长、低市场份额。③现金牛业务指低增长但有高市场份额。④瘦狗型业务则代表着低增长、低市场份额。

然而，企业把波士顿矩阵作为分析工具时，更应该注意到它的局限性：在实践中，企业要确定各业务的市场增长率和相对市场占有率是比较困难的。

波士顿矩阵过于简单：首先，它用市场增长率和企业相对占有率两个单一指标分别代表产业的吸引力和企业的竞争地位，不能全面反映这两方面的状况；其次，两个坐标各自的划分都只有两个，划分过粗。

波士顿矩阵事实上暗含了一个假设：企业的市场份额与投资回报是成正比的。但在有些情况下这种假设可能是不成立或不全面的。一些市场占有率小的企业如果实施创新、差异化和市场细分等战略，仍能获得很高的利润。

波士顿矩阵的另一个条件：资金是企业的主要资源。但在许多企业内，要进行规划和均衡的重要资源不仅是现金，还有技术、时间和人员的创造力。

波士顿矩阵在具体运用中有很多困难。

2. 波士顿矩阵的应用

企业的投入与收入平衡是指针对特定的 SBA，企业在投入与产出之间需要进行合理配置。追求盈利是企业的基本动机，因此 SBA 结构的安排必须保证企业的收入大于投入。然而，处于不同象限的 SBA 具备不同的特点，其投入产出应遵循以下规律：

（1）问题型的 SBA。问题型业务是指高市场增长率、低市场占有率的企业业务。大多数业务都是从问题型 SBA 开始的，即企业力图进入一个已由市场领先者占据的高速增长的市场。由于企业必须增加工厂、设备和人员，才能跟上迅速发展的市场，加之还要超过竞争对手，因此问题型业务需要大量资金，该类业务基本上处于亏损状态。

（2）明星型的 SBA。如果问题型业务成功了，它就变成了一项明星型业务。成长期的 SBA 固然有较高的利润率，但是由于市场的增长迅速，产品处于投入期或成长期，研发、广告宣传费用较高，因此明星型业务并不一定会给企业带来收益。企业必须花费大量资金以跟上高速增长的市场，并击退竞争者。明星型业务的优势是投入与收入基本上相抵，很有可能成为企业未来的现金牛业务。

（3）现金牛的 SBA。当市场的年增长率逐步下降（如 10% 以下）时，行业利润率也趋于下降，但由于企业实力雄厚，产品销量较大，企业盈利水平仍然相当高。在这种情况下，前面的明星型业务就转化成了现金牛业务。现金牛业务为企业带来了大量财富。由于市场增长率下降，企业不必花费大量投资拓展市场规模。同时也因为企业在该业务上是市场领先者，还享有规模经济和高边际利润的竞争优势，企业能够继续在该业务上获取大量资金。比较明智的企业往往未雨绸缪，用现金牛业务支付并支持明星型和问题型业务，因为这些业务常常需要大量的现金支持。总的来看，其投入水平下降，但收入水平较为稳定甚至有所提高。

（4）瘦狗型的SBA。瘦狗型业务是指市场增长率低、市场占有率也低的企业业务。企业在这样一个战略经营领域中经营，不仅行业利润微薄，而且企业自身处于竞争劣势。在这样的战略经营领域，企业必须减少投入甚至选择退出。

根据各种业务的特点可以归纳出不同的战略方针，如表7-9所示。

表7-9  不同业务的战略方针

| 业务类别 | 市场占有率方针 | 业务盈利能力 | 投资需要 | 净现金流 |
|---|---|---|---|---|
| 明星型 | 保持或扩大 | 高 | 高 | 近于0/小于负数 |
| 现金牛 | 保持 | 高 | 低 | 大正数 |
| 问题型 | 扩大、利用或退出 | 无或者亏损 | 很高/回收 | 大负数/小正数 |
| 瘦狗型 | 利用或退出 | 低或者亏损 | 回收 | 大负数 |

优化业务组合的关键在于使企业的SBA之间达到一种令人满意的平衡。企业必须有现金牛产品，还要有明星型产品和问题型产品，同时要尽可能淘汰或革新自己的瘦狗型产品，形成一个令人满意的月牙结构，如图7-11所示。

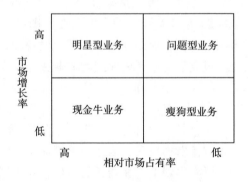

图7-11  波士顿矩阵的月牙结构

3. 不足与改进

20世纪70年代以来，很多管理学家在肯定波士顿矩阵基本方法的前提下，指出了其局限性。后续采用三维业务评价模型，对于现金牛业务而言，不只是简单维持，尤其是在竞争激烈的情况下，应该要加大投入，将竞争对手从行业中挤出。

对问题型业务，应该保持低姿态，在投入的时候要保持谨慎态度。很大的行业吸引力会吸引很多的竞争者进入，可能会导致这个行业变成一只"瘦狗"。将问题业务果断地出售，很多情况下不是明智选择。

对明星型业务，由于大量竞争对手的涌入，会加剧竞争。尽管企业在行业中会有一定地位，但是在很多竞争对手的情况下，企业可能只占有一个很小的份额。这样的行业一般是一个新兴的行业。对于明星型业务适当地选择退出，尤其是在激烈的竞争中没有明显优势的情况下，才是正确的选择，而不是一味地投入。

对于瘦狗型业务，并不意味着没有机会。这种行业的竞争不是很激烈，主动出击，加大投入，同样可以取得成功。

经过修正的波士顿矩阵如表 7-10 所示。

表 7-10　经过修正的波士顿矩阵

| 市场引力 ＼ 企业实力 | 大 | 小 |
|---|---|---|
| 大 | 明星型 SBA | 问题型 SBA |
| 小 | 现金牛 SBA | 瘦狗型 SBA |

### （五）麦肯锡三层面法

事实上，现金牛、明星型及问题型业务构成了企业业务组合的三个层面，这一点与美国著名的咨询公司麦肯锡提出的"三层面法"是不谋而合的。三层面法认为，所有持续增长的公司都具有一个共同特点，即能够源源不断地建立新业务，为未来增长培育动势、奠定基础。在三个层面上建立和管理好一条连续不断的更新企业管道，是实现持续增长面临的中心难题。

企业必须不断地开展业务增长的各种活动，必须以对现有业务的同等专注来关心企业未来的发展方向，需要当前业务、新建业务和未来可选业务之间保持协调平衡的方法。麦肯锡公司对全球增长最快的 30 家企业进行了跟踪调查，完成了一个长达 3 年的企业增长研究项目，并提出了企业业务三层面法（见图 7-12）。

从国际一流企业的成功经历可以看出，所有强劲的增长并不是莽撞的跃进，而是依靠一系列胸有成竹和循序渐进的步骤。这些步骤靠企业领袖的精心策划，连接成一架阶梯，逐级增长，由此获得持久的成功，其中如何针对业务组合的三个层面进行有效配置至关重要。

第一层面：主要是指处于企业心脏位置的核心业务。在成功的企业中，这些业务占全部的 20%，通常能为企业带来 80% 的利润和流动现金。这一层面业务对企业财务业绩关系重大，它们提供现金、培育技能，作为实现企业持续成长最重要的资源保证。它们常常还有一些增长潜能，但企业并不寄希望于此。

第二层面：主要包括正在崛起中的业务，是公司持续发展的成长引擎，也称

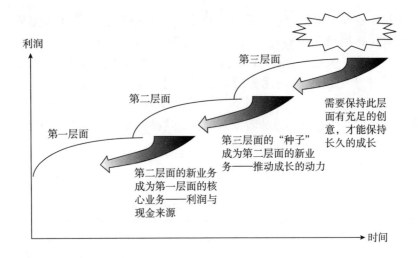

图 7-12　麦肯锡业务三层面法

之为增长型业务。这些业务经营概念已发展成熟，并且具有高成长性，需要不断追加投资，可以理解为培养新的收入渠道。

第三层面：包含了未来的种子业务，是公司永续经营的发展引擎，也称之为种子型业务。这些业务是为未来长远业务选择的种子，它们是企业的研究课题、市场试点、联盟项目、少量投资的尝试和为加深对行业了解所做的努力。

麦肯锡指出，三个层面的业务会在不同时期给企业带来相应回报。无论它们成熟度如何，都要并行不悖地加以发展。因此，成功的业务组合要求企业拓展和守卫第一层面的当前核心业务，同时要未雨绸缪建立成为新的经济增长点的第二层面业务，此外还要在第三层面孕育企业未来长远发展的新兴业务。

# 第四节　战略选择

战略选择是指企业对其发展方面的重大战略、规划及策略。战略选择通常包括发展方向的选择、发展速度与发展质量的选择、战略发展点的选择和发展能力的选择四个方面，企业的战略选择是决策者根据企业战略的评价结果。

## 一、战略选择的评价标准

战略选择过程是做出选定某一特定战略方案的决策过程。拟订和评价可供选择的战略方案，是进行这个战略决策过程必不可少的先决条件。若战略评价过程已经筛选出显然优化的战略方案，那么决策就很简单。然而，在大多数情况下，战略评价过程提供给战略决策者的是若干个可行方案，在这种情况下，决策者就要考虑多种因素，进行多方面的权衡。因此，选择战略并非一个例行公事的或很容易的决策。正如有人指出的那样，这种决策实际上是一种智力活动过程。它要比想象得更曲折、更复杂、更微妙、更具有特性。决策过程完全是动态的，没有真正的起点或终点。战略决策者经常要进行这种智力活动。

一般认为，在战略决策者选择某一特定战略的过程中，有下列几个因素影响着其战略选择：①企业对外界环境的依赖程度；②管理者对待风险的态度；③企业过去的战略；④企业中的权力关系；⑤中层管理人员和职能人员的影响。

在实际中，公司最经常采用什么样的战略呢？霍福尔（Hofer）曾对《财富》杂志 1960~1972 年刊登的一些公司的战略决策案例进行研究。这项研究的结论如下：①不同类型的挑战会导致不同类型的战略。②当公司面临巨大的外部环境机会，或其资源在充分满足现有的产品-市场领域后还有富余时，它们通常会努力扩大现有的经营范围。③如果出现与上述两个条件相反的情况，那么公司就会缩减现有经营范围并改变其职能战略（市场营销、财务或生产战略等），或者选择非相关多元化战略。④最常用的战略是为现有的市场开发新产品（产品开发战略）和增加现有产品对现有市场的渗透（渗透战略）。⑤最不常用的战略是前向一体化战略和内向式发展的多元化战略。⑥公司只有在两种情况下才会改变其整体经营目标。一是公司状况欠佳，不得不采取这种最终手段。二是公司状况良好，目标改动可确保公司经营状况得到重大改善。

格鲁克（Gluck）对《财富》杂志登载的 358 家公司在 45 年中所做的战略选择进行过研究，发现各公司采用的各种战略的频率如下：发展战略 54.4%；组合战略 28.7%；稳定发展战略 9.2%；防御战略 7.7%。

格鲁克还对不同经济周期（复苏、繁荣、衰退、萧条）阶段，公司所采用的上述几种战略进行了分析，得出以下结论：①防御战略是最不受欢迎的战略。在萧条时期，其被采用的次数与发展战略大致相当；在繁荣时期是发展战略的 1/4；在衰退和复苏时期，分别是发展战略的 1/2 和 1/3。②稳定发展战略是较不受欢迎的战略。在萧条和繁荣时期，采用它的公司只是采用发展战略的 1/2；在复苏时期，是发展战略的 2/3；在萧条时期是不愿采用的战略。③组合战略在繁荣时期是最受欢迎的战略，占发展战略的 1/3；在其他时期则不常采用。④发展战略在繁荣时期也是最常采用的战略，占总数的 1/2 以上；在衰退和复苏时期，采用的频次大致相当；在萧条时期，只占总数的 1/3。

战略类型的选择也随行业类型的不同而有所不同。发展战略在复合行业中最为常用，而在工业品行业中采用率最低。组合战略的情况与发展战略类似。对于稳定战略，最常采用的行业是建筑业、采掘业和石油业，最少采用的是复合行业、消费品行业和工业品行业。

## 二、战略选择的定量分析方法

定量战略计划矩阵（Quantitative Strategic Planning Matrix，QSPM）是战略决策阶段的重要分析工具。该分析工具能够客观地指出哪一种战略是最佳的。QSPM 利用第一阶段和第二阶段的分析结果来进行战略评价。

QSPM 的分析原理：将第二阶段制定的各种战略分别评分，评分是根据各战略是否能使企业更充分利用外部机会和内部优势，尽量避免外部威胁和减少内部弱点四个方面，通过专家小组讨论的形式得出。得分的高低反映战略的最优程度。也就是说，QSPM 的输入信息正是第一阶段的因素评价结果（由 EFE 矩阵、IFE 矩阵、竞争态势矩阵分析得出）和第二阶段的备选战略（由 SWOT 矩阵、BCG 矩阵、IE 矩阵和 GS 矩阵分析得出），QSPM 的结果反映战略的最优程度。

虽然 QSPM 是基于事先确认的外部及内部因素来客观评价备选战略的工具，然而，良好的直觉判断对 QSPM 仍然是必要且极为重要的。

QSPM 顶部一行包括了从 SWOT 矩阵、BCG 矩阵、IE 矩阵和 GS 矩阵中得出的备选战略。这些匹配工具通常会产生类似的可行战略。需注意的是，并不是说匹配技术所建议的每种战略都要在 QSPM 中予以评价，战略分析者必须运用良好的直觉和丰富的经验剔除一些明显不可行的战略选择，只将最具吸引力的战略列入 QSPM。QSPM 的左边一列为关键的外部和内部因素（来自第一阶段），顶部一行为可行的备选战略（来自第二阶段）。具体地说，QSPM 的左栏包括了从 EFE 矩阵和 IFE 矩阵直接得到的信息。在紧靠关键因素的一列中，将标出各因素在 EFE 矩阵和 IFE 矩阵中所得到的权数。在 QSPM 中一个重要的概念是战略的最优程度。它是根据各战略对外部和内部因素的利用和改进程度而确定的。QSPM 中包括的备选战略的数量和战略组合的数量均不限，分析的结果并不是非此即彼的战略取舍，而是一张按重要性和最优程度排序的战略清单。

建立 QSPM 的六个步骤：

第一步，在 QSPM 的左栏列出公司的关键外部机会与威胁、内部优势与弱点。这些信息直接从 EFE 和 IFE 矩阵中得到。QSPM 中应至少包括 10 个外部和10 个内部关键因素。

第二步，给每个外部及内部关键因素赋予权重。这些权重应与 EFE 和 IFE 矩阵中的相同。权重在第二栏中。

第三步，考察匹配阶段各矩阵并确认企业可考虑实施的备选战略。这些战略置于 QSPM 顶行。若可能将各战略分为互不相容的若干组。

第四步，确定吸引力分数（Attractiveness Scores，AS），用数值表示各组中各个战略的相对吸引力。AS 确定法：依次考察各外部或内部关键因素，提出"这一因素是否影响战略的选择？"回答"是"，对这一因素对各战略的影响进行比较。回答"否"，不给该组战略吸引力分数。1 = 没有吸引力；2 = 有一些吸引力；3 = 有相当吸引力；4 = 很有吸引力。

第五步，计算吸引力总分（Total Attractiveness Scores，TAS），等于权重乘以吸引力分数。吸引力总分越高，战略的吸引力就越大。

第六步，计算吸引力总分和（STAS），由吸引力总分加总而得。表明了在各组供选择的战略中，哪种战略最具吸引力。备选战略组中各战略吸引力总分和之差表明了各战略相对于其他战略的可取性。

### 三、定量战略计划矩阵的优点及局限性

QSPM 的优点之一是可以相继或同时地考察一组战略。例如，可以首先评价公司一级的战略，其次是分公司一级战略，最后是功能部门一级的战略。在 QSPM 中可以同时评价的战略或战略组数不受限制。

另一个优点是，它要求战略家在决策过程中将有关的外部和内部因素结合起来考虑。通过建立 QSPM 可避免关键因素被忽视或偏重。QSPM 使人们注意到影响战略决策的各种重要关系。虽然在建立 QSPM 过程中需要进行一些主观性决策，但这些次要的决策可能使最终战略决策质量更佳。

QSPM 经过适当修改便可用于大型和小型的、营利性和非营利性的组织。实际上，它可以被应用于任何类型的组织。QSPM 尤其可以提高跨国公司的战略决策水平，因为它可以同时考察很多关键性因素和战略。它还可以成功地应用于一些小型企业的战略决策中。

QSPM 并非没有局限性。首先，它总是要求直觉性判断和经验性假设。权重和最优程度分数的确定都要依靠主观判断。虽然这些判断依据的是客观信息，但不同的战略分析专家也可能应用相同的方法得出不同的结论。这种差别是由于他们的经验和直觉的不同所造成的。QSPM 的另一个局限性是其结果的科学性取决于它所基于的信息和匹配分析的质量。

以吉氏金属加工厂为例，吉氏金属加工厂始建于 1997 年，属于一家总经理负责制家庭式作坊，它是由一位深圳龙岗人自主经营的小型加工厂。企业主要以"订单主导型"为发展模式，加工车间面积为 400 平方米，办公面积为 60 平方米，家族合伙人 2 人，员工数量为 7 人。经过十年的建设，车间由只有一台大水磨机床和卧铣床发展到两台大水磨机床、一台卧铣床、一台端铣床、一台倒角机

和一台切割机等大中型设备。客户群由镇内到跨市，经营种类也由光板到原料，由 A3 钢、45#钢到 D2、Cr12、Cr12MoV 等。

工厂成立之初是实行"借窝生蛋"的形式，1997 年 9 月由两个非亲属关系股东合伙购置机床并租用大厂房中的 200 平方米的车间工作线，散伙后由一亲属合伙出资继续经营并于 2000 年收购了大厂房。由于金属加工质量上乘，无缺陷，有稳固的客户网络和便利的交通条件，厂房的营业额在 2004 年相对较好外，其余年份都很稳定，但利润相对微薄。工厂原料来源于东莞各大中小型金属批发贸易中心，形成稳定的供应链，由于距离龙岗较近，运输成本不高。

吉氏金属加工厂发展面临的困境：该企业一直以来都有发展扩大的想法，打算扩大加工品种，增加机器等大型设备，但受到各方面因素的制约。接班人和债务一直都是该加工厂的发展受到阻碍的主要原因。另外，在人力资源方面，由于人力资源主要来源于亲戚或同乡，大多数是初中毕业生，考虑到车间操作技术含量低，不需引进太高知识水平的人才，工资水平也相应较低，因此带来一系列的人力管理问题。人力资源保障体系的不完全性，缺乏科学的激励措施，员工惰性随之增长。生产经营方面，经营行为随意化，车间管理制度不完善，偷盗现象时有出现，导致成本流失。起初，工厂原料来源于东莞各大中小型金属批发贸易中心，形成稳定的供应链，由于距离龙岗较近，运输成本不高，但由于 2007 年初开始受到铁矿石涨价的影响，工厂采购成本也大幅增加，成本支出压力增加。

从 QSPM 定量分析可以看出，纵向一体化略优于集中单项经营战略，明显比水平一体化——并购弱势企业好，因为从各项分数可以看出，纵向一体化战略比较适合吉氏金属加工厂，而且投入资本比并购弱势企业小。从长远来看，盈利方面会比集中单项经营大得多。因此，认为应该采取与供应商建立战略联盟的纵向一体化战略，实施的可能性大且具有长远意义。

### 四、战略选择中的非理性因素

决策是人们在经济生活中普遍存在的一种选择性行为。在企业管理活动中，决策成了经常发生的事情。著名管理大师西蒙说过："管理就是决策。"可以说战略决策贯穿企业管理的始终，是关系到企业兴衰成败的关键。每一个决策者都希望做出的决策是适合企业自身情况的，是科学的、理性的决策。非理性的决策是每个企业高层管理者不愿看到的，他们尽量地避免产生非理性的决策。本部分通过对企业战略决策理论基础及几个西方投资心理学的理论研究，进而从影响决策主体决策时心理角度来分析非理性战略决策活动。在具体的论述过程中，笔者从与非理性战略决策有关的一些理论基础入手，对各种决策心理因素（客观原因、个体决策心理、团队决策心理）的特质和表现形式进行分析，特别阐述了心理因素对战略决策的影响和作用，最后得出如何正确发挥理性因素做到科学决策的结论。对于企业决策者来说，只有依托理性思考和团队决策的载体，灵活统筹运用各种决策支持工具，构建具有充分弹性的决策框架，同时将包括理性决策在内的各种决策方式同企业生存的各种可预测、不可预测的决策环境结合，才能从理论和实际管理中尽可能做到科学决策，企业的竞争优势才能得以长久保持。

从博弈角度理解理性和非理性，理性在字典中的解释：属于判断、推理等活动的（跟"感性"相对）；从理智上控制行为的能力。分析、规律化、理智的行为等都是理性的。非理性是与理性相对的概念，是感知、直觉等对事物的判断。直觉、创造力是非理性的，是离理性较近的非理性。情感、信仰、狂热同样也是非理性的，是离理性较远的非理性。理性与非理性之间的关系是相对的，不存在绝对的界限；同时，两者之间相互作用、相互促进。理性为非理性规定目标和方向，非理性为理性提供动力，也为理性保持既定方向提供价值的、信念的支持力量。

例如，都是决策行为，赌博和投机从表面理解没有太大的差异，都参照于风险因素的大小。但从博弈思维理论来讲，趋利避害和预期利益最大化是所有交易的根本目标，而其中的"零和效应"又告诉我们亏损者远大于获利者。就行为角度而言，赌博是在近乎完全随机特性的大环境中，以主观心理为准则所支配的活动，正如著名经济学家亚当·斯密（Adam Smith）所说："人类参与赌博，是由于大多数的人对自己的能力和自己会有好运的愚蠢假设，过于自负而产生的。"赌博由于其单次活动和多次活动之间没有关联，所以极其符合随机漫步理论；投机虽然具有不确定性，但其不同于随机的特性，使其连续交易后出现的成功概率呈现趋势性。这就是赌博和投机在定义上的主要区别。可以说，投机和赌博可以延展为两种思维方式：一种是理性；另一种是非理性。

但从另一个角度分析，很多人认为投机需要缜密的思维和细致的推理，而思维和推理需要时间，可时间对于很多博弈行为来讲就意味着机会，很可能因为思考带来的理性决策，在机会稍纵即逝后，就会成为非理性决策。因此，在特定环境条件下，理性和非理性之间的关系是非常模糊的，很难准确界定。

企业决策者为什么会做出非理性的决策呢？通过上面提及的几种观点，我们不难发现，导致决策者做出非理性决策的因素很多，有客观因素也有主观因素，而主观因素主要在于受心理因素的影响。以下主要从客观因素和心理因素两个方面进行分析。

（一）客观因素分析

1. 决策所依据的信息、情报的完整性、准确性、及时性、科学性

在战略决策中，如果决策者所掌握的信息及情报不完整、不及时、不准确、

不科学等都将对决策者正确分析形势、正确做出判断、及时正确地发出指令等决策活动产生极为不利的影响。

在众多的决策支持工具中，信息和情报占据着重要的位置。如果决策者不能够掌握完整、准确、及时的情报，就无法全面地了解自己和对手，从而做出理性有效的决策。

世界零售巨头沃尔玛，起初在美国本土的发展取得了极大的成功，为了进一步加大国际业务的比重，沃尔玛计划向南美市场扩张，认为依赖于一贯的低价策略一定能打通消费水平较低的南美市场。可是南美市场并没有让这个零售霸主感到舒心，因为沃尔玛只考虑到了自己的策略，却忽视了其他竞争对手的应对措施，当时的家乐福已经在当地的零售行业占据主要的市场份额。另外，在分销问题上，沃尔玛照搬了美国的做法，但是分销在南美的地位和在美国有天壤之别。沃尔玛在南美的失败很大程度上是因为缺乏对竞争情报和当地消费信息的收集和了解。在美国，沃尔玛的"会员制"取得了很大成功，那是因为美国是生活节奏很快的国家，消费者愿意支付一定的会员费用来节省大量的购物时间，而且美国家庭一般都有足够储存商品的仓库；在情况相异的南美，消费者不想为商店的"会员制"支付服务费用，而且也没有足够的空间储存大量的东西。在付费方式上，沃尔玛忽略了延期支票支付的形式在南美已经很流行、很稳定，要求消费者现金支付就很困难。正是对这一系列信息情况的不了解，使沃尔玛在南美市场一败涂地。

应该说，拓展销售市场是一项很明智的决定，就是因为缺乏对地域差异的考虑和对情报、信息的不完整掌握使沃尔玛进军南美市场的征程非常艰难。

可见，对于一个企业来讲，想在激烈的市场竞争中赢得胜利，只有出奇制胜的决策，没有充分的情报、信息收集，是很难确定竞争优势的。

2. 理性决策假设的局限

理性决策是依据一定的假设条件，运用数理、统计等定量知识来做出决策。20世纪60年代，安索夫、钱德勒、斯隆等的著作在组织战略领域建立了理性决策的正统地位。"经济人"的假设，即"经济人"在一切经济活动中的行为都是合乎理性的，都是以利己为动机，力图以最小的经济代价去追求和获得自身利益的最大化。完全信息的假设，即经济活动主体对有关信息的掌握具有完全性。例如，每个生产者都能准确地掌握产量和生产要素投入量之间的技术数量的关系，了解商品价格和生产要素价格的变化，每一个商品价格水平，以及消费者对产品的需求量等，从而做出最优的决策。根据目标及信息制定所有可能的备选方案，必须准确预测到每个方案的执行结果。但事实上，"经济人"根本是不存在的；决策的任何方案都是在未来实施的，具有不确定性，从而使人们很难做到上面提及的几点要求。这种理性主义决策模式是建立在相对稳定的环境下，未来越是存在未知性、风险性，这一模式所依据的假设就越难以成立。然而，现代企业的战略决策所面临的问题恰恰如此。

3. 理性决策分析的局限

在技术比较成熟的行业中，企业通过理性分析做出的理性决策具有很高的优势。对于新出现的市场或间断性技术创新而言，其所熟悉的分析方法就有可能不那么有效了。例如，许多家电企业在多年前根本就没有预测到自己会进入通信行业，如加入手机的生产。许多经过理性分析决定进入房地产行业的企业如今不得不承认自己当年的理性决策是不明智的。许多大企业经过理性分析否决的技术创新机会又被中小企业利用，获得了先动的优势。因此理性决策是避免经营和财务风险所必需的，但又会错过许多的创新机会。

4. 概率的局限

理性决策最常用的就是概率。概率包括客观概率和主观概率两部分。客观概率包括古典概率和相对概率。它在处理战略问题时毫无用处，因为这种概率所适用事件的统计特征是已知的，通常来自过去数字的积累。当处理战略这种独一无二的事件时，概率包括个人对事件将来发生与否的信念表达，此时的概率数字貌似具有数学的准确性，但实质上并不具有预测价值，实际上毫无意义。在真实的不确定性世界里，这种概率选择的最优答案不过是一种幻想罢了。

5. 决策条件的可靠程度

根据决策条件的可靠程度不同，决策分为确定型决策、不确定型决策和风险型决策。①确定型决策是指影响决策的因素是明确的，未来情况的发生与各种可行方案所需的条件是已知的，能用数学公式计算和优选，决策结果可以达到预期。②不确定型决策是指影响决策的因素未知，各种可行方案的结果也未知，只能靠决策者的主观能力对方案进行选择。不确定型决策与风险型决策的区别：风险型决策对各种自然状态出现的概率可以事先估计，不确定型决策则不能。当代企业决策类型基本上属于风险型决策和不确定型决策。③风险型决策是指影响决策的因素较多，决策人不能明确未来情况的发生，但有概率可以掌握，决策的结果受概率的影响，既有成功的可能，又有失败的风险。

6. 决策问题的复杂程度

根据问题复杂程度的不同，决策可以分为常规决策和非常规决策。常规决策是指经常重复进行的有常规可以遵循的决策，使其可以编成固定的工作规则和程序，建立数学模型。非常规决策是不能重复进行的，无常规遵循的决策，此类决策事关重大，需要企业决策中心和高层亲自参与，决策的质量与他们的知识、经验及分析判断能力、创新能力相关。战略决策通常是非常规决策。

7. 其他因素

人力、物力、财力、时间等的限制对决策者做出非理性决策也有一定的影响。例如，时间对制定决策的影响。战略决策体现了很强的时效性，每一个决策制定者都想抢先一步，否则等所有问题都出现，所有信息都掌握的时候，已经不需要战略了。因为战略本身体现了未来性、预测性。另外，战略是在一定时间限制内运用的，同时战略的制定决策都有时间限制。

（二）心理因素分析

1. 个体决策的心理分析

认知心理学认为决策中个体的几个重要心理因素可以显著影响决策过程。这些因素主要包括感觉与知觉因素、智力因素、情感因素、意志因素、态度因素、个性和人格因素。

（1）感觉与知觉因素。人脑对客观的反映是从感觉与知觉开始的。感觉是直接作用于人们感觉器官的客观事物的个别属性或个别部分在人脑中的反映。知觉是直接作用于感觉器官的客观事物的整体属性或各个部分在人脑的反应。这里简述几个典型的效应加以分析。

首因效应有时又称为"第一印象的作用"，指的是知觉对象给知觉者留下第一印象对社会知觉的影响作用。具体说，就是初次与人或事接触的时候，在心理上产生对某人或某事带有情感因素的定式，从而影响到以后对该人或该事的评价。可以看出，对决策中收集正确的信息、情报而言，这种效应是普遍存在的。这种效应告诉我们，在决策时，一定要避免受第一印象的不良影响。看问题、看事物不能先入为主。无论第一印象是好是坏，都是片面的，不利于全面了解、分析问题。因此，决策者如果只注重第一印象仓促做出决策，势必不是理性的决策。

近因效应指的是某人或某事的近期表现在头脑中占据优势，从而改变对该人或该事的一贯看法。近因效应与首因效应是相对的两种效应。首因效应一般在较陌生的情况下产生影响，而近因效应一般在较熟悉的情况下产生影响。

晕轮效应是指某人或某事由于其突出的特征留下了深刻的印象，而忽视了其他的心理和行为品质。过去所做出的决策及其所产生的后果在决策者心中形成的记忆也对当前的决策有极其重要的影响。

通过以上心理效应分析可以发现，这些效应的产生是由于决策者自身对客观事物的认识造成的。如何克服这些效应可能产生的不利影响？首先，要以健康、良好的心理素质为基础，用正确的认识观全面、系统地认识各种因素；其次，在前者的基础上，正确地利用相关因素，对无关因素要适时丢弃，以免影响全面的分析。

（2）智力因素。智力指人认识、理解客观事物并运用知识、经验等解决问题的能力，一般意义上的智力包括观察力、注意力、记忆力、思维能力、想象能力等综合能力。观察力是自觉把握事物的现象和特征的能力，领导者要做出正确的、有效的决策就必须以良好的观察力去捕捉和获取信息，掌握决策的各方面信息；注意力是心理活动对一定现象的指向和集中，在决策活动中，决策者必须保持高度的注意力，以保证感觉、知觉的敏锐与思维、想象的实效，保证决策的准确指向；记忆力的准确性和持久性是决策的速度和质量的必要保证，是决策者重要的心理品质；思维能力是对信息所进行的分析、综合、推理和判断的心理过程。决策就是思维的设计过程和设计结果。决策者在思维过程中要尽量排除非理性的思维。

智力因素在决策心理学中还有一个重要的研究范畴就是规避"完型心理"和"心理定量"。按"格式塔"心理学派的解释，人们的心理现象总是表现为结构性、整体性，而心理组织也具有"良好完型原则"，即人们总是自觉或不自觉地追求完整或完美。依照"心理定量"的观点，个体的心理能量只是一个定量，在一定时空中只能有效地集中于某些对象而不是所有对象。如果我们的决策建立在一种面面俱到的假想中，就很可能患得患失，从而使决策缺乏可行性，也使决策缺乏有效性。从这个意义上来说，决策者也应该充分认识到任何事物都是不完美的，从而破除"完型心理"，使最终的决策切实可行。

（3）情感因素。人通过感觉、思维等反映世界，认识客观事物的现象和本质，这些心理活动统称为认识活动，是心理活动的一个方面。但我们在认识世界和改造世界时，总要产生一些喜、怒、哀、乐等心理情感。根据情感的内容不同，可以分为道德感、理智感、责任感。巴纳德认为，道德和责任心是同刺激、权威、决策等紧密相关的。情感对决策既可以起到增力的作用，又可以起到减力的作用。决策活动伴随一定的情绪是正常的甚至是合理的，但由于情绪变化会冲击人们的理性结构，导致非理性决策，因此过多过度的情绪也是决策的心理障碍之一。《孙子兵法·火攻篇》认为："主不可以怒而兴师，将不可以愠而致战；合于利而动，不合于利而止。怒可以复喜，愠可以复悦；亡国不可以复存，死者不可以复生。故明主慎之，良将警之，此安国全军之道也。"

心理学的诸多研究都证明人的情绪和理性总是相互抵制的。一个人要是正处于强烈的情绪状态中，就很难担负起严谨的智力活动；与此相反，一个人正处在紧张的智力活动中，也难以产生强烈的情绪体验。情绪冲动能混淆理性，理性也能制止情绪冲动。一个实验也说明了这个问题：在一个装饰淡雅的房间里贴着几张平静的人像，房间里播放着轻柔的田园音乐；另一个房间则布置刺目，贴着几张盛怒或狂喜的人像，播放着令人躁动不安的音乐。被试者在前面一个房间待上一段时间后，会产生一种恬静稳定的体验；而在后面一个房间待上一段时间后就会产生一种激动或烦躁的体验。当实验的主持人分别向不同房间的被试者提一些同样的逻辑性较强的问题时，前一个房间的被试者更容易表现出深思熟虑的特征。此外，同一被试者在不同房间进行的智力测验成绩也有明显差异，前者一般优于后者。

因此，领导者只有具有理智的态度、高尚的道德感、高度的责任感才能保证决策的科学性。

（4）意志因素。意志是人的主观能动性的具体体现，个体自觉地确定目标，并支配行为去克服困难，从而实现预定目标的心理过程。它主要包括自觉性、坚持性、决断力、自制力等。自觉性是指自己对行为目的的重要性和正确性有充分的认识，并根据客观规律规划自己的行为，以实现预期的目的。在决策中就要对决策的目的与意义进行正确深刻的理解，做出准确的决策。坚持性是指顽强地克服行动中的困难，不屈不挠地执行决定的品质。在决策中要锲而不舍，有始有终，面对各种困难，"咬定青山不放松"。

意志因素要求决策者在制定和执行决策的过程中不能有随意的"跟风"心理，即心理学中的"从众心理"，它是指个体受到群体态度或行为的刺激后所表现出来的趋向。从积极效用看，从众既是个体在社会认知和社会适应方面的重要机制，也是个体自我调节和自我防卫的心理武器，因为我们总是需要参考其他人特别是多数人的意见，总是需要和其他人特别是多数人站在一起，获得他们的认同、支持。然而，我们也应该看到，从众并非一般意义上的模仿，它是以个体所感受到的社会认知和社会适应的压力为特征的。在从众的情景下，个体可能会简单地服从群体而放弃自己的意见，这实际上也是决策的心理障碍之一。

从众意向在决策过程中的"趋向性"说明了个体在群体活动中所存在的追求"标准化"的心理反应。这种反应经心理实验证明有下述特点：注意效果增强，记忆相对转向长时记忆，联想相对转向有指向联想；与此同时，解决问题的能力和判断的准确性下降，独创的论据和思想由单独工作条件下的66%降至33.4%，依从性相对增加。

毫无疑问，民主决策和集体决策应该是我们进行决策的原则形式，但如果把民主决策、集体决策的优势概括为"乐队效应"，那就错了。决策如果过分强调其"一致性"就会僵化决策机制，阻碍决策的科学化，而在从众意向的支配下，也容易产生所谓的"冒险转移"，因为在群体决策中，人们敢冒决策风险的水平远远高于个人决策冒险的平均水平。

（5）态度因素。态度是个体对外界事物的一种较为持久而又一致的内在心理和行为倾向。人在认识客观事物或工作中总会对人或事物产生不同的反应，做出各种不同的评价，如赞成或反对、喜欢或厌恶、接纳或排斥等，这些心理倾向一旦变得持久稳定，就会成为态度。例如，对犯错误的人产生厌恶的态度，即便其改好了，也会对其表示怀疑。

对于态度因素的研究，心理学中有一个比较著名的理论就是"定式思维趋向"，它是人们从事某项活动时的一种预先准备的心理状态，它能影响后继的心理活动的趋势、程度、方式，其中包括知觉定式、思维定式、观念定式、情感定式、意向定式等。

定式实际上是人们从事某项活动时的一种心理背景，主要表现为态度的效用。国外许多社会心理学家把态度作为定式的同义语来看待。在决策活动中，决策者已有的心理定式既有积极效用，又有消极效用。从积极方面的意义说，已有定式能帮助决策者减少决策程序，迅速地做出决策；消极效用则在于容易使决策者的心理活动特别是思维固着嵌塞，缺乏变通，仿佛沿着一条不变的路径前进。这显然是有碍科学决策的。决策要克服定式带来的消极效用，要求决策者具有自我否定的批判意识，不囿于已有的经验、习惯和观念，也就是如今强调的"与时俱进"。

（6）个性和人格因素。个性是在先天生理素质的基础上，在一定的社会历史条件下的社会实践活动中表现出来的、比较稳定的区别他人的个体倾向和个体心理特征的总和。个性是能力、气质、性格组成的心理特征有机结合而成的。人的行为是内在心理行为的外在表现。个性是人的稳定的心理特征，势必影响人的行为。

人格因素的心理障碍主要包括"权威人格"和"自利人格"。权威人格实际上是权威意识的泛化及定型，表现在决策中的心理障碍主要为决策者由于权威地位（包括其职位、社会地位、资历、专业地位等）而形成的封闭意识及独断人格，听不得反面意见，唯我独尊、一意孤行。美国福特汽车公司的兴衰说明了这一点。"自利人格"说明人的态度在表现方面存在着自利倾向，意味着总是因为自我维护的需要而自觉或不自觉地形成相应态度，这就是所谓的"酸葡萄机制"或"甜柠檬机制"。应该说，自利人格具有一定的普遍性，人们的态度形成及改变总是脱离不开自利倾向的影响，但笔者认为自利人格也具有明显的偏颇性，在自利倾向的影响下，个体态度的形成总是以自己的认知、情感和意向为依据，而不是以一般的事实为依据。

因此，管理者在战略决策的过程中一定要避免由于自利人格和权威人格为决策带来的负面效应，在充分发挥个性魅力的同时，保证决策的理性化、科学化。

2. 团体决策的心理分析

随着生产力的日益发展，决策的问题日益复杂，由于环境因素的日益不稳定，领导者在决策活动中不得不更多地借助群体的力量，集思广益。战略决策更是这样，可以说现代战略决策的本质是团体的，而团体决策也受到许多心理因素的影响，导致企业团体行为的非理性。

（1）团体决策中的风险心理分析。一般认为团体决策由于集思广益、博采众长，比个人决策更为合理、有效。但研究表明，团体决策与个人相比，更具有冒险性。群体决策之所以有更大的冒险性在于决策后果的责任可由全体成员分摊，万一决策失败，追究责任时不至于某一个决策者独自承担。团体中的领导者为了显示自己的才能和胆略，往往会采取冒险水平较高的大胆决策。另外，他们在决策中有较大的发言权，他们会用各种方式证明采取的决策是有根据的，因而他们的决策往往会被团体所接受，成为团体的决策。

团体决策中可能会产生冒险行为，但不能认为这是必然规律。实际上如果成员有较高的决策水平，团结一致，掌握充分的信息等，一般会做出适当的决策。特别应该指出的是近年来团体决策也有向保守方向转变的趋势。

（2）团体决策中的创造心理分析。在顺利的情况下，一群人在一起劳动比个人单干会产生更多的创新观念，但也有相反的描述。美国组织行为学家认为群体的活动往往追求一致，扼杀了成员的个性和创造性。例如，奥斯本的"头脑风暴法"要求参与者有很高的积极性，但也有相当多的人存在着事不关己的消极态度。另外，因为怕承担责任，而不愿提出方案；个人往往因为注意别人的意见，使自己的思维受到干扰，提不出新的想法、观念。

（3）团队决策中的利益与权力心理分析。团队决策的权力包括职位权力和个人权力。决策者们对权力的看法和心理左右着他们的决策作风。社会心理学家卢因将领导作风分为三类：专制作风、民主作风、放任作风。专制导致独断专行、家长作风；民主会使决策者人人参与、群策群力、多数人裁定；放任导致一盘散沙、各自为政。

（4）团队决策中的顺从心理分析。顺从心理在团队中占主导地位，如果某一群体成员不接受领袖人物或者多数人的意见，就会受到孤立、嘲笑或排斥。由此，就会有更多的人产生顺从心理、从众思想，少数人效仿多数人的观点，不论对错。导致这种心理的因素主要包括环境因素和个人因素。从环境因素看，如果该团体意见一贯比较一致，则成员就比较容易在团体的压力下产生顺从行为。从个人因素看，当一个人的智力较差、自信心不足、依赖性较强时，也容易产生顺从心理。

（5）其他主观因素的影响。影响企业做出非理性决策的主观因素还包括决策主体的决策能力，决策的类型，社会习俗、信仰、决策者的经验等。它们在决策中也有很重要的作用。

### 五、战略选择的"陷阱"分析

（一）决策陷阱的定义

如果决策者的决策行为是以牺牲企业的机遇为代价而决策者仍然认定它是正确的，这种情况就称为决策陷阱。

（二）决策陷阱的类型

1. "沉锚"陷阱

考虑做一个决定时，我们的大脑会对得到的第一个信息给予特别的重视。第一印象或数据就像沉入海底的锚一样，把我们的思维固定在了某一处。"沉锚"表现方式多种多样，它可能是同事无意中的一句意见或媒体上的一个小数字。在商业中，最常见的"沉锚"是先例或趋势。市场策划人员在制订销售计划时会参考之前的计划，这样的计划如果能充分考虑其他因素，得出的数字可能是准确而恰当的，但如果一味依赖原来的数字，那原有数字就是"沉锚"。

2. "有利证据"陷阱

"有利证据"陷阱在日常生活中随处可见，如别人一次成功或失败的经历都可能成为束缚我们决策的证据。这种"有利证据"陷阱会诱使我们寻找支持自己意见的证据，而回避与自己意见相矛盾的信息。

3. "框架"陷阱

无论是你自己或是别人创造了问题的最初框架，都千万不要自动地接受它。要对一切所谓的经验、模式、规律、习惯、习俗等敢于怀疑，敢于说"不"。趋利避害是人的本能，为了确保安全，人们倾向于接受事物最初的框架，而不愿意冒险突破框架，尝试新的可能性。例如，车轮一定是圆的，乌鸦一定是黑的。

4. "霍布森选择"的陷阱

1631 年，英国剑桥商人霍布森贩马时承诺：买或是租我的马，只要给一个相同的低价格，可以随意选。其实这是一个圈套。他把马圈只留一个小门，大马、肥马、好马根本就出不去，出去的都是些小马、瘦马、赖马。霍布森允许人们在马圈里自由选择，可是大家挑来选去，自以为完成了满意的选择，到最后却仍然得到一个最差的结果。可以看出，这种选择是在有限的空间里进行着有限的选择，无论你如何思考、评估与甄别，最终得到的还是一匹劣马。

5. "布里丹选择"的陷阱

有一个叫布里丹的外国人，他的驴子饿得咕咕叫，就牵着驴子到野外去找草吃。看到左边的草长得很茂盛，他便带驴子到了左边；又觉得右边的草颜色更绿，就带他的驴子跑到右边；但又觉得远处的草品种更好，他便牵着驴子到了远处。布里丹带着他的驴子一会儿左一会儿右，一会儿远一会儿近，始终拿不定主意，结果驴子被饿死在寻找更好的草的路途中。

（三）决策陷阱的适用条件

1. "沉锚"陷阱的适用条件

（1）决策者把将来的估计和已采用的估计联系起来。

（2）决策者坚持自己的观点不能接受别人给的意见。

（3）决策者做决策时添加决策者本人以前的感情好恶因素，好者认同，恶者排斥。

2. "有利证据"陷阱的适用条件

（1）决策者只接受对自己有利的证据，排斥对自己不利的信息。

（2）决策者不能够逆向思维，把自己的有利观点坚持到底。

（3）下属会因为迎合决策者采用使决策者高兴但不是真正有用的信息蒙骗决策者。

3. "框架"陷阱的适用条件

（1）决策者仅仅从预设的方面考虑问题，不能够突破原有框架找到别的分析方向。

（2）决策者不允许已有的框架被打破，害怕出现突然的错误而承担责任。

（3）当面对不懂得随机应变的决策者时。

4. "霍布森选择"的陷阱的适用条件

（1）决策者不想给下属提意见的机会，把自己的决策强加到别人的身上。

（2）当决策者给别人选择的权利却不给别人选择的机会，当面对控制欲望非常强的决策者时。

5. "布里丹选择"的陷阱的适用条件

（1）决策者犹豫不决不能很果断地给出结论。

（2）决策者总是想找到更好的目标从而对现有的合适的目标视而不见时。

（3）决策者总是想规避风险，想在风险最小的时候做出决策。

（四）决策陷阱的规避方法

1. "沉锚"陷阱的规避方法

（1）从不同的角度来看问题。看看有没有其他的选择，不要一味依赖你的第一个想法。

（2）在向别人请教前，先自己考虑一下问题，有一个基本打算，不要被别人的意见左右。

（3）集思广益。寻求不同的意见、方法，以开拓你的思维，打破原有的条框束缚。

（4）在向顾问征求意见时，要尽量客观公正地介绍情况，不要掺杂你个人的观点和倾向，以免影响他们的思路。

（5）假如有一个类似"沉锚"的问题在影响你的正常思考，要问一问自己："真的是这样吗？"然后，就这个问题进行更为广泛的收集资料、剖析论证，直到彻底弄清楚为止。

2."有利证据"陷阱的规避方法

（1）审查自己对各种信息是否给予了相同的重视，避免只接受"有利证据"的倾向。

（2）尽量逆向思维，朝与自己意见相反的方向去想，或者找一个你所信赖的意见分歧者，进行一次彻底的辩论。

（3）审视自己的动机。你是在收集信息做出正确合理的决策呢？还是只是在为自己的决定找借口？特别是当你身处企业最高层时，要注意你的下属是否在用你感到舒服的"有利证据"来讨好你。

（4）征求别人意见时，不要找那种随波逐流、唯命是从的人。你也要注意你的顾问或智囊团，有时他们因为害怕得罪你而丢了饭碗或项目订单，不得不拼命地帮你收集"有利于你"的"证据"，而这恰恰是你自己给自己设下的陷阱。

3."框架"陷阱的规避方法

（1）尝试着使用几个不同的方式，用"如果……会……"的假设思考模式，重新设定问题或机会的框架，从不同方面考察这个问题或者机会，预见不同的结果。

（2）要采取中立的态度，也就是决策的得失都要加以考虑，或者接受不同的参照点。

（3）在整个决策过程中，尝试问问自己：如果框架改变了，你的思路会有何变化？

（4）在变化的世界里，任何事情没有任何定义，除非你想定义它。

4."霍布森选择"的陷阱的规避方法

（1）读万卷书，行万里路，开阔视野，丰富阅历，打开思维空间。

（2）广交"智友"，定期与智者会晤，借脑生智。

（3）关注相关产业、同业、同行和竞争对手的变化，关注最好的，问"他们为什么这么好？"，关注最差的，问"他们为什么这么差？"

5."布里丹选择"的陷阱的规避方法

（1）既要善于选择，又要学会放弃。当我们选择了51%的价值，就要毫不犹豫地放弃49%的机会成本，全力把51%变成100%。

（2）善于决断是良好的思维品质。经理人要学会务实，必要的时候要降低目标，赢得时间。时代在发展，思维要提速，决策要缩短时间，这样才能从容应对复杂多变的局面。

（3）海尔集团总裁张瑞敏曾经这样阐述自己的项目决策原则："如果有 50% 的把握就上马，有暴利可图；如果有 80% 的把握才上马，最多只有平均利润；如果有 100% 的把握才上马，一上马就亏损。"毫无疑问，商业上的风险和机会是并存的。匆忙上马、忽略风险是蛮干，而事无巨细的风险管理同样有害，掌握平衡需要良好的工作分解结构模型和持续不断的风险意识。

## 【本章小结】

战略决策是关系着企业全局乃至长远发展的重大问题的决策。它是非程序化的，而且带有风险性的决策。如何做好战略决策，其战略与选择的方法继而显得尤为重要。

对于战略制定方式与选择的一般框架，是做好战略决策必需的准备工作。多种战略匹配方法（SWOT 矩阵、大战略矩阵、内外要素匹配矩阵）互相协调推进合理决策，根据现实情况，采取最合适的方法和策略。

21 世纪是信息技术与经济环境发展加快的时代，企业适应时代的潮流才能经久不衰。多元化的发展在各行各业中都尤为重要，由于影响因素较为复杂，多元化业务通常以组合形式出现。做好当下行业环境的吸引力与竞争力的相关评估，对实施精准的多元化业务有着不可或缺的重要作用。在实际的战略选择之中，要掌握基于评价的标准及定量分析的过程，以及 QSPM 的合理应用，与此同时特别注意一些非理性因素与常见"陷阱"，多方面考察后再做决定。

## 【复习思考】

### 一、单选题

1. （　　）主要涉及具体作业性取向和可操作性的问题，涉及决策问题的时间跨度比较短。

A. 公司战略　　B. 职能战略　　C. 市场战略　　D. 经营战略

2. 可口可乐所提供的全方位饮料品种是无人可比的。从"美汁源果粒橙"，到"天与地矿物质水"，还有"茶研工坊"等，可口可乐在中国市场共推出了近 20 种饮料品牌，除了传统的碳酸饮料，还包含了果汁、茶饮、纯水等各类非碳酸饮料，可谓"十项全能"。以上资料说明可口可乐公司采用了（　　）。

A. 同心多元化　B. 水平多元化　C. 集团多元化　D. 非相关多元化

3. 当企业在大幅度扩大的经营规模使业务强势达到最大时，一般需要选择注重外部因素的战略，此时，企业不应选择（　　）。

A. 整合战略　　B. 多样化战略　C. 合资战略　　D. 纵向整合战略

4. 环境分析技术主要有战略要素评估矩阵和（　　）两种。

A. 核心能力分析　B. SWOT 分析　　C. 财务分析　　　D. 生命周期分析法

5. 在 SWOT 分析时，WT 象限可选择的战略是（　　）。

A. 扭转型战略　　B. 增长型战略　C. 防御型战略　D. 多元化战略

6. 企业总体战略选择矩阵是由汤普森和（　　）两人在波士顿矩阵的基础上提出的。

A. 克利夫·鲍曼　B. 汤普森　　　C. 查尔斯·霍菲　D. 斯特里克兰

7. 当企业由于受自身资源和能力的限制，无法在整个产业实现成本领先或者产品差异化时，其优先选择的竞争战略将会是（　　）。

A. 多元化战略　　B. 产品开发战略　C. 聚焦战略　　　D. 市场渗透战略

8. 战略决策是（　　）。

A. 实现企业家的意图　　　　　　B. 外部环境的分析

C. 内部环境的分析　　　　　　　D. 以上都不完善

9. 战略决策主要谋求（　　）。

A. 确定达到组织目标的程序、手段和措施

B. 从两个以上的可行方案中选择一个最佳方案

C. 组织工作的正确领导

D. 决策目标所要解决的问题带有全局性、方向性

10. 客户与企业的战略匹配度（Strategy Match，SM）就是（　　）、能力匹配、价值观匹配三个匹配度的总和。

A. 定位匹配　　　B. 自我匹配　　　C. 最佳匹配　　　D. 以上都不是

二、多选题

1. 在相关多样化战略中，范围经济来自（　　）。

A. 技术的匹配性　　　　　　　　B. 运营的匹配性

C. 与销售和顾客相关的匹配性　　D. 管理的匹配性

2. 紧缩型战略的类型有（　　）。

A. 转向战略　　　B. 放弃战略　　　C. 维持战略　　　D. 清算战略

3. 衰退产业中的竞争战略主要选择有（　　）。

A. 领先战略　　　B. 低成本战略　　C. 观望战略　　　D. 抽资转向战略

E. 快速退出战略

4. 一家企业对其外部环境和内部环境进行了分析，得出的结论是外部环境将以威胁为主，企业在各个竞争对手中占有较大的优势，你认为该企业可以选择的战略有（　　）。

A. 多元化　　　　B. 市场渗透　　　C. 一体化　　　　D. 转向

E. 专注

5. 影响采购战略决策的要素包括（　　）。

A. 企业自身要素　B. 市场要素　　　C. 供应商要素　　　D. 政策法规要素

6. 战略决策程序包括（　　）。

A. 自上而下的决策过程　　　　　B. 由下到上的决策过程

C. 上下反复沟通的决策过程　　　D. 各事业单位自主决策过程

7. 战略决策的性质包括（　　）。

A. 重要性　　　　　B. 未来导向性　　C. 系统和开放性　D. 整体性

8. 供应链战略匹配的主要障碍包括（　　）。

A. 产品种类不断增多　　　　　B. 产品生命周期缩短

C. 顾客要求不断增加　　　　　D. 供应链所有权分离

E. 供应链全球化运营

9. 战略规划匹配风险是指因项目选择与战略规划不匹配，产生的资源错配风险。科技与产品创新委员会和产品创新专业委员会通过（　　），提高项目选择与战略规划的匹配程度，降低战略规划匹配风险。

A. 对项目计划的审核　　　　　B. 对项目计划的审批

C. 项目立项的审核　　　　　　D. 项目立项的审批

10. 有关战略匹配与选择的一般框架，在战略匹配阶段所运用的工具或方法有（　　）。

A. SWOT 矩阵　　B. GS 矩阵　　　C. BCG 矩阵　　　D. IE 矩阵

E. GE 矩阵

### 三、判断题

1. 在波士顿矩阵中，具有较高销售增长率和较低的相对市场占有率的业务是现金牛业务。（　　）

2. 在波士顿矩阵中，处于迅速增长的市场，具有很大的市场份额，但它们是企业资源的主要消费者，需要大量投资的业务是明星型业务。（　　）

3. 在波士顿矩阵中，如果公司所经营的多种业务属于同一行业，则可以把行业的平均增长率作为市场增长率的分界线。（　　）

4. 在波士顿矩阵中，现金牛业务应该采用维护或扩大战略。（　　）

5. 大量化的经营单位具有较多的竞争优势，但这种行业中所具有的取得竞争优势的途径不是很多。（　　）

6. 根据 GE 矩阵的分析，如果企业的某项经营业务竞争地位较强，而行业吸引力较弱，应该采取的战略是回收战略。（　　）

7. 根据"行业生命周期–企业竞争地位矩阵"的分析，如果企业的某项经营

业务处于行业生命周期的成熟期，竞争地位强大，则应采取发展型战略。（  ）

8. 在产品-市场演变矩阵中，当经营单位的产品处于成熟期并且竞争地位强时，企业应实行的战略是发展。（  ）

9. 在战略选择与评价矩阵中，具有战略建议笼统性不足的棋型是行业吸引力-竞争能力矩阵。（  ）

10. 波士顿矩阵中的相对市场占有率较高而市场需求量下降的产品群称为现金牛业务。（  ）

**四、简答题**

1. 简述战略制定的框架。

2. 简述企业的战略决策者对战略选择的影响体现在哪几个方面。

【案例分析】

# 案例 7-2　蒙牛集团的 SWOT 分析

**一、内部分析**

1. 优势（S）

（1）机制优势：蒙牛快速发展的诀窍是拥有一个先进的机制优势，蒙牛是纯粹的大型民营股份制企业，其分散力、战斗力、企业效率格外高。

（2）研发优势：蒙牛研发力量格外强，仅冰淇淋公司就有三大研发中心。

（3）营销优势：蒙牛的营销管理层大多在伊利公司工作多年，熟谙乳业营销，在市场开发运作方面阅历格外丰富。

（4）速度优势：蒙牛企业的发展速度，是员工工作效率的"缩影"。蒙牛的工作理念是"鱼不是大的吃小的，而是快的吃慢的"。在蒙牛你必须是一个快速的工作狂，才能跟上企业的发展步伐。

（5）利润优势：蒙牛在对待经销商方面，推行严格的独家总经销政策，保证经销商的利润空间，从几万元到几百万元资产的客户比比皆是，蒙牛维护经销商的利益，同时也赢得了经销商强大的支持。

（6）网络优势：对手"伊利"的营销网络格外清楚，产品一经上市，便充分利用网络资源优势，快速打开了市场。

（7）政府支持优势：蒙牛选址定在了内蒙古呼和浩特市较贫困的林格尔县，享受了一般企业难以享受的政府免税等各种政策支持优势。

（8）广告优势：通过产品差异化定位和请消费者免费品尝，从而赢得消费者的口碑宣扬，以产品知名度来提升品牌知名度，因为中国消费者心中有一定律：产品质量等同于产品形象与企业形象；另外，蒙牛通过央视广告的密集投放，不断营造品牌拉力，用牛根生的话，酒香不怕巷子深，当"巷子"从内蒙古到海南岛时，只有中央电视台才能办到。

2. 劣势（W）

（1）人才晋升与引进：人才是企业进展的基石，有"人"才会有"财"，蒙牛拥有的是人才优势（相对创业期而言），缺少的也是人才优势（相对今日高速发展而言）。一方面，蒙牛人事管理太"人情化"，导致"裙带关系"及"人浮于事"的现象很多。创业初期，凭借牛根生的魅力，吸引了一大批其曾在伊利提拔而起的"兄弟"与"精英"，加盟到蒙牛艰苦创业的队伍中，这种"人情化"在创业初期，令人赞美又值得学习，他们中有一部分如今已成为公司的中流砥柱，但也有大部分人受力量、水平的制约，已无法适应蒙牛的发展。另一方面，蒙牛太重品牌与产品，不太重视个人的价值，无法突破创新人才引进的思维桎梏，导致多数人依领导个人的意念行事，存在"多干的不如少干的，能干的不如会干的"这种现象。如今，蒙牛已拥有了品牌、资本、网络三大优势，如何建立人才优势，是应考虑的首要问题。

（2）经验论的局限性。蒙牛绝大多数人是从"伊利"过来的，自然会把"伊利"的经验在蒙牛身上复制，其中绝大多数人沉醉于过去创造业绩的思维与工作模式，用"经验论"堡垒筑起防御外界的城墙，把曾经证明是正确的策略与行动生搬硬套到今日的蒙牛环境，不太考虑时代与市场的变化，这种经验论的移植，对蒙牛将来的发展将形成极大的威胁。

（3）服务体系的薄弱。蒙牛大品牌的工作作风在市场上已渐渐形成——业务人员用强硬的工作态度与作风，以个人的意志代表企业的权力，对经销商牛气冲天，导致经销商陪吃、陪喝、陪玩的市场"官理"，而非市场"管理"，"为客户赚钱"的理念变成了"让客户赚钱"，"服务性管理"却成了"强制性管理"，经销商由于取得强大的品牌代理实在不易，因此敢怒不敢言，提高服务水准应是蒙牛今后必须解决的一大难题。

（4）营销职业化建设：蒙牛液态奶营销队伍的素质比较高，但冰淇淋和奶粉整体素质较弱，而且"人情化"现象比较严峻，干司机的能当大区经理，上台领奖的是那些根本不知道市场是如何做出来的、依"人情化"意志经常克扣"军饷"的领导，迫使很多杰出的人才的创新欲望与价值难以确定，适应新时代、提升营销职业化建设道路方面，蒙牛任重而道远。

（5）穿新鞋，走新路：就竞争而言，蒙牛是补缺者也好，跟进者也好，目标是一致的，补缺是为了完善与发展，跟进是为了超越，脱下伊利的旧鞋子，穿上蒙牛的新鞋子，相同的是人，不同的是时代。因此，蒙牛必须从"伊利"的思想中走出来，如果仍沿袭旧有的思路，"最终将跌倒在曾一度引以为傲的优势上"，穿了新鞋，就要走新路，千万不要穿新鞋，走旧路，更不能穿旧鞋，走旧路。

## 二、外部分析

### 1. 机会（O）

虽然蒙牛是靠"牛"发家致富的，但蒙牛如果想把乳业这块蛋糕做大就不能忽视了其他奶，尤其是对市场前景格外看好的羊奶更不能忽视。有关专家认为，随着羊奶脱膻技术的应用和广大消费者对羊奶营养价值的认同，羊奶有望在乳品市场上大出风头。羊奶营养全面，不仅容易被人体消化吸收，还具有独特的保健作用。羊奶含有多种矿物质和维生素，如钙、磷、镁、锰等，绝对含量比牛奶高1%，相对含量比牛奶高14%，钙、磷的含量是母乳的4~8倍。现代医学证明，由于羊奶中免疫球蛋白质含量较高，在一些有效成分上远远高于母乳。如果蒙牛继续忽视对羊奶的有效利用，那么必将丧失又一个成为行业领跑者的机会。若其竞争对手先发制人地掌握了开发羊奶产品的主动权，那么蒙牛就只有"被动挨打"的份了。

### 2. 威胁（T）

和伊利及其他乳业的竞争依旧激烈，国内乳业市场不规范，中小企业不正当经营行为对市场造成了破坏。从1999年公司成立到2003年，蒙牛制造了年平均发展速度329%，年平均增长率达229%的中国乳业神话。依据AC尼尔森截至2003年9月的数据，蒙牛所占的市场份额已经上升到15%以上，其排名跃升为中国乳业市场榜眼之位，仅次于状元伊利。作为中国乳业界的一匹"黑马"，蒙牛超常规的增长与成长得益于它的成功运作，当然其高速发展的背后也隐藏着一些问题。

**案例讨论题**

1. 蒙牛面临的优势和劣势分别是什么？
2. 蒙牛面临的机会与威胁有哪些？
3. 蒙牛应该怎样克服面临的威胁？

# 案例7-3　新东方战略管理分析

新东方教育科技集团由1993年11月16日成立的北京新东方学校发展壮大而来。全名为新东方教育科技集团有限公司，总部位于北京市海淀区海淀中街6

号，是目前中国大陆规模最大的综合性教育集团。公司业务包括外语培训、中小学基础教育、学前教育、在线教育、出国咨询、图书出版等各个领域。除新东方外，旗下还设有优能中学教育、泡泡少儿教育、精英英语、前途出国咨询、迅程在线教育、大愚文化出版、满天星亲子教育、同文高考复读等子品牌。

**一、新东方的外部环境分析**

迈克尔·波特在其经典著作《竞争战略》中，提出了行业结构分析模型，即所谓的"五力模型"，他认为供应商讨价还价的能力、购买者讨价还价的能力、潜在竞争者进入的能力、替代品的替代能力、行业内竞争者现在的竞争能力，决定了企业的盈利能力。对比这五种力量的作用，分析中国外语培训行业的竞争状态。

（1）卖方市场作用明显。培训提供的是服务，所以我们从目前英语培训市场服务分类就可以找到购买者的原形：第一类是英语考试培训，包括出国英语系列的托福、雅思、GRE，国内英语考试系列的考研英语、四六级英语、高考、成人高考、自考中的英语相关课程的考前培训。第二类是行业英语培训。在英语学习者需求日益个性化、英语培训行业发展专业化的趋势下，特色化的行业英语培训将成为培训市场的另类风景。第三类是少儿英语培训，目前大多数幼儿园、小学已开设英语课，甚至有很多幼儿园打出了"双语幼儿园"的牌子。因此，少儿英语培训占有相当的市场，成为商业投资和开发的新热点。第四类是培训资料。多家出版社看到了英语教材这个庞大的市场，积极运作，推出了新的英语系列教材。此外，教材的配套辅导资料，也是大小出版社抢占的一块阵地。

（2）教材和人员成本较低，供应商的议价能力较弱。2002年5月30日ETS状告新东方学校侵权，ETS考试中心外联处主任托马斯·艾文指出，新东方在考试培训中非法使用了它们的教材和考题，其中包括正在使用的考题。这属于"盗用"，为此新东方要负法律责任。美国教育考试服务中心（Educational Testing Service, ETS）成立于1947年，是目前世界上最大的私营非营利教育考试评估机构。该组织为近200个国家的个人、教育机构和政府部门提供服务。最终新东方以赔偿600多万元了结了这场官司。当时新东方80%~90%是国外考级培训，这一场官司使俞敏洪认识到收入多元化的重要性，新东方随后开辟了少儿英语、中学英语、国内考试基础英语、其他语种培训、职业英语等针对不同人群的培训，到2006年，考级培训的收入已经降至两成。

（3）行业内分工明确，专业化较高。当前，英语培训市场广阔。据统计，我国有近3亿人的庞大英语学习群体，英语培训市场（包括书籍、电子产品、教育器材及培训、考试等）需求巨大，年产值已超过150亿元，英语培训机构总数量达到了近5000家，外资英语培训机构也已经介入中国的英语培训市场。到2010年我国英语培训市场总值将会达到300亿元，这一市场需求仍呈供不应求的势头。

（4）专业化服务质量高，难以替代。作为英语培训机构，新东方有着许多已建立的优势，但毕竟服务业具有很高的模仿性，所以在替代品方面有很大的发挥空间，加上网络技术的普及，培训方式可以更多样化。

（5）市场进入壁垒很高。这个领域存在较高的进入壁垒。大型的培训机构在广告、服务开发及销售网络等方面都具有成本优势。更重要的是，品牌个性与消费者忠诚度都给潜在的进入者设置了无形的屏障。所以对于潜在竞争者来说，是一个需要极大人力、物力和财力支持的决策。

## 二、内部环境分析

企业内部环境分析的方法多种多样，包括企业资源竞争价值分析、比较分析、企业经营力分析、企业经营条件分析、企业内部管理分析、企业内部要素确认、企业能力分析、企业潜力挖掘、企业素质分析、企业业绩分析、企业资源分析、企业自我评价表、企业价格成本分析、企业竞争地位分析、企业面临战略问题分析、企业目前战略运行效果分析、核心竞争力分析、获得成本优势的途径、利益相关者分析、内部要素矩阵及柔性分析、企业生命周期矩阵分析、企业特异能力分析、SWOT分析、价值链构造与分析、企业活力分析及企业内外综合分析。

（1）生产要素：资金充足。2006年3月在美国纳斯达克上市，成功融资1.125亿美元。同时，由于它已经实现上市融资，银行信托产业的影响可以不计。师资力量雄厚，新东方的老师几乎全部是各行业的执牛耳者，有着激情梦想、丰富阅历及专业学识。

（2）企业战略、结构和同业竞争：截至2007年10月，新东方教育科技集团已经在全国34个城市设立了36所学校和6家子公司，累计培训学员近500万人次，是中国唯一一家在全国范围内开展运营并拥有广泛产品的私立教育服务机构。新东方在外语培训方面在国内鹤立鸡群，已经具有了规模优势，有实力开拓国外市场，摆脱了过多的国内竞争损耗。

（3）管理模式：强大的管理团队、良好的组织结构，保证企业高效运作。在一批来自清华北大或海外归来的精英的带领下，新东方的未来发展不容小觑。

### 三、未来发展

(1) 定位英语培训，在全国进行地域扩张。中国目前约有2亿人在学习英语，英语培训市场总价值约为60亿元，是整个培训市场上最为活跃的一块细分市场。新东方已经占据了全国留学英语培训市场的50%，北京地区的80%，同时开始涉足大学英语考试、全国公共英语等级考试、职称英语考试等细分市场，并在北京占据了很大的市场份额。

(2) 把英语培训的品牌延伸到整个培训行业。从国外成功的培训企业来看，仅仅定位在英语培训的企业很少，这是因为培训的特殊性，培训行业在一次固定成本投入之后（如固定资产的购置、教室的建设或租用、管理人员的工资），变动成本（老师的工资）的变化随着规模的增加而发生跳跃的变化，与传统行业变动成本随产量的增加而增加不同。

(3) 发展远程教育。Internet技术和多媒体技术在教学中的应用能够最有效地跨越教师和学员之间的时空障碍。很名学员由于师资不足、地域限制或者时间上的限制不能参加培训，新技术的应用可以完全解决这个问题。

(4) 通过培训带动学历教育，成为民办大学。政府在学历教育方面的投入不足，为投资教育提供了盈利空间。新东方如果能够获得学历教育的资格，必然能够进入一个壁垒较高的大市场。目前以培训为主的新东方，可以为未来的学历教育积累经验，一旦时机成熟，就可以发展为民办大学。

### 案例讨论题

1. 本例从哪几个方面对新东方进行分析？
2. 与其他企业相比，新东方具有什么优势？
3. 未来新东方有可能面临哪些威胁？

# 第八章 公司治理：委托–代理关系与战略管理者

【知识架构】

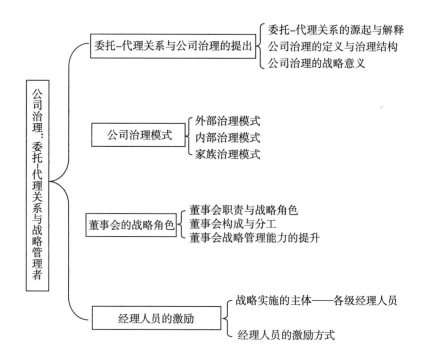

【学习要点与目标】

通过本章的学习，读者应该能够：

□ 了解委托–代理关系的概念及其在公司治理中的作用

□掌握企业内部关键因素的识别及协同效果分析

□理解公司治理的定义、治理结构和战略意义，以及董事会在其中的重要角色

□掌握不同的公司治理模式

□了解董事会的职责

□理解董事会在公司治理中的角色和职责

□理解经理人员在战略实施中的作用

## 【本章核心概念】

委托-代理关系　公司治理　公司治理的战略意义　公司治理模式　董事会职责　董事会战略角色　董事会构成　董事会的次级委员会　董事会战略管理能力

## 【引导案例】

## 案例 8-1　郑州亚细亚重启，老牌企业能否重振往日辉煌

2023 年 8 月，全新升级的郑州亚细亚重新开张，迎来了近万名郑州市民的观礼。新亚细亚位于卓悦城地上 6 层、地下 1 层，被定位为"潮玩食趣新领地"。从裸眼 3D 大屏到电玩城、密室，从屋顶集装箱街区到猫咖狗咖、主题餐区，亚细亚·卓悦城都将年轻、时尚、潮流、体验感的标签属性发挥到了极致。

说起亚细亚，它曾经是中国商战的一面旗帜，20 世纪 90 年代初，亚细亚在中国商业领域创造了无数个第一，说起亚细亚大家都会不由自主地认为它是行业标杆。然而，由于经营管理不善，亚细亚的辉煌没能续写下去。随后的十多年，亚细亚归于沉寂。2001 年 10 月 14 日，郑州亚细亚五彩购物广场被河南建业住宅集团有限公司以 2.3 亿元买下整体产权，中国零售业最耀眼的明星亚细亚就此陨落。

当年的亚细亚以其在经营和管理上的创新，创造了一个平凡而奇特的"亚细亚现象"。当年王遂舟在接手商场后，为了提高商场的档次和气质，改德化商场为亚细亚商场，取自亚洲英文"Asia"。之后，王遂舟面向公众征集关于商场设计和改造的意见，引起了郑州人民的关注和好奇。这相当于打了一次免费的广告，商场还没开业就已经人尽皆知。王遂舟管理上的创新之处在于他打破了传统的市场服务理念，打造了一支训练有素的美女营业员队伍，这使亚细亚

成为全国商场中第一个设立迎宾小姐、电梯小姐的，也是第一个设立琴台和创立自己的仪仗队的商场。在开业前一个月，这一批营业员已经背熟了王遂舟亲自敦促修改的将近500页的《亚细亚经营管理及优质服务规范》。大到商品品类，小到一言一行都有明确的要求，再加上广告、电视、公交、电台等轮番"轰炸"，亚细亚的热度节节攀升。到了开业那天，人流大量涌入，不到下午六点，商城里超过九成的货架都被抢购一空，火爆程度可见一斑。

还记得当年的央视广告词吗？"中原之行哪里去，郑州亚细亚"，简直让全国人都神往。开创式地让大美女做旗手升旗，还有美女销售员，这在当时的年代实在是难得一见。

然而，经过辉煌之后，郑州亚细亚因为逐渐生出的骄傲之心和经营管理的不当，再加上社会发展变化越来越快，亚细亚的管理和思想理念已经跟不上潮流！

1993年，外国连锁商场理念传入中国。王遂舟带领亚细亚在河南省内外连续开拓了15家大型商场，营业制度和理念全部照搬郑州亚细亚。培训资金和广告费用耗费巨大，营收比下降。此外，王遂舟发展了很多其他服务行业，酒店、写字楼、房地产等，全部都使用同一套流程：美女、广告、服务！却未曾料到忽略了行业特性。就写字楼而言，美女虽然赏心悦目，但楼盘质量、基础设施等更为重要。

1997年亚细亚开始亏损，拖欠员工工资。产业过于分散，资金链衔接不顺，外部遭受重大打击；内部管理理念分化，员工调动混乱……正是因为这些原因，2001年10月14日，亚细亚最终陨落。

但是，现在亚细亚又焕发出新的活力，重启之后吸引了近万名郑州市民的观礼。亚细亚还开设了"商战展馆"，让老一代郑州人回忆起了商战时期的辉煌。

**点评**：以上这个案例中，曾经辉煌一时、轰动全国的郑州亚细亚由于管理不善，在未认清时局的情况下盲目扩张，造成了管理的混乱、资金链的断裂，最终走向破产。从中可以看出公司治理的重要性。在竞争激烈、市场瞬息万变的时代，公司的治理方式和治理结构直接决定着公司的走向，掌握着公司的命脉。针对外界环境、公司内部结构及发展走向，选择适合公司的治理之法，以此提高公司价值并实现可持续发展。

# 第一节　委托-代理关系与公司治理的提出

委托-代理关系是一种法律上的关系，其中一方（委托人）授权另一方（代理人）代表自己进行一定的活动或处理特定事务的一种关系。这种关系可以在各种情况下存在，如商业交易、法律事务、政府行政等领域。

## 一、委托-代理关系的源起与解释

委托-代理关系的源起可以追溯到古代社会，当时人们意识到他们可以通过委托他人来完成一些任务，以节省时间和精力。随着社会的发展，这种关系逐渐被法律规范和制度化。在古代，由于交通不便、信息不畅，商业活动往往需要跨越较长的距离。对于商人而言，亲自走访每个市场并进行交易是非常困难的。因此，商人开始依靠一些可信赖的人来代表他们进行交易。这些代理人以商人的名义进行交易，代理商人的权益，并按一定的比例收取佣金。

随着社会的发展，委托-代理关系的应用范围越来越广泛。在政治领域，代理人常被用于进行选举活动。政治候选人会委托一些忠诚可靠的人来代表他们宣传和争取选民的支持。这些代理人在选举过程中代表候选人与选民进行互动，传递候选人的政策和观点，争取选民的支持。

在商业领域，委托-代理关系的应用也非常广泛。企业常常委托代理人进行销售、采购、市场推广等业务活动。代理人作为企业的代表，负责与客户进行洽谈、签订合同，并代表企业处理相关事务。通过委托代理关系，企业可以将一些琐碎的事务交给代理人处理，从而节省时间和精力，更专注于核心业务的发展。

此外，委托-代理关系在法律领域也有重要的应用。律师作为委托人的代理人，代表委托人进行法律事务的处理。律师可以代表委托人与其他当事人进行交涉、起草法律文件、出庭辩护等。通过委托-代理关系，委托人可以充分利用律师的专业知识和经验，保护自己的权益，提高诉讼的胜算。

### （一）委托-代理关系的基本要素

委托-代理关系需要满足一些基本要素，包括委托人的意愿、代理人的接受、代理权的范围、代理人的责任。

第一，委托人的意愿：委托人必须自愿授权代理人代表自己行事，而非被迫或欺骗。

第二，代理人的接受：代理人必须明确接受委托，并同意按照委托人的要求行事。

第三，代理权的范围：委托人必须明确告知代理人的权力范围和行动要求。

第四，代理人的责任：代理人在代表委托人行事时必须遵守法律和道德规范，并尽力保护委托人的利益。

（二）委托-代理关系的内容

委托-代理关系主要包括委托和代理两个方面。

委托是指委托人将自己的权益、权力或责任委托给代理人，允许代理人代表委托人进行一定的活动或处理特定事务。委托人在委托的过程中可以为代理人设定一定的限制和约束，确保代理人按照委托人的意愿和利益行事。

代理是指代理人按照委托人的意愿和利益代表委托人进行活动或处理事务的行为。代理人在代理过程中应当遵守委托人的指示，保护委托人的利益，不得利用委托人的权益谋取个人利益。代理人需要具备一定的资质和能力，以保证能够胜任委托的工作。

委托-代理关系还需要考虑代理人的代理责任。代理人在代表委托人进行活动或处理事务时，应当以谨慎和诚实的态度行事，尽力保护委托人的权益。代理人应当遵守法律法规和行业规范，不得违反法律规定和道德伦理。代理人的不当行为可能导致委托人遭受损失，代理人应当承担相应的法律责任。

委托-代理关系是现代社会的一种重要的合作方式。通过委托-代理关系，委托人可以将一些任务和责任委托给代理人处理，从而提高效率和效益。委托-代理关系建立在信任和合作的基础上，委托人和代理人需要相互尊重、相互配合，共同达成合作的目标。同时，委托人和代理人也需要遵守法律和道德的要求，确保委托-代理关系的合法性和合理性。只有在双方的共同努力下，委托-代理关系才能发挥最大的效益，实现双赢的局面。

当今社会，基于企业财产组织的运作模式大致有三种：一是出资者自己经营。它是以自然人为基础的运作模式，如个人独资公司、合伙制企业。二是部分委托经营。它是以法人为基础的运作模式，如由私人或家族控股的并且是"一股独大"型的有限责任公司。三是完全委托经营。它是以"两权分离"为基础的现代企业的运作模式，如股权高度分散的股份有限公司。

股份有限公司的运作是基于企业的所有权与经营权的分离，然而企业的"两权分离"需要具备一定的条件：一是企业需要达到相当的规模，以至于超出所有者直接管理的能力范围。企业经营活动受到所有者能力及专业知识的局限，就需要委托给代理人。二是企业股权必须高度分散且能毫无困难地转让，使所有者的风险损失降到最低限度，从而放手让经营者经营。三是经理人市场发育成熟。

基于两权分离的股份有限公司在运作过程中产生了委托-代理关系。这种所有者与经营者之间的委托-代理关系实质上是一种企业契约关系，而不是一般的雇佣劳动关系。为了充分发挥经营者的积极性和管理才能及智慧，所有者必须给予经营者极大的决策权和控制权。经营者在公司中，对内有业务管理权限，对外有诉讼方面的代理权及在诉讼之外的商业代理权限。在当今社会，企业的经营者不仅是企业剩余控制权的分享者，而且是企业剩余索取权的分享者，雇员则完全不是。

企业委托-代理关系的选择是要支付成本的，这种在选择委托-代理关系中所支付的成本是代理成本。代理成本通常由三部分构成：一是支付代理人报酬；二是建立信息机制以监督代理人行为的费用；三是代理人的"不利选择"和"败德行为"造成的委托人损失。前两项是直接成本，由委托人直接支付，通过会计规则可以直接计算出来，是显性成本。最后一项是间接成本，属于委托人的剩余损失，是隐性成本。

需要注意的是，委托-代理关系是一种双向的关系，双方都有权利和义务。同时，委托-代理关系也受到法律的保护，违反委托协议可能会导致法律责任。因此，在建立委托-代理关系时，双方应当明确约定权利和义务，并遵守相关法律。

## 二、公司治理的定义与治理结构

对于公司治理的定义，到目前为止还没有达成共识。国内外学者纷纷从不同的角度出发，得出了不同的定义（见表8-1）。

表8-1　关于公司治理的不同定义及主要关注点

| 人物 | 定义 | 主要关注点 |
|---|---|---|
| 科克伦（Cochran）和沃特克（Wartick）（1988） | 公司治理问题包括高级管理阶层、股东、董事会和公司其他利益相关者的相互作用中产生的具体问题 | 谁从公司决策/高级管理阶层的行动中受益；谁应该从公司决策/高级管理阶层的行动中受益 |
| 钱颖一和青木昌彦（1995） | 公司治理结构：如何配置和行使控制权；如何评价和监督董事会、经理人员和员工；如何设计和实施激励机制 | 如何通过设置科学合理的制度来解决委托-代理中的问题，以降低代理人成本 |
| 吴敬琏（1994） | 所谓公司治理结构，是指由所有者、董事会和高级执行人员即高级经理人员三者组成的一种组织结构。在这种组织结构中，上述三者形成一定的制衡关系 | 如何激励、监督高级经理人，如何在所有者、董事会、高级经理人员之间形成相互监督、相互制衡的关系 |
| 张维迎（1996） | 公司治理是指有关公司控制权和剩余索取权分配的一整套法律、文化和制度性安排，这些安排决定公司的目标 | 谁在什么状态下实时控制、如何控制，风险和收益如何在不同企业成员之间分配等 |

| 人物 | 定义 | 主要关注点 |
|------|------|-----------|
| 周小川（1999） | 公司治理结构来自出资人和利益相关人对公司的控制，大体上是指股东大会、董事会如何通过制度性安排监督和控制高层经理人员的经营 | 公司经营管理、决策原则：高层管理人员的聘用、激励、监督；股东大会、董事会、高层管理人员间的协调和监督 |

从表 8-1 的定义中可以看出，公司治理的概念可以从狭义和广义两方面去理解。

狭义的公司治理是指所有者（主要是股东）对经营者的一种监督与制衡机制，即通过一种制度安排，合理地配置所有者与经营者之间的权利与责任关系。公司治理的目标是保证股东利益的最大化，防止经营者对所有者利益的背离。其主要特点是通过股东会、董事会、监事会及管理层所构成的公司治理结构的内部治理。

广义的公司治理结构则不局限于股东对经营者的制衡，而是涉及广泛的利益相关者，包括股东、债权人、供应商、雇员、政府和社区等与公司有利益关系的集团。公司治理是通过一套包括正式及非正式的制度来协调公司与所有利益相关者之间的利益关系，保证公司决策的科学化，从而最终维护公司各方面的利益。因为在广义上，公司已不仅是股东的公司，还是一个利益共同体，公司的治理机制也不仅限于以治理结构为基础的内部治理，而是利益相关者通过一系列内部、外部机制来实施共同治理；治理的目标不仅是限于股东利益的最大化，而且是要保证公司决策的科学化，从而保证公司各方面的利益相关者的利益最大化。

平时我们提到公司治理，更多是狭义上的。公司治理所要解决的是所有权和经营权分离条件下的代理问题。通过建立一套既分权又能相互制衡的制度来降低代理成本和代理风险，防止经营者对所有者的利益背离，从而达到保护所有者的目的。这一制度通常称为公司治理结构，它主要由公司股东会、董事会、监事会等公司机关构成。在这一构成中，公司股东是公司的所有权人，他们可以通过所享有的各种权力，如表决权、诉讼提起权和公司剩余财产的索取权，确保自己对公司事务的最终控制。在股东会的制约之下，公司董事享有公司政策的制定权、公司重大结构变更的建议权和公司事务的管理权，以及委任公司高级官员来具体负责公司日常事务管理的权力。因专业化管理的需要，董事会委托高级职员对公司的具体事务进行管理，形成经理层，他们对自己的日常管理工作负责，对公司董事会承担法律责任，并最终受股东会的制约。由股东会选举产生的监事会构成公司的监督机构，负责对董事会和经理层的经营管理行为进行监督，以维护股东会的利益。

概括而言，公司治理结构中形成了股东会最终控制权、董事会经营决策权、经理层经营指挥权、监事会监督权这样一种"三会四权"的权力制衡体系，如图8-1所示，这也是公司治理结构的本质，对于监督、制约经营者的权力，避免其权力过度扩张具有重要意义。

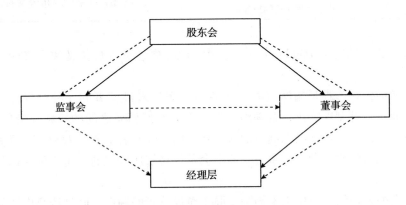

图8-1　"三会四权"权力制衡体系

图8-1中，实线表示授权关系，虚线表示监督关系，即股东会通过人事和授权制约着董事会和监事会，行使最终控制权，但股东会与总经理不发生直接关系，不能过问公司的日常经营；董事会的权力来自股东会的授予，因此受到股东会和监事会的监督和制约。同时，董事会通过决定总经理人选和监督总经理日常经营来对其进行制约，但不能干预总经理的正常经营管理；总经理的经营绩效要受到董事会和监事会的监督和评判；监事会作为出资者监督权的主体，代表出资者对董事会的经营决策和总经理经营管理进行监督和制约，但同时也要受到股东会的制约。

公司治理并不是为了制衡而制衡，而且制衡并不是保证各方利益最大化的最有效途径。衡量一个治理结构的标准应该是如何使公司最有效地运行，如何保证各方面的公司参与人的利益得到维护和满足。因此，科学的公司决策不仅是公司的核心，而且是公司治理的核心。因为公司各方面的利益都体现在公司实体之中，只有理顺各方面的权责关系，才能保证公司的有效运行，而公司有效运行的前提是决策科学化。因此，公司治理的最终目的不是制衡，而是保证公司科学决策的方式和途径。

传统的公司治理大多基于分权与制衡而停留在公司治理结构的层面上，较多地注重对公司股东会、董事会、监事会和高层经营者之间的制衡关系的研究。因此，公司治理可以说是侧重于公司的内部治理结构方面。但从科学决策角度来看，治理结构远不能解决公司治理的所有问题，建立在决策科学观念上的公司治理不仅需要一套完备有效的公司治理结构，还需要治理机制的有效运作。公司的有效运行和决策科学不仅需要通过股东会、董事会和监事会发挥作用的内部监控机制，而且需要一系列通过证券市场、产品市场和经理市场来发挥作用的外部治理机制，如公司法、证券法、信息披露、会计准则、社会审计和社会舆论等。

**三、公司治理的战略意义**

公司治理是指为了保护股东权益、提高公司价值和实现可持续发展而建立的一系列机制和制度。在现代企业管理中，良好的公司治理是保障企业稳定运行和持续发展的重要基础，具有重要的战略意义。下面将从四个方面阐述公司治理的战略意义。

（一）提升企业竞争力

良好的公司治理能够提升企业的竞争力。首先，有效的公司治理可以确保公司内部权力分配的合理性和透明性，避免权力滥用和腐败现象的发生，使公司的决策能够更加科学、公正和高效，从而提高企业的决策质量和执行效果。其次，公司治理可以建立健全激励和约束机制，激发员工的积极性和创造力，提高企业的创新能力和市场适应性，增强企业的竞争优势。最后，良好的公司治理还能够吸引更多的投资者和合作伙伴，提高企业的声誉和信誉，扩大企业的市场份额和影响力。

（二）保护股东权益

公司治理的一个重要目标是保护股东权益。股东是企业的最终所有者，他们投资企业的目的是获取回报。良好的公司治理可以确保股东的合法权益得到有效保护，防止公司管理层和内部人员的自私行为损害股东利益。通过建立透明的信息披露制度、完善的监管机制和有效的监督机构，可以使股东获得及时、准确的信息，了解公司的经营状况和财务状况，从而能够更好地评估公司的价值和风险，做出明智的投资决策。此外，良好的公司治理还可以确保股东在公司决策中有发言权和监督权，保障他们的合法权益不受侵害。

（三）提高企业长期发展能力

良好的公司治理有助于提高企业的长期发展能力。首先，公司治理能够帮助企业建立长期稳定的战略目标和发展方向，避免盲目追求短期利益而忽视长远利益，确保企业的发展具有可持续性。其次，公司治理可以建立健全风险管理和内部控制机制，及时发现和应对各种风险和挑战，保护企业的资产安全和经营稳定。最后，良好的公司治理还能够提高企业的透明度和规范性，增强企业的社会责任感和法律意识，树立企业良好的形象和声誉，为企业长期发展提供有力支撑。

### （四）促进投资者保护和资本市场发展

良好的公司治理对于促进投资者保护和资本市场发展具有重要意义。公司治理可以提高投资者对企业的信任和认可度，吸引更多的投资资金流入市场，促进资本市场的繁荣和健康发展。同时，公司治理可以增加市场的透明度和公平性，减少信息不对称和操纵行为，提高市场的效率和公平性，为投资者提供公平竞争的环境和平等的投资机会。此外，良好的公司治理还可以推动相关法律法规和监管制度的完善，提升国家的法治水平和市场化程度，促进经济的稳定增长和社会的繁荣。

综上所述，公司治理对于企业的发展具有重要的战略意义。良好的公司治理能够提升企业的竞争力，保护股东权益，提高企业的长期发展能力，促进投资者保护和资本市场发展。因此，企业应该高度重视公司治理，建立健全公司治理机制和制度，不断完善公司治理水平，为企业的可持续发展创造良好的环境和条件。

# 第二节　公司治理模式

公司治理是一系列的制度安排，不同的国家和地区由于文化传统、行为习惯、经济政治条件的不同，各国公司治理模式的差异也较大。例如，在崇尚自由、创新的美国，公司的治理模式就偏向于市场控制模式。

## 一、外部治理模式

公司治理模式中的外部治理模式是指通过外部机构、市场力量和法律法规等手段对公司进行监督和约束的方式。外部治理模式主要包括以下几种形式：

（1）监管机构。政府相关机构负责对公司进行监管，确保其合法经营、遵守法律法规和规范行为。

（2）法律法规。公司必须依法注册设立，并按照相关法律法规进行经营活动，法律法规作为外部规范对公司进行约束。

（3）股东权益保护。股东作为公司的所有者，享有一定的权益，相关法律法规和市场机制保护股东的权益，确保公司管理层不滥用权力。

（4）金融市场。金融市场提供了公司融资和交易的平台，公司在市场上募集资金，与投资者进行交互，市场力量对公司进行监督和约束。

（5）外部评级机构。评级机构对公司进行信用评级，为投资者提供参考，评级结果可以影响公司的融资成本和市场形象，从而对公司进行监督。

（6）投资者保护组织。投资者保护组织致力于维护投资者权益，监督公司的经营行为，推动公司公平、透明和规范运营。

（7）道德约束。社会道德和商业道德对公司进行约束，公司需要遵守社会公德和商业伦理，不损害社会公众利益。

这些外部治理模式相互作用，形成多层次、多维度的监督机制，促使公司遵守法律法规、规范经营行为、保护投资者权益、增强公司的透明度和责任感。

外部治理主要是利用产品市场、经理人市场、资本市场等市场机制，给企业以竞争压力，迫使企业建立起适应激烈的市场竞争的公司治理。在这里，产品市场就涉及企业，它们对于企业的生存和发展具有最终的决定权。只有那些具有好的治理理念的企业，才能生产出顾客真正需要的产品，也才能激励员工生产出好的产品。经理人市场不仅为企业管理人员的聘用提供了一个宽广的平台，还给管理人员施加压力，促使他们努力地工作。资本市场则能对企业实行"优胜劣汰"的选择。

分析美国、英国、澳大利亚等一些以市场控制为主的治理模式可以发现，它们一般都有高度发达的市场经济，金融市场也相当成熟。企业的融资渠道也主要为股票市场、证券市场等，因此投资者对于公司治理的影响力相当大。尤其是那些绩效不好的企业，好多投资者都会选择"用脚投票"的方式，即抛售股票走人。一旦发现企业经营不佳，在金融市场上立刻就能反映出来。这也就给经营管理者以压力，敦促他们努力地提升企业的价值。除了市场对公司治理的影响具有举足轻重的作用，严格的市场监管制度、信息披露制度、相关法律制度等对公司治理的影响也相当大。

我国目前还没有实施以外部控制为主的治理模式的条件。第一，股票市场、证券市场的发展还不够成熟，企业的融资渠道还主要依靠贷款，因此金融市场中的股东在公司治理结构中发挥的作用还很有限。第二，我国尚未形成一个流动良好的职业经理人市场，企业高层管理者大多来自企业内部，甚至有些国有企业的高层管理者还是通过行政任命的。因此，经理人市场实际上对于高层管理者机会主义行为的约束还不如西方国家。第三，我国的市场监管制度、信息披露制度和相关的法律制度还有待完善。只有当市场能真实、及时地反映企业经营管理的真实情况时，投资者采取"用脚投票"的方式才能对企业的公司治理起到一定的作用。

**二、内部治理模式**

公司治理模式中的内部治理模式是指公司内部建立的一系列制度和机制，用于管理和监督公司内部运营，以确保公司的合规性、透明度和效率。内部治理模式主要包括以下几个方面：

（1）董事会。董事会是公司的最高决策机构，负责制定公司的战略和政策，监督公司的经营活动。董事会由独立董事和执行董事组成，独立董事的存在可以提供独立的监督和决策。

（2）高级管理层。高级管理层负责公司的日常经营管理，包括执行董事、首席执行官等。他们应该具备专业知识和管理能力，为公司的长期发展和股东利益负责。

（3）内部控制。内部控制是指公司内部建立的一系列制度和程序，用于管理风险、保护资产和确保财务报告的准确性。内部控制包括内部审计、风险管理、合规性监督等。

（4）薪酬与激励机制。公司应该建立合理的薪酬与激励机制，以吸引和激励高素质的管理人才，同时确保薪酬与绩效挂钩，激励管理层为公司的长期发展创造价值。

（5）股东大会。股东大会是公司的最高权力机构，股东通过股东大会行使投票权和监督权，参与公司的重大决策和监督公司的经营活动。

（6）内部沟通与信息披露。公司应该建立畅通的内部沟通机制，确保信息的及时传递和共享。同时，公司还应该按照法律法规和市场规则，及时、准确地披露信息，确保投资者的知情权。

（7）企业文化和价值观。公司应该树立正确的企业文化和价值观，强调诚信、责任和可持续发展，倡导员工遵守道德和法律，推动公司的良性发展。

这些内部治理模式相互配合，形成公司内部的监督和约束机制，促使公司的决策和经营活动符合法律法规和道德准则，保护利益相关者的权益，提高公司的经营效率和竞争力。

内部治理是《中华人民共和国公司法》所确认的一种正式的制度安排，是构成公司治理的基础，简单来讲，就是权力与责任在股东会、董事会、监事会和经理之间的分配问题。

在日本、德国等以内部治理为主的国家，它们大多具有这样一些特点：公司的融资大多偏向于向银行贷款或是企业间相互持有法人股，股权集中的程度较高，股权结构也相对稳定。在这种公司治理模式中，尤其强调银行的约束和企业间的相互约束。

以内部治理为主的企业同样也存在一些潜在的风险。首先，在法人相互持股的情况下，企业间的分红可以彼此支付、抵销，持股者为了夸大其业绩就有可能采取抬高股价的方式，进而损害法人企业的利益。其次，这种模式下企业管理者一般以增长率和市场份额的扩大为目标，这种重企业快速增长而轻股东利益的做法，既显示出了股东对企业经营管理的不到位，也说明了企业监管体制的不完善。

从企业的内部治理来看，我国的企业普遍存在这样一些问题：第一，股权结构不合理。尤其是在国有企业中，"一股独大"的现象还比较严重。第二，法人治理结构不完善。股东会、董事会、监事会、高级经理人员之间相互监督、相互制衡的机制还处于发展完善中，企业的内部控制系统还需进一步加强。第三，股东会、董事会、高级管理者之间的关系尚未理顺。虽然一些上市公司设立了董事会、监事会，但在实际中董事会、监事会的监督作用未得到充分的体现，甚至出现了总经理将权力架空的现象。第四，董事会与高级管理人员的高度重合，成了"内部人控制"问题滋生的"温床"。如此一来，企业治理机制中的监督功能就被严重地弱化，甚至使某些部门形同虚设。第五，考核、激励机制不够健全。目前我国企业普遍存在激励不足的问题，要么是考核制度无法做出全面的、客观的、公正的考核，要么就是激励措施僵化。由此导致的就是工作效率不高，增加了机会主义行为发生的概率。第六，缺乏风险管理。经济的快速发展，企业的竞争环境也在迅速地发生着改变，当然企业的经营风险也在不断地提高。但是，我国的企业在风险管理方面经验不足，企业抵御风险的能力也比较差。

总的来看，我国企业的改革取得了相当大的进展，但是如果从公司治理的角度来衡量我国企业的现状，则普遍存在产权不清、责任不明、公司治理结构不完善等问题。同时，我国市场经济的发展也不够充分，市场在公司治理中的作用还未得到应有的发挥。加上法律环境、信用机制等方面的缺陷，使我国企业的外部治理效果较差，"内部人控制"、控股股东侵犯中小股东利益的现象也时有发生。

### 三、家族治理模式

家族治理模式是一种特殊的公司治理模式，适用于家族企业。在家族治理模式中，家族成员作为核心股东和管理层，通过建立一系列制度和机制，管理和监督家族企业的运营，保障企业的长期发展和家族利益的传承。以下是家族治理模式的一些特点和常见实践：

（1）家族宪法和家族章程。家族企业通常会制定家族宪法和家族章程，明确家族成员的权利与义务，规范家族企业的经营和决策过程。

（2）家族理事会。家族理事会是家族企业的最高决策机构，由家族成员组成，负责制定战略和政策，并监督公司的经营活动。家族理事会可以由家族的族长、代表家族利益的家族成员或独立董事组成。

（3）家族办公室。家族办公室是专门负责家族事务的部门，负责协调家族成员之间的沟通和合作，管理家族财富和资产，提供家族成员的培训和支持。

（4）家族继承规划。家族治理模式注重家族财富的传承和家族成员的继任计划。家族企业通常会制定继承规划，明确家族财富的分配和继承方式，确保家族企业的稳定发展。

（5）家族教育和培训。为了提升家族成员的管理能力和企业素养，家族企业会组织家族成员的培训和教育活动，帮助他们更好地承担家族企业的责任和角色。

（6）家族董事会和独立董事。家族企业可能设立家族董事会，由家族成员和独立董事组成，以实现家族利益和公司利益的平衡。独立董事的参与可以提供独立的监督和决策。

（7）家族价值观和企业文化。家族企业通常有独特的家族价值观和企业文化，强调家族传统、家族荣誉和长期发展。这些价值观和文化是家族治理模式的基础，对家族企业的经营和发展起到重要作用。

家族治理模式的目标是实现家族企业的长期稳定发展和家族利益的传承。通过建立专门的家族治理机制，家族企业可以有效地管理家族关系、平衡家族和公司利益，并在家族成员之间建立良好的合作和沟通机制。

许多大型公共公司都是由家族控制的，表现为家族占有公司相当的股份并控制董事会，家族成为公司治理系统中的主要影响力量。这种模式形成的原因至少有两个：一是儒家思想文化和观念的影响；二是在几十年前这些地区落后的情况下，在政府推动经济发展的过程中，对家族式企业的鼓励发展政策。这种家族控制型治理模式体现了主要所有者对公司的控制，主要股东的意志能得到直接体现。但其缺点是很明显的，即企业发展过程中需要的大量资金从家族那里是难以得到满足的。在保持家族控制的情况下，资金必然来自借款，从而使企业受债务市场的影响很大，始于 1997 年 7 月的东南亚金融危机，也反映出家族控制型治理模式的弊端。

三种公司治理模式的特征如表 8-2 所示。

**表 8-2　三种公司治理模式的特征**

| 项目 | 外部治理模式 | 内部治理模式 | 家族治理模式 |
| --- | --- | --- | --- |
| 经济发展状况 | 高度发达 | 比较发达 | 中等水平 |
| 证券市场程度 | 高度发达 | 欠发达 | 程度较低 |
| 政治法律影响程度 | 低 | 高 | 高 |
| 资本结构 | 负债率较低 | 负债率较高 | 负债率较高 |
| 股权结构集中制 | 相对分散 | 相对集中 | 相对集中 |
| 主要治理主体 | 股东 | 利益相关者 | 所有者与经营者 |
| 治理客体的经营行为 | 短期行为 | 长期行为 | 长期行为 |
| 治理手段 | 强调外部治理机制 | 强调内部治理机制 | 家族的权力 |
| 治理成本 | 较高 | 较低 | 低 |
| 治理效率 | 高 | 高 | 一般 |

续表

| 项目 | 外部治理模式 | 内部治理模式 | 家族治理模式 |
|---|---|---|---|
| 面临的主要挑战 | 对利益相关者的关注，经营者行为的长期化 | 金融市场的开放，银企关系的调整 | 对资本（人力和非人力）的外部需求 |
| 改革方向 | 强化内部监控 | 完善和强化外部监控 | 逐渐转向内部和外部监控 |

从我国的实际情况来看，当前正处于战略转型的关键时期。国有企业的股权正在多样化，企业的内部治理结构也正在逐步完善。首先，与欧美那些市场经济发达的国家相比，我国证券市场的发展还不够成熟，因而市场控制模式对于企业决策、行为的影响力还相当有限。其次，银行作为企业资金的主要提供者，对企业的影响较小。最后，就家族控制模式来看，也仅适用于少数的民营企业。

因此，对于当前正处于战略转型期的我国企业而言，不能盲目地学习外国的公司治理模式。相反，我们应该结合实际，将内部治理和外部治理有机地结合起来，才能真正发展出一套适合自己的公司治理模式。

# 第三节　董事会的战略角色

公司作为一个法人之所以能够超越自然人，其关键就在于董事会，如通用、IBM、花旗等国际跨国公司不是由一个人而是由一个独立和高效的高层管理团队在管理公司，它有一套治理机制，董事会则是其核心。公司的稳定和持续健康发展需要建设一个良好的董事会，这是公司从"人治结构"走向"法治结构"的关键一环。

设立董事会的最根本目的就是保证企业战略决策的正确性，确保战略决策与企业长期发展目标一致，同时能有效监督企业战略的有效实施。不管企业采用哪种形式的公司治理模式，董事会对于公司战略的制定、战略的实施及企业的长远发展都起着举足轻重的作用。

## 一、董事会职责与战略角色

（一）董事会职责

董事会是通过股东大会选举，由不少于法定人数的董事组成的，代表公司行使其法人财产权的经营决策机构。董事会是公司法人的经营决策和执行业务的常设机构，经股东大会的授权，能够对公司的投资方向及重大问题做出决策，对股东大会负责，并对公司经理人进行监督。

董事会在性质上不同于股东大会，股东大会是公司的最高权力机构，虽然理论上股东有着对企业的所有权和控制权，但由于所持股份数量小，因此小股东在公司治理中并没有太大的影响力。即便对于大股东尤其是同时持有多家公司股份的大股东而言，由于精力有限或不愿意深陷琐碎的日常经营事项，会把企业中股东会的权力委托给董事会来行使。董事会接受股东大会的委托，负责公司法人的战略和资产经营，并在必要时撤换不称职的经理人员。董事会是公司的最高决策机构，它们之间的关系也是一种委托-代理关系。

董事会作为公司法人财产权的主体，其职能主要表现在决策和监督两个方面，即作为最高决策机构，负责公司的重大战略决策；作为股东大会的代理人，由于公司的日常经营又是委托给管理人员的，因此还负责选拔、评价、监督公司经理人等。董事会的具体职能包括如下方面：

（1）负责召集股东大会会议，并向股东大会报告工作。

（2）执行股东大会的决议。

（3）决定公司的经营计划和投资方案。

（4）制订公司的年度财务预算方案、决算方案。

（5）制订公司的利润分配方案和弥补亏损方案。

（6）制订公司增加或者减少注册资本的方案以及发行公司债券的方案。

（7）拟订公司合并、分立、解散的方案或者变更公司形式的方案。

（8）决定公司内部管理机构的设置。

（9）决定聘任或者解聘公司经理及其报酬事项，并根据经理的提名决定聘任或者解聘公司副经理、财务负责人及其报酬事项。

（10）制定公司的基本管理制度。

（11）公司章程规定的其他职权。

（二）董事会的战略角色

在实际运营中，董事会往往通过授权把战略制定和实施委托给一些关键的管理者负责，因此公司董事会的战略角色主要就是对他们进行监督，确保战略有利于股东利益。公司的经理执行人员要把公司的战略计划提交董事会讨论，对一些重大的战略行动要向董事会成员汇报由于绝大多数的外部董事缺乏特定行业的经验，他们对特定公司的了解是有限的。董事会成员很少对公司的战略问题有详尽的了解，几乎提不出更有吸引力的战略来反对管理部门提出的战略方案，所以董事几乎不能或不应该在战略制定或实施上扮演直接的角色。董事会成员在战略管理中的角色是批判的评价并最终批准战略规划，他们要能够独立地批判管理层的战略提案是否经过充分的分析，管理层提出的方案是否比其他方案更令人满意。董事会成员的另外一个角色是评价高层执行人员实施战略的能力和技能，判断首席执行官的战略管理工作是否出色。近年来，苹果、通用汽车、IBM、捷运等公司的董事会都认为高层执行人员对公司战略的调整速度和深度还不够，不足以适应市场上的变化，他们对公司的首席执行官施加压力，要求首席执行官退位，起用新的领导，增加公司的活力，从而更新公司的战略。因此，董事会的战略角色是双重的：①不断地审查公司的长期发展方向和战略的合理性。一般来说，给予高层执行人员自由的权力，但是对他们进行监督，提出建设性的批评，时刻准备在必要的时候进行必要的干预。②评价现任首席执行官及其继任者的领导能力，一旦公司的业绩没有达到它应该达到的水平，就及时进行恰当的人事变动，从而使董事会的监督作用得到充分的发挥。

董事会包括的成员在参与战略管理的程度上存在很大的差异，表8-3是根据其参与程度进行的分类。其中挂名型、无主见型董事对企业战略管理的发展是不利的。

表8-3　董事会成员在战略管理中的参与程度

| 参与战略管理的程度 | | | | | |
| --- | --- | --- | --- | --- | --- |
| 低←————————————————————————————————————————→高 | | | | | |
| 被动、消极地 | | | | | 积极、主动地 |
| 挂名型 | 无主见型 | 低度参与型 | 中度参与型 | 积极参与型 | 促进型 |
| 从来不知道应该做什么，对战略毫不关心 | 听任管理人员做出一切决策；只负责对管理人员提出的建议进行审查 | 只是从形式上对部分企业高层管理者的建议进行审查 | 有限地参与有关管理方面的决策，或者有选择地评审关键性战略决策或行动方案 | 对企业的使命、战略、政策和目标提出询问，并做出最后抉择；通过各种委员会进行年度的管理审计 | 在建立和修改企业使命、目标、战略和政策中起领导作用，并设有一个非常积极负责的战略委员会 |

## 二、董事会构成与分工

（一）董事会构成与独立董事制度

董事会由董事长和董事组成，人数一般为9~11人，董事又可分为内部董事和外部董事两种。顾名思义，内部董事即来自公司内部，可能为公司的股东、管理人员或公司的职员；外部董事则为来自外部的无关联董事（也就是独立董事）和咨询顾问等。考虑到董事会要对公司治理提出客观的、公正的意见，一般公司都需要有一定数量的独立董事。此外，独立董事一般都是有着专业知识、丰富经验并具有一定社会地位的人，因此他们能为公司的治理给出专业的指导。这样一来，就可以较好地履行董事会的职责，对公司实施全面、客观的监管。中国证券监督管理委员会要求上市公司董事会中至少有1/3的独立董事。

独立董事的设立被认为是提升公司治理效率的一个有效途径，一般设有独立董事的上市公司都被认为是更有效率和价值的，由此可见人们对于独立董事在提高公司绩效方面的作用都抱有较高的期望。在董事会中，独立董事作为"局外人"更能提出中肯、客观、公平的建议，而独立董事的专业知识对于董事会决策也是大有裨益的。因此，独立董事被认为是更能代替股东会（尤其是广大的中小股东）来行使管理监督职能的人。然而，这必须基于"独立董事能真正地实现独立"的假设，也只有在这种情况下独立董事的意义和作用才能体现出来。

但是在现实中，独立董事职责的履行还存在很大的争议。目前，大家关注的焦点主要有几种：董事会中独立董事的比例为多少时，独立董事的意见才能引起重视？如何解决独立董事对公司业务不了解的难题？如何保护独立董事的独立性，以及对独立董事的激励、薪酬问题？

就我国的具体情况来看，我国的独立董事制度存在的主要问题有五种：①独立董事在董事会中所占的比例较低，一般为1~4人，独立董事对董事会的影响力较小。②由于知识背景和精力的限制，导致独立董事对于企业的关注不够深，这也限制了他们在决策过程中作用的发挥。③独立董事的选聘权一般由大股东掌握，而独立董事出于自身利益的考虑极有可能会和大股东站在同一利益线上，这也就出现了"独立董事懂事了，却不再独立"的现象。④董事市场发育还不完善，市场对独立董事的监督和约束还不到位。⑤独立董事的薪酬和激励制度还存在很大的问题。如果独立董事从公司领取薪酬，那么他们的独立性必然会受到质疑；如果独立董事的薪酬来自企业之外，那又该如何解决独立董事的激励问题。当前普遍的情况是，独立董事从企业内部获得一定数量的报酬，但报酬与他们的贡献没有什么联系。

### 阅读材料：独立董事制度

独立董事制度最早出现在美国上市公司的治理机制中。早在20世纪40年代美国就通过《投资公司法》规定，独立董事必须占投资公司董事会的40%以上。据有关统计，2000年，《财富》披露美国公司1000强中，董事会的平均规模为11人，外部董事就达到9人，内部董事只有2人，外部董事所占比例高达82%。现在，独立董事制度已经成为世界上大多数国家特别是发达国家公司治理结构中的一项重要制度安排。据经济合作与发展组织《1999年世界主要企业统计指标的国际比较》的报告，董事会中独立董事的比例，美国是62%，英国是34%，法国是29%。

资料来源：席酉民，赵增耀. 公司治理 [M]. 北京：高等教育出版社，2004.

### （二）董事会的次级委员会

为了明确董事的具体责任，董事会要实施分工负责制，下设若干个专门委员会，如执行委员会、审计委员会、报酬委员会、提名委员会等，从而使各董事之间能够有效地实现分工合作。次级委员会的职责划分一般是由公司章程规定的，不过有的委员会，如审计委员会，其职责是由公司法律框架体系规定的。

执行委员会由公司的执行董事和非董事的高级管理人员组成。公司的 CEO 就是执行委员会的主席。从性质上讲，执行委员会一直处于公司控制的核心，在董事会不召开会议期间代表董事会行使权力。执行委员会的会议召开频率远远超过其他委员会，因为执行董事是公司的专职人员，他们时刻面临着公司的日常决策。

审计委员会成员大多数甚至全部由独立董事担任。其主要功能如下：检查会计政策、财务状况、财务报告程序；与外部审计师通过审计程序进行交流；检查外部审计师的聘任或全面负责外聘审计人员；检查内部控制结构和内部审计功能；检查公司遵守法律和其他法定义务的情况；检查和监督所有形式的风险；检查和监督公司行为规则。

报酬委员会主要甚至全部由独立董事担任委员会成员，其主要职责是对公司高级管理人员（主要是执行董事）的报酬提出建议，制定一般管理人员的报酬，管理股票期权计划。报酬委员会确定经理人员报酬的标准有很多，公司业绩是主要的标准。一般的做法是将公司的每股盈利率与同行业其他公司的每股盈利率进行比较，超过平均水平将获得红利，否则只能拿底薪，甚至降薪。

提名委员会也主要甚至全部由独立董事担任委员会成员，其主要职责是向董事会提出有能力担任董事的人选，同时也包括对现有董事会的组成、结构、成员资格进行考察，以及进行董事会的业绩评价，具体内容如下：①对担任董事的资格条件进行说明；②对董事会下属各次级委员会的组成人员提出方案；③对空缺的董事职位提出候选人名单；④评价董事会业绩，包括评价 CEO、评价董事个人及评价董事会全体；⑤对执行董事与独立董事的人选提出方案；⑥处理股东提出的董事人选提案。

---

**专栏：八问国企改革：董事会能否告别"有形无神"？**

国有企业"十项改革试点"落实计划于 2016 年 2 月 25 日首度对外披露。在"I+N"文件体系基本形成、改革依然面临诸多难点的背景下，试点被寄予为全局性改革试经验、趟路子的厚望。人们关注的是通过试点，国企董事会能否逐渐告别"有形无神"？国企薪酬怎么定？哪些国企员工可以持股？等等。

---

## 一、董事会"有形无神"？试点将落实管人管事管薪资

"有形无神"！尽管已有85家央企建立规范董事会，但这依然是外界对于国企董事会的评价。一个重要原因在于董事会职权没有得到真正落实。

"管人""管事""管薪资"，即将开展的试点中，企业董事会将获得这些职权。根据计划，国务院国有资产监督管理委员会（以下简称国务院国资委）将选择试点企业开展落实董事会职权试点，授予长期发展战略规划、高级管理人员选聘、业绩考核、薪酬管理、工资总额备案制管理和重大财务事项管理六项职权。

## 二、国资监管机构怎么改？或逐步变身"股东"

管得太多太细，是一段时间以来各方对于国资监管机构诟病最为集中之处。

此番试点一项重要目标是探索国资监管机构与企业的关系，试点计划提出，国资监管机构依法履行出资人职责，主要从战略规划、公司治理、收益回报等方面履行股东职责，而企业将在规划投资、产权管理、业绩考核、薪酬管理、选人用人等方面获得更多自主决策权。

## 三、薪酬怎么定？用人"三轨制"高薪配高风险

未来，在国企工作，有的人将能拿到市场化的高薪，但与之对应，也将承担"干得不好就走人"的风险。

根据试点计划，国企领导人员用人将采取"三轨制"：组织任命的企业负责人、市场化选聘的经营管理者和职业经理人。对组织任命的企业负责人实行严格薪酬限制，对市场化选聘的经营管理者实行上限调控，而对市场化选聘的职业经理人将实行市场化薪酬分配机制。

高薪对应高风险。据国务院国资委有关人士介绍，对职业经理人主要考核经营业绩指标完成情况，实行市场化薪酬。聘任关系终止后，一并解除劳动合同，自然回到人才市场，充分体现"市场化来、市场化去"的原则。

## 四、国资如何布局？瞄准"命脉"和"民生"

改组组建国有资本投资、运营公司是完善国有资产管理体制，以管资本为主加强国资监管的一项重要任务，同时肩负优化国有资本布局的重责。

根据试点计划，国有资本投资公司将以服务国家战略、提升产业竞争力为主要目标，通过开展投资融资、产业培育和资本整合等，投资和发展国民经济的重要行业、关键领域、战略性新兴产业和优势支柱性产业。

据观察人士分析，在此轮试点中，国有资本将向"命脉"和"民生"领域集中，国防安全、信息安全、网络安全、粮食安全等"命脉"领域，养老产业、

扶贫开发、环境产业等"民生"领域将是国有资本流动瞄准的重要方向。

### 五、谁能持股？员工干得好可持股

在关键岗位工作且干得好的员工有望持股，分享企业发展红利。备受关注的混合所有制企业员工持股，将在此番试点中实现突破。

国务院国资委有关人士明确表示，将优先支持科技型企业开展员工持股试点，持股员工应符合：在关键岗位工作并对公司经营业绩和持续发展有直接或较大影响的科研人员、经营管理人员和业务骨干。

### 六、国企不透明怎么办？信息公开平台将能查负责人薪酬

想了解国企负责人薪酬？登录国企信息公开平台即能查询，这样的信息平台，已经提上改革试点议事日程。

根据国有企业信息公开试点计划，国务院国资委将建设统一的国有企业信息公开平台，规范披露国有资本整体运营和监管、国企公司治理及管理架构、经营情况、财务状况、关联交易、企业负责人薪酬等信息，为社会公众查阅信息提供便利。

### 七、央企重组有何妙招？推"铁塔"模式减少重复建设

推进中央企业兼并重组，对于解决国有资本布局结构不合理、资源配置效率不高、同质化发展等问题，意义重大。此番试点计划提出要探索中央企业重组整合的有效模式，同时探索企业重组后，实施业务整合、消除同质化竞争、实现提质增效的有效做法。

由三大电信运营商在 2014 年 7 月出资成立的中国铁塔公司，成功实现通信行业资源共享、减少重复建设、提升效率效益，2015 年承接三家电信企业建设需求达 58.4 万个，节约行业投资近 500 亿元。

### 八、哪些领域试点混改？垄断领域向民资开放：宜改则改

此番计划明确，将推动电力、石油、天然气、铁路、民航、电信、军工等垄断领域混合所有制改革试点，并指出通过引入非国有资本的多元化投资，形成有利于参与市场竞争的治理结构和运行机制。

资料来源：新华网。

### 三、董事会战略管理能力的提升

从我国企业管理实践来看，董事会在战略管理过程中的决策与监督职能没有得到充分发挥。且不说独立董事在董事会中发挥了多大的作用，单是从我国董事会在战略管理过程中参与的程度来看，董事会存在的实际意义就有待进一步考察。就董事的选聘来看，也普遍存在为了选董事而选董事的现象，以致有时过于

看重董事的名誉，而对董事的专业技能等方面有所忽略。另外，董事会的知识结构也没有形成互补，当企业进行战略决策时很可能就出现只有一家之言的情况，此时，决策质量又该靠什么来保证呢？因此，为了有效地提升董事会的战略管理能力，可以从以下几方面入手：

第一，完善董事选聘制度。对于董事人员的选聘，除了充分考虑被选聘人员的专业知识、资历外，还应考虑董事会成员间知识、能力的搭配问题。在选聘时，不应盲目地看重选聘人员的社会声誉，而应看被考察者是否能在董事会中真正地发挥作用。在董事提名方面也应该保持一定的独立性，以保证董事可以真正地站在企业的角度"说话"，而不被环境胁迫。

第二，提高董事会决策质量与监督能力。董事会通常都在需要做出重大决策或是当企业出现较大问题时，才会采用会议的形式进行讨论与决策。因此，在休会期间，为了保证董事会的权力不被侵害，应该在董事会之下分设一些委员会来代理董事会的部分职能。

第三，提高董事会的专业能力。首先，在董事选聘的时候应该选用那些有能力、敢于提出建设性意见的人来担任董事。其次，还应对董事进行相关的培训，以帮助他们了解企业和更好地胜任董事一职。最后，考虑到目前我国董事都普遍兼任企业中其他职务的情况，还应该尽量增强董事的专业能力，尽量保证选用的董事确实能胜任该项工作。

第四，增强董事会成员背景的多样性，规范董事会运作。作为战略的决策机构，董事会决策质量的高低直接影响着企业未来的发展，一旦决策失败，企业蒙受的损失将难以想象。为了保证战略决策的正确性，我们应在董事会的构成上尽量选用来自不同背景的、具有专业素质的人来充实队伍，尽可能地使董事会更全面地看待问题。在这个基础上，我们还需要建立一套规范的制度，以规范董事的行为，保证董事会的运作是理性的、规则的。

第五，保证董事会的独立性与权威性。除了真正赋予董事会权力外，还必须注意保证董事会与高级管理层之间的独立性。只有当董事会真正地独立了，才能进行理性的决策，并监督高级管理层正确地执行战略。因此，董事会的成员应尽量不要来自高级管理层，即使有来自高级管理层的，也应尽量限制其数量。对于董事长与 CEO 合二为一的企业来说，就应该在董事会中选出一个领导董事，以保证董事会的理性和独立性。

第六，完善董事考核、激励机制。当前，我国企业普遍缺乏一套完善的董事考核、激励机制，以致董事会成员没有很大的动力来努力工作。因此，为了增强董事会的积极性，建立完善的董事考核、激励机制已成为当务之急。

# 第四节　经理人员的激励

一个企业要想有好的业绩，除了有好的战略规划外，还必须要有能将这些战略实施到每个组织环节中的管理人员。对经理人员的激励直接关系到公司的竞争力和绩效水平，是建立有效的公司治理结构的重要环节之一。如果把公司治理理解为激励与约束两个方面，董事会建设主要强调约束方面的话，经理人员激励则主要是激励方面的问题。为吸引和激励经理人员，董事会下设的薪酬委员会要科学合理地提供绩效考核指标和薪酬体系，薪酬委员会的年度报告应就全体经理人员的年薪、激励报酬、期权计划、绩效衡量和退休计划的细节进行披露。

## 一、战略实施的主体——各级经理人员

德国著名的军事战略家克劳塞维茨曾说过："在双方军队参战之前，战争的胜负已经可以从双方的战略家身上看出来了。"商业竞争在很大的程度上与军事对抗一样，企业战略管理者的好坏与企业战略管理的成败有十分重要的关系。战略管理者在企业体系里就是各级经理人员（主要是中高层经理人员），他们是企业战略管理的主体，是企业内外环境的分析者，是企业战略的制定者，是战略实施的领导者和组织者，是实施过程的控制者和实施结果的评价者。一般来说，战略管理者包括企业的董事会、高层管理者、各事业部的经理、职能部门的管理者。公司的首席执行官（CEO）就像船长一样，是公司最明显、最重要的战略管理者，也是主要的战略实施者。CEO 的主要责任是制定公司的主要发展方向、主要目标和主要战略。虽然公司的其他高层管理者也有重要的领导责任，但是，领导整个公司的战略计划制订和执行的最终责任是由首席执行官来承担的。

生产、市场营销、财务、人力资源及其他部门的副总裁也有重要的战略制定和实施的责任。一般来说，生产副总裁在生产战略的制定中承担着主要的责任；市场营销副总裁在市场营销战略的制定中承担着主要的责任；财务副总裁则往往负责制定恰当的财务战略等。首席执行官级别以下的高层管理者也参与整个公司战略中关键要素的提出和确立，参与战略性的策划，同首席执行官紧密合作、寻求一致、达成统一，有效地协调战略的各个方面。

但是，战略制定和实施的责任在管理者之间的这种分配并不意味着战略的制定和实施就局限在公司首席执行官、副总裁和小型公司的所有者和企业家身上。公司中的每一个主要单位——业务单位、部门、参谋人员、支持小组或者

地区分公司，在公司的战略计划中，通常都有一个主要的或支持性的角色。负责某个组织单元的管理者在上级管理的指导下，通常完成该部门的部分或绝大部分战略的制定工作，并选择执行所做出的战略决策的途径和方法。虽然处于公司组织结构底层的管理者的战略制定和执行的角色明显要窄一些、明确一些，但是，每一个管理者在其所管理的领域里都是一位战略制定者和实施者。

为什么说中低层管理者也是战略制定和实施队伍中的一员呢？因为公司的经营在地理上越分散、越多元化，处于公司总部的高层管理者就越难制定和实施所有必要的行动和项目。坐在办公室里的管理者对每一个地理区域和经营运作单元情况的了解都不足以使他领导基层所采取的每一个行动。高层管理者将一部分战略制定的责任下放给下一层的管理者，由他们管理公司的下一个层次的组织单元，从而让他们在这一个层次上取得特定和明确的战略结果，这几乎成了一种惯例。把战略责任下放给现场的经理人员，由他们负责在自己领域里所制定的战略行动，这种做法实际上建立了一种成败权责制度。如果执行战略的管理者也是该战略的制定者，那么他就很难在没有达到目标的情况下推卸责任或寻找借口。同时，如果对于将要执行的战略，实施者本人也参与制定的话，他们很可能对该战略有很强的支持，这一点是有效地执行战略的一个重要前提。在多元化的公司中，对不同的业务有不同的战略，通常有四种不同的战略管理者：①公司首席执行官及其他高层次经理人员，对于影响整个公司的所有多元化业务的大战略决策拥有主要的责任和权力。②对某一项特定的业务承担自负盈亏责任的管理者，在他的这个业务单元内，他拥有主要的领导权。③在某一个特定的业务单位内的职能领导和部门领导，他们对该业务单位的某一部分有着直接的权力（如制造、市场营销和销售、财务、研究与开发、人事等），他们的职责就是在他们各自的领域里执行各自的战略，支持整个业务单位的整体战略。④主要经营单位（如工厂、销售区域、地区分公司等）的管理者，他们往往承担一种现场责任，即在他们的领域里制定"细节"战略，在基层实施和执行整个战略计划中由他们承担责任的那部分内容。

在单一业务公司中，战略管理者的层次只有三个（即业务层次的战略管理者、职能领域层次的战略管理者、经营运作层次的战略管理者）。在大型的单一业务公司中，战略管理者的队伍如下：首席执行官是公司主要的战略家，对战略的制定和执行有着最终的权力；副总裁和部门领导，他们负责公司的重要活动（如研究与开发、生产、市场营销、财务、人力资源等）；各个经营单元的管理者，像各个工厂的管理者、销售部门的管理者、分销中心的管理者及参谋部门的管理者，他们负责具体管理公司的业务经营范围。但是，所有者与管理者合一的企业，一般只有1~2个战略管理者，因为在小型企业中对整个战略制定、实施职能的执行可以掌握在几个人的手中。

### 二、经理人员的激励方式

经理人作为战略执行者的中高层管理者，其业绩将直接关系到企业的绩效。他们接受董事会的监督和领导，并对公司战略的实施起全面推动作用。在我国企业管理实践中，常常出现经理人失控问题，这除了缺乏健全的公司治理结构和完善的约束机制之外，缺乏系统、完善和有效的激励机制，也是极其重要的原因。采取多种手段对经理人员进行激励，包括工资、奖金、股权拥有、股票期权、延迟报酬、提升及解聘等，会有不同的激励效果。

（一）工资

工资是对经理进行激励的最基本形式，是根据经理的工作年龄、学历、级别等因素而制定的固定支付方式。工资的特征是固定性。工资数量的多少及其在薪酬结构中所占的比例对公司吸引称职的经理具有影响。一个风险规避型的经理更偏好于工作数量相对较多而奖金等其他与风险相关的激励相对较少的薪酬结构。

（二）奖金

奖金是与公司经营绩效相关联的一种激励形式，这种绩效以利润、净资产收益率、销售收入增长等短期会计利润指标为主。因而在内部人控制严重的情况下，奖金的激励作用会因经理操纵会计利润指标而大打折扣。另外，只有奖金在利润中占据合理的比例，才能充分发挥奖金的激励作用。若比例偏小，不能充分起到激励作用；若比例偏大，则可能存在"不合理、不公平"的后果，引起企业内其他员工的不满。

（三）股权拥有

经理的股权拥有使经理的福利多少与公司绩效直接相关。在经理拥有公司全部股权的极端情况时，经理的利益与股东的利益便达到了完全一致，股东与经理之间不再存在委托-代理关系，激励问题也得到彻底解决。但目前我国上市公司中大部分公司经理拥有的公司股票数量十分有限，因此今后适当提高经理持股比例将有助于发挥股权拥有的激励作用。

（四）股票期权

由于股票期权的行权时间往往在数年以后，在行权之前，期权虽具有其内在的价值，但不可实现，因此它作为对经理的一种激励机制，能够促使经理从长远的角度考虑公司的经营和管理。这是工资、奖金和股票拥有不具备的激励效果。股票期权已经成为美国公司激励经理的一种重要手段，并显示出良好的效果。股票期权在我国尚处于试验阶段，但随着体制的完善和资本市场的发展，其运用会更加广泛，并成为激励经理人员的主要手段。

---

### 案例阅读：我国上市公司股票期权的三个案例

**案例一：联想集团的股票期权形式**

1994 年前后，为了解决联想集团创业者的工资福利与其创造的价值极度不对称问题，使企业未来的发展与老员工的切身利益结合起来，并支持年青一代迅速走上领导岗位，中国科学院从其拥有的 100% 联想集团股权中拿出 35% 的分红权给联想集团员工持股会。员工持股会将持有的 35% 分红权分别以 35%、20% 和 45% 的份额进行再分配，其中 35% 分配给公司创业时期有特殊贡献的老员工，共计 15 人；20% 分配给 1984 年以后一段时间内较早进入公司的员工约 160 人；45% 根据贡献大小分配给后来有特殊贡献的员工。1999 年联想集团着手进行彻底的股份制改造，其核心是将 35% 的员工分红权转变为员工的完整意义上的股权。

**案例二：武汉国有资产经营公司的股票期权计划**

1999 年 5 月，武汉国有资产经营公司推出《武汉国有资产经营公司关于企业法定代表人考核奖惩暂行办法》。根据该暂行办法，武汉国有资产经营公司将对其包括 4 家上市公司在内的 21 家控股与全资企业的董事长或法定代表人实行一种新的年薪制。新的年薪制将年薪分为基薪收入、风险收入和年均收入，三个部分的收入数额依据年度考核的结果与制定的评价标准分别确定，并以不同的方式兑付。其中基薪收入与年均收入在年终考核后以现金一次性支付，风险收入则分为两个部分：30% 以现金形式当年兑付，其余 70% 转为该公司的可流通股票并在三年内延期兑付。该案例与国外的可立即执行的股票期权比较接近，其股票期权的行权价格为授予时的股票市场价格。不过由于该计划的股票转换并持有是以现金奖励为前提的，并由现金转换而来，因此其从本质上而言是一种强制性的股票持有计划，而与股票期权的无偿授予、有偿行权及非强制性特征不同。

**案例三：新四通集团的股票期权计划**

1998 年，四通集团开始启动经理层融资收购计划（MBO），重组成立由职工持股会和四通集团分别占 51% 和 49% 股权的新四通。四通重组不仅开创了中国 MBO 的先例，其关于高层经理的期权安排更加引人注目。据直接参与四通产权重组策划的中国证券市场研究设计中心称，新四通将实施一项 1200 万元的激励期权计划（ISO），外部股权投资人将为新四通高层经理人员提供 1200 万元的期股。通过这一安排，外部股权投资人带来了"给头脑定价"的机制，借助这一机制将决定给谁股权和给多少期股。在四通的这一制度安排中，成立四通"职工持股会"是其成功实施 MBO 与 ISO 的首要环节，而这又得益于北京市关于企业职工持股会的地方性政策的保障。

资料来源：孙永祥. 公司治理结构：理论与实证研究 [M]. 上海：上海人民出版社，2002.

（五）延迟报酬

延迟报酬指经理离职或退休后所获取的报酬。延迟报酬既可以采取股权信托的方式又可以采取现金信托的方式。股权信托指公司以每年税后利润的一定比例为经理乃至员工购买股票，规定一定的支付条件而存放于信托机构；或以每年税后利润的一定比例存放于信托机构，待到经理离职或退休时，根据有关条款决定是否由经理领取。实行延迟报酬可以激励经理在位时努力工作，离职时慎重抉择，离职后继续关心公司经营，并可在一定程度上避免"59 岁现象"的发生，起到安抚退休经理的作用。

（六）提升

在层级较多的大企业集团或扩张型公司中，提升对经理人员有着巨大的激励作用，因为提升往往意味着工资的增加和地位的提高。但提升需要机构的扩张，因而此种激励只适用于成长型公司，不适用于成长慢的公司或趋于收缩的公司。

（七）解聘

这是一种惩罚型激励。对于经营业绩一般或较差的公司经理而言，给予正面的奖励型激励可能也无法起到改善企业经营业绩的效果，此时运用解聘等惩罚型机制能够对经理起到良好的激励和约束，因为遭到解聘的往往是经营亏损的公司的经理。因此，为了避免解聘，经理人员会尽力保持或提高企业的经营绩效，这在一定程度上促使其更努力地为企业工作。

除以上七种形式外，对经理人的激励形式还包括条件限制性赠送股票、财产保险、储蓄计划和在职消费等。具体运用要结合企业实际情况进行，并设计合理的薪酬结构。我国目前仍以工资和奖金激励为主，今后应加大股票期权在薪酬结构中的比例，并增加其他长期报酬及额外福利形式，使薪酬结构合理化、激励形式多样化。

## 【本章小结】

本章主要探讨了公司治理中的委托-代理关系和战略管理者的角色。首先介绍了委托-代理关系的概念，包括其源起和作用。随后，对公司治理的定义和治理结构进行了解析，并强调了公司治理对战略决策的战略意义。在公司治理模式方面，介绍了外部治理模式、内部治理模式和家族治理模式。外部治理模式强调市场机制和股东监督，内部治理模式着重内部机制的规范和监督，家族治理模式则注重家族企业的特点和治理方式。董事会在公司治理中扮演着重要的战略角色，本章对董事会的职责与战略角色进行了阐述，涵盖了董事会的构成与分工，以及提升董事会战略管理能力的重要性。最后，探讨了经理人员的激励方式。经理人员作为战略实施的主体，需要适当的激励来推动组织战略目标的实现，对经理人员的激励进行了详细探讨。

通过本章学习，读者将获得深入理解公司治理的知识，并能够将这些知识应用于实际情境中。掌握公司治理的原理和概念，读者能够更好地规划和实施组织的战略管理，从而提升组织的绩效和竞争力。此外，了解经理人员的激励方式，读者能够设计和实施有效的激励计划，以激发经理人员的积极性和创造性，推动组织的发展和战略目标的实现。

## 【复习思考】

### 一、单选题

1. 战略实施的成功与否取决于管理者激励员工的能力和（    ）。

A. 处理人际关系的技能　　　　　　　B. 资源的有效配置

C. 战略目标的正确性　　　　　　　　D. 企业内部各部门的协同作用

2. 谈判收购指（    ）。

A. 收购者直接向市场股东发起收购要约建议

B. 收购者与目标公司签订合并协议

C. 收购者通过股票交易所进行股份收购

D. 以上所有

3. 为什么高层管理者倾向于实施多元化战略？（    ）

A. 为了提高公司股价　　　　　　　　B. 为了降低公司的风险

C. 为了扩大公司的规模和影响力　　　D. 为了增加公司的流动性

4. 什么是"降落伞计划"，其具体内容是什么？（    ）

A. 针对高管离职时给予的一种经济补偿方式

B. 针对员工群体的福利计划

C. 针对公司业绩下滑时给予高管的奖励计划

D. 针对公司股价波动时给予高管的一种经济补偿方式

5. 委托-代理法律关系中，受委托的代理人（    ）。

A. 可以任意代理

B. 不具人身性

C. 不可以再代理

D. 具有人身性，但依法可以转托代理权

6. 委托和代理关系形成的基础是（　　）。

A. 监管要求　　　B. 行政法规　　　C. 司法解释　　　D. 双方的约定

7. 卖方独家代理委托-代理关系（　　）。

A. 有保障　　　　　　　　　B. 相对无保障

C. 明确、牢固　　　　　　　D. 不明确、脆弱、易中断

8. 英国和美国的公司治理模式是（　　）。

A. 家族治理模式　B. 内部治理模式　C. 外部治理模式　D. 混合治理模式

9. 以下不是公司治理模式的是（　　）。

A. 阿联酋内外部结合模式　　　B. 英美外部市场治理模式

C. 德日内部监控治理模式　　　D. 东亚家族控制治理模式

10. 公司控制权市场治理程度较高的公司治理模式是（　　）。

A. 英美公司治理模式　　　　　B. 德日公司治理模式

C. 家族公司治理模式　　　　　D. 以上都不是

11. 土木集团公司的治理模式是（　　）。

A. 地铁盾构　　　B. 专业化发展　　C. 两化融合　　　D. 法人管项目

12. 公司治理模式包括（　　）。

A. 内部治理模式　　　　　　　B. 家族治理模式

C. 外部治理模式　　　　　　　D. 以上都是

13. 内部控制重大缺陷应当由（　　）予以最终认定。

A. 总经理　　　　B. 董事会　　　C. 评价机构　　　D. 审计委员会

14. 保险公司董事会应当设立（　　），负责关联方识别维护，关联交易管理、审查、批准和风险控制。委员会由（　　）名以上董事组成，由独立董事担任负责人。

A. 关联交易控制委员会，三　　B. 关联交易控制委员会，五

C. 审计委员会，三　　　　　　D. 审计委员会，五

15. 根据《中华人民共和国安全生产法》的规定，股份有限公司安全投入的保障主体是（　　）。

A. 董事会　　　　B. 股东大会　　　C. 监事会　　　D. 执行总裁

16. 有限责任公司可以设经理，由董事会决定聘任或解聘。经理对董事会负责，行使下列哪项职权？（　　）

A. 制定公司的具体规章

B. 决定公司年度投资方案

C. 决定公司内部管理机构设置

D. 决定聘任或解聘公司副经理、财务负责人

17.《中华人民共和国公司法》规定，国有独资公司董事会有权决定的事项有（　）。

A. 聘任公司经理                    B. 公司合并决议

C. 增加注册资本                    D. 对发行公司债券作出决议

## 二、多选题

1. 现代企业制度基本特征是？（　）

A. 法人独立        B. 股份制        C. 有限责任制        D. 公司制

2. 公司的内部治理机制包括（　）。

A. 董事会        B. 监事会        C. 经理层        D. 员工代表会议

E. 股东代表会议

3. 所有权与经营权分离存在哪些弊端？（　）

A. 所有者和经理利益不一致            B. 代理成本的增加

C. 公司治理结构的简化                D. 股东利益受损

4. 公司治理结构可以分解为哪些子课题？（　）

A. 所有权结构        B. 控制权结构        C. 激励机制        D. 运营管理

5. 在中国，机构投资者主要包括（　）。

A. 保险公司        B. 证券公司        C. 信托公司        D. 公募基金

E. 私募基金

6. 在现代大型公司的董事会中，一般都设置（　）三个委员会。

A. 审计委员会                    B. 薪酬与考核委员会

C. 提名委员会                    D. 战略委员会

7. 激励性报酬主要包括（　）。

A. 现金奖励        B. 股票期权        C. 限制性股票        D. 影子股票

E. 股票认购权

8. 企业战略管理过程是由三个相互联系、循环反复、不断完善的动态管理过程组成，它们是（　）。

A. 战略分析        B. 战略制定        C. 战略评价        D. 战略实施

E. 战略控制

9. 两权分离的原因及其优劣性是（　）。

A. 股份制改革                    B. 公司规模扩大

C. 所有权与经营权的职能分工        D. 提高公司治理效率

E. 增加腐败风险

10. 美国机构投资者实施积极股东主义主要采取哪几种方式？（　）

A. 表决权行使        B. 董事会提名        C. 股东提案        D. 收购目标公司

11. 独立董事所具备的特有职责包括哪些方面？（　　）

A. 监督公司的决策和执行过程　　B. 确保公司遵守法律法规

C. 监督公司的财务状况　　D. 提供战略规划和决策建议

E. 代表公司参与业务谈判

12. 与短期激励性报酬制度相比，长期激励性报酬形式具有哪些优点？（　　）

A. 可以更好地激励管理层长期业绩

B. 可以减少短期利益对公司的损害

C. 可以提高公司的稳定性和长期竞争力

D. 可以减少公司的财务风险

13. 在代理关系中，委托-代理关系终止的条件包括（　　）。

A. 被代理人的法人终止

B. 被代理人取得民事行为能力

C. 被代理人取消委托

D. 代理事项完成

E. 代理期限届满

14. 属于英美公司治理模式特点的有（　　）。

A. 董事会中，外部独立董事比例较大

B. 股东通过外部市场对经营者进行制约与激励

C. 经理报酬中的股票期权的比例较大

D. 公司信息披露，降低投资风险

15. 在内部控制制度阶段，内部控制制度包括（　　）。

A. 内部会计控制制度　　B. 内部管理控制制度

C. 内部审计控制制度　　D. 内部财务控制制度

16. 内部控制评价工作组可审阅的内控流程文档有（　　）。

A. 风险控制矩阵文档　　B. 流程图文档

C. 审批权限表文档　　D. 内部审计文档

17. 委托代理关系终止的情形包括（　　）。

A. 代理期限届满　　B. 被代理人取消委托

C. 被代理人死亡　　D. 代理人丧失民事行为能力

E. 作为被代理人的法人组织终止

18. 公司治理结构分析主要考虑（　　）。

A. 规范的股权结构分析　　B. 完善的独立董事制度

C. 监事会的独立性和监督责任　　D. 优秀的职业经理层

### 三、判断题

1. 战略控制的目的主要是控制战略目标。（　　）

2. 制定了严格的内部控制制度，就能确保一个企业的必定成功。（ ）

3. 企业总经理应当对内部控制评价报告的真实性负责。（ ）

4. 企业进行内部控制评价时，发现采购部门的部分采购项目未按照规定进行公开招标。按照内部控制缺陷的本质分类，这种缺陷属于一般缺陷。（ ）

5. 根据 COSO 框架，反舞弊机制属于内部控制要素中的内部监督。（ ）

6. 某有限责任公司设立了董事会，股东会会议应该由董事长主持。（ ）

7. 只有在逆境的时候才需要自我激励。（ ）

8. 激励有利于调动和激发员工的积极性，实现团队间的合作与交流。（ ）

9. 不能引起委托-代理关系终止的原因是被代理人取消委托。（ ）

10. 委托人与托收行之间的关系是委托-代理关系。（ ）

11. 代收行与付款人之间存在委托-代理关系。（ ）

12. 委托人和托收行之间的委托-代理关系的依据是托收委托书。（ ）

13. 内部治理结构是以竞争为主线的内在制度安排，那么外部公司治理则是以产权为主线的外在制度安排。（ ）

14. 公司治理结构是构成内部环境的因素之一，包括股东大会、董事会、监事会、经理层。（ ）

15. 目前全球范围内的公司治理模式最有效的应该是盎格鲁-撒克逊模式。（ ）

16. 吸收劳方或职工参与公司经营管理是大陆法系国家公司治理模式的特征之一。（ ）

**四、简答题**

1. 公司治理与委托-代理是什么关系？

2. 何为公司治理，对企业的战略实施有什么影响？

3. 公司治理模式有哪几种，各适用于什么条件？

4. 企业设立独立董事的目的是什么，如何提高其作用？

5. 董事会应在战略管理中承担什么角色？

6. 如何对经理人员进行有效的激励？

【案例分析】

## 案例 8-2 稻盛和夫的阿米巴经营模式

日本航空公司濒临破产，78 岁高龄的他又临危受命，仅用一年的时间就让日航起死回生并创造日航历史最高利润，而且是打败了当年全世界的 727 家航空公司，这让很多企业家开始注意到稻盛和夫，并研究稻盛和夫的经营哲学。

稻盛和夫被称为日本的"经营之圣、人生之师"。作为日本的企业家、哲学家，他用 40 年时间创办了两家世界 500 强企业：京瓷和 KDDI。可以说，这两家公司在管理层面都是依靠阿米巴经营取得成功的。再后来，稻盛和夫也是用阿米巴经营模式，仅用了一年的时间，就帮助申请破产的日航起死回生。

1959 年，稻盛和夫和他的小伙伴们一起创立了京瓷公司。但随着公司规模的不断扩大，他一个人无法同时兼顾多个部门的管理。于是，他就想到了把公司分成若干个小集体，让员工进行自我管理，同时采用独立核算的方式来衡量他们的业绩情况。这些独立核算的小集体的业绩直接与市场收入挂钩。因此，他们对于市场的变化很敏感，能够根据市场的变化快速地做出决策上的调整。这个特点很像一种环境适应能力超强的生物——阿米巴变形虫。所以这种模式，也叫阿米巴经营模式。

阿米巴经营模式，一方面通过授权解放了管理者的精力，也激发了员工的工作热情。另一方面，让每一个员工都开始从经营的角度考虑问题，实现了全员参与经营的目的。

**一、实现全体员工参与经营**

企业要想持续发展，就要营造出一种全体员工为了一个共同目标团结奋斗的经营环境。在阿米巴经营模式之下，员工也要像经营者一样考虑阿米巴的收支，考虑自己的工作。通过阿米巴经营，全体员工的能力得到最大程度的提升和发挥，每个员工都参与到阿米巴经营中，为了自己所属的阿米巴及公司整体的经营业绩，贡献出自己的力量。

**二、与市场挂钩的部门核算制**

为了实现经营"销售额最大化，费用最小化"，阿米巴经营将部门组织划分为若干个阿米巴组织，并实行根据市场变动即时对应的部门核算管理。各巴巴长可以清晰地看到阿米巴的经营状况和经营活动的成果，从而可以迅速传达市场信息，进行经营决策判断，实现高效经营。

**三、培养具有经营意识的人才**

把公司整体划分成一个个"阿米巴"小集团，各个阿米巴巴长就像是经营者一样经营着自己的阿米巴，以此来培养具有经营者意识的人才。这样就可以使具有经营者意识的人才辈出，巴长也可以描绘出自己及本巴的发展前景。

**四、培养全体员工的目标意识**

通过"自下而上"的方式制定年度经营目标，确认好每个阿米巴必须完成的绩效目标。为了完成目标，各个阿米巴领导者就会制订每日、每月、每年的工作计划和安排，通过将计划落地执行，逐步完成自己所属阿米巴的目标。阿米巴的领导者和其成员可以根据这些即时的经营数据调整接下来的经营计划，为达成共同的目标而努力工作，从而培养全体员工的目标意识。

### 五、老板得以彻底解放

阿米巴经营可以使老板们摆脱日常烦琐事务，集中精力去考虑全局上的问题；阿米巴经营实行独立核算，发挥经营管理的积极性，更利于组织专业化生产和实现企业的内部协作；各事业部之间有比较、有竞争，更有利于企业的发展。

阿米巴内部的供、产、销之间容易协调，不像在直线职能制下需要企业高层管理部门一一过问。当企业内部实现了"全员经营"，每个人都积极主动、努力工作，自然就达成了"彻底解放老板"的目的。

### 六、把企业做成平台、做大做强

企业导入阿米巴经营模式，将形成"企业平台化"，把整个企业变成一个创业平台，公司总部相当于一个投资方，提供相关的平台资源。每个阿米巴都相当于内部创业团队，每个人都会主动去创造市场的价值，这可以极大地提升企业竞争力，使企业做大、做强、做久。

稻盛和夫指出，自利是生产发展的动力之一，各阿米巴适度的自利无可非议。阿米巴经营的目标只有一个，那就是"单位时间内追求销售额最大化和经费最小化"。但是如果每个阿米巴的管理者都过分追求自利，那么就会使交易难以完成，不仅损害其他阿米巴的利益，而且会给企业带来损失，最终陷入"囚徒困境"和"公地悲剧"。

为了避免出现这种情况，阿米巴经营必须以企业的经营理念为指导。具体地说，阿米巴经营需要有三个基础和前提。

第一，共享愿景、使命和价值观。有一个统一、明确而坚定的目标是提高全员凝聚力和积极性的重要手段。在阿米巴模式的指导下，各个组织有着单独的发展方向和领域，组织内部与员工的参与机会和地位显得越发重要。在这个全员参与的环境下，有一个全体共同奋斗的目标显得尤为必要。领导者掌握这个愿景、使命、价值观，有利于更好地决策；一线员工掌握了愿景，有利于更好地接触市场并随着市场进行灵活的反应。

第二，实行高度透明的经营。高度透明可以保证组织的公平、公正、公开，民主化运营环境也更能激发员工的积极性。因为员工在组织中的主体地位增强，对组织数据的透明度要求更高。因此，各个阿米巴组织的领导者，在每一天、每个月的工作结束后，都需要进行及时有效的单位时间核算总结、完成经验分享和问题分析。稻盛和夫先生将其比喻为"玻璃般透明的经营"，这种经营使组织者参与度得到了保证。

第三，充分授权的管理模式，领导者与员工相互信任。阿米巴模式的出色之处就在于组织领导者细化责任，这有利于组织涉及的领域得到深入和专业的研究经营。可是，深化和提升组织的质量，需要谨慎选择组织的领导者。一方面，需要考虑其专业的业务能力，只有专业的眼光才能引领深度、及时发现隐藏的问题，并在复杂的市场中发现甚至是创造机遇。另一方面，需要考察其领导能力，因为组织的小型化，内部的各个工作人员和工作岗位都是非常重要的，需要领导者充分调动各个成员的积极性，及时解决和协调内部交流问题。当然，一个好的领导者必须得到企业的高度信任，充分地下放权力，激发其创造性，给予其不断突破和进步的阶梯和坚强的后盾，为阿米巴组织和整个集团企业的发展带来良性的促进作用。

**案例讨论题**

1. 阿米巴经营对企业经营的作用有哪些？
2. 结合中国国情，你认为我国企业如何去学习阿米巴经营模式？
3. 据你所知，有哪些企业在做阿米巴？试着列举一下。

# 案例8-3 中航油集团战略管理分析

成立于1993年的中航油集团，由中央直属国企——中国航空油料控股公司控股，该集团总部和注册地均位于新加坡。刚成立时，由于多方面的原因，企业曾一度出现经营困境。在总裁陈久霖的带领下，企业逐渐走上正轨，业务也从单一的进口航油采购逐步扩展到国际石油贸易。2001年公司在新加坡交易所主板上市，成为中国首家利用海外自有资产在国外上市的中资企业。

在之后的短短几年时间里，公司从一个贸易型企业发展成工贸结合的实体企业。在几乎完全垄断中国进口航油业务的同时，公司向下游进行产业整合。进行相关的投资，并通过一系列的海外收购活动，市场区域扩大到东盟、远东和美国等国家和地区。公司实现了爆发式增长，净资产增长了700多倍，股票价格增长了4倍，顿时成为国内外关注的焦点。然而好景不长，公司在取得中国航油集团公司授权后，于2003年开始从事油品套期保值业务。在此期间，陈久霖擅自扩大业务范围，从事石油衍生品期权交易，这是一种像"押大押小"一样的金融赌注行为。陈久霖和日本三井银行、法国兴业银行、英国巴克莱银行、新加坡发展银行和新加坡麦戈利银行等在期货交易场外签订了合同。陈久霖买了"看跌"期权，赌注每桶38美元。没想到国际油价一路攀升，陈久霖"押了小点，开盘后却是大点"。

2004年10月以来，新加坡公司所持石油衍生品盘位已远远超过预期价格。根据其合同，需向交易对方（银行和金融机构）支付保证金。每桶油价每上涨1美元新加坡公司要向银行支付5000万美元的保证金导致新加坡公司现金流枯竭，2004年10月26日至12月被迫关闭的仓位累计损失已达3.94亿美元，正在关闭的剩余仓位预计损失1.6亿美元，账面实际损失和潜在损失总计约5.54亿美元。

据调查了解，新加坡公司从事网上交易历时一年多，从最初的200万桶发展到出事时的5200万桶，一直未向中国航油集团公司报告，中国航油集团公司也没有发现问题。直到保证金支付问题难以解决、经营难以为继时，新加坡公司才向集团公司紧急报告，但仍没有说明实情。

新加坡公司基本上是陈久霖一人的"天下"。最初公司只有陈久霖一人，2002年10月，中国航油集团公司向新加坡公司派出党委书记和财务经理。但原拟任财务经理派到后，被陈久霖以外语不好为由，调任旅游公司经理。第二任财务经理被安排为公司总裁助理。陈久霖不用集团公司派出的财务经理，从新加坡雇了当地人担任财务经理，只听他一个人的。党委书记在新加坡两年多，一直不知道陈久霖从事场外期货投机交易。

从新加坡公司上报的2004年6月的财务统计报表，公司当月的总资产为42.6亿元，净资产为11亿元，资产负债率为73%。长期应收账款为11.7亿元，应付款也是这么多。从账面上看，不但没有问题，而且经营状况很漂亮。

但实际上，2004年6月，新加坡公司就已经在石油期货交易上面临3580万美元的潜在亏损，仍追加了错误方向"做空"的资金。由于陈久霖在场外进行交易，集团公司通过正常的财务报表没有发现陈久霖的秘密，新加坡当地的监督机构也没有发现，中国航油集团新加坡公司还被评为2004年新加坡最具透明度的上市公司。

中航油事件曝光后，引起了各界的广泛关注。其中最耐人寻味的是在新加坡证监会的严格监管下在公司内部制度也相当完备的条件下，为什么中航油还会出现如此巨大的亏损，甚至还能长时间将事件隐瞒起来呢？

从公司治理结构来看，中航油有着相当完善的内部控制机制，不仅有股东会、董事会、管理层、风险管理委员会、内部审计委员会，还有比较完善的相互制衡机制和风险防范机制。从外部监管来看，中航油面对的是新加坡的一系列完善的法律制度的监督，而且作为一个国有企业，公司面对的还有我国制定的相关法律法规（如《期货交易管理暂行条例》《国有企业境外期货套期保值业务管理制度指导意见》等）。那么到底是哪里出了问题呢？分析中航油的内部治理结构也许就能找出问题的根源。

从中航油新加坡公司的股权结构来看，它是一个典型的"一股独大"的企业，虽然公司的股东会、董事会、管理层、风险管理委员会、内部审计委员会的构成很完备，但由于其中的关键成员大多为中航油集团和中航油新加坡公司的高管，这必然使其他大股东、独立董事在重大决策过程中被边缘化，因此难以形成有效的监督和约束体系。股东会、董事会和管理层三者合一，决策和知行合一，必然最终发展成经营者的个人独裁统治。一旦经营者做出了不符合市场规律的决策，其他人就无法纠正，而公司制度也对其构不成约束，这是造成中航油事件中亏损越来越大的制度性原因。

市场规则和公司内部管理制度的有效性也存在较大问题。境外国有控股企业三权合一的治理结构，是产生相当多类似于中航油新加坡公司的决策与运作过程神秘化、保密化的肥沃土壤，是造成一人决策和独断专行的高风险运行流程化和日常化的制度基础。在这样的治理结构下，市场规则和公司内部制度完全失效，类似于中航油新加坡这类治理结构的公司，成功只是暂时的、偶然的，出现重大问题则是必然的，问题和风险的出现只是时间问题。

三权合一的公司治理结构使经营者很容易就将法治规则和法律制度抛向一边，完全按照自身的利益和观念上认可的规则行事，常常在违反了所在国法律的情况下还茫然不知。2004年10月10日，中航油新加坡公司向中航油集团报告期货交易将会产生重大损失，中航油集团、中航油新加坡公司和董事会没有向董事会、外部审计师、新加坡证券交易所和社会机构投资者及小股东披露这一重大信息，反而在11月12日公布的第三季度财报中仍然谎称盈利。中航油集团在10月20日将持有的中航油新加坡公司75%股份中的15%向50多个机构投资者配售，将所获得的1.07亿美元资金以资助收购为名，挪用作中航油新加坡公司的期货保证金。这些行为严重违反了新加坡公司法和有关上市公司的法律规定，对投资者披露虚假信息、隐瞒真相、涉嫌欺诈。

公司治理方面的缺陷，不仅是中航油新加坡公司独有的，中航油事件反映的还只是冰山一角，我国企业之所以缺乏强大的竞争力，主要原因之一还是公司治理方面存在大量问题。

资料来源：黄旭. 战略管理：思维与要径 [M]. 北京：机械工业出版社，2007.

**案例讨论题**

1. 通过中航油事件分析公司的内外部监管体系的有效性。
2. 针对中航油企业治理方面，可以提出哪些实践性的建议？
3. 从上述中航油事件中，你可以受到什么启发？

# 第九章　组织设计：战略实施的组织保障

【知识架构】

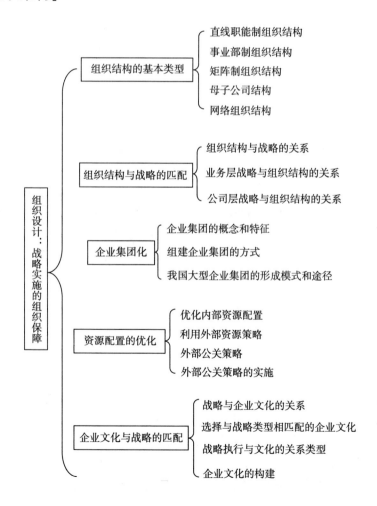

## 【学习要点与目标】

通过本章的学习，读者应该能够：

□掌握组织结构的基本类型

□熟悉战略与组织结构的关系

□理解公司层战略、业务层战略与组织结构的关系

□掌握企业集团化的概念及特征

□了解组建企业集团的方式、大型企业集团的形成模式

□掌握内部资源配置的优化

□了解外部资源策略及外部公关策略

□掌握企业文化与战略类型的匹配

□理解企业文化的构建

## 【本章核心概念】

组织结构　战略匹配　企业集团化　资源配置　公关策略　企业文化战略执行

## 【引导案例】

# 案例 9-1　福特公司：优化组织结构，适应企业发展

福特汽车公司的组织结构相对简单，然而这种组织结构能够战略性地反映出福特汽车公司业务的变化与经营重点。福特有三个基本的战略经营单位——汽车集团、多样化产品公司（DPO）和金融服务集团。每一战略经营单位都由许多不同的经营单位组成。图 9-1 为福特汽车公司的组织结构图。

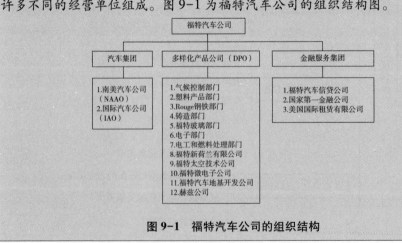

**图 9-1　福特汽车公司的组织结构**

## 一、汽车战略经营单位

汽车集团分为北美汽车公司（NAAO）与国际汽车公司（IAO）两个部分，北美汽车公司在美国有50多条装配及生产线。如今汽车集团在提高其销售量的过程中经受着最严峻的考验，1988年首次出现福特的收益低于其对手通用汽车公司的情形。尽管福特在市场份额的增加方面是美国国内汽车生产厂家中唯一的一家，但其小轿车的市场份额在1989年头10个月里仅有22.3%。尽管通用汽车的市场份额下降了整整一个百分点达到35.1%，然而它仍然控制着市场。北美汽车公司的汽车生产也面临着困境。尽管福特宣传"质量第一"，但它仍不得不定期地对各种型号的车主进行访问。

国际汽车公司在22个国家拥有分公司，主要分为3个区域：欧洲、拉丁美洲和亚太地区。福特与9个国家的汽车生产厂商保持着国际性业务关系。虽然国际汽车公司在前些年为美国国内落后的汽车销售起着平衡作用，但分析家们预测，在经过了汽车历史上销售最好的5年后，整个汽车行业在欧洲的销售将会出现下滑。福特及其竞争对手将会发现，日本厂商不仅在美国汽车市场是它们最强有力的竞争者，而且随着在英国北部推出日产车，同时丰田和本田在欧洲建立工厂并在20世纪90年代中期投入运营，这些都使它们成为福特及其竞争对手们在欧洲的主要竞争者。日本三大厂商的举措有可能会抢占目前市场份额的13.5%，由此也会导致福特国际汽车集团损失很大一部分市场份额。

## 二、多样化产品战略经营单位

多样化产品公司包括福特所有的支撑性业务。作为福特公司内的供应组织，多样化产品公司在节约供应成本方面扮演着重要的角色。

## 三、金融服务战略经营单位

福特金融服务集团主要由福特信贷与保险服务公司组成。该集团负责监督福特汽车信贷公司的经营状况及福特在国外汽车生产厂家的财务状况。国家第一财务公司与美国国际租赁公司构成了世界第二大金融公司，它们除了经营保险业务外，还向经销商、汽车零售商和农用设备用户提供贷款。

**点评：** 以上这个案例中，福特汽车公司通过优化组织结构，使三个基本的战略经营单位——汽车集团、多样化产品公司（DPO）和金融服务集团都能平稳运行，战略性地反映出福特汽车公司业务的变化与经营重点。当今时代，企业在做战略规划时，只有根据自身情况选择合适的组织结构，并根据时代发展不断完善修正战略规划，才能在激烈的市场中立足。

# 第一节　组织结构的基本类型

企业的组织结构承担着企业的决策支持、决策实施及业务控制等任务。在企业发展的历史上，组织架构的本质是为了实现企业战略目标而进行的分工与协作的安排，组织架构的设计要受到内外部环境、发展战略、生命周期、技术特征、组织规模人员素质等因素的影响，并且在不同的环境、不同的时期、不同的使命下有不同的组织架构模式。各个企业的形成条件和规模各不相同，所以组织结构的形式也千差万别，但仍可以将它们大致概括为五种基本类型：直线职能制组织结构、事业部制组织结构、矩阵制组织结构、母子公司结构、网络组织结构。

## 一、直线职能制组织结构

直线职能制组织结构被称为 U-型组织、简单结构、单一职能型结构、单元结构（U-Form Organization, Unitary Structure）。直线职能制组织结构是现代工业中最常见的一种结构形式，而且在大中型组织中尤为普遍。这种组织结构的特点：以直线为基础，在各级行政主管之下设置相应的职能部门（如计划、销售、供应、财务等部门）从事专业管理，作为该级行政主管的参谋，实行主管统一指挥与职能部门参谋指导相结合。在直线职能制组织结构下，下级机构既受上级部门的管理，又受同级职能管理部门的业务指导和监督。各级行政领导人逐级负责，高度集权。因而，这是一种按经营管理职能划分部门，并由最高经营者直接指挥各职能部门的体制（见图9-2）。

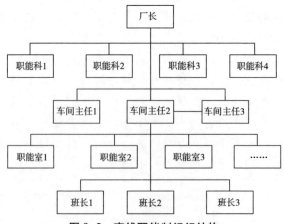

**图9-2　直线职能制组织结构**

（一）特点及适用情况

在这种结构中，除了直线人员外，还需要职能参谋人员提供服务——他们与直线人员共同工作。直线人员直接参与组织目标的实现；职能参谋人员则是间接参与，他们为组织目标的实现提供服务。对于生产性企业，它的主要目标有两个：生产和销售。作为组织目标实现的直接参与者，生产与市场人员构成了直线人员。区分组织中谁是直线人员和职能参谋人员的一个方法就是根据组织的目标，看谁直接为其做出贡献，谁间接为其做出贡献。在一个组织中，人事、工程、研究与开发、法规、财务及公共关系部门往往被认为是职能参谋部门。职能参谋部门拟订的计划、方案及有关指令，由直线主管批准下达；职能部门参谋只起业务指导作用，无权直接下达命令。因此，职能参谋人员的服务本质上是建议性的，他们不能对直线人员行使职权。例如，人事部经理只能向生产部门建议聘用新员工，他没有职权强迫生产经理接受他的建议。在组织最高层，职能参谋人员参与决策制定。除了这些特殊的职能参谋人员外，在组织中还有服务性质的职能参谋人员，包括办公室人员、速记员、维修人员及其他类似人员。

直线职能制组织结构在实际中应用较为普遍，特别适用于那些组织规模较小、地点集中、产品种类较少的中小企业，而且也适用于某些大型企业，尤其是各部门业务联系紧密的制造业企业。

（二）优点

直线职能制组织结构具有以下优点：

（1）提高了组织管理的专业化程度和专业化水平，符合现代企业生产规模不断扩大、分工日益细密的趋势。

（2）有利于充分发挥各职能专家的管理作用，并可对下级的工作提供详细的、专业的业务指导。

（3）有利于减轻直线管理者的工作负担，使其有时间和精力考虑具有战略意义的重大问题。

（4）有利于提高各职能专家的业务水平，提高效率。

（三）缺点

直线职能制组织结构的内在缺陷具体如下：

（1）属于典型的集权式结构，权力集中于最高管理层，下级缺乏必要的自主权。

（2）各职能部门之间的横向联系较差，容易产生脱节和矛盾。

（3）直线职能制组织结构建立在高度的职权分裂基础上，各职能部门与直线部门之间如果目标不统一，则容易产生矛盾。特别是对于需要多部门合作的事项，往往难以确定责任的归属。

（4）信息传递路线较长，反馈较慢，难以适应环境的迅速变化。直线职能制组织结构存在的问题是经常产生权力纠纷，从而导致直线人员和职能参谋人员的摩擦。

## 二、事业部制组织结构

事业部制组织结构亦称 M 型结构（Multidivisional Structure）或多部门结构、产品部式结构、战略经营单位。所谓事业部制，就是按产品或地区设立事业部（或大的子公司），每个事业部都有自己较完整的职能机构的一种组织设计方式。

事业部制是一种高层集权下的分权管理体制，遵循分级管理、分级核算和自负盈亏的原则，对于实施事业部制的企业，按地区或者按产品类别分成若干个事业部，从产品的设计、原料采购、成本核算、产品制造，一直到产品销售均由事业部及所属工厂负责，实行单独核算，独立经营，总部只保留监督权、人事决策权和预算控制权，并通过利润等指标对事业部进行控制（见图9-3）。事业部制适用于规模庞大、产品种类繁多、技术复杂的大型企业，这些企业按产品、区域、顾客类型来划分事业部。总体来说，事业部必须具备三个基本要素，即相对独立的市场、相对独立的利益和相对独立的自主权。

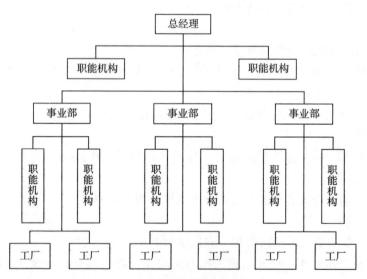

**图9-3　事业部制组织结构**

资料来源：龚荒．企业战略管理［M］．徐州：中国矿业大学出版社，2009.

## （一）特点

事业部制是一种分权式的多分支部门的组织结构模式，概括来说，主要有如下五个特点：

（1）针对特定的产品、地区及目标客户成立特定的事业部。

（2）在纵向关系上，按照"集中决策，分散经营"的原则划分总部和事业部之间的管理权限。

（3）在横向关系上，利润便是事业部的生命，各个事业部实行独立核算。

（4）总部和事业部内部仍然按照职能制结构进行组织设计，以便保证事业部制组织结构的稳定性。

（5）事业部不是独立的法人，只是总部的一个分支机构，各个部门的独立性是相对的，它们对利润没有支配权，没有对外进行融资和投资的权限。

（二）优点

事业部制组织结构的优点如下：

（1）每个事业部都能够独立自主地规划其发展，决策迅速、有效，能够针对市场变化迅速地做出反应，具有很强的灵活性。

（2）事业部作为利润中心，有利于评价、考核事业部及其经理的工作绩效，同时也有助于高层管理者对每种产品或服务进行贡献分析，从而做出正确的战略决策。

（3）在同一事业部中，各职能部门围绕同一产品、地区或客户开展工作，并服从于同一主管，有利于职能部门的沟通和协调。

（4）有利于使高层领导集中精力研究企业战略，同时，由于事业部自成系统，对事业部经理要求很高，所以也有利于培养全面的管理人才。

（5）各事业部自主经营、责任明确，有利于贯彻实施目标管理和自我控制。

（三）缺点

事业部制组织结构的缺点如下：

（1）各事业部具有相对独立的利益，因而容易导致本位主义，部门之间难以协调和合作，忽视企业的整体利益。

（2）对公司总部的管理工作要求较高，否则容易导致对事业部的管理失控。

（3）公司总部和各事业部都需要设置职能机构，从而导致机构重叠、人员众多、管理费用增加。

**三、矩阵制组织结构**

矩阵制组织结构是在直线职能制组织结构的基础上，再增加一种横向的领导系统，它由职能部门和完成某一临时任务而组建的项目小组组成，同时实现了事业部制与直线职能制组织结构特征的组织结构形式。矩阵制组织结构也可以称为非长期固定性组织结构。

（一）特点及适用情况

矩阵制组织结构是为了改进直线职能制横向联系差、缺乏弹性的缺点而形成的一种组织形式。矩阵制组织结构的特点是具有双道命令系统，两道系统的权力平衡是这一组织结构的关键。但在现实中无法存在绝对的平衡，因而在实际工作中就会存在两条相互结合的划分职权的路线：职能与产品，并形成两种深化演化形式，即职能式矩阵和项目式矩阵。前者是以职能主管为主要决策人，后者则是以产品/项目负责人为主。这种组织结构最突出的特点就是打破了单一指令系统的概念，使管理矩阵中的员工同时拥有两个上级。它的特点表现在围绕某项专门任务成立跨职能部门的专门机构，如组成一个专门的产品（项目）小组去从事新产品开发工作，在研究、设计、试验、制造各个不同阶段，由有关部门派人参加，力图做到条块结合，以协调有关部门的活动，保证任务的完成。这种组织结构形式是固定的，人员是变动的，需要谁，谁就来，任务完成后就可以离开。项目小组和负责人也是临时组织和委任的。任务完成后就解散，有关人员回原单位工作（见图9-4）。

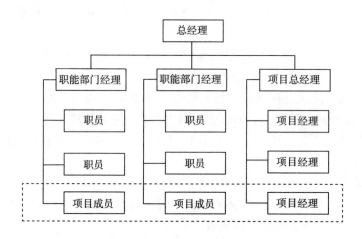

**图9-4 矩阵制组织结构**

因此，这种组织结构非常适合横向协作和攻关项目，企业可用来完成涉及面广的、临时性的、复杂的重大工程项目或管理改革任务，特别适合以开发与实验为主的单位，如科学研究，尤其是应用性研究单位等。

（二）优点

矩阵制组织结构的优点如下：

（1）同时具备事业部制与直线职能制组织结构的优点。

（2）兼有职能式和产品式（项目式）职能划分的优点，因为职能式职能划分与产品式职能划分的优缺点正好为互补型。

（3）加强了横向联系，专业设备和人员得到了充分利用，实现了人力资源的弹性共享。

（4）具有较大的机动性，促进各种专业人员互相帮助，互相激发，相得益彰。

（5）项目小组可以根据具体情况而随时成立或解散，能对迅速变化的环境做出及时反应。

（6）对人力资源的运用富有弹性，同一职能部门的知识和经验可以运用于不同的项目，有利于充分发挥职能专家的作用。

（三）缺点

矩阵制组织结构的缺点如下：

（1）成员位置不固定，有临时观念，责任心不够强。

（2）人员受双重领导，有时不易分清责任，需要花费很多时间用于协调，从而降低人员的积极性。

（3）具有双重指挥链，管理成本增加。

（4）如果企业中的矩阵组织较多，在增强灵活性的同时，破坏了组织整体性，降低了组织效率。

**四、母子公司结构**

母子公司结构是指在海外设立自主权很高的子公司，国内母公司的组织结构不变，两者间保持松散联系的一种组织结构，即国外子公司既对母公司保持经营上的相对独立性，又保持直接接受母公司经理指令并向上报告的关系（见图9-5）。

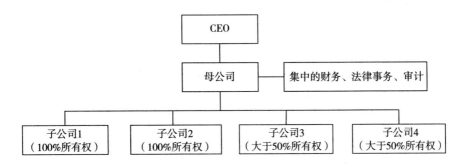

**图9-5 母子公司结构**

资料来源：龚荒. 企业战略管理［M］. 徐州：中国矿业大学出版社，2009.

母子公司结构是欧洲跨国公司早期发展时普遍采用的组织形式，而且一直到

20世纪五六十年代，欧洲一些著名的跨国公司仍然保持这种结构。20世纪20年代前后，美国一些跨国公司（如福特汽车公司等）也采用母子公司结构这种组织设计战略，在欧洲许多国家设立分厂。在今天，这种母子公司结构对于那些进行国际直接投资，而规模较小的制造业公司来说，仍然是一种有效的形式。

（一）特点及适用情况

1. 特点

母子公司结构的特点如下：

（1）母公司同子公司的业务关系是松散的。

（2）母公司与子公司之间的联系主要是通过经理人员的个人关系来实现的。

（3）国外子公司通常具有东道国的法人地位，所以在法律方面有很大的自主权。

2. 适用情况

母子公司结构的适用条件如下：

（1）母公司和国外子公司的规模比较小，子公司的数目不多，且离母公司距离较近，交通和通信联络方便。

（2）母公司经理与国外子公司经理的个人关系较密切（如来自同一家族），在"管理哲学"方面的共同性较多。

（3）公司系统内产品或服务的多样化程度较低，需跨国进行的公司的内部协调较少。

（4）母公司对国外子公司采用持股的控制方式。

（二）优点

母子公司结构的优点如下：

（1）子公司经营活动的自由度大，能对东道国的市场变化做出迅速而灵活的反应。

（2）子公司具有东道国的法人地位，有利于吸引当地股资和当地人才。

（3）有利于加强子公司领导者的领导权威和反应能力，使子公司的管理具有较好的稳定性和较高的工作效率。

（4）总公司高级决策人员便于直接获取子公司的准确情报和参与子公司的决策。

（三）缺点

母子公司结构的缺点如下：

（1）各子公司常常只考虑局部利益，而忽视整个国际企业体系的利益最大化。

（2）母公司总经理依靠个人能力控制和出国察访的做法，当公司规模很大时，势必难以做到对所有国外子公司进行有效的指导，这就增大了失控和失误的风险。

（3）母子公司结构不便于各种经营资源在公司内部进行合理转移。

**五、网络组织结构**

网络组织结构是利用现代信息技术手段，适应与发展起来的一种新型的组织机构，网络结构是一种很小的中心组织，依靠其他组织以合同为基础进行制造、分销、营销或其他关键业务的经营活动的结构。在网络组织结构中，组织的大部分职能从组织外"购买"，这给管理当局提供了高度的灵活性，并使组织集中精力做最擅长的事（见图9-6）。

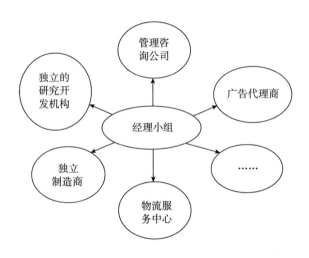

**图9-6　网络组织结构**

（一）特点及适用情况

网络型组织结构是一种只有很精干的中心机构，以契约关系的建立和维持为基础，依靠外部机构进行制造、销售或其他重要业务经营活动的组织结构形式。被联结在这一结构中的各经营单位之间并没有正式的资本所有关系和行政隶属关系，只是通过相对松散的契约（正式的协议契约书）纽带，通过一种互惠互利、相互协作、相互信任和支持的机制来进行密切的合作。

采用网络结构的组织，它们所做的就是通过公司内联网和公司外互联网，创设一个物理和契约"关系"网络，与独立的制造商、销售代理商及其他机构达成长期协作协议，使它们按照契约要求执行相应的生产经营功能。由于网络型企业组织的大部分活动都是外包、外协的，因此公司的管理机构就只是一个精干的经理班子，负责监管公司内部开展的活动，同时协调和控制与外部协作机构之间的关系。

网络组织结构并不是对所有的企业都适用，它比较适合于玩具和服装制造企业。它们需要相当大的灵活性以对时尚的变化做出迅速反应。网络组织也适合于那些制造活动需要低廉劳动力的公司。

（二）优点

网络组织结构的优点如下：

（1）网络型组织结构极大地促进了企业经济效益实现质的飞跃，降低管理成本，提高管理效益。

（2）实现了企业在世界范围内的供应链与销售环节整合。

（3）简化了机构和管理层次，实现了企业充分授权式的管理。

（4）组织结构具有更大的灵活性和柔性，以项目为中心的合作可以更好地结合市场需求来整合各项资源，容易操作，网络中的各个价值链部分随时可以根据市场需求的变动情况增加、调整或撤并。

（5）这种组织结构简单、精练，由于组织中的大多数活动都实现了外包，这些活动更多地靠电子商务来协调处理，组织结构可以进一步扁平化，效率也更高。

（三）缺点

网络组织结构的缺点如下：

（1）可控性太差，这种组织的有效动作是通过与独立的供应商广泛而密切的合作来实现的，由于存在着道德风险和逆向选择性，一旦组织所依存的外部资源出现问题，如质量问题、提价问题、及时交货问题等，组织将陷入非常被动的境地。

（2）外部合作组织都是临时的，如果组织中的某一合作单位因故退出且不可替代，组织将面临解体的危险。

（3）网络组织还要求建立较高的组织文化以保持组织的凝聚力，然而由于项目是临时的，员工随时都有被解雇的可能，因而员工对组织的忠诚度也比较低。

# 第二节 组织结构与战略的匹配

由于外部环境的复杂变化和组织结构的千差万别，我们不能建立战略与结构的一一对应关系。事实上，把握一个组织的动态倾向比静态结构更为重要。战略决定着组织结构，有什么样的战略就有与之相匹配的组织结构，同时组织结构又抑制着战略。企业不能从现有的组织结构的角度去考虑企业的战略，而应根据企业所处的内外环境的要求去制定战略，然后再根据新制定的战略来调整企业原有的组织结构。组织结构抑制着战略，所以与战略不匹配的组织结构，将会成为阻碍战略发挥其应有作用的巨大力量，因此应根据企业的战略不断寻求健全而完善的组织结构。

## 一、组织结构与战略的关系

只有使组织结构与战略相匹配，才能有效地推进战略，成功地实现战略目标；与战略不匹配的组织结构，将会成为限制战略发挥其应有作用的巨大阻力。一个企业如果在组织结构上没有重大的改变，则很少能在实质上改变当前的战略。组织是为了实现特定目标而由分工协作的人及不同层次的权力和责任制度所构成的集合；组织结构是组织成员为了实现组织总体战略和组织目标而分工协作，在职权、职责等方面所形成的结构体系。组织结构与战略具有密不可分的联系，是决定企业战略成败的关键因素之一。事实上，组织结构不仅是战略实施的主要工具，而且从一开始就影响了战略的形成和选择过程。正因为如此，组织结构与战略的关系一直是战略管理研究的重要课题之一。

### （一）组织结构服从于战略

美国哈佛大学商学院教授钱德勒通过对美国 70 家大型公司，特别是通用汽车公司、杜邦公司、新泽西标准石油公司和西尔斯·罗布克公司经营发展史的研究，发现公司战略与组织结构具有以下关系：当企业选择了某一个新战略后，由于管理人员在现行组织结构中拥有既得利益，或不了解经营管理以外的情况，又或对改变组织结构的必要性缺乏认识，使现行结构不能立即适应新战略而发生变化。直到行政管理的问题暴露，企业效益下降，才将改变组织结构问题纳入议事日程。当组织结构变革以后，保证了战略的实施，企业的获利能力就会大幅度提高。由此就得出一个广为引用的结论——战略决定结构，结构紧随战略。该过程可以用图 9-7 来表示。

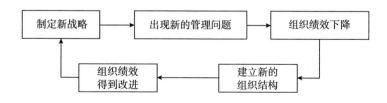

**图 9-7　钱德勒的战略-组织结构关系**

资料来源：龚荒. 企业战略管理 [M]. 徐州：中国矿业大学出版社，2009.

为了更清楚地阐述战略与组织结构的关系，钱德勒描绘了美国工业企业不同的历史发展阶段所产生的战略，以及伴随这些战略而形成的组织结构。

1. 数量扩大战略阶段

在工业发展的初期，企业的外部环境比较稳定。此时，企业只要扩大生产数量、提高生产效率，便可获得高额利润。在这种情况下，企业采用的是数量扩大战略，即在一个地区内扩大企业产品或服务的数量。与此相适应，企业的组织结构比较简单，往往只需要设立一个执行单纯生产或销售职能的办公室。

2. 地区扩散战略阶段

随着工业化进一步发展，当一个地区的生产或销售已经不能满足企业发展的速度与需求时，企业需要将产品或服务扩散到其他的地区去生产和销售，从而产生了地区扩散战略。与此相适应，企业也就形成了总部与部门的组织结构，它们共同管理各个地区的经营单位。这些经营单位虽然分处不同的地区，但它们执行的职能都是相同的。

3. 纵向一体化战略阶段

在工业增长阶段的后期，企业所承受的竞争压力增大。为了减少竞争的压力，企业希望自己拥有一部分原材料的生产能力，或者拥有自己的分销渠道，这就产生了纵向一体化战略。与此相适应，在企业中出现了中心办公室机构和多部门的组织结构。各部门之间有很强的加工或销售上的依赖性，在生产经营过程中存在着内在联系。

4. 多种经营战略阶段

在工业发展进入成熟期后，企业为了避免投资或经营的风险，持续保持高额利润，往往开发出与企业原有产品毫无关系的新产品，甚至兼并生产这类新产品的企业，采取的是多种经营战略。与此相适应，企业形成了总公司本部与事业部相结合的组织结构格局。各事业部之间基本上不存在工艺性等方面一体化的联系。

钱德勒关于战略与组织结构关系的结论已被许多研究证实。吉尔布莱斯和卡赞佳认为，采用适宜的组织结构可使企业具有竞争优势。他们的研究表明，当企业采取复合多样化战略后，企业的组织结构从职能制的结构转向事业部制的结构，企业的报酬率增加。蒂斯发现，由于战略而引起的组织结构重组通常对企业的资产利润率贡献 1.2 个百分点。其他研究也表明，经营单位的战略与公司总部给予这个单位的自治权的匹配，对经营单位的业绩有影响。这些都说明，组织结构应当服从于战略。

虽然人们一致认为，组织结构应当适应和服从于企业战略，但对最优的组织结构设计缺乏一致的意见。以前对某些企业是相当合适的组织结构，现在可能不再适用。一般认为，寻求类似战略的企业倾向于采用类似的组织结构。吉尔布莱斯和卡赞佳对战略与组织结构的合理匹配提出了更具体的指导原则：①单一业务和主导业务的公司（即公司主要在一个行业领域中经营），应当按照职能制的结构来组织。②生产相关产品或服务多样化的公司，应组织成事业部制的结构。③生产非相关产品或服务多样化（复合多样化）的公司，应组织成复合制（或控股公司）的结构。

根据上面的讨论，可以对战略与组织结构的关系下一定论，即组织的结构要服从于组织的战略。这就是说，企业拟定的战略决定着其组织结构类型的变化。当企业确定战略之后，为了有效地实施战略，必须分析和确定实施战略所需要的组织结构。因为战略是通过组织来实现的，要有效地实施一项新的战略，就需要一个新的或者至少是被改革了的组织结构。如果没有一个健全的、与战略相匹配的组织结构，选择的战略就不可能有效地实施。战略与组织结构的这种主从关系具有重要的意义，它指明企业不能从现有的组织结构的角度去考虑企业的战略，而应根据外界环境的要求去制定战略，然后再根据新制定的战略来调整企业原有的组织结构。

战略与组织结构的主从关系主要表现在四个方面：①管理者的战略选择规范着组织结构的形式。②只有使组织结构与战略相匹配，才能成功地实现企业的目标。③组织结构抑制着战略，与战略不匹配的组织结构将会成为限制、阻碍战略发挥其应有作用的巨大力量。④一个企业如果在组织结构上没有重大的改变，便很少能在实质上改变当前的战略。

（二）战略的前导性与组织结构的滞后性

企业作为一个开放系统，总是处于不断变化着的外部环境之中。相对于企业外部环境变化而言，战略与组织结构做出反应的时间是有差别的，从钱德勒对美国工业企业历史的四个发展阶段的分析可以看出，最先做出反应的是战略，而后组织结构才在战略的推动下对环境变化做出反应。这样就形成了战略的前导性和组织结构的滞后性。

1. 战略的前导性

战略的前导性指企业战略的变化要快于组织结构的变化。这是因为，企业一旦意识到外部环境和内部条件的变化提供了新的机会与需求时，首先是在战略上做出反应，以此谋求经济效益的增长。例如，经济的繁荣与萧条、技术革新的发展都会刺激企业发展或减少现有的产品或服务。当企业自身积累了大量资源时，也会据此提出新的发展战略。当然，一个新的战略需要组织结构做出相应调整或变革，否则难以发挥新战略的功能和作用。

2. 组织结构的滞后性

组织结构的滞后性是指组织结构的变化常常要慢于战略的改变。造成这种状况的原因如下：

（1）新旧结构的交替有一定的时间过程。当新的环境出现后，企业首先考虑的是战略。新的战略制定出来后，企业才能根据新战略的要求来改革企业的组织结构。

（2）旧的组织结构有一定的惯性，主要来自于管理人员的抵制，因为他们对原有的组织结构已经熟悉、习惯，且运用自如。一方面，当新的战略制定出来后，他们仍沿用旧有的职权和沟通渠道去管理新的经营活动，总认为原来有效的组织结构不需要改变；另一方面，当管理人员感到组织结构的变化会威胁到他们个人的地位、权力和心理的安全感时，往往会以各种方式抵制必要的改革。

从战略的前导性和组织结构的滞后性可以看出，在环境变化、战略转变的过程中，都有一个利用旧结构推行新战略的阶段，即交替时期。因此，当开始实施新战略时，要正确认识组织结构有一定的反应滞后性的特性，在组织结构变革上不能操之过急，但又要尽量努力缩短组织结构的滞后时间，使组织结构尽快变革。

（三）组织结构反作用于战略

战略是设计与选择组织结构的决定性因素之一，同时，组织结构也对战略具有反作用，在一定程度上影响战略的选择和实施。

1. 组织结构对战略目标和政策的影响作用

组织结构在一定程度上决定了组织如何建立战略目标和政策体系。例如，在按地区建立组织结构的企业中，战略目标和政策常以地区性术语来表达；在按产品建立组织结构的企业中，战略目标和政策常以产品性术语来表达。此外，组织结构是确保战略目标有效实施的有力保证。通过组织结构，企业战略目标转化成一系列具体的制度和政策，并融入企业日常的生产经营活动中，发挥指导和协调作用，保证企业战略的成功实施。

2. 组织结构决定资源配置方式

组织结构决定了企业的资源配置方式，进而影响到企业战略的制定和选择。例如，如果企业按照客户建立组织结构，那么企业资源也能按客户进行配置；如果企业按照职能建立组织结构，那么企业资源也按职能进行配置。由于资源配置是企业战略的一项重要内容，因此组织结构通过对资源配置的决定作用也影响着企业战略的制定和选择。

3. 组织结构的变革影响战略的革新

在外部环境相对比较稳定、简单的时期，战略的调整和组织结构的变化都以渐进方式进行，战略与组织结构的矛盾并不突出。但是，当企业外部环境或内部条件发生了重大变化，企业需要实施战略转折和战略创新时，就对组织结构提出了严峻的挑战。这时，如果组织结构不发生变革，或者仅实行改良式的调整，就会制约和阻碍企业战略的转折和创新。

综上所述，企业战略与组织结构之间具有极其密切的关系。一方面，组织结构必须服从于战略，为战略的实施而服务。因此，当环境变化带来新的发展机遇时，必须首先调整企业战略，并以此为基础变革组织结构。另一方面，相对于环境的变化，战略具有前导性，而组织结构具有滞后性，并在一定程度上反作用于战略的制定和实施。因此，组织结构的调整和变革不能急于求成，尤其要努力克服来自组织本身和来自组织成员的各种阻力，保持和发展企业战略和组织结构之间的良性的、动态的、相互适应和匹配的关系。

**二、业务层战略与组织结构的关系**

业务层战略由于不牵扯多业务的组合管理，组织结构的形式一般为职能制结构（U型）。根据竞争战略的经典划分，业务层战略可以划分为成本领先、差异化和集中化战略三种基本形态，组织结构也就有不同的形式与之对应。下面，以前两个基本形态为例，介绍不同业务战略下的组织结构。

成本领先战略旨在通过低成本获得竞争优势，这一战略必须实施以低成本为核心的管理方式。为了实施成本领先战略，在组织结构上就要求集中化和专业化。集中化是决策权仍掌握在公司高层管理机构中，专业化是把企业任务按职能分成几个部分。成本领先战略强调大规模地生产合格产品，企业要有稳定的正规化组织，通过正规的制度和程序来管理日常活动。相比新产品研发，实施成本领先战略的公司往往更注重生产工艺过程。由于生产过程正规化，所以整体结构比较机械，这些特点保证了实施低成本所需要的有效管理控制。

差异化战略旨在通过追求优异的产品与服务实现竞争优势。实行该战略要求企业向市场提供独特的产品和服务，因此，营销和研发部门尤为重要，这两个部门的员工可能会成为决策层的成员。为了有效利用市场出现的动向，企业必须有快速反应的能力。所以，分散决策权是重要的。组织的结构需要扁平化、灵活化，以保证快速地决策。这样的组织可能类似于直线型结构，也可能使用矩阵型结构。

**三、公司层战略与组织结构的关系**

随着企业不断发展壮大，伴随而来的多元化经营往往是企业运用最多的公司层战略。20世纪60年代，美国很多大公司普遍采用兼并的方式来进行多元化经营，引领了世界范围内的多元化热潮。20世纪90年代起，我国企业也纷纷开始实施多元化战略。多元化战略要求原有的职能结构向多部门结构转变，以解决多个经营领域的协调与分工问题。根据多元化水平的不同，多元化战略可以分为相关约束多元化战略、相关联系多元化战略及非相关多元化战略。

（一）适宜相关约束多元化战略的组织结构

相关约束多元化经营的企业各业务之间的合作与联系非常重要。为了促进各业务之间的资源共享和协调各业务之间的关系，一些组织职能（如研发、营销）都集中于公司层面。此外，建立如部门联络员制度、成立临时团队或联合攻关小组等整合机制非常必要。合作型组织结构可以共享的职能和需要在各业务之间建立协调的主要职能集中在上一层，下面的各业务分部接受上层职能部门的指导，并且在各业务分部之间建立广泛的联系（见图9-8）。

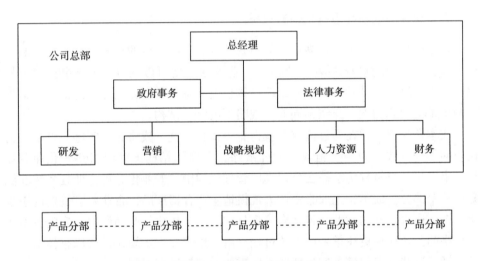

**图9-8 实施相关约束多元化战略的合作型结构**

资料来源：陈志军，张雷．企业战略管理［M］．北京：中国人民大学出版社，2016．

（二）适宜相关联系多元化战略的组织结构

在相关联系多元化的企业里，有些业务是相关的，有些业务则是不相关的，这种战略应通过运用多部门结构中的战略业务单位型结构来完成。根据企业各项业务之间的相关性将联系较为密切的业务分部划归为一个战略业务单位，总部通过战略控制和财务控制等方式决定各战略业务单位的业务组合、资源配置、业绩评价等。每个战略业务单位都是利润中心，拥有较大的自主权。以通用电气公司为例，其战略业务单位超过20个，每个战略业务单位还有多个分支（见图9-9）。

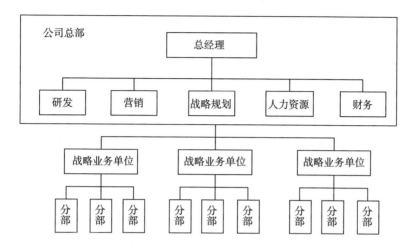

**图 9-9 实施相关联系多元化战略的战略业务单位型结构**

资料来源：陈志军，张雷. 企业战略管理［M］. 北京：中国人民大学出版社，2016.

（三）适宜非相关多元化战略的组织结构

在实施非相关多元化战略的企业中，企业总部为了使有限的资源配置实现利润最大化，在安排上强调部门间的竞争甚于合作。各个战略业务单位之间可以共享的资源不多，为了争取更多的总部资源必须相互之间展开竞争。这种竞争能够为各战略业务单位带来活力，促进各种变革和创新措施，提高其绩效。在这种竞争型结构中，公司总部一般比较精简，其职能部门设置较少，更多的职能部门分布在各个战略业务单位中。

不同的公司层面战略需要对应的多部门结构与之相匹配，因为不同的公司层面战略的集分权、整合机制、业绩评价机制及激励机制对组织结构的要求不同。以集分权为例，相关约束多元化战略要求集权，非相关多元化战略要求权力的分散，相关联系多元化战略则居中。表 9-1 总结了不同公司层面战略与组织结构的适宜匹配。

**表 9-1 公司层战略与组织结构的匹配**

| 公司层战略 | | 相关约束多元化战略 | 相关联系多元化战略 | 非相关多元化战略 |
|---|---|---|---|---|
| 适用于多部门结构 | | 合作型结构 | 战略业务单位型结构 | 竞争型结构 |
| 结构特征 | 业务集权化 | 集中于总部（办公室） | 部分集权化（战略业务单位内） | 分权于各分部 |
| | 整合机制运用 | 广泛运用 | 较少运用 | 不存在 |

| 公司层战略 | | 相关约束多元化战略 | 相关联系多元化战略 | 非相关多元化战略 |
|---|---|---|---|---|
| 结构特征 | 部门业绩评价 | 强调主观标准 | 运用主观标准与客观标准的混合 | 强调客观标准（财务或投资回报率） |
| | 部门激励机制 | 与公司整体表现相关 | 与事业部及公司整体表现相关 | 仅与部门表现相关 |

资料来源：陈志军，张雷．企业战略管理［M］．北京：中国人民大学出版社，2016.

# 第三节　企业集团化

企业集团化是指企业以产权为纽带，优势产品为龙头，骨干企业为核心，将产品关联度强的众多企业，通过资产的合并、兼并、划转等途径，组成新的更大的企业群体，对现有存量资产进行重新配置，实现专业化生产、规模化经营，形成新的规模优势。

## 一、企业集团的概念和特征

企业集团是指由一定数量企业以互相之间在经营方面形成稳定协作关系为基础，在一个统一机构的协调下，依据一定原则组成的企业群体。它以一个或若干企业为核心，通过控股、企业合同或其他方式，使核心企业控制一系列从属企业，从而形成众多企业的结合体。在企业集团内部，核心企业也被称为控制企业，从属企业被称为被控制企业。

（一）资产联结性

所谓资产联结性，即以产权联结为主要纽带，以母子公司为主体。这是企业集团的基本特征。一般认为，强化企业间协作关系的纽带有三种：资本及其所体现的产权关系、资产及其专用性所带来的生产经营协作关系、人力资本关系。但是维持企业集团形成和发展的链条是资本及其所体现的产权关系。因此，企业集团的本质特征是以母子公司关系为代表的控股制。

在过去很长一段时期，我国企业集团的组织形式一直不规范，其主要标志就是存在着大量的没有产权联结的、非股份制形式的企业集团。这种带有行政性的企业集团由于其固有的先天性缺陷，所以在运行和发展过程中出了许多问题和矛盾，主要表现在以下三个方面：

第一，企业集团的产权关系模糊，核心企业对成员企业的调控能力不强，不能协调成员企业之间关系，对成员企业缺乏向心力、凝聚力。

第二，企业之间缺乏有效的联结纽带。不少企业集团的集团公司与成员企业的关系是靠行政隶属关系、统一承包关系或契约、协议来维持的。核心企业没有以参股、控股的形式，对其成员企业进行资本参与，缺少一条既能使彼此融合起来成为有机整体，又能保持各自独立的法人地位的纽带，只能是企业间简单的结合，不具备企业集团应具备的实质内容。

第三，企业集团的重组和发展比较困难。由于没有建立有效的产权组织制度，所以在集团内生产要素的流动受到限制，加之缺乏资本的融通，企业的重组和发展困难较大。作为核心企业的集团公司无法按产权关系对集团内的成员企业统一实行专业化分工和结构调整，所以，集团的整体优势也难以发挥出来。

鉴于上述矛盾和问题，近几年我国致力于以建立现代企业制度为目的的公司制改造，规范了企业集团内部管理体制，发展了一批以产权联结为纽带、以母子公司为主体的跨地区、跨行业的大型企业集团。

（二）非法人性

企业集团是多个企业法人组成的经济组织，或者说是一种建立在控股、持股关系上的法人集合。企业集团母公司、子公司和其他成员企业均具有法人资格，为法人企业，依法享有民事权利和承担民事责任。分公司和事业部不具有法人资格，不作为集团的成员单位。企业集团不是法律主体，不承担民事责任。它既不是统一纳税、统负盈亏的经济实体，又不具备总体法人地位，但单个法人企业或大型联合企业（如托拉斯）不能称为企业集团。

（三）层级组织性

企业集团具有明显的金字塔式垂直控制的分层次的组织结构（见图9-10）。企业集团的成员构成按产权关系及投资、持股比例可以分为不同的类型母公司（核心企业）；全资、控股子公司（紧密层企业）；参股关联公司（半紧密层企业）；子公司的全资、控股子公司（二级子公司）；无产权关系的协作企业（松散层企业）。形成以母子公司为主体的、具有金字塔式垂直控制的分层次的组织结构形式。

企业集团的这种组织结构形式建立在控股、持股关系的基础上。控股分为绝对控股和相对控股。绝对控股是指投资企业在被投资企业的持股比例超过51%；相对控股是指投资企业在被投资企业为最大股东，一般持股比例超过30%。参股公司是指集团公司（母公司）虽持有股份但未达到控股程度的企业。参股公司不应称为参股子公司，因为子公司只相对控股公司而言。协作企业指与集团公司和子公司以合同、协议方式建立起较为稳定的协作关系的企业，它们之间是非产权关系。承认企业集团章程的协作企业称之为集团协作成员企业。

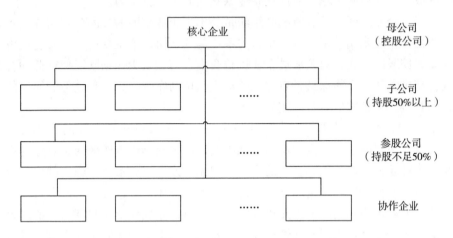

图 9-10　层级组织结构

如何理解原有的企业集团是由核心企业、紧密层企业、半紧密层企业和松散层企业构成的这一概念呢？从企业集团是以产权联结为主要纽带的这一基本特征出发，原设定的概念是模糊的、很难界定，因此在说明企业集团的概念和组织结构时不宜再采用。为了便于理解，我们不妨将过去所说的核心企业、紧密层企业、半紧密层企业和松散层企业与现在的集团公司、控股子公司、参股关联公司和协作企业相对应。

（四）母公司主导性

企业集团必须有一个能起主导作用的核心企业，这个核心企业也称为集团公司或母公司或控股公司。不同称谓应用于不同场合，指同一企业主体。这个集团公司可以是一个既从事生产经营又从事资本经营的混合经营型公司，也可以是一个专门从事资本经营的单纯管理型公司。在我国，集团公司规模必须达到国家大型企业标准，或注册资本达到 1 亿元以上。

集团公司应至少拥有 5 个以上控股子公司。集团公司在选择是否持有一个公司股权时，应有明确的市场目标，要通过控制一定数量的子公司达到占有某些产品一定市场份额的目的。也就是说，企业集团有双重目标：市场目标和盈利目标（以资本增值为标志）。因此，集团公司不同于单纯以盈利为目的的持股公司，后者一般只有单一的盈利目标。例如，各种基金，当被持股公司盈利水平达不到出资者预期及社会平均利润率水平时，会通过"用脚投票"的方式转让所拥有的股权，转而投向盈利水平更高的公司。这些持股公司作为出资者也会同时持有众多其他公司的股份，但持股公司与被持股公司之间并无内在的技术、经济联系，这说明它们之间并无共同的市场目标，因此不能称之为企业集团。

在集团公司的主导下，企业集团应有整体发展战略和市场目标。集团企业间应有内在的技术、经济联系，能在市场配置资源的机制中形成利益共同体。在企业集团内，集团公司依据产权关系，统一行使出资者所有权（产权）职能、统一投资决策、统一配置资源、统一调整结构、统一负责资产保值增值。

**二、组建企业集团的方式**

企业集团组建的基本方式就是通过投资、兼并、收购等方式确立企业间的产权关系，建立以母子公司为主体的企业体系。具体地说，组建企业集团的方式有以下六种类型：

（一）分立式

所谓分立式是指一个实力雄厚、市场前景良好的企业，根据市场和竞争的需要，从企业母体中分立出一部分实体资产，独立注册成法人实体，与母公司法人构成母子公司关系。简言之，分立式是指母公司将成建制实体资产独立为子公司。

例如，一个汽车制造厂所属的转向器分厂，其产品不但本企业需要，社会也有广泛需求，转向器产品的经济规模又大大地超过整车经济规模，如继续以分厂——分公司的组织形态发展生产规模，显然很不适应市场需要，不利于企业效益的提高，不利于处理好各种经济关系。此时，最好使转向器分厂单独成立子公司，以便其充分发展。

还有一种情况，母体企业为了避免因出现大的经营风险而连带母体本身，故将生产高风险产品的单位分立为有法人资格的子公司，母体企业以其出资额为限承担有限责任。这方面的典型例子是海运公司、河运公司。通常做法是一条船注册为一个法人企业。一旦出现风险，最多赔这条船，不至于影响整个船队。

（二）对外投资式

母体企业以资金、实物、无形资产为资本独资或与其他企业合资设立一个法人企业。这个新设企业成为母体企业的独资或控股或参股企业。采用这种方式时，往往是由多个股东共同出资设立新企业、开辟新的经营项目，或是在异地、异国投资设厂。当地法律规定新设企业必须独立注册和独立纳税时，常采用这种方式。

（三）购买兼并式

如前所述，企业并购是指优势企业购买其他企业的产权，其他企业或失去法人资格与优势企业合并，或改变其股权结构成为优势企业的控股子公司（保留法人资格）。

**（四）承担债务式**

所谓承担债务式，是指当 B 企业的资产与债务数额相等，即 B 企业账面净资产为零时，A 企业以承担 B 企业债务为条件接收 B 企业的全部资产以实现兼并。它属于现金购买产权（股份）的一种特例。兼并后，可以保留或取消被兼并企业的独立法人资格。

**（五）租赁承包式**

通过以上各种方式建立母子公司式的产权关系，其前提条件就是要有资金用于入股。这一点即使对于许多实力雄厚的大企业来说有时也很困难。在这种情况下，可以采用租赁承包式，即在租赁、承包其他企业期间，承包企业将租赁、承包费用交给被承包企业的股东，被承包企业所产生的超过租赁、承包费用的利润由承包企业作为对被承包企业的资本投入，被承包企业存量资本不再增加，经过若干年后被承包企业即成为承包企业的控股子公司。

**（六）授权持股式**

授权持股是指同一所有制下的企业的所有者根据市场和企业发展的需要所进行的产权重组和产权划转。需要说明的是，这种方式是我国特定历史条件下的产物。

我国有关行政管理部门将企业集团国有资产授权持股定义如下：国有资产授权持股（授权经营）是指国有资产管理部门将企业集团中国家以各种形式直接投资设立的成员企业的国有产权授权集团公司统一持有，以确立母子公司产权关系。集团公司依据产权关系成为授权范围内集团成员企业的出资者，依法统一行使出资者所有权，即资产受益、重大决策、选择管理者等权力。统一对国有资产保值、增值负责。

根据上述定义，授权持股具有以下几个特点：

（1）授权的主体是国有资产管理部门。

（2）授权的客体是企业集团的集团公司。

（3）授权持股的范围是国家以各种形式直接投资设立的成员企业。授权持股后，集团公司即作为授权范围内集团成员企业的出资者（持股主体、投资主体、产权主体），统一行使出资者所有权，即资产受益、重大决策、选择管理者等权力。

但同时应当明确，授权持股范围不包含集团公司自身，即集团公司不能持有自己的股权。集团公司的股权归政府持有。集团公司拥有法人财产权，包含直接占有的实物资产和长期投资（含授权其持有的子公司的股权）。集团公司在法人财产的范围内负责统一决策、统一调整结构、统一配置资源。集团公司对其占用的（含授权持股范围）全部固有资产负保值、增值的责任。

（4）授权持股后，集团公司与授权范围内的集团成员企业形成母子公司产权关系。在股权性质上，集团公司为国家资本，成员企业的原国家资本转为法人资本。

授权持股的实质是确立集团公司与成员企业间的母子公司关系，即将集团公司与原非产权关系成员企业间原有的行政隶属关系、统一承包关系、统一计划单列关系、紧密联营关系转化为母子公司产权关系。

### 三、我国大型企业集团的形成模式和途径

根据企业集团形成过程中集团公司（母公司）的形成方式和发挥主导作用的主体不同，中国大型企业集团的形成模式大致可以划分为行政机构演变型、联合改组型和企业成长型三种主要模式。

（一）行政机构演变型

这种模式的企业集团主要集中在自然垄断产业。它们原先都是国有企业，规模比较大。这种企业集团大多经历了工业部-行政性总公司-集团公司，或行政性总公司-集团公司的变化过程。在集团组建过程中起主导作用的是政府，所以它又可以称作政府主导型企业集团。其具体组成方式又有两种：一种是对两个或两个以上公司的业务进行重组。中国石油天然气集团有限公司和中国石化集团公司就是这样组建起来的。组建前中国石油天然气总公司的主要业务是石油钻探、开采；中国石油化工工业总公司的主要业务是炼油售油和石油化工。变成集团公司后，两个公司的业务发生了交叉，把上下游业务统一起来了。另一种是企业分离，将一个总公司分成两个或两个以上的公司，然后对其内部业务进行重组。中国兵器工业集团有限公司、中国兵器装备集团有限公司、中国船舶集团有限公司、中国船舶重工股份有限公司、中国航空工业第一集团公司、中国航空工业第二集团公司等都是通过这种方式组建的。这两种做法和过去所说的"工业改组"没有本质的区别。

（二）联合改组型

这种模式多集中在规模经济效益比较明显的行业，如钢铁、汽车、外贸等行业。在形成过程中由政府和企业共同起作用，所以也可以称为政府-企业主导型。它在形成过程中又有两种具体方式：一种是以一个大型企业为中心，把在生产经营上相联系的企业联合在一起组成一个企业集团，如宝钢、首钢等集团就是以这种模式形成的。它实际上是行业主管部门或地方政府利用其行政管理职能强行把本行业或本地区的一些中小型企业划归同行业的一个大型企业管理，也具有强烈的工业改组的色彩。另一种是强强联合，就是将几个生产经营上有联系的大型企业或企业集团联合在一起，形成一个大型企业集团，如华菱钢铁、哈尔滨电气集

团有限公司、天津渤海化工集团等。

（三）企业成长型

这种类型的企业集团多集中在竞争性产业，集团母公司自主权大，产品较早进入市场，市场化程度高，非国有占相当大的比重。中国一汽、东风汽车集团有限公司、兖矿能源、方正、联想、海尔、三九、万向、希望等都属于这种类型的企业集团。它们的形成有以下途径：

（1）企业将原来属于自己的分支机构，如分厂、不独立核算的销售公司、为生产或生活服务的机构分离出去，成立独立的企业，形成母子公司体制。

（2）企业根据发展的需要新设立子公司。

（3）企业并购。企业通过购买或交换股票、收购债务等投资形式取得其他企业的参股、控股权，使它们成为集团的成员。当然，在集团公司的成长过程中，它们并不是只采取单一方式，而是根据自己的实际情况同时采取几种方式。

# 第四节　资源配置的优化

优化资源配置是指在市场经济体制下，市场机制是资源配置的决定性力量。但市场配置资源客观上存在不足，不可能使资源配置尽善尽美。当一定时期资源配置出现问题，地区结构、产业结构、市场结构、企业结构存在失衡时，国家可通过财政政策，把掌握或控制的资源转移分配到急需发展的领域，使经济结构符合生产力发展的要求。例如，在地区结构调整中，加快西部地区发展，保持东部、中部与西部之间的平衡；在产业结构调整中，以技术创新为动力，加强第一产业、提高第二产业、发展第三产业，促进产业优化升级。

组织资源的合理配置是实施战略的基本条件。企业可以根据总体战略的要求，制订一个详细的预算或战略行动计划对企业的资源进行必要的优化组合和合理配置。优化资源配置主要涉及以下三个方面的问题：

## 一、优化内部资源配置

企业内部资源包括人力资源、财力资源、物力资源、信息资源、时间资源等，根据其性质又可分为显在资源和潜在资源、有形资源和无形资源。资源配置主要解决以下三个基本问题：

（一）资源确认

资源确认是从战略实施上看需要哪些资源，怎样分配这些资源。企业战略的变化往往会对资源配置提出新的要求，因此对规划部门来说，重要的是深入了解详细的资源要求及其与战略相匹配的资源结构。不同的战略对职能部门的技能和资源有不同的要求。例如，差异化战略的主要技能是产品设计、营销推广、创新和研究能力及公司形象等，它要求松散的控制、简单的汇报、很强的协作及基于市场绩效的激励；低成本战略的主要技能则是过程设计、劳动力管理、易于生产的产品和低价分销，它要求严格的成本控制、详细汇报、目标量化等。

（二）一致和谐

一致和谐包括企业与现有资源的一致和谐、与所要求资源的一致和谐。现有资源也称显在资源，所要求资源这里主要是指潜在资源。资源的优化配置，不仅要与企业现有资源状况相匹配，而且要与企业潜在资源或新资源相匹配。要知道，许多战略资源是企业长期积累和储备的结果，因此，企业要适应新战略的需要，就要从战略的长远利益出发，优化资源配置。例如，随着全球性新经济的发展，绝大多数企业对人力资源的要求越来越高，对知识、信息资源的需求也不断增加和提高。成功的战略实施必须对这些基于知识的经济资源予以充分的认识，使各种稀缺资源得以尽早储备。

（三）优势转换

优势转换即通过各种有形资源的分配和无形资源的利用，实现企业内部各种优势的相互转换，充分发挥战略竞争优势。例如，有些企业可以利用无形资产优势，通过建立战略资源共享，提升企业形象，职能级战略则可以利用企业形象优势，提高其市场竞争能力。有些企业可以通过资金、人才等有形资源的优化组合，使资本优势、人才优势转化为投资能力优势和技术创新优势。优势转换是企业不同层次资源配置的高级阶段。

**二、利用外部资源策略**

利用企业外部资源的战略途径：

第一，利用政府政策空间。通过发掘政府政策、政府补贴、再投资等方式，利用政府空间来吸引外部资源，使企业有机会转移资源，改善经营环境。

第二，利用资本市场。利用股票、债券、投资基金等方式，向投资者大量募集资金，以支持公司的经营业务扩张，进行财务管理和股权管理，增强企业的竞争力。

第三，利用外部合作。通过建立多元化、条件优惠的战略伙伴合作关系，帮助企业获得外部资源，并将其运用于企业发展。

第四，利用营销手段增加外部资源。通过公司品牌形象营销、社会营销活动、在线营销活动等方式，为企业获得更多外部资源、市场份额及消费者信任增添动力。

企业的竞争能力不仅表现为对内部资源优化配置的能力，而且表现为对外部资源利用程度的能力。

（一）外部筹资策略

外部筹资是企业财务管理的重要内容，也是战略实施的根本保证，它包括长期资金筹措和短期资金筹措两种方式。

1. 长期资金筹措

这是企业通过发行股票、债券及向银行长期贷款进行筹资的方式。其中：①利用股票筹资的主要优点是可以促进社会资本集中，有利于企业迅速获得支持战略实施的稳定的长期资本；可以实现企业资本所有权与经营权的分离，有利于企业不断提高战略管理水平；可以实现资本的稳定性与流动性相结合，从而有利于企业资本结构的不断完善。其缺点是因为市场的短期行为和眼前利益，会在不同程度上影响企业战略的实施。②利用企业债券筹资的优点是筹资成本低，债息率一般低于股息率和贷款利率，而且能使股东享受举债经营的好处，如减少税收支出、提高每股盈利能力等，从而有利于企业长期稳定地发展。其缺点是到期后必须偿还本金利息，对企业资金周转会产生短期压力。③利用银行长期贷款筹资的优点是成本较低，手续简便，可以减少税收支出（贷款利息作为财务费用在收益中扣除），同时可以保持比较稳定的资本结构。其缺点是按期还本付息可能会增加企业的财务负担等。总之，长期资金筹措是企业利用外部资源实施战略的一项重大举措。企业可以根据战略发展的需要，根据长期筹资不同方式的优劣，制定相应的更为详细的长期筹资策略。另外，长期资金筹措还包括长期租赁，也称资本化租赁。

2. 短期资金筹措

这是企业通过流动资金短期借款、发行短期融资债券、票据贴现及赊购物资进行筹资的方式。

（1）短期借款是企业因经营活动需要向银行借入的生产周转借款和临时借款，其特点是期限短、利息低、风险小，但受约束多。

（2）短期融资债券是企业为筹集短期资金而发行的一年期以内的债券。相对短期借款而言，其特点是发行手续较为复杂，发行成本和债券利率都比较高。

（3）票据贴现是把尚未到期的票据向银行贴现换取现金，银行待票据到期后收取现金，其特点是方便及时，但有贴现损失。

（4）赊购物资就是企业用延期付款的形式购买所需的物资，这可以提高企业的现金流量。

外部筹资策略是企业在战略实施过程中，通过资金市场和资本市场及信用工具，进行资金筹措的各种战略战术，是企业有效利用外部资源实现企业战略目标的重要举措之一。

（二）外部融"知"策略

在现代经济中，社会的知识资源是企业战略实施中取之不尽、用之不竭的重要资源，企业不仅需要有内部的知识积累和人才、技术储备，而且必须融合外部的知识资源，特别是要学习和利用多种新知识为企业战略服务。外部融"知"策略主要包括以下内容：

1. 合作开发和利用

企业特别是有能力、有实力的企业应该与政府有关部门、高等院校、科研机构联合开发新技术、研制新产品、培养新人才，使外部知识资源与内部知识资源融为一体，发挥最大的效用。合作开发和利用策略在企业战略实施过程中涉及一个基本的理念问题，即对外部知识资源投资必要性的认识问题。企业投资于内部知识资源，毫无疑问是必要的、值得的，其战略经济意义已被经济学家和企业家的理论与实践验证。企业投资外部知识资源时，往往习惯于从社会效应、知名度等角度去思考，忽略了其战略上的经济意义。事实上，联合开发研究也好，合作培养人才也好，企业既是在进行知识资源的投资，又是在对知识资源进行融合。有投入就有产出，而这种产出一旦成功，其战略意义不可估量。这可能也是许多国内外企业对教育投资（如设奖学金、奖教金）乐此不疲的重要原因之一。

2. 有效学习和借鉴

当今世界的知识更新速度日益加快，一个企业如果仅满足于已有的内部知识资源，是不能适应企业战略可持续发展要求的，只有不断地学习和借鉴人类最新的知识成果，才能永远领先一步。在企业战略实施过程中，有效学习和借鉴策略要求建立起一个学习型的组织。通过有效学习和借鉴外部知识，把企业建成一个能够不断适应环境变化的生命有机体和富有弹性的组织。例如，IT知识已经成为越来越多企业战略的知识资源。但信息技术是不断发展的，这就要求企业不断地学习和借鉴，以更好地为战略服务。

3. 大胆引进和创新

在以知识为基础的新经济时代，知识资源是企业战略实施的重要财富。对于外部知识资源，有的可以通过合作开发加以利用；有的可以通过学习、借鉴为企业所用；还可以大胆引进和创新，使外部知识资源变成企业内部知识资源。大胆引进和创新策略就是在企业战略实施过程中为缩小内外知识资源的质地性、结构性的差距，增加企业知识资源存量而采取的一种对策。具体包括急需人才的引进策略和使用策略，高新技术的引进、消化、吸收、创新策略，以及战略管理体制的引进和创新策略。

### 三、外部公关策略

企业外部公关策略就是围绕公关目标，针对外部不同公众的个性、特点、期望、要求及利益，选择恰当的传播、沟通、协调、引导、协作等手段，塑造企业在社会公众心目中的形象，提高知名度，刺激目标顾客对企业产品或服务的需求，增加企业产品或服务的销售。

企业对外公共关系主要包括消费者关系、合作者关系、投资者关系、竞争者关系、政府关系、新闻媒介关系、社区关系等。

（一）消费者关系

企业与消费者之间存在着相互依存的关系。企业必须了解消费者的心理和需求，树立"顾客永远是对的"的思想，生产适销对路的产品。企业要讲究诚信，强调产品、服务质量，有了这个基础，就可以通过向公众传递企业的有关信息，与消费者建立经常性联系等手段，有效开展公关活动，获得公众的熟知、信任和支持。要建立良好的消费者关系，企业还必须尊重顾客的权利，如购买权、退货权、索赔权。只有尊重消费者权利，保护消费者利益，才能真正赢得消费者的心。

（二）合作者关系

企业在发展过程中，有许多必不可少的经营合作伙伴，包括投资者、供应商、分销商、金融机构、科研机构、高等院校等。

1. 供应商关系

组织要在互利互惠的基础上，建立长期的合作关系，维护双方的共同利益。同时，要加强信息沟通和意见交流，及时解决合作中的矛盾和问题，并可通过组织交流会或定期拜访，加深彼此感情，增进彼此情义。

2. 分销商关系

组织要注重开发符合市场需求的产品，建立健全售后服务体系，制定积极的分销政策，加强信息沟通和协作，确保及时、准确供货；注重品牌建设，加强分销渠道管理，大力给予营销支持，帮助分销商解决经营中存在和发生的问题；可通过定期举行座谈会、委派业务代表驻点等方式，紧密分销渠道关系，增强分销商的合作信心，充分调动分销商的积极性和能动性。

3. 金融机构关系

组织要加强联系，认真学习金融法规、政策，强调合法经营、诚信经营。发生信贷业务的，应依据约定，按期支付利息和归还本金，建立良好的信誉等级。逢年过节可主动登门拜访，积极参加金融机构组织的公众活动，以获得金融机构的信赖。

4. 科研机构、高等院校

与科研机构、高等院校建立良好的关系，可以帮助企业建立技术高地与人才高地，依靠技术进步和一流的人才取胜。

（三）投资者关系

对于上市公司而言，投资者关系尤为重要，通常会委托专业的投资者关系顾问协助日常及项目型工作。常年的日常工作包括投资者关系策略制定，公司资本市场定位，投资亮点及故事包装，业绩发布支持，重大事件披露新闻稿的编撰润色，路演支持，投资者关系网站和投资者数据库的维护，以及接受投资者问询并对危机管理提供咨询建议。

（四）竞争者关系

波特的差异化竞争策略告诉我们，公司不应该以打败竞争对手"争做最好"为竞争目的，而是要以"突出特色"为参与竞争的目的。突出特色的竞争，会促使竞争对手锐意创新，共同繁荣，这样有助于全面改善行业的经营环境，避免恶性竞争，最终实现"正和"的多赢局面。

（五）政府关系

这里主要是指企业与政府管理部门之间的沟通关系，而非与市政设施管理单位的关系。

任何企业都必须面对和接受政府的管理和约束，因此企业必须与政府各种管理部门打交道。企业一方面要积极贯彻和响应政府部门的号召和政策文件精神，做到守法经营、足额纳税；另一方面还要及时向政府部门沟通行业与企业的发展情况，争取它们对本组织的了解、信任和支持，从而为企业的生存与发展争取良好的政策环境、法律保障、行政支持。当然，还应注重生态环境保护，积极参加社会公益活动，主动帮助政府解决就业等社会问题，以赢得政府的好评。

（六）新闻媒介关系

组织要同记者、编辑保持良好的公共关系，经常进行沟通和交流，以便形成对本组织有利的舆论氛围；要善于制造新闻热点，不定期主办新闻发布会，以吸引社会与媒体的关注，借助媒体的宣传影响力，提高组织的知名度和美誉度。

（七）社区关系

发展良好的社区关系是为了争取社区公众对组织的了解、理解和支持，为组织创造一个稳固的生存环境；同时体现组织对社区，甚至对社会的责任和义务，通过社区关系扩大组织的区域性影响。

**四、外部公关策略的实施**

企业除了通过外部筹资、融"知"两大策略利用外部资源外，还应采取一些其他策略来利用外部资源。其中，公关策略是企业利用关系资源的常用策略。公关策略实施内容包括以下几个方面：

1. 制订公关战略目标和计划

在企业战略目标和计划体系中，公关战略的目标和计划应该是一种策略性的目标和计划，从属于企业战略总目标和总计划。因此，在具体实施时，就必须从调查研究入手，找出企业形象的自我认识与公众认识之间的差距，以便更好地确订公关工作的目标重点。同时，应该在总体战略计划的指导下，结合企业情况制定比较具体的公关计划。例如，企业新产品的推出计划、新市场的占领计划等，通常有记者招待会、学术研讨会等形式。

2. 协调整合公关目标资源

公关目标资源即公关对象，广义地说，包括内部和外部两大公关对象。这里的外部公关策略目标主要是针对外部公众，如消费者、零售商、代理商、供应商、投资者、银行、保险商、媒体、学校、社区公众、竞争对手及政府有关部门。外部公众，即外部与企业的利益相关者。内部公关策略的目标主要是指企业内部的员工、管理者和股东。内部公众，即内部与企业的利益相关者。不同的公关目标都有不同的需要和利益，除了共同利益之外，还有各自的要求，如消费者要求企业提供物美价廉的产品；投资者和股东要求企业提供较高的投资回报；政府和社区公众希望企业能够为当地政府多纳税，赞助社区文化、体育等公益事业；员工和管理者希望企业能提供更高的劳动报酬等。不同利益相关者的利益经常会出现矛盾，并可能会影响企业战略大局。企业公关策略的目标之一，就是要协调并解决这些矛盾，以确保各种关系资源为企业战略服务。

3. 利用公关策略树立企业形象

利用公关策略，可以使企业的产品形象、服务形象、效率形象、员工形象、管理者形象等各种企业形象要素得到发展、升华，从而树立独特的企业整体形象。具体地说，要处理好几个方面的关系：①处理好与顾客、供应商的关系。这既是企业正常运行的需要，又是企业形象建立的基础。②处理好与新闻媒体的关系。现代媒体对信息传播的速度日益加快，企业要加强与外部的沟通，离不开各种传媒的帮助和支持。③处理好与政府的关系。政府是政策的制定者和执行者，处理好与政府的关系可以加深对政策环境的熟悉了解，从而有利于企业的长期发展。④处理好与社区的关系。社区关系包括企业与相邻企业、团体和居民等的关系。企业为社区公益事业服务，包括减少污染、绿化环境和赞助社会公益事业，这是企业应尽的社会责任。

# 第五节  企业文化与战略的匹配

## 一、战略与企业文化的关系

战略的实施除了利益的驱动外，还需要文化上的支持。企业文化是企业在长期生产经营过程中逐步形成的稳定、独特的价值观、企业精神等，以及以此为核心衍生的行为规范、道德标准、文化传统、风俗习惯、管理制度、典礼仪式、企业形象等，是全体成员在工作过程中创造的由观念形态文化、物质形态文化和制度形态文化构成的综合体。它不仅包括思想和精神方面的内容，还包括心理、技能、方法及企业自我成长的特殊方式等各种因素。

与战略实施所需的价值观、习惯和行为准则一致的文化有助于激发人们以一种支持战略的方式进行工作。例如，将节俭这一价值观广泛根植于组织成员中的文化会非常有利于成功地实施和执行追求低成本领导地位的战略。以支持创造性、支持变化和挑战现状为主题的文化对于实施和执行追求产品革新和技术领导地位的战略非常有利。以顾客为导向、鼓励员工以他们的工作为自豪、给予员工高度决策自主权的文化对于实施为顾客提供更卓越服务的战略是非常有帮助的。文化的形成过程是漫长的，文化的变革也是非常困难的，因此建立一种支持战略的公司文化，是战略实施中最为重要也是最为困难的工作。

具体而言，企业文化与战略的关系主要体现在以下几方面：

（一）企业文化引导战略定位

一般而言，企业战略是在企业价值观、经营理念等企业文化核心要素所规范的总体经营思想、路线、方针的指导下产生的，也就是说，有什么样的企业文化，就形成什么样的战略。当企业具有很强的文化特色时，会通过企业的经营理念、共同价值观等表现出企业的特殊性，这有利于形成别具一格的企业战略，为企业的成功奠定文化基础。

（二）企业文化是战略实施的关键

企业战略制定以后，需要全体组织成员积极有效地贯彻实施。长期以来形成的企业文化具有导向、约束、凝聚、激励、辐射等作用，是激发员工工作热情和积极性、统一员工意志和目标，使其为实现战略目标而协同努力的重要手段。

（三）企业文化与战略必须相互适应和协调

企业文化具有刚性和连续性的特点，一旦形成便很难变革。一方面，企业文化对企业战略的制定和实施具有引导和制约的作用；另一方面，企业战略也要求企业文化与之相适应、相协调。如果企业根据外部环境和内部条件的变化制定了新战略，并要求新企业文化与之匹配，但原有的企业文化的变革速度非常慢，很难马上对新战略做出反应，那么原有的企业文化就可能成为实施新战略的阻碍力量。因此，在战略管理过程中，企业内部新旧文化的协调和更替是战略实施获得成功的重要保证。

### 二、选择与战略类型相匹配的企业文化

企业文化是成功实施企业战略的重要支持。企业在创建企业文化时，必须以战略对文化的要求为出发点，综合考虑战略类型、行业特点、管理风格、产品或服务特性等各种因素，选择有助于战略实施的文化类型。

下面主要介绍与进攻型、防守型、撤退型战略相匹配的企业文化。

（一）进攻型战略的企业文化

实施进攻型战略的企业主要通过技术开发、产品开发、市场开拓、生产扩大等策略不断开发新产品、新市场，掌握市场竞争的主动权，提高市场占有率。与此相适应的企业文化应当以"持续创新"为核心，营造一种尊重个性、鼓励开拓、不怕失败的宽松氛围。这种类型的企业文化具体包括以下特点：

（1）企业员工等级身份模糊，行为随便，不拘礼节。

（2）企业成员具有高度的冒险精神及承担重任的勇气。

（3）企业拥有高效的、斗志昂扬的、渴望成功的环境。

（4）企业重视个人的协调能力和在不确定的社会环境中完成工作的能力。

（5）在实施决策前，对重要问题具有强烈要求取得共识的倾向。

（6）企业鼓励全体员工都能独立思考、锐意进取，并善于采纳普通员工的合理建议。

（7）企业对因各种创新而给组织带来良好效果的成员予以高度评价与赞扬。

（8）高度重视积极性冲突，希望员工在任何竞争市场都积极主动参与，为自己的意见进行激烈辩论。

（9）职位与收入严格与个人实际工作绩效相联系。

（二）防守型战略的企业文化

实施防守型战略的企业为应付竞争对手的挑战，规避激烈的市场竞争，投入的资源仅用于维持现有的竞争地位，希望取得稳定发展，以守为攻、后发制人。与此相适应的企业文化应坚持稳重、严谨，注意管理细节的工作作风，提倡遵守纪律，循规蹈矩，审慎行事，勤勉敬业，强调严格控制和高度规范化、秩序化、标准化。这种类型的企业文化具有以下特点：

（1）企业内等级层次分明、正规刻板。

（2）办公室秩序井然、严肃寂静。

（3）人际间彬彬有礼、和气有加，经常使用技术或行政称谓。

（4）具有很多反映身份和地位的标志。

（5）行动速度缓慢而谨慎，非常重视计划、程序、时间性。

（6）决策一旦制定就必须坚决执行。

（7）员工之间互相尊重对方意见，鲜有观点争论。

（8）管理人员在职责范围内提出的建议常能得到重视并付诸实现，不能容忍下级不服从上级的现象。

（9）权力受到高度尊重，尽量避免冲突。

（10）根据个人实际完成工作情况和私人背景确定员工职位和收入水平。

（三）撤退型战略的企业文化

实施撤退型战略的企业常常在竞争中处于不利地位，或者其产品处于衰退期而严重滞销，或者其财务状况恶化等。此时，企业不得不牺牲一定的眼前利益来对付严重的竞争威胁。

一般情况下，长期在某部门工作并参与某种产品生产与销售的员工，当遇到该部门或该产品被撤销的情况时，他们可能会因无法继续工作而失去工作、晋升的机会，因此，撤退型战略会遭到他们的极力抵触。此时，企业若不能以恰当的形式来回报员工以往的贡献，不仅会助长当事人的不满和抵触情绪，而且还会影响员工士气，进而影响企业战略的实施。更糟的是，这样很有可能会破坏企业长期以来形成和保持的文化氛围。

从企业外部来看，企业与其供应者、合作者、消费者之间的彼此信任的关系是通过长期努力建立的。因此，企业实施撤退型战略时，要处理好这些关系，努力保持良好的企业形象，避免带来长期的负面影响。

为此，实施撤退型战略的企业必须借助于企业文化来达到战略目标。与此相适应的企业文化应当既能在企业内部营造人心安定、士气不减的氛围，又能使企业继续保持良好的公共关系和企业形象。

**三、战略执行与文化的关系类型**

在处理企业文化与战略的关系时，可以把企业内部各种组织要素的变化（包括结构、技术、共同价值观、生产作业程序等）与企业文化的潜在一致性作为分析的变量，制定战略与企业文化关系的分析管理图（见图9-11），使企业文化更好地与战略相匹配。

从图9-11可以看出，企业在实施战略时，会与目前的企业文化形成四种不

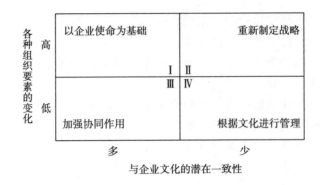

图 9-11　战略与企业文化关系的分析管理

同的关系和管理方式。

（一）以企业使命为基础

在第Ⅰ象限里，企业实施新战略时，重要的组织要素会发生很大的变化，但这些变化与目前的企业文化有高度的潜在一致性。这时，企业一般处于非常有利的地位，可以在目前的企业文化的大力支持下实施新战略。这些企业通常经营状况良好，可以根据自己的实力去寻找重大机会，或者可以改变主要产品和市场。

在这种情况下，企业处理战略与企业文化的关系的重点如下：

（1）在企业进行重大变革时，必须考虑与企业使命的关系。在企业中，企业使命是企业文化的正式基础。因此，企业管理者在处理这一关系、促进两者匹配的过程中，一定要注意组织变革与企业使命保持不可分割的内在联系。

（2）要发挥企业现有人员的作用，让现有人员填充由于实施新战略而产生的职位空缺。这是因为，企业现有人员之间具有共同的价值观和行为准则，可以保证在企业文化一致的条件下实施变革。

（3）在必须调整企业的奖励制度时，应注意与企业目前的奖励措施保持一致。例如，当新的市场变化要求产品销售方式相应变化时，新的奖励制度仍需强调与过去相同的评价标准，以保证企业奖惩制度的连贯性。

（4）必须对那些与目前的企业文化不相适应的变革予以特别关注，以保证现存的价值观念、行为规范的主导地位。

（二）加强协同作用

在第Ⅲ象限里，企业实施新战略时，企业的组织要素发生的变化较少，而且这些变化又与现有的企业文化高度一致，因此，企业所处地位是相当有利的。

在这种情况下，企业主要考虑两个问题：

（1）利用目前的有利条件和已有优势，巩固和加强企业文化。

（2）利用文化相对稳定的时机，根据文化的需求，解决企业生产经营中的问题；或者利用战略的相对稳定，排除组织方面的障碍，转向所需要的企业文化。

（三）根据文化进行管理

在第Ⅳ象限里，企业实施新战略时，主要的组织要素变化不大，但这些变化与目前的企业文化不一致。这时，企业最好根据企业文化的要求进行管理，其管理要点是实现企业所期望的某些战略变化，但不与现存的企业文化直接冲突，即在不影响总体企业文化一致性的前提下，根据具体需要对某种经营业务实行不同的文化管理。通常，当企业文化带来的阻力逐渐消失后，新战略带来的某些变化也就会渗透于企业的活动之中。

（四）重新制定战略

在第Ⅱ象限里，在处理企业文化与战略的关系、促进两者的匹配时，企业遇到了很大困难：企业在实施新战略时，组织要素会发生重大变革，而且这些变革与目前的企业文化很不一致。在这种情况下，企业要考察是否有必要推行新战略。如果没有必要，则要考虑重新制定与目前企业文化相一致的战略；如果企业外部环境发生了重大变化，企业必须推行新战略，那么企业文化也必须发生变革。

企业要变革其现有文化，还必须考虑一个重要问题，即企业文化的变革是否可行？在图 9-12 中，组织大小和复杂性，指企业的人数、结构、产品种类等决定组织规模的因素；文化的同质性，表示企业成员坚持价值观点的程度，尤其反映在员工的行为规范中。图中线条密度表示改变企业文化的难度。图 9-12 提出的思路基于两个假设：第一，改变一个大而复杂的企业的文化要比改变一个小而简单的企业的文化更加困难；第二，改变文化同质性较高的企业的文化要比改变文化同质性较低的企业的文化更加困难。

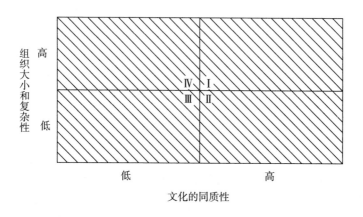

图 9-12　企业文化变革难度

在美国，几乎规模较大的公司都曾具有同质性程度较高的企业文化，但它们经历了文化的变迁。例如，布兰尼夫公司陷入重重危机时，正处于图9-12的区域Ⅰ。为了摆脱困境，公司放弃了飞机业务，解雇了大部分职工，使组织规模和复杂性大大减少。当公司的规模缩减至原来的1/3时，处于图9-12中的区域Ⅱ。与此同时，由于工资下降、员工解雇等引起的不安全感和动荡，破坏了公司的文化同质性。当海厄特公司收购布兰尼夫公司时，布兰尼夫公司已落入图9-12中的区域Ⅲ，对海厄特公司来说，它可以很容易地将完全不同的企业文化灌输给布兰尼夫公司。

由此可见，要改变企业文化，最好的途径是使企业处于图9-12中的区域Ⅲ。这同时也表明，企业文化的变革需要经历较长时期和付出巨大努力。

### 四、企业文化的构建

新的战略往往是受市场驱动的，并受到各种竞争力量的支配，是由外部不可控因素所决定的。因此，当一个公司的文化无法与取得战略成功的需要相匹配时，就应改变这种文化以适应新的战略。当然，文化现状的制约性也不是不予考虑。在进行文化培育时，需要把握两个原则：一是承认历史，尊重现实，考虑到文化变革的成本；二是体现改良性，要逐步使组织文化朝适应环境变化的方向发展，毕竟要生存，就要适应环境的变化，否则这种没落的文化只能阻碍企业前进的步伐。

链接企业文化与企业战略最有效的因素：①对企业宗旨、章程和纲领的正式陈述；②企业的布局与外表形象；③树立榜样，内部培训；④明确的奖励和级别制度及提升标准；⑤有关关键人物的事件和故事、传说与格言等；⑥企业领导的工作重点、手段和控制方式；⑦企业领导对关键事件和企业危机的反应；⑧企业组织的设计和构造方式；⑨企业组织系统和工作程序；⑩企业人员的招聘、选用、提升、退休等方面的工作标准。

将文化与战略相匹配的第一步就是要找出现有文化中哪些是支持战略的，哪些不是。在将文化与战略结合起来的努力中，既有象征性的行为，又有实际性的行为。象征性行为的价值在于它可以向人们提示关于战略实施者希望鼓励的各种行为模式和业绩的信号。最重要的象征性行为是高层领导人采取的、被视为榜样的那些活动。最好的公司和最好的领导人会熟练地运用象征、角色榜样、仪式性场合和集会来加强战略和文化间的匹配。例如，沃尔玛就因其简朴的设施、领导人的节俭、对浪费的杜绝和积极地进行成本控制而闻名。其文化深入企业经营管理的每一个环节，如制度的确定、决策的规则、价值判断的准则等。

在文化建设过程中，道德标准和价值观的建立是最为重要的。价值观的建立是多途径的，一些历史悠久的企业依靠口头的教育和传统的力量来注入价值观和强化道德行为；现代许多公司则将它们的价值观和道德标准以书面的形式写下来，具体说明公司想做和期望大家做的事情，并且可以成为判断公司政策和行动以及个人行为的基准。无论如何，价值观和道德标准一旦被确定，就应结合到公司的政策、实践和实际的行为当中，通过这些活动来促进文化的形成。实施这些活动往往可能从以下这些方面入手：①将价值观宣言和道德准则融入员工的训练和教育计划中；②在招聘和雇用员工时要明确注重价值观和道德，剔除那些性格特征与公司价值观和道德准则不相一致的人；③对所有员工传达价值观和道德准则并向他们解释必须遵守的规章；④从企业最高层到基层员工的参与和监督；⑤最高层领导的强烈认可。

文化的构建是一个漫长的、潜移默化的过程，对此，企业应有足够的思想准备和决心。

## 【本章小结】

本章首先介绍了组织结构的基本类型，包括特点和适用情况及其优缺点；其次介绍了战略与组织结构的关系，包括组织结构服从于战略、战略的前导性与组织结构的滞后性、组织结构反作用于战略；再次介绍了组建企业集团的方式、大型企业集团的形成模式；最后介绍了企业文化与战略的匹配，从战略与企业文化的关系、选择与战略类型相匹配的企业文化、战略执行与文化的关系类型、企业文化的构建四个方面入手。

通过本章学习，读者应熟悉企业的组织结构及战略匹配，能够合理地将企业集团化并优化资源配置，做好公关策略，发展好企业文化。

## 【复习思考】

**一、单选题**

1. 甲企业为了开发、生产新产品，分别从研发部门、生产部门抽出精英员工建立跨职能的一个项目团队，这属于（　　）。

　　A. 横向分工　　　B. 纵向分工　　　C. 集权型结构　　　D. 整合

2. 甲公司是一家生产汽车的企业，包括多个专门小组，比如研发、产品、营销、销售、人事和行政小组。该企业适合采用的组织结构是（　　）。

　　A. 高长型组织结构　　　　　　　B. 扁平型组织结构

　　C. 集权型组织结构　　　　　　　D. 分权型组织结构

3. 甲公司是一家日化用品企业，企业将所有产品按照洗涤、个人护理、清洁用品进行分类，并设置不同的部门负责这些类别的产品，甲公司采用的组织结构类型为（ ）。

    A. 产品事业部制组织结构        B. 职能制组织结构

    C. 战略业务单位组织结构        D. H 型组织结构

4. 甲企业是一家刚创立的软件开发公司，总部设在北京。甲公司所处的软件开发行业的突出特点是知识更新快，同时也导致经验丰富、素质高的软件工程师流动性较大，为此甲公司按矩阵式的结构对各项目进行管理和考核，以确保各项目按期完成。根据以上信息可以判断，甲公司应该采取的企业文化类型是（ ）。

    A. 权力导向型    B. 角色导向型    C. 任务导向型    D. 人员导向型

5. 在战略稳定性与文化适应性的矩阵中，潜在一致性大，各种组织要素的变化少的情况下，企业应该（ ）。

    A. 以企业使命为基础        B. 加强协调作用

    C. 根据文化进行管理        D. 重新制定战略

6. 下列关于战略控制的说法中，错误的是（ ）。

    A. 战略控制的期限一般比较长，从几年到十几年以上

    B. 战略控制的重点是内部

    C. 战略控制的方法是定性方法和定量方法相结合

    D. 进行战略控制时需要不断纠正行为

7. 公司由于在制定战略的过程中没有考虑到长远时期的环境变化越来越不能适应现实的情况，导致战略失效，这属于战略失效中的（ ）。

    A. 早期失效    B. 偶然失效    C. 晚期失效    D. 中期失效

8. 丽岛同城是一家处于起步期的网站，其业务主要为通过网络订购的方式销售日本特色食品如生鱼片和寿司。该公司决定采用平衡计分卡来计量来年的绩效。下列选项中，属于顾客角度的计量方法是（ ）。

    A. 顾客订单的增加        B. 订单到交货所需的时间

    C. 处理单个订单的时间        D. 新产品类型的开发

9. 下列关于统计分析报告特点的说法中，不正确的是（ ）。

    A. 统计分析报告有助于企业对具体问题进行控制，有助于企业管理人员开阔战略视野，有助于企业内外的信息沟通

    B. 统计分析报告是以统计数据为主体

    C. 统计分析报告是以科学的指标体系和统计方法来进行分析研究说明的

    D. 统计分析报告具有独特的表达方式和结构特点

**二、多选题**

1. 下列属于集权型决策特点的有（ ）。

    A. 易于协调各职能间的决策

B. 对级别较低的管理者而言，其职业发展有限

C. 危急情况下能够做出快速决策

D. 具有较宽的管理幅度并呈现出扁平型结构

2. 企业以其目标或使命为出发点，计划组织结构。与其他组织结构比较，战略业务单位组织结构的优点有（　　）。

A. 降低企业总部的控制跨度

B. 使企业总部与事业部和产品层关系更密切

C. 使具有类似使命的产品、市场或技术的事业部能够更好地协调

D. 更易于监控每个战略业务单位的绩效

3. 下列关于防御型战略组织和开拓型战略组织的表述中，正确的有（　　）。

A. 防御型组织适合于较为稳定的产业

B. 开拓型组织追求一种更为动态的环境

C. 防御型组织常采用竞争性定价或高质量产品等经济活动来阻止竞争对手进入它们的领域，保持自己的稳定

D. 开拓型组织常常采取"机械式"结构机制

4. 下列各项中，属于企业文化为企业创造价值的途径有（　　）。

A. 文化带动员工积极性　　　　B. 文化简化了信息处理

C. 文化补充了正式控制　　　　D. 文化促进合作并减少讨价还价成本

5. 以下关于企业业绩衡量的表述错误的有（　　）。

A. 进行企业业绩衡量主要是用于衡量管理层的业绩，与其他利益相关者没有关系

B. 股东观认为应该把股东回报率作为企业业绩的指标

C. 股东观认为企业是为所有利益相关者的利益而存在的

D. 股东回报率的计算以企业会计资料为基础

【案例分析】

# 案例9-2　中国汉堡·塔斯汀营销策略

塔斯汀于2012年在江西创立，是主营"中国手擀好堡"的餐饮连锁品牌。作为手擀现烤中国汉堡的开创者，塔斯汀始终铭记"做好中国汉堡、传递中国温度、弘扬中国文化"的企业使命，旨在将"中国汉堡"打造成中国文化的味觉载体、打造成传达中国味道的天然媒介。

2023年2月，塔斯汀超越了华莱士、麦当劳等头部餐饮品牌，一举拿下抖

音本地生活团购带货月度销售冠军。极海品牌监测（GeoHey）平台数据显示，载至 2023 年 5 月 7 日，塔斯汀在营门店数达 4019 家，位居西式快餐品牌门店规模第四位。塔斯汀凭借兼具国潮风格与亲民价格的中国汉堡，在西式快餐行业中开辟新品类，异军突起。

回顾下塔斯汀的发展历程，一次次探索，一次次尝试，一次次创新，从主打产品披萨到一个全新品类"中国汉堡"，它走出了一条属于自己的道路。

2012 年，塔斯汀在江西起家，以中国披萨为主打产品，但反响平平。

2017 年，塔斯汀团队扩充品牌产品品类，实现"披萨+汉堡"的双轮驱动。

2018 年，塔斯汀推出"现烤堡胚"，用中国方式重新定义汉堡，打造品牌产品的差异化，提高了品牌产品的竞争力。建立起了"中国汉堡"的品牌路线，在现烤堡胚产品的基础上迭代中式口味汉堡，在营销上也走起了"新式国潮"路线。

2019 年，塔斯汀明确品牌发展方向为"做中国人自己的汉堡品牌"，同时设立了"百店前行"的品牌规模目标。

2020 年，塔斯汀在西式快餐领域内定义了一个全新品类——"中国汉堡"，即采取手擀现烤的中国风味汉堡；同期，塔斯汀启动"东方味觉觉醒计划"，全国门店数量从 30 余家增加到超过 500 家。

塔斯汀品牌是如何一步步塑造的？不亚于以下这几点：

**一、回溯中国文化，打造文化品牌**

塔斯汀的门店以中国红为主色调，随处可见的"塔狮"形象包含七宝麒麟、祥云、龙鳞等极具中国文化特色的视觉元素；塔斯汀还推出名为"十二时辰"概念店，打造了时间博物馆、深渊镜、二层楼阁等民族风格场景；此外，塔斯汀联名文创品牌东方豪礼，推出以非遗木板年画为题材的虎年吉祥包装。

塔斯汀相信，"文化服务品牌，品牌更具文化；文化指导思想，思想规范行为"。塔斯汀积极以中国文化为源，运用具象的色彩、图形、声音、文字等呈现中国文化的元素符号，建构符合塔斯汀品牌基因的文化内涵，促使品牌表达得更丰满。

**二、创意中国汉堡，赢取品牌竞争力**

塔斯汀把"手擀现烤汉堡坯"作为卖点。在店内现场进行堡胚的揉制和烘烤，使产品在制作、口感等方面与传统汉堡区分开来。同时，塔斯汀深研中国饮食文化，以丰富汉堡内馅的形式，打造出极具地方口味的中国汉堡产品，如鱼香肉丝中国汉堡、麻婆豆腐中国汉堡、北京烤鸭中国汉堡等中式口味，不仅强化了塔斯汀"中国汉堡"的品牌定位，同时为其带来了流量和话题度，提高了塔斯汀的品牌知名度和美誉度，塔斯汀用中国味道表达中国文化，以手擀现烤创意中国汉堡。塔斯汀传承中华面点制作技艺，打造风味卓越的中国手擀汉堡坯，重塑品牌产品的核心竞争力，塑造品牌产品的差异化。

**三、保持亲近顾客，实现思想同频**

塔斯汀通过邀请中国说唱歌手万妮达作为首位好味推荐官。万妮达不拘一格的风格、敢于创造的态度、对传统文化的热爱都与塔斯汀不谋而合，两者的结合能够有效深化塔斯汀"中国汉堡""敢于创造"等标签，在扩大品牌影响范围的同时，提高消费者对塔斯汀的认同感。

此外，塔斯汀要求加盟商的年龄应在23~40岁，以保持活跃、新潮的品牌调性，更好亲近年轻顾客，实现思想同频。

塔斯汀坚信，青年是国家的未来，也是品牌的出路；传统文化需要赋予新的意志才能得到新生，塔斯汀希望通过持续对话顾客、亲近顾客，了解青年人的新思潮、新主张、新需求，及时调整品牌策略与重点，让品牌文化成为年轻群体追捧的个性标签。

**四、积极参与公益，传递品牌温度**

正如塔斯汀在官网所言，藏爱于心，永不止步。塔斯汀希望通过自身的影响力，唤起全世界对儿童的关爱。自2022年初，塔斯汀启动"关爱中国宝贝"年度公益计划，以实际行动号召人们关注孤独症儿童，如携手桂湖美术馆开启一场来自"星星的孩子"的画展，走进孤独症儿童的星空视界，以爱与温情陪伴"星星的孩子"，治愈星光路。

不仅如此，"爱心堡餐行动""退伍军人自创业招募计划""塔斯汀醒狮公益计划"等，都是塔斯汀回馈社会的真实写照。塔斯汀希望尽一己之力，为社会传递更多的品牌温度。

目前，塔斯汀在门店规模上处于国内西式快餐行业前列，相关的话题热度也一直居高不下，但作为不过短短十几年的新兴品牌，塔斯汀的转型和扩张路径值得研究。正如许多人所言，"新中式"不过是一时的风潮，而所谓风潮也是最易过时的东西，塔斯汀在"新中式"的标签下做出的产品创新，是否真的能够为其积累足够的资本厚度，来与其他快餐巨头竞争呢？塔斯汀是否能够以更好的产品研发和创新，回应现有的"中国汉堡，不中不洋"的质疑呢？答案未知，我们期待塔斯汀的行动。

**案例讨论题**

1. 您认为中国汉堡·塔斯汀在汉堡界一举成名主要归结于哪几点？

2. 从中国汉堡·塔斯汀打造文化品牌上，你得到了什么启发？

3. 在如今瞬息万变的时代，中国汉堡·塔斯汀若要继续保持在西式快餐行业前列，你认为需要做出哪些努力？

# 案例 9-3　英特尔企业文化

英特尔（Intel）是一家全球领先的半导体芯片和计算设备制造商，被誉为全球最具影响力和盈利能力的技术公司之一。Intel 的过人之处不仅在于技术上保持领先，还在于 Intel 形成了一套行之有效的企业文化与核心价值观。正是这一整套的企业文化与核心价值观，确保了 Intel 不断创新，在技术上保持领先。

## 一、以客户为导向

Intel 要求所有员工认真倾听客户、供应商和股东的声音，对他们的要求做出积极反应。Intel 从不为员工安排固定的车位，包括高层人员在内，车位向来是先到先停。但是有特别为客户保留的停车位。Intel 有一个厂商评鉴制度（Vendor of Choice，VOC），定期由 Intel 主要客户为 Intel 打分，所有评鉴的标准都是由这些客户制定的，包括交货、产品供应、客户服务、回应及时性等。"以客户为导向"含义非常广泛，如公关部在安排记者采访时，媒体成为客户，就以媒体的需要为导向。公司内部员工之间也有客户的概念，相关联的员工相互之间也成为客户支持的关系。

## 二、纪律严明

Intel 企业文化的第二个支柱是纪律。过去 Intel 在硅谷有一个"名声不佳"的 8 点签到制度。公司 8 点上班，任何人只要迟到 5 分钟，就得在特别准备的签名簿上留下大名才能工作。现在 Intel 与 IT 企业相比，同样在纪律方面也是严管之列。中国 Intel 公司早上 8：30 上班，员工严格遵守作息制度。Intel 在硅谷的另一个纪律是"清洁先生"检查制度，每个月一次，由资深经理负责检视公司各个角落的整洁，并评定分数。硅谷是高科技企业汇集的地方，许多企业充分尊重员工个性，给员工很大的自由度，而 Intel 的"严"纪律成为硅谷公司自由大趋势的一个反例，但是 Intel 照样执行，极具个性。Intel 在纪律里面专门有一条是让员工注重细节，这是一条非常有意义的提示，高科技所有的伟大都藏在细节里。芯片中 0.18um 这种线宽就代表了一个公司在硅技术领域追求细节突破的伟大成就，而 MMX 这样的产品完全是对一个小芯片细节上的完美畅想。Intel 公司是一个懂得细节造就成功的企业。

### 三、质量至上

Intel 公司非常强调每个员工的工作质量，这是公司在客户心中制造质量神话的过程。Intel 是技术领先者，这一切都需要高质量，无论是产品质量，还是技术和服务质量。

许多企业都是由非技术人员在质量管理部门进行质量把关，质管人员检查成品，确保出货的成品符合质量上的规定。安迪·葛鲁夫在 Intel 采取的是截然不同的方式，从开始就要一位优秀的技术经理负责质量管理。需要质管人员"知其所以然"是 Intel 质量控制的一个特色。

### 四、鼓励尝试冒险

Intel 的文化特质中非常有特色的一项是"鼓励尝试冒险"，这里说的鼓励尝试冒险并不是闭着眼睛，一头栽进去的匹夫之勇。Intel 推崇的是充分评估，在接受挑战之前，充分掌握情报，尽可能了解种种变通之道与替代方案。Intel 创始人之一的戈登·摩尔就有两次成功的挑战，一次是成立仙童半导体公司，另一次则是成立 Intel 公司，他让"鼓励尝试冒险"成为 Intel 的文化。摩尔常常说："变动是我们的盟友。"

在员工中，Intel 非常鼓励冒险精神。在芯片领域里，创新成为日常工作，如果没有技术的领先性，无法谈论优势，因为芯片是计算机的心脏，对其健康的要求超过许多产品。对员工来讲，既要讲结果为导向，又要尝试冒险，好像是矛盾的，细究来看其实不是。有的时候为了保证好的结果要去冒险，有时候为了好的结果不能去冒险，所以 Intel 通过评估风险去降低冒险的风险。如果员工在经过冒险，仍没有达到什么目标，公司比较宽容他的行为。公司鼓励和奖赏承担风险的行为。

### 五、良好的工作环境

Intel 公司中国总部在北京嘉里中心，是北京"寸土寸金"的写字楼之一，曾经是携巨资而来的网站公司的首选写字楼。在 Intel 办公室里，有让员工满意舒适的工作环境。公司专门为员工设置了可以洗澡的地方，牛奶、咖啡都是免费供应。公司尽量减少员工不必要的操心，另外也杜绝不必要的干扰。人力资源部还有小型图书馆，有提高英语学习的书，员工可以去借阅。

Intel 完整地向全世界复制自己的文化。Intel 中国与美国总公司的文化是完全一致的，员工到别国去和同事工作，不会有任何差异感。Intel 公关部经理刘婕觉得在 Intel 工作可以比较集中地考虑把工作做好，"一个新员工到 Intel 公司，会觉得 Intel 是一个非常奇怪的公司，员工在上班时间表现出来的是心中只有公司，没有自己，每个员工会觉得我这种行为符合不符合 Intel 的价值观、规范，能不能够为 Intel 的进一步拓展带来好处，很少带着个人的性格。"

## 六、以结果为导向

Intel 的"结果导向"管理上有一套成熟的机制，就是设定可量化的目标，依设定的时间表提出阶段性的成果。Intel 的灵魂人物安迪·葛鲁夫成为这项务实原则的监督人和实践者。以结果为导向意味着肯定积极的目标、具体的结果与产出。要让每个人了解团队的方向，必须要设定高目标，还要以量化的手法，务实地定出能够实现的进度和成功的指标，这样一来，每个成员就能站在自己的岗位上，尽一己之力。Intel 以"计划式管理"（Management by Planning, MBP）来推动结果导向的理念。每个事业部，每一个部门，以至每一个人，都必须为自己设立每一季度的目标，并且为完成季度设立的具体的指标，所有的目标设定都以公司的方向为指导原则，每一季度结束之时，每个人为自己的成果评分。同时，也通过相同的步骤设定下一季度的目标。

为了让所有的人了解公司的方向，每一季度公司都为所有员工举行公司的经营会议（Business Update Meeting）。在会议中，公布公司经营及市场上的竞争状况。

### 案例讨论题

1. 上述 Intel 的一套文化核心价值观，对企业和员工有哪些重要的意义？
2. 从上述 Intel 的企业文化中，你认为其行业成功关键因素有哪些？
3. 通过对 Intel 企业文化的了解，你对企业文化的塑造有哪些新的认识？

# 第十章　战略控制：业绩评价与战略变革

【知识架构】

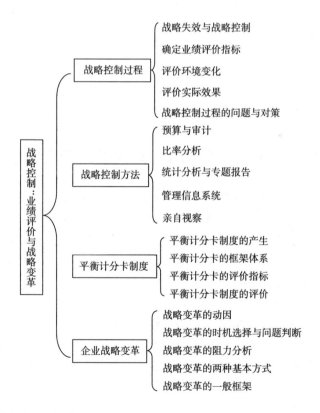

战略控制：业绩评价与战略变革

- 战略控制过程
  - 战略失效与战略控制
  - 确定业绩评价指标
  - 评价环境变化
  - 评价实际效果
  - 战略控制过程的问题与对策
- 战略控制方法
  - 预算与审计
  - 比率分析
  - 统计分析与专题报告
  - 管理信息系统
  - 亲自视察
- 平衡计分卡制度
  - 平衡计分卡制度的产生
  - 平衡计分卡的框架体系
  - 平衡计分卡的评价指标
  - 平衡计分卡制度的评价
- 企业战略变革
  - 战略变革的动因
  - 战略变革的时机选择与问题判断
  - 战略变革的阻力分析
  - 战略变革的两种基本方式
  - 战略变革的一般框架

【学习要点与目标】

通过本章的学习，读者应该能够：

□ 掌握战略控制的目的及重要性
□ 熟悉战略控制的过程和方法
□ 熟悉预算和审计的优缺点
□ 理解几种业绩评价指标
□ 了解环境对战略控制的影响
□ 掌握比率分析的内涵及其应用
□ 了解如何设计管理信息系统
□ 了解平衡计分卡的构成
□ 熟悉平衡计分卡的评价指标
□ 掌握战略变革的时机和问题的判断
□ 理解战略变革的阻力分析
□ 掌握战略变革的基本方式和一般框架

【本章核心概念】

战略控制　评价指标　环境变化　比率　分析　预算　审计　管理信息系统
平衡计分卡　战略变革

【引导案例】

## 案例 10-1　沃尔玛公司的战略控制系统

总部设在阿肯色州本顿维尔的沃尔玛公司是世界上最大的零售商，2004 年销售额为 800 亿美元。它的成功基于创始人山姆·沃顿实施商业模式的方法。沃顿要求所有的经理在工作中采取亲力亲为的风格并且充分献身于沃尔玛的主要目标，他将之定义为全面顾客满意。为了激励员工，沃顿创立了一个复杂的控制系统和向各级员工公布员工与企业绩效的文化。

首先，沃顿设计了一项财务控制系统，逐日向经理提供商场经营绩效的反馈。通过复杂的全公司范围内的卫星系统，本顿维尔总部的公司经理可以评估每家商场和商场内每个部门的绩效。有关商场利润和商品周转率的信息每天都会提供给商场经理，然后再由商场经理发布给 62.5 万名员工（称为合伙人）。通过信息分享，沃尔玛鼓励所有的合伙人学习零售业务的基本要素，从而可以在工作中加以改进。

如果商场表现不佳，经理和合伙人就会进行检查，找出改进的方法。沃尔玛的高层经理定期走访有问题的商场，提供专业意见。高级管理人员每个月都会用公司的飞机巡视各地的沃尔玛商场，从而把握公司的脉搏。沃尔玛公司的高级管理者还习惯于在周末开会讨论本周的财务成果和未来的影响。

沃顿坚持在绩效和奖励之间建立联系。每个经理的个人绩效表现为能否完成具体的目标，绩效决定了经理的工资上涨和晋升机会（升迁到更大的商场或公司总部，沃尔玛的传统是从内部提升经理）。根据公司的绩效和股票价格，高级经理获得大额的期权，即使普通合伙人也能获得股票。一位20世纪70年代与沃顿一起创业的合伙人到现在应当可以积累价值25万美元的股票（来自多年的股票升值）。

沃顿创建了一套复杂的控制系统来规范员工的行为，包括各项管理规定和预算制度。每家商场的业务活动都是一样的，所有的员工接受相同的培训，了解自己应当怎样对待顾客。通过这些方法，沃尔玛实现了运营的标准化，从而获得了很大的成本节省，与此同时经理也可以很容易地实现整个商场的变革。

最后，沃顿不满足于产出和行为控制及用货币奖励来激励员工。为了吸引员工参与企业运营并且鼓励他们用自己的行为提供高品质的客户服务，他还为公司创建了强大的文化价值和行为规范。合伙人必须遵循的规范包括"10英尺态度"，这是沃顿在走访商场时提出来的，意思是"保证在距离顾客10英尺时应注视顾客的眼睛，对他表示欢迎并且询问是否需要帮助"；"日落原则"是指员工应当在接受顾客请求的当天就给予满足，以及沃尔玛欢呼（来一个W，来一个A等），这些都适用于所有的沃尔玛商场。

沃尔玛创建的强烈的顾客导向价值观通过商场员工口耳相传的故事体现了公司对顾客的关注。有一个故事说一名叫希拉（Sheila）的员工不顾危险在轿车轮下救出小男孩；菲利斯（Phyllis）的故事则讲述他是如何为在商场内心脏病发作的顾客实施心肺复苏术；还有一个关于安妮塔（Annette）的故事，她将给自己孩子留的"超级战队"玩具卖给了一位顾客以满足那位顾客孩子的生日愿望。强烈的沃尔玛文化帮助公司控制和激励员工，也帮助合伙人实现公司要求的严格的产出和财务绩效。

资料来源：周长辉. 战略管理［M］. 希尔·琼斯译，北京：中国市场出版社，2007.

**点评：**以上这个案例中，沃尔玛公司通过制定一套完整的战略控制系统，形成了自己的"沃尔玛文化"，它们有自己的业绩评价指标很好地激励员工，领导会亲自到现场视察来发现问题并找到改进方法，公司蒸蒸日上。此案例说明了战略控制的重要性，只有找到合适的战略控制方法，把握好核心不断改进完善，才能把战略控制的优势发挥出来。

# 第一节　战略控制过程

　　战略控制过程，即把实际工作绩效与评价标准进行对比，如果两者的偏差没有超出允许的范围，则不采取任何纠偏行动；但如果实际工作成绩与评价标准的偏差超出了规定的界限，则应探寻发生偏差的原因，并且采取纠正措施，以使实际工作成绩回到计划标准范围内。战略控制过程分为四个步骤：确定评价指标、评价环境变化、评价实际效果、战略调整。图 10-1 是反映这个战略控制过程的典型框架。

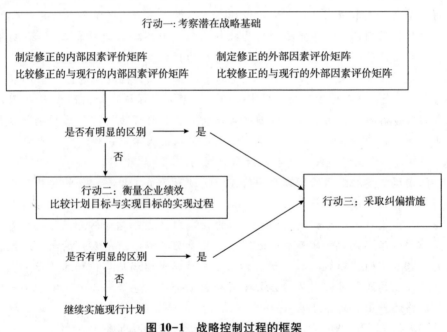

图 10-1　战略控制过程的框架

## 一、战略失效与战略控制

**（一）战略失效的定义**

战略失效是指企业战略实施的结果偏离了预定的战略目标的状态。

**（二）战略失效的类型**

按在战略实施过程中出现的时间顺序，战略失效可分为早期失效、偶然失效和晚期失效三种类型，如图 10-2 所示。

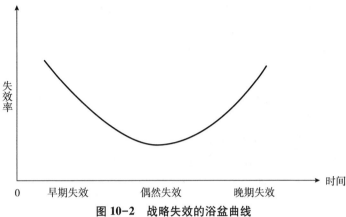

图 10-2　战略失效的浴盆曲线

实践表明，战略实施的早期失效率特别高，战略决策者对这种早期失效不可惊慌失措，更不可对新战略失去信心，暂时的挫折并不意味着战略的不合理。

偶然失效是指在战略的平稳实施阶段所出现的一些意外情况。当处于偶然失效时，战略决策者不可以掉以轻心，而是应该及时、慎重地处理，维持战略的平稳推进，一般战略偶然失效的概率比较低。

企业战略进入"晚期失效"阶段，战略决策者应该适应外部环境的变化，调整战略并积极创造条件推进战略。

战略失效的浴盆曲线揭示了战略在不同时间段失效率高低的规律，分析了不同阶段战略失效的本质区别，为制定正确的战略实施控制策略提供了理论依据和战略推进方法；同时，还可以防止战略在早期失效阶段来回反复，避免晚期失效阶段慌忙修改或固执原状的错误。它使战略实施控制过程既有阶段性，又有相互联系、协调发展的连贯性。

（三）导致战略失效的原因

（1）企业内部缺乏沟通，企业战略未能成为全体员工的共同行动目标，企业成员之间缺乏协作共事的愿望。

（2）战略实施过程中各种信息的传递和反馈受阻。

（3）战略实施所需的资源条件与现实存在的资源条件之间出现较大缺口。

（4）用人不当，主管人员、作业人员不称职或玩忽职守。

（5）公司管理者决策错误，使战略目标本身存在严重缺陷或错误。

（6）企业外部环境出现了较大变化，而现有战略一时难以适应等。

（四）战略控制的定义

战略控制主要是指在企业经营战略的实施过程中，检查企业为达到目标所进行的各项活动的进展情况，评价实施企业战略后的企业绩效，把它与既定的战略目标和绩效标准相比较，发现战略差距，分析产生偏差的原因，纠正偏差，使企业战略的实施更好地与企业当前所处的内外环境、企业目标协调一致，使企业战略得以实现。简而言之，战略控制的目的是防止和纠正战略失效。

（五）战略控制的类型

从控制时点来看，企业的战略控制可以分为如下三类：事前控制、事后控制、事中控制。

从控制内容来看，企业的战略控制可以分为如下五种：财务控制、生产控制、销售规模控制、质量控制、成本控制。

（六）战略控制的特征

1. 渐进性

一般来讲，总体战略是逐步演变而成的，并在很大程度上是凭借知觉得到的。虽然人们可以经常在平时的点滴想法中发现一些十分精练的正规战略分析内容，但真正的战略是在公司内部的一系列决策和一系列外部事件中逐步得到发展，是最高层管理班子中主要成员有了对行动的新的共同的看法之后，才逐渐形成的。在管理得法的企业中，管理人员积极有效地把这一系列行动和事件逐步概括成思想中的战略目标。另外，管理部门基本上无法控制的一些外部或内部的事件常常会影响公司未来战略姿态的决策。从某种程度上来说，突发事件是完全不可知的。再说，一旦外部事件发生，公司也许就不可能有足够的时间、资源或信息来对所有可能的选择方案及其后果进行充分的、正规的战略分析。

认识到以上这些之后，高级经理经常有意识地采用渐进的方法来进行战略控制。他们使早期的决策处于大体上形成和带有试验性质的状态，可以在以后随时复审，在有些情况下，公司和外界都无法理解变通办法的全部意义。大家都希望对设想进行检验，并希望有机会获悉和适应其他人的反应，实践也证明：通常最好是谨慎地、有意识地以渐进的方法加以处理，以便尽可能地推迟做出战略决策，使其与新出现的必要的信息相吻合。

2. 交互性

现代企业面临的环境控制因素的多样性和相互依赖，决定了企业必须与外界信息来源进行高度适应性的互相交流。对企业战略来说，最起码的先决条件是要有一些明确的目标，以便确定主要的行动范围，在这一问题上做到统一指挥，留有足够的时限以使战略有效，要使公众形成对自己有利的观点和政治行动需要很长的时间，而这需要积极地、源源不断地投入智力和资源。战略控制要求保持高质量的工作效果、态度、服务和形象等有助于提高战略可靠性的因素。由于许多复杂因素的影响，必须进行适当的检验、反馈和动态发展，注重信息收集、分析、检验，以便唤起人们的意识，扩大集体的意见，形成联合和其他一些与权力及行为有关的行动。

3. 系统性

有效的战略一般是从一系列的制定战略的子系统中产生的。子系统指的是为实现某一重要的战略目标而相互作用的一组活动或决策。每一子系统均有自己的、与其他子系统不相关的时间和信息要求，但它又在某些重要方面依赖于其他子系统。通常情况下，每一子系统牵涉的人员和班子各不相同，但这些不同的班子一般并不组成分立的单位以单独实现战略目标。相反，许多高级经理通常都是这类班子的兼职人员。他们每人都要制定出一个子系统的战略，并在制定的过程中，请不同的辅助小组参加。

子系统针对全公司性的某个具体问题（如产品系列的布局、技术革新、产品的多种经营、收购企业、出售产业、与政府及外界的联络、重大改组或国际化经营等），其逻辑形式十分完善，作为规范的方法，是企业总体战略的关键组成部分。不过每个战略子系统在时间要求和内部进度参数上，很少能够配合同时进行的其他战略子系统的需要，而且各子系统都有它自己的认知性限度和过程的限度，因此必须采取有目的、有效率、有效果的管理技巧把各子系统整合起来。有意识地运用系统性的动态控制常常有助于三个重要方面：

（1）适应相互影响的每个主要决策所要求的各种各样的准备期和顺序安排。

（2）克服必要的改革遇到的重要政治与信息障碍。

（3）个人与整个企业获悉、理解、接受并支持改革，培育出共同的愿景。

由于主要子系统的进度千差万别，它们在明确问题、唤起注意、初步概念化、进行试验、产生集体意见、具体细节、确定措施和控制等各个方面处于不同的阶段，因此除了概括的原则之外，不可能一下子提出问题并能顾及所有领域的企业整体战略。整体战略在细节的安排上永远不可能是真正完整的。按照逻辑，战略几乎会立刻随着新数据、新情况对它的影响开始发生变化。实际上，认为应该先制定出详细的总体战略，然后再加以执行的想法是很危险的。

因此，企业管理者不应该去寻找整体战略的最终特性，反而应该接受十分模糊的战略。他们应该做出必要的规定，进行平衡工作使主要的子系统的行动不失去控制，并避免企业工作自相矛盾。他们设法把总体战略规定得足够详细以鼓励人们朝着正确的方向前进，避免混乱。但他们又总是有意识地避免规定得过于具体，因为这样会破坏利用新信息和新机会所需要的灵活性或相应的支持。子系统和整体战略都保持了一定的笼统性，以适应和应付未来无数可能的变化。

（七）战略控制的原则

战略控制是一个复杂的系统工程，涉及企业战略实施过程中的许多方面。因此，战略控制必须遵循一定的原则，才能取得预期效果。

1. 目标原则

战略控制必须为实现目标服务，如果偏离了目标，再严密的控制也无效。

2. 系统性原则

战略控制需要以系统的观点来实施。企业可以看作一个大系统，由各个子系统组成。子系统指的是为实现某一重要的战略目标而相互作用的一组活动或决策。子系统既相对独立，又相互依赖。高层经理的工作就是协调各个子系统的需求和进度，并加以调整和整合。同时，作为开放式系统，企业必须与外界高度适应、相互交流并积极利用外界的信息和资源，提高战略控制的可靠性。

3. 适度、适时、适应性控制原则

战略控制必须适度，以免引起混乱和偏离目标。要适应外部环境的变化，选择适当的时机调整战略，既不能急于求成，又不能延误时机。战略控制应该能够反映不同经营业务的性质和控制需要，应视各部门的业务范围、工作性质、重要程度不同而制定相应的控制标准和方式。

4. 控制关键点原则

战略控制点可分为关键控制点、重要控制点和一般控制点三类。控制关键点原理是战略控制工作的一条重要原理。这条原理可表述为，为了进行有效的控制，需要特别注意那些在根据各种计划来衡量工作成效时有关键意义的因素。事实上，控制住了关键点，也就控制住了全局。对控制工作效率的要求，则从另一方面强调了控制关键点原理的重要性。

5. 例外控制原则

战略控制应集中应对例外事件的发生，注意针对超出预先设想的活动采取控制行动。

6. 激励性原则

将控制标准和员工的行为考核标准相结合，使员工的行为绩效与战略目标相匹配，从而使员工能够及时发现问题，进行自我控制。明确的绩效标准有利于激发员工的工作热情。

7. 信息反馈原则

及时的信息反馈不仅有利于战略实施情况的评估，还能反映环境与现行战略的适应性，为及时调整战略提供重要帮助。

## 二、确定业绩评价指标

评价指标是企业工作成绩的规范，用来确定战略措施或计划是否达到战略目标。一般而言，企业的战略目标是整个企业的评价指标。评价指标同战略目标一样，也应当是可定量的、易于衡量的。选择什么样的评价标准体系主要取决于企业所确定的战略目标。

（一）投资收益率

投资收益率等于税前收入除以总资产，常用来测定企业综合效益，是衡量企业经营业绩的一般标准。其作用主要如下：①它是能够全面反映企业经营活动状况的综合性指标。②它鼓励企业有效地使用现有资产，而不是扩大投资。③它是企业之间进行比较的常用标准。④可说明企业投资决策是否正确及企业利用其资产获得利润的程度。⑤它使企业确信获得新的资产会增加利润时，才会做出增加投资决策。

但是，投资收益率也有其局限性：①它对折旧政策很敏感，折旧摊销的差异及不同的折旧方法都会影响投资收益率。②它对账面价值很敏感，如老厂折旧多，投资基数低，投资利润率高。此外，人为地出售或缩减资产也会提高投资利润率。③不同行业的不同企业所处的条件不同，投资收益也不同，难以类比。④它深受经济周期的影响。

（二）附加价值指标

附加价值指标是近年来一些西方企业开始采用的评价企业经营业绩的新指标，是以附加价值为基础来考核企业经营业绩，并直接衡量企业对社会做出贡献的高低。它由附加价值和附加价值收益率两部分组成。

（1）附加价值是指企业产品的新增价值，用公式表示：附加价值＝销售收入－原材料成本－外购零部件成本。

（2）附加价值收益率用公式表示：附加价值收益率＝税前利润/附加价值×100%。

美国学者霍弗的初步研究表明，对于市场处于成熟或饱和阶段的多数产业来说，附加价值收益率稳定在12%~18%。

（三）股东价值

股东价值是一定时期内分红和股份升值部分的总和，是股东财富。它可以评价一个企业是否以超过股东要求的利润率增长。调查表明，全球500强企业中，有30%的投资决策是根据可能产生的股东价值做出的，现有不少股份制企业陆续使用该指标。

（四）对高层管理人员的评价指标

对高层管理人员的评价指标一般有投资收益率、每股盈利和股东价值等，用于评价整个企业的获利情况。但是，在具体操作中不应仅仅考虑利润方面的情况，还要考虑战略管理实践中其他方面的经营业绩。这些方面包括：

（1）高层管理人员是否建立了合理的长期和短期目标。

（2）高层管理人员是否制定出富有创新精神的战略。

（3）高层管理人员是否与业务经理人员密切合作，制订出切合实际的战略实施计划、程序和预算。

（4）为进行反馈和控制，高层管理人员是否制定和采用了评价企业表现的衡量指标。

（5）在做出重大决策之前，高层管理人员是否向董事会提供了公司经营方面的信息。

（五）关键表现域指标

关键表现域是指对企业战略的成功具有举足轻重作用的关键要素，它反映了企业的主要战略目标，是建立行之有效的、合理的控制系统的前提条件之一。例如，美国通用电气公司提出了八个关键表现域，并建立了相应的指标。这些表现域包括：

（1）获利能力。把投资收益作为衡量的主要指标。

（2）市场地位。以市场占有率为主要指标，把顾客满意程度、对品牌的忠诚状况等作为衡量的依据。

（3）生产率。以人员和设备为投入、以附加价值为产出评价生产率，其中对投入要素的评价有两个指标：一是工资额，二是折旧成本，由此评价企业人员和设备的使用效率。

（4）产品领先。在通用电气公司的每个经营单位中，工程、制造、市场营销及财务人员每年都要对现有产品和计划开发产品的成本、质量和市场地位进行评估，以保证产品的领先地位。

（5）人才开发。通过各种方式（如用人计划等）了解企业现在和将来的人才需求状况，以评价其现在和将来获得人才的方式。

（6）职工态度。采用定期的态度调查或通过缺勤率和流动率等指标直接或间接地评价职工对公司的态度。

（7）社会责任。采用一些指标来评价公司对职工、供应商、顾客和所在社区履行的社会责任。

（8）长短期目标的平衡。通过对各关键表现与相互关系的深入研究，确保在不牺牲公司长期利益和稳定发展目标的条件下，实现短期目标。

（六）业绩评价的主要目的

（1）业绩评价是整体控制或者反馈控制系统的一部分，提供了刺激任何必要的控制行为的必要反馈。

（2）业绩评价是与利益相关者群体沟通的重要组成部分。

（3）业绩评价与激励政策及业绩管理系统紧密相关。

（4）由于管理层追求获得评价为满意的业绩，这会增加管理层的动力。

### 三、评价环境变化

#### （一）环境影响评价

20世纪60年代中期，环境影响评价（Environmental Impact Assessment，EIA）在国外已开始出现，被称为是"认识、预测、评价、解释和传达一种行动的环境后果"。我国已把EIA作为一项法律制度确定下来。但当前我国EIA主要是针对建设项目进行，项目EIA被定义为"对建设项目的环境变化，包括自然环境和社会环境的影响变化所进行的预测和评价，以及提出减缓环境变化的措施"。

EIA在本质上（或在很大程度上）是对发展项目环境影响的一种反应性评估，而不是前瞻性预测，它在发展项目的选择及优化布局方面的作用是有限的，往往只能针对项目的污染状况提出一些控制和治理污染的措施。对于项目的环境影响评价往往是在高层次的战略决策之后，因此，在项目环境影响评价阶段，许多决策已经在更早的规划阶段确定。环境影响评价对项目所提供的可选方案和治理污染措施的选择是较为有限的。

战略环境评价（Strategic Environmental Assessment，SEA）是对政府部门的战略性决策行为及其可供选择方案的环境影响和效应进行系统性和综合性评价的过程，它为政府政策、规划、计划的制订和实施提供环境影响评价上的技术支持。

#### （二）评价环境变化的方法

评价环境变化的方法主要是因素评价法。该方法将企业内外部环境因素列出评价表，然后将战略实施前的评价表与实施过程中的评价表进行比较，如果内容不变，则企业战略管理者就不必要采取调整措施；如果两个评价表不同，则要按照战略制定的过程重新考虑。因素评价法如图10-3所示。

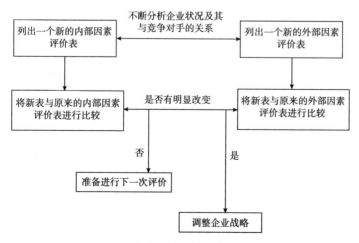

**图10-3　因素评价法**

## 阅读资料：战略环境评价的发展

战略环境评价的概念最早可追溯到 1969 年美国国会通过的《国家环境政策法案》（NEPA），该法案规定对环境有重大影响的联邦行为必须提交环境评价报告。荷兰在 1987 年建立了法定的 SEA 制度，要求对废弃物管理、饮水供应、能源与电力供应、土地利用规划等进行环境影响评价。1989 年，荷兰修改了《国家环境政策规划》，规定了荷兰到 20 世纪末的环境战略，该规划的宗旨就是要求对所有可能引起环境变化的政策、规划和计划作 SEA。英国 Standing Advisory Committee on Trunk Road Assessment（SACTRA）在 1992 年提出，传统的环境影响评价程序应该进一步发展，以考虑某些累积效应或长期效应。

瑞典对其全国道路交通管理方案进行了宏观层次的环境影响评价，该管理方案包括 1 个全国性和 7 个区域性的方案，并在 1993 年提交了有关报告。

加拿大、新西兰已经在法律上确认了政策性战略行为的 SEA。1997 年 4 月欧盟（EU）发布了"战略环境评价导则（草案）"（Draft Directive on SEA）；2001 年，欧盟正式通过并发布了"规划与计划的环境影响评价导则"。

我国 2002 年 10 月 28 日通过的《中华人民共和国环境影响评价法》明确提出，我国环境影响评价的范围不再仅仅局限于建设项目，而是拓展到了政府有关的经济发展规划，即从项目评价进入战略评价阶段。到目前为止，较为突出的研究范例是，1993 年香港环境保护署完成的"全港发展策略"（Territorial Development Strategy Review, TDSR）战略环境影响评价研究报告。这一研究的目的是希望制定一套中长期的发展策略，以保证在 2011 年香港人口达到 800 万规模时，仍实现经济、社会和环境的可持续发展。

1999 年，香港特别行政区政府委托顾问公司完成了"第三次综合运输规划方案"的研究。这一研究的目的是探讨香港未来的运输要求，从而对今后运输基础设施的长远发展、公共交通服务的拓展及交通管理等方面提出概括性的指标。在报告中，对不同运输发展政策可能造成的环境影响进行了评估，其中包括累积影响，从而为决策者制定环境友好的（Environmental-Friendly）的长远策略，避免对环境造成严重影响。

2015 年 10 月 27 日，环境保护部副部长潘岳在京津冀、长三角、珠三角三大地区战略环境评价项目启动会暨环境保护部环境影响评价专家咨询组成立会议上强调，环保部根据严守空间红线、总量红线、准入红线"三条铁线"的要求，对京津冀等三大地区进行战略环境影响评价。环评工作要在更高平台、更大范围、更深层次发挥源头预防的作用，为经济绿色化转型提供有力的支撑和保障。

#### 四、评价实际效果

这是整个战略控制过程的重要组成部分。它的主要内容就是把战略实施的实际成绩与评价标准相比较，从而确定企业战略实施的状况。衡量企业工作成绩可能会遇到的一个主要问题是要决定在何时、何地及如何进行经常性评价，经常对实际工作进行评价，可以及时获取必要和充分的信息。

从企业战略管理的角度来看，实际业绩评价最困难的方面是企业整体运行效益情况的评价，通常采用一些综合的分析方法，如企业经营诊断就是其中的一种有效方法，其具体步骤包括以下内容：

（1）进行初评。概况性地了解企业整体运作，发现企业在战略管理中存在的问题，并且根据轻重缓急对这些问题进行分类，在考虑经费能否允许的情况下，决定是否需要就其中的一些问题进行深入研究。

（2）展开调查。利用各种有效的调查方法对初步评价确定的、需要深入分析解决的问题进行客观的、全面的调查，以达到深入了解与问题有关的各种信息的目的。

（3）分析问题。深入调查之后，根据掌握的详细信息，利用各种定量与非定量的方法，对企业战略管理中存在的问题进行系统分析，找出问题产生的根本原因。

（4）建议实施。根据分析问题阶段提供的信息提出改进的措施建议，解决存在的问题，并且还要对可能出现的问题和困难进行追踪、评价，防止在解决一个问题的同时又产生一个更为棘手的问题，进而保证控制的有效性，使企业的战略管理能顺利进行。

评价实际效果的主要问题是要决定在何时、何地及间隔多长时间进行一次评价。为了提供充分而及时的信息，应该经常地评价和衡量工作成绩。但是，如果评价工作业绩过于频繁会使评价过程的费用变得太高，消耗太多资源，产生负面的影响。因此，要根据评价问题的性质对战略实施的重要程度，确定合理的衡量评价频度。

#### 五、战略控制过程的问题与对策

（一）比较实际业绩与评价标准

这一步骤的目的是确定企业战略管理过程中是否出现了问题，存在偏差，以便找出偏差产生的原因，从而制定对策消除偏差。如果评价标准得到了满足，则不用采取纠正行动；但如果没有达到评价标准，管理者就必须找出偏差的原因并且加以纠正。

（二）实际业绩与评价标准发生偏差的原因

（1）短期化行业。它是指企业高层管理者仅以利润或投资收益率指标考核企业及下层单位，造成企业单纯追求短期效益，忽视长期使命，短期增加了利润，但丧失了长期发展的潜力，使企业长远战略目标难以实现。

（2）目标移位。它是指将帮助目标实现的经营活动本身变为目的，或者经营活动未能实现自己要达到的目的，从而混淆了企业战略的目的和手段，导致整个企业经营业绩下降。

（3）其他。此外，还有可能是其他原因，如企业内部缺乏信息沟通，战略目标不现实，为实现战略目标而制定的战略有错误，已实施战略的结构错误，缺乏激励，来自环境的压力，主管人员或作业人员不称职或玩忽职守等。

（三）纠正偏差的常用对策

企业进行战略评价是为了利用评价结果对企业的人和事等方面的活动实施控制，顺利实现企业战略的目标。因此在查出偏差产生原因之后，就要对偏差进行纠正，其措施主要有重新制定或修改计划目标、标准；培训有关人员，加强人员的素质训练；加强领导；重新委派任务或明确职责；修改有关奖惩制度和激励措施等。企业只有在偏差较大又影响到目标时才需要采取行动，并且也只有得到授权的人才有资格采取行动。企业应把着眼点放在如何采取更正措施上，防止偏差再次发生。

战略控制过程的效果影响着战略管理过程的其他阶段，战略控制是战略管理过程的重要阶段。企业在其战略管理过程中必须重视战略控制这一重要的影响因素。

# 第二节　战略控制方法

战略控制方法是指在战略控制过程中，战略管理人员所采用的控制手段和方法，不同的战略控制方式，有不同的控制重点，会产生不同的控制效果。

## 一、预算与审计

（一）预算与预算控制的目的

预算就是财务计划。短期计划试图在长期战略计划的框架内提供一个短期目标。目标通常是用预算的形式来完成的。预算是一个多目标的活动，并在每个企业中广泛应用。

（1）强迫计划。预算迫使管理层向前看，制订详细的计划来实现每个部门、每项业务甚至每个经理的目标，并预测将会出现的问题。

（2）交流思想和计划。需要一个正式的系统以确保计划涉及的每个人意识到自己应该做的事情。沟通既可能是单向的，如经理给下属布置任务，也可能是双向的对话。

（3）协调活动。需要整合不同部门的活动，以确保向着共同目标一起努力。

（4）资源分配。预算过程包括识别将来需要及能够获得的资源。应当要求预算编制者根据期望的活动层级或者资源水平来判断他们的资源要求，以便最好地加以利用。

（5）提供责任计算框架。预算要求预算中心经理对其预算控制目标负责。

（6）授权。正规的预算应当作为对预算经理发生费用的授权。只要预算中包括费用支出项目，就无须在费用发生之前获得进一步的批准。

（7）建立控制系统。可以通过比较现实结果和预算计划来提供对于实际业绩的控制。背离预算能够被调查，而且应将背离的原因区分为可控和不可控的因素。

（8）提供绩效评估手段。它提供了可以与实际结果相比较的目标，以便评估员工的绩效。

（9）激励员工提高业绩。如果存在一个可以让员工了解其工作完成好坏的系统，员工就可以保持其兴趣和投入程度。管理层识别出背离预算的可控原因，为提高未来绩效提供了动力。

然而，不切实际的预算、经理对预算进行缓冲以保证实现目标的预算、仅仅关注目标的实现而没有实际行动的预算都不是好的预算。这些预算都没有关注长期后果。预算控制是一个过程，总预算移交给责任中心，允许对于实际结果和预算的比较进行持续的监控，通过个人行为保证预算目标的实现，或者为修改预算奠定基础。例如，市场营销部门得到500万元的预算，该部门就要说明这笔资金将怎样使用，如在人员工资、广告促销和展览会等方面开支的比例，这些开支将根据规划定期受到审计。预算集中于资源的有效利用、生产成本和提供服务。应当认识到，成本并不是唯一的关键成功因素，因此预算控制系统通常是和其他绩效管理体系相辅相成的，从而产生了业绩计量的平衡计分卡。

（二）预算的类型

编制预算最常用的方法有增量预算和零基预算。

1. 增量预算（Incremental Budgeting）

这种预算是指新的预算使用以前期间的预算或者实际业绩作为基础来编制，在此基础上增加相应的内容。资源的分配是基于以前期间的资源分配情况。这种方法并没有考虑具体情况的变化。这种预算关注财务结果，而不是定量的业绩计量，并且和员工的业绩没有联系。

增量预算的优点：①预算是稳定的，并且变化是循序渐进的；②经理能够在一个稳定的基础上经营他们的部门；③系统相对容易操作和理解；④遇到类似威胁的部门能够避免冲突；⑤容易实现协调预算。

增量预算的缺点：①它假设经营活动及工作方式都以相同的方式继续下去；②不能拥有启发新观点的动力；③没有降低成本的动力；④它鼓励将预算全部用光以便明年可以保持相同的预算；⑤它可能过期，并且不再和经营活动的层次或者执行工作的类型有关。

2. 零基预算（Zero-Based Budgeting）

这种预算方法是指在每一个新的期间必须重新判断所有的费用。零基预算开始于"零基础"，需要分析企业中每个部门的需求和成本。无论这种预算比以前的预算高还是低，都应当根据未来的需求编制预算。零基预算通过在企业中的特定部门的试行而在预算过程中实施高层次的战略性目标。此时应当归集成本，然后根据以前的结果和当前的预测进行计量。

零基预算的优点：①能够识别和去除不充分或者过时的行动；②能够促进更为有效的资源分配；③需要广泛的参与；④能够应对环境的变化；⑤鼓励管理层寻找替代方法。

零基预算的缺点：①它是一个复杂的、耗费时间的过程；②它可能强调短期利益而忽视长期目标；③管理团队可能缺乏必要的技能。

（三）战略控制中预算的作用

预算实质上是用统一的货币单位为企业各部门的各项活动编制计划，在战略控制中，预算具有前馈控制和反馈控制的双重功能，制约着资源的初始分配和投资利用的调整。

（1）对资源投入的前馈控制。预算对战略的形成具有前馈控制作用，预算起着如何在企业内各单位之间分配资源的作用，促进了企业内部各部门的合作和交流，减少了相互间的冲突和矛盾。

（2）对产出的反馈控制。可以通过掌握预算的执行结果来调节企业的后续战略，调节资源的投入，这是预算控制的重要反馈功能。

预算提供了企业绩效的评价标准，便于考核，强化了内部控制。预算是对企业计划的数量化和货币化的表现，因此，预算为业绩评价提供了标准，既便于对各部门实施量化的业绩考核和奖惩制度，也便于对员工的激励与控制。

（四）审计的定义

审计是客观地获取有关经济活动结果的论据，通过评价弄清所得结果与标准之间的符合程度，并将审计结论报告有关方面的过程。审计过程基本上着重于企业做出的财务结果，以及这些结果是否符合实际。

（五）审计的分类

根据审计的主体和内容的不同，可将审计分为内部审计、外部审计和管理审计三种主要类型。

1. 内部审计

内部审计是指由企业、组织内部的审计机构或专职审计人员对本企业、组织内部财政财务收支的审计，重点是其资产、负债和损益的真实性、合法性和效益性。审查的主要内容有企业制定的各项制度是否符合国家有关法律法规的要求；企业一定时期内拥有的资产、承担的债务、经营成果及其分配情况的真实性、合法性；企业占有的国有资产的安全、完整和保值增值情况。

内部审计进行的经济效益审计，主要从改进生产经营和完善内部管理制度两个方面入手。一方面，内部审计通过对企业供、产、销各环节，人、财、物各要素的检查、分析，提出建设性意见，可以帮助本部门、本单位负责人制定改进生产经营的措施，提高经济效益；另一方面，内部审计通过评价本部门、本单位的内部控制，发现管理缺陷，提出管理建议等手段，可以帮助本部门、本单位完善内部管理机制，提高战略管理的效能和效率。

2. 外部审计

外部审计是指由外部机构选派审计人员来评估审查企业账务报表及其反映的财务状况。外部审计实际上是对企业内部虚假、欺骗行为的一个重要而系统的检查，因此起着鼓励诚实的作用。由于知道外部审计不可避免地要进行，企业就会努力避免做那些在审计时可能会被发现不光彩的事。

外部审计时，审计人员与企业的管理层不存在行政上的依附关系，只需对国家、社会和法律负责，因此可以保证审计的独立性和公正性。但是由于外来的审计人员对企业内部的组织结构、生产流程的经营特点不甚了解，因此在对具体业务的审计过程中可能产生困难。除此之外，处于被审计地位的内部组织成员可能会产生抵触情绪，不愿意合作，增加审计工作的难度。

3. 管理审计

管理审计是指审计人员对被审计单位经济管理行为进行监督、检查及评价并深入剖析的一种活动。它的目的是使被审计单位的资源配置更加富有效率。对企业而言，管理讲的是效率。从这个意义上讲，管理审计又可以称为效率审计。

管理审计直接以被审计单位的管理活动为其审查和评价对象，它的基本内容包括管理职能的审查和管理人员素质、水平的审查这两个方面。

**二、比率分析**

比率分析（Ration Analysis Approach）是常用的财务分析方法之一，指通过计算相关项目之间的比率，借以分析和评价企业财务状况及生产经营管理中存在问题的方法。比率分析用途广泛，既可以用在企业战略分析中，又可以用在企业战略控制中；既可以是一些量化的经济标准，如资产负债率、债务权益率、存货周转率、每股收益率等，又可以是一些量化的社会发展标准，如人口出生率、文化普及率、城市绿化率等。用于企业战略控制的比率一般分为财务比率与经营比率两种。

**（一）财务比率**

财务比率主要利用企业财务报表（损益表、资产负债表、现金流量表）计算而得。评估判断一个企业的现实经营业绩，首先必须对企业的财务状况进行客观、公正的分析。企业的财务报表和资料涉及经营管理的各个方面，通过大量的数据，记录了企业经营管理的整个过程。如果静态地看财务资料，计算各种财务比率，并与其他相似企业乃至整个行业的财务比率做横向比较，就可以知道企业在某一时点上的财务状况及经营水平；如果动态地看财务资料，把现时的财务比率与先前的财务比率做纵向比较，就可以发现企业财务及经营状况的发展变化方向。把纵向和横向的分析比较方法结合起来，并画出雷达图，就能够清楚、直观、形象地揭示出企业财务及经营状况的优势和劣势。

财务比率分析指标包括企业的收益性、安全性、流动性、成长性及生产性五大类25项指标（见表10-1）。分析收益性指标，目的在于观察企业一定时期的收益及获利能力；分析安全性指标，目的在于观察企业在一定时期内的偿债能力，了解企业经营的安全程度，也可以说是资金调度的安全性；分析流动性指标，目的在于观察企业在一定时期内资金周转状况，掌握企业资金的运用效率；分析成长性指标，目的在于观察企业在一定时期内经营能力的发展变化趋势，如果一个企业收益性高，但成长性不好，那么就表明其未来盈利能力下降；分析生产性指标，目的在于了解在一定时期内企业的生产经营能力、水平和成果的分配。

**表 10-1　企业财务比率分析指标**

| 比率类型 | 基本含义 | 计算公式 |
|---|---|---|
| 收益性比率<br>1. 资产报酬率<br>2. 所有者权益报酬率<br>3. 销售利税率<br>4. 毛利率<br>5. 净利润率<br>6. 成本费用利润率 | 反映企业总资产的利用效果<br>反映所有者权益的回报<br>反映企业销售收入的收益水平<br>反映企业销售收入的收益水平<br>反映企业销售收入的收益水平<br>反映企业为取得利润所付代价 | （净收益+利息费用+所得税）/平均资产总额<br>税后净利润/所有者权益<br>利税总额/净销售收入<br>销售毛利/净销售收入<br>净利润/净销售收入<br>（净收益+利息费用+所得税）/成本费用总额 |

| 比率类型 | 基本含义 | 计算公式 |
|---|---|---|
| 安全性比率<br>1. 流动比率<br>2. 速动比率<br>3. 资产负债率<br>4. 所有者（股东）权益比率<br>5. 利息保障倍数 | 反映企业短期偿债能力和信用状况<br>反映企业立即偿付流动负债的能力<br>反映企业总资产中有多少是负债<br>反映企业总资产中有多少是所有者权益<br>反映企业经营所得偿付借债利息的能力 | 流动资产/流动负债<br>速动资产/流动负债<br>负债总额/资产总额<br>所有者权益/资产总额<br>（税前利润-利息费用）/利息费用 |
| 流动性比率<br>1. 总资产周转率<br>2. 固定资产周转率<br>3. 流动资产周转率<br>4. 应收账款周转率<br>5. 存货周转率 | 反映全部资产的使用效率<br>反映固定资产的使用效率<br>反映流动资产的使用效率<br>反映年度内应收账款的变现速度<br>反映存货的变现速度 | 销售收入/平均资产总额<br>销售收入/平均固定资产总额<br>销售收入/平均流动资产总额<br>销售收入/平均应收款<br>销售成本/平均存货 |
| 成长性比率<br>1. 销售收入增长率<br>2. 税前利润增长率<br>3. 固定资产增长率<br>4. 人员增长率<br>5. 产品成本降低率 | 反映销售收入变化趋势<br>反映税前利润变化趋势<br>反映固定资产变化趋势<br>反映人员变化趋势<br>反映产品成本变化趋势 | 本期销售收入/前期销售收入<br>本期税前利润/前期税前利润<br>本期固定资产/前期固定资产<br>本期职工人数/前期职工人数<br>本期产品成本/前期产品成本 |
| 生产性比率<br>1. 人均销售收入<br>2. 人均净利润<br>3. 人均资产总额<br>4. 人均工资 | 反映企业人均销售能力<br>反映企业经营管理水平<br>反映企业生产经营能力<br>反映企业经营成果分配状况 | 销售收入/平均职工人数<br>净利润/平均职工人数<br>资产总额/平均职工人数<br>工资总额/平均职工人数 |

## （二）经营比率

经营比率是比较企业经营活动中两个同类型数量之间关系的量化标准。据此标准，可以测评企业绩效，掌握企业经营状况，更好地进行战略控制。常见的经营比率有产品合格率、市场占有率、投入产出率等。

### 1. 产品合格率

产品合格率是指生产的合格产品占总产品的百分比。它是控制产品质量的重要指标，是提高产品质量，保证生产绩效目标实现的手段之一。与之对应的还有次品率或废品率，计算方法类似。

### 2. 市场占有率

市场占有率也称市场份额，它是指企业的主要产品在该产品市场销售中所占的比重，是企业市场战略的重要指标。市场占有率稳中有升，说明企业竞争力强；市场占有率逐年下降或突然下降，必须寻找原因，对症下药。市场占有率有绝对、相对之分。绝对市场占有率是指企业产品在某市场上的年销售量占该产品年销售总量的百分比。如果缺乏市场销售总量统计资料，可采用相对市场占有率作为测评指标，它有两种计算方法：一是企业产品的销售量占其所在市场中领先的前三名竞争对手销售量的百分比；二是与市场中最大企业的销售量的百分比。

3. 投入产出率

投入产出率是对投入利用效能的衡量。其中，投入指标包括原材料消耗量、人工工时、能源消耗量等；产出指标主要是产品的产量。将投入指标与产出指标对比，再乘以100%，就可计算出投入产出率。

### 三、统计分析与专题报告

#### （一）统计分析

战略控制的另一种有效方法是对企业战略活动的各个主要方面进行统计分析，并提供准确有效的统计数据资料，包括历史的和预测的。在实际中，大多数管理人员都不喜欢眼花缭乱或复杂的数理统计和公式推导，而比较喜欢易于理解或使人一目了然的图解法和表格化的数据资料。当然，即使用图表形式来表示，要使数据资料说明问题，仍应采取一些定性和定量相结合的方法加以系统阐述。有时为了增加阐述的逻辑严密性，计量模型、数量统计和公式推导是必需的，但在统计分析报告中可以省略。

#### （二）统计分析的三大主要内容

1. 收集数据

收集数据是进行统计分析的前提和基础。收集数据的途径众多，可通过实验、观察、测量、调查等获得直接资料，也可通过文献检索、阅读等来获得间接资料。收集数据的过程中除了要注意资料的真实性和可靠性外，还要特别注意区分两类不同性质的资料：一是连续数据，也叫计量资料，指通过实际测量得到的数据；二是间断数据，也叫计数资料，指通过对事物类别、等级等属性点计所得的数据。

2. 整理数据

整理数据就是按一定的标准对收集到的数据进行归类汇总的过程。由于收集到的数据大多是无序的、零散的、不系统的，在进入统计运算之前，需要按照研究的目的和要求对数据进行核实，剔除其中不真实的部分，再分组汇总或列表，从而使原始资料简单化、形象化、系统化，并能初步反映数据的分布特征。

3. 分析数据

分析数据指在整理数据的基础上，通过统计运算，得出结论的过程，它是统计分析的核心和关键。数据分析通常可分为两个层次：第一个层次是用描述统计的方法计算出反映数据集中趋势、离散程度和相关强度的具有外在代表性的指标；第二个层次是在描述统计基础上，用推断统计的方法对数据进行处理，以样本信息推断总体情况，并分析和推测总体的特征和规律。

（三）专题报告

专题报告是根据企业管理人员的要求，指定专人对特定问题进行深入细致的调查研究，形成包括现状与问题、对策与建议等有关内容的研究报告，以供决策参考。所写的报告要迅速、及时，一事一报。呈报、呈转要分清写明。

专题报告有助于企业对具体问题进行控制，有助于企业管理人员开阔战略视野，有助于企业内外的信息沟通。专题报告可以由企业内部自己完成；也可以通过课题、项目的形式委托大学、科研院所或咨询机构的专业人员完成；可以以企业为主，聘请有关专业人员参与完成；也可以由外部专家牵头，企业有关人员参与完成。这要视企业的具体情况而定。无论外部、内部专业人员完成专题报告，都要有一定的投入，但这与因盲目决策而导致的战略失控所造成的损失相比要经济、划算得多。经验证明，一份好的专题报告，不仅能揭示有关降低成本、提高市场占有率或更好地运用资本的奥秘，而且对战略目标的实现、战略时空的选择、战略措施的实施都有很大的益处。

（四）报告的特点

1. 内容的汇报性

一切报告都是下级向上级机关或业务主管部门汇报工作，让上级机关掌握基本情况并及时对自己的工作进行指导，所以汇报性是"报告"的一个大特点。

2. 语言的陈述性

因为报告具有汇报性，是向上级讲述做了什么工作，或工作是怎样做的，有什么情况、经验、体会，存在什么问题，今后有什么打算，对领导有什么意见、建议，所以行文上一般都使用叙述方法，即陈述其事，而不是像请示那样采用请求等法。

3. 行文的单向性

报告时下级机关向上级机关行文，是为上级机关进行宏观领导提供依据，一般不需要受文机关的批复，属于单向行文。

4. 成文的事后性

多数报告都是在事情做完或发生后，向上级机关做出汇报，是事后或事中行文。

5. 双向的沟通性

报告虽不需批复，却是下级机关以此取得上级机关的支持、指导的桥梁；同时上级机关也能通过报告获得信息，了解"下情"，报告成为上级机关决策指导和协调工作的依据。

## 四、管理信息系统

管理信息系统（Management Information System，MIS）是一个以人为主导，利用计算机硬件、软件、网络通信设备及其他办公设备，进行信息的收集、传输、加工、储存、更新、拓展和维护的系统。

（一）管理信息系统的基本功能

1. 数据处理功能

数据处理功能包括数据收集和输入、数据传输、数据存储、数据加工和输出。

2. 计划功能

根据现存条件和约束条件，提供各职能部门的计划，如生产计划、财务计划、采购计划等，并按照不同的管理层次提供相应的计划报告。

3. 控制功能

根据各职能部门提供的数据，对计划执行情况进行监督、检查，比较执行与计划的差异、分析差异及产生差异的原因，辅助管理人员及时加以控制。

4. 预测功能

运用现代数学方法、统计方法或模拟方法，根据现有数据预测未来。

5. 辅助决策功能

采用相应的数学模型，从大量数据中推导出有关问题的最优解和满意解，辅助管理人员进行决策。以期合理利用资源，获取较大的经济效益。

（二）管理信息系统的适用条件

1. 规范化的管理体制

从目前国内一些企事业单位的情况来看，通过组织内部的机制改革，明确组织管理的模式，做到管理工作程序化、管理业务标准化、报表文件统一化和数据资料完整化与代码化是成功应用管理信息系统的关键。企业的管理信息系统必须具有市场信息管理、财务管理、原材料供应与库存管理、成本核算管理、生产计划管理、产品质量管理、人事与劳资管理、生产与管理流程管理等功能，而且所有功能都应该与总体目标相一致，否则很难建立起一套切合企业实际、能够真正促使企业实现现代化管理的高效管理信息系统。

2. 具备实施战略管理的基础或条件

管理信息系统的建立、运行和发展与组织的目标和战略规划是分不开的。组织的目标和战略规划决定了管理信息系统的功能和实现这些功能的途径。管理信息系统的战略规划是关于管理信息系统的长远发展计划，是企业战略规划的一个重要组成部分。这不仅由于管理信息系统的建设是一项耗资巨大、历时长远、技术复杂的工程，还因为信息已成为企业的生命动脉，管理信息系统的建设直接关系着企业能否持久创造价值，能否最终实现企业管理目标。一个有效的战略规划有助于在管理信息系统和用户之间建立起良好接口，可以合理分配和使用信息资源，从而优化资源配置，提高生产效率。一个好的战略规划有助于制定出有效的激励机制，从而激励员工更加努力地工作，同时还可以促进企业改革的不断深化，激发员工的创新热情，这些正是建立管理信息系统的必要条件。离开良好的战略管理环境，管理信息系统的实施即使可以取得成功，也不可能长久。

3. 挖掘和培训一批能够熟练应用管理信息系统的人才

一个项目能否得到成功实施，在很大程度上取决于其人才系统运行的状况和人才存量对项目目标、组织任务的适应状况。要在企业中成功实施信息化管理，就要求企业配备相应的技术与管理人才，可以通过两个途径来解决这个问题：一是挖掘其他企业的人才；二是培训企业内部现有人才。

4. 健全绩效评价体系

实施管理信息系统是一场管理革命，必须有与之配套的准则把改革成果巩固下来。总体来说，健全的评价体系应该有助于激励员工最大限度地为企业创造价值；有助于企业将信息化与企业战略有机结合起来；有助于对企业绩效进行纵向、横向比较，从而找出差距，分析原因；有助于企业合理配置信息化建设资源。当然，这些目标的实现还取决于绩效评价体系中的指标体系、配套的奖惩制度与监督制度等。企业是否具备建立管理信息系统所必需的绩效评价体系，要结合企业现状和同行业的相关数据进行分析，并且在实施过程中不断进行检验。在推行管理信息化过程中一旦发现问题，就应当及时地予以改进与完善。

（三）管理信息系统的设计应遵循的原则

管理信息系统是为便于战略实施和战略控制而设计的提供信息的系统过程。不管其复杂程度如何，它的目的是以系统化和整体化的方式，为管理人员提供信息。科学地设计和运行管理信息系统是非常重要的。如果它的设计及运行能与企业的战略相配合，就能大大提高管理信息系统的应用价值。管理信息系统的设计应遵循下列原则：

（1）满足战略决策的管理人员的需要。

（2）设计和运行管理系统必须通过系统分析人员和管理人员的紧密合作来实现。

（3）其输出必须适合管理者的应用，避免过多的信息。

（4）设计管理信息系统的良好开端是重新考察企业现存的信息系统。

（5）良好的灵活性，适应环境的变换。

### 五、亲自视察

亲自视察是指企业的各阶层管理人员深入各种生产经营现场，进行直接观察，从中发现问题，并采取相应的解决措施。

深入现场进行观察是一种最常用也最直接的控制方法。首先，通过现场观察可以获得第一手的信息。例如，生产部门的主管人员通过现场观察，可以判断出产品的产量和质量的完成情况及设备运转情况和员工的工作情况等。其次，管理人员通过现场观察可以了解到公司规章制度的遵守情况，以及员工的工作情绪和士气等。最后，高层管理人员通过现场观察，可以了解到组织的方针、目标和政策是否深入人心，发现报告中的数据与实际情况是否相符等。所有这些，对管理人员开展工作都是十分重要的，而这些信息只有通过现场观察才能及时准确地获取。

现场观察的优点还不仅在于能掌握第一手的信息，它还能使组织的管理人员不断更新自己对组织运行情况的了解，帮助他们观察组织运行是否正常。通过现场观察，主管人员还可以从下属的建议中获得启发和灵感。此外，高层管理人员深入现场本身就有一种激励下级的作用，有利于创造一种良好的组织气氛。

当然，管理人员也必须注意现场观察可能引起的消极作用。例如，基层管理人员若过于频繁地到工作现场，员工可能会认为是对他们工作的不信任，或者会认为是管理人员不能授权的表现，这是需要引起注意的。

一方面，虽然现代管理信息系统的应用可以给管理人员提供很多的实时信息，做出各种分析，但仍然代替不了管理人员的亲身感受；另一方面，管理的对象主要是人，现场观察可以通过面对面的交流传达给员工关心、理解和信任。因此，管理人员深入现场亲自观察仍然是进行战略控制的必不可少的方法。企业应该重视利用个人现场观察这种方法来进行有效的战略控制。

# 第三节  平衡计分卡制度

平衡计分卡（Balanced Score Card，BSC）制度，是由美国学者罗伯特·卡普兰（Robert Kaplan）和大卫·诺顿（David Norton）于 20 世纪 90 年代初提出的一种绩效管理工具。自创立以来就引起了理论界和企业界的浓厚兴趣与反响，据有关调查资料显示，世界 500 强的国际大公司有 60%左右采用了这种战略管理及绩效评估的创新方法，它的产生是为了解决传统财务指标无法全面评估企业绩效的问题。

**一、平衡计分卡制度的产生**

平衡计分卡是对企业管理绩效进行综合评价的重要工具，提出了四个维度来评估企业的绩效，包括财务、客户、内部业务流程和学习与成长。管理绩效评价是战略控制的关键环节，随着人类社会由工业经济时代向信息时代的转型，经营环境发生重大变化，管理方法在不断创新，依靠传统会计方法对管理绩效进行财务衡量已远不能满足企业管理当局的要求。传统的业绩评价制度虽然有助于管理当局分析和判断企业的控制能力、获利能力、偿债能力、成长能力，但其局限性不可忽视。

第一，传统的业绩评价主要是以会计利润为主的，它是根据会计报表上面的数据得出的，因为这些数据是过去的、已经发生的企业经营状况，因此它存在一定的滞后性，并不能预测企业正在进行的价值创造，而且这种滞后性可能会使企业领导人为了企业的好的经营成果从而采取一些投机取巧的行为来提高企业的短期收益。因此，传统业绩评价反映出来的公司资本和利润存在一定的失真性。

第二，传统的业绩评价指标体系更多的是企业内部信息的评价，忽略了企业外部的影响。它可能只是关心企业的创造价值及内部管理水平，对于顾客满意度、技术创新、供应商、竞争对手、员工满意度等外部因素可能直接忽略，这会使企业做不到客观合理与全面。

第三，传统的业绩评价指标体系中涉及更多的是财务指标，非财务指标涉及的很少。财务指标大都属于经营结果指标，不能及时地与企业进行的经济活动相联系。非财务指标更多反映的是过程，如科研、人力资源、市场等都要通过非财务指标反映出来，它们对企业的经营与管理有重要的作用，并且能够预测企业的发展趋势。

以前，企业主要是关心财务绩效的考核和控制，然而，随着环境的变迁，人们越来越意识到，有必要评估组织的其他方面，以便更准确地评价组织的价值创造活动，因而战略绩效评价工具——平衡计分卡应运而生。

总的来说，平衡计分卡制度的产生是为了解决传统财务指标无法全面评估企业绩效的问题，它提供了一个全面的绩效评估体系，帮助企业更好地制定战略目标并实现持续地改进。

**二、平衡计分卡的框架体系**

平衡计分卡是一种综合性的管理控制系统，该系统把传统的财务指标与运营指标平衡起来，而这些运营指标是与公司成败的核心决定因素密切相关的。平衡计分卡从四个主要角度，即财务绩效、客户服务、内部业务流程、组织的学习与成长能力来分析，是一套从多方面对公司战略管理绩效进行财务与非财务综合评价的评分卡片，它不仅能有效克服传统的财务评估方法的滞后性、偏重短期利益和内部利益及忽视无形资产收益等诸多缺陷，而且是一个科学的集企业战略管理控制与战略管理绩效评估于一体的管理系统。

以组织的共同愿景与战略为内核，运用综合与平衡的哲学思想，依据组织结构，将公司的愿景与战略转化为下属各责任部门（如各事业部）在财务、顾客、内部流程、创新与学习四个方面的具体目标（即成功的因素），并设置相应的4张计分卡，其基本框架如图10-4所示。

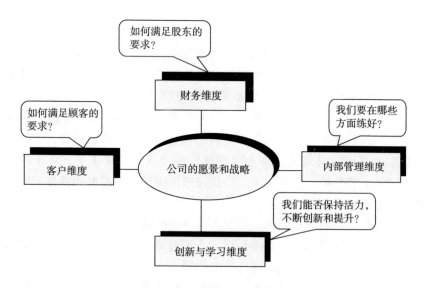

**图 10-4　平衡计分卡制度基本框架**

这四个维度相互关联，共同构成了一个全面的绩效评估体系。企业可以根据自身的战略目标，在每个维度下设定具体的指标和目标，并制订相应的行动计划。通过平衡计分卡的框架体系，企业可以全面评估绩效，发现问题并及时进行调整和改进，从而实现持续的优化和发展。依据各责任部门分别在财务、顾客、内部流程、创新与学习四个方面可具体操作的目标，设置一一对应的绩效评价指标体系。

平衡计分卡涉及的四个维度，都是企业未来发展成功的关键要素。管理者可以根据平衡计分卡提供的报告，有针对性地对四个维度进行改造或创新，有利于提高企业的管理效率。同时，企业员工可以根据四个维度的具体目标明晰所扮演的角色，通过不断地改进自己的行为使其与企业的战略要求相接近。这从管理者与员工两个方面解决了传统管理体系中不能把公司的长期战略和短期行动联系起来的缺陷。

### 三、平衡计分卡的评价指标

平衡计分卡的评价指标是在每个维度下用于衡量绩效的具体指标，下面是平衡计分卡制度四个方面相应的评价指标：

（一）财务方面

财务性绩效指标能够综合反映企业的经营绩效，是平衡计分卡的重要指标。传统的财务绩效指标如股东价值、盈利能力、偿债能力、现金流量等都是可度量、滞后性的绩效指标，它表明过去某一阶段的战略是成功还是失败，忽视了企业长远的、可持续的发展。公司通过平衡计分卡衡量收入是否增长及效率是否提高两个财务指标来判断公司战略的成败，从而有效地解决了短期绩效和长期绩效、短期发展与长期发展的冲突。

（二）顾客方面

顾客指标用来反映企业组织如何满足客户的需要。随着产品市场竞争日趋激烈，大多数产品市场及生产资料市场已逐步演化为买方市场，顾客成为市场的主导，成为决定企业成败的关键。以顾客为导向，为客户增加价值，提供个性化、多样化产品或服务等经营理念全面渗透到企业管理实践之中。对现有和潜在顾客进行管理成为企业管理越来越重要的部分。

顾客方面的平衡计分卡制度帮助企业进行市场细分，确定目标市场，分析和选择目标顾客群体，并对现在及以往重要顾客的消费效用、消费倾向进行全面的衡量。图 10-5 反映了平衡计分卡制度中顾客方面主要评价指标及其相互关系。

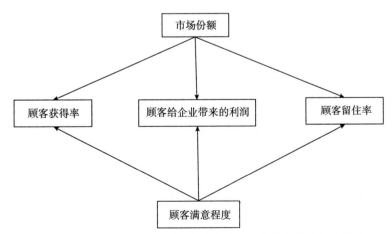

**图 10-5　平衡计分卡制度中顾客方面主要评价指标及其相互关系**

（三）内部流程方面

内部流程反映企业内部效率，关注导致企业整体绩效更好的过程、决策和行动，如生产率、成本、合格品率、新产品开发周期、出勤率等。内部流程是企业改善其经营业绩的重点。内部业务流程维度关注企业内部的核心业务流程，包括生产流程、服务流程等。这些指标反映了企业的运营效率和质量水平，如生产周期、产品质量、服务响应时间等。

（四）学习与成长方面

学习与成长维度关注企业的员工培训和发展，以及创新能力的提升。这包括员工满意度、员工培训投入、创新项目数量等指标。通过关注学习与成长维度，企业可以提高员工的技能水平和创新能力，为企业的长期发展提供支持。管理创新的一个重要方面就是强调人本管理，重视人力资源投资，因为员工素质的高低直接影响到企业创新能力和经营业绩。企业的创新与学习，以提高员工能力、拓展企业信息系统功能、激发员工积极性为中心，通过衡量企业在基础设施方面的投资业绩，如人力资源系统及业务流程等方面来达到加强企业核心竞争力的目的。如前所述，片面使用财务评价指标常常会引发经理人员的短期行为，通过削减在人力资源方面的投资来提高企业短期绩效，这将损害企业长期发展创新能力。平衡计分卡制度在一定程度上避免了这种短期行为的发生。创新与学习方面的主要评价指标有员工满意程度、员工留存率、员工工作能力、员工劳动生产率、员工意见采纳百分比、员工的培训与提升、企业内部信息沟通能力。

**四、平衡计分卡制度的评价**

平衡计分卡是有效执行企业战略规划的管理工具，它从企业愿景与战略出发，在财务、客户、内部管理、创新与学习四个方面对企业进行全方位的量化绩效考核，避免了企业考核形式化、片面化，能够将战略变成具体的行动。平衡计分卡不仅可以帮助管理者全面追踪企业战略的多维关键绩效变量，全面保障战略按计划实施，还为企业构建战略控制系统提供了一个实用的模型。

平衡计分卡制度能够从多个维度评估企业的绩效，包括财务、客户、内部业务流程和学习与成长。这种全面性可以帮助企业更全面地了解自身的绩效表现，避免单一指标的片面评价。

平衡计分卡制度提高了员工对管理的参与程度，它引入了非财务业绩评价方法，使员工能参与业绩评价制度的设计与完善，发挥他们的积极性与聪明才智。这也是管理上的一个创新，与当前理论界强调人本管理、重视团队学习是相一致的。平衡计分卡制度能把组织内的工作经验积累起来并进行交流，从而提高生产效率。

平衡计分卡制度在衡量与实际运用方面尚未完善，实际调查研究也证明了这一点，尽管它堪称是在管理方面的重大突破。因为它没有系统的衡量标准，多数时候是通过打分的方式进行业绩评估，这就造成主观评价不一样，分数的高低也不一样，主观因素直接影响业绩评价的结果，导致可比性及可信程度的下降。

平衡计分卡制度可能会导致企业战略机密的外泄。从上述的介绍中可以看出，它是一个全员参与制度设计与修改的系统，这使企业战略计划会轻易被竞争对手探知，行为也易被他人模仿，因此在竞争中反而处于不利地位，直接导致难以实现战略目标。

平衡计分卡制度要与奖励制度相结合。为了充分发挥平衡计分卡的作用，必须建立相应的激励约束机制，并且在重点业务部门及个人等层次上实施平衡计分，使各个层次的注意力集中在各自的工作业绩上。这就需要将平衡计分卡的实施结果与奖励制度挂钩，注意对实施情况进行适时的奖励与惩罚。

# 第四节　企业战略变革

当战略实施的实际效果与预期目标偏差很大，通过战略调整又难以达到纠正偏差的目的时，战略变革便成为一种现实选择。但实践也告诉我们，战略变革是一把"双刃剑"：一方面，成功的变革会使企业上一个台阶；另一方面，失败的变革则完全有可能葬送企业的前程。战略是企业着眼于未来，根据其外部环境的变化和内部资源条件，为获得持久竞争优势以求得企业生存和长远发展而进行的总体性谋划。所以对企业而言，不仅要知道变革，还需要知道怎样变革，做到善于变革。

## 一、战略变革的动因

由于移动互联网的快速发展，不仅催生了商业模式的快速迭代，而且每天都在诞生全新的商业模式，这就使企业在较长时期内按部就班地执行战略变得越来越困难。目前，进行动态的战略变革已经是一种相当普遍的现象。

企业战略变革的动因有政府政策的改变、社会的发展要求公司承担更多的就业和环保责任，经济全球化和市场竞争加剧对公司产生的冲击，客户需求的多样化和个性化、技术变迁尤其是信息技术的飞速发展。这些对公司经营的各个方面，如采购、制造、销售、服务等产生的深刻影响，都会引发公司的变革。

市场变化：市场环境的变化是企业战略变革的主要动因之一。市场竞争加剧、新技术的出现、消费者需求的变化等都可能促使企业进行战略调整，以适应新的市场情况。组织内部问题：组织内部存在的问题也可能成为企业战略变革的动因。例如，低效的业务流程、落后的技术设备、人力资源管理不当等问题可能导致企业面临竞争劣势，需要进行战略变革来解决这些问题。新机遇的出现：新机遇的出现也可能成为企业战略变革的动因。例如，新兴市场的发展、新的细分市场、新的技术突破等都可能为企业提供新的商机，促使企业进行战略调整以抓住这些机遇。政策和法规变化：政策和法规的变化也可能促使企业进行战略变革。政府的政策调整、法规的变化等都可能对企业的经营环境产生重大影响，需要企业进行相应的战略调整以适应新的法规要求。公司内部重组、合并或收购：公司内部的重组、合并或收购也可能成为企业战略变革的动因。这种变革可能是为了实现规模效益、优化资源配置、拓展市场份额等目标，需要进行战略调整来适应新的组织结构和业务模式。

这些动因可能会相互交织，企业在决定进行战略变革时需要综合考虑各种因素，并制订相应的战略计划。此外，企业也应密切关注市场和行业的变化，及时调整战略以保持竞争优势。

今天，无论什么样的公司都面临变革的挑战，变革是必然的，只不过有的公司主动地进行变革，有的公司被动地进行变革，因而出现了主动变革与被动变革两种变革形式。主动变革的公司能预见公司面临的机遇与威胁，发现自身的问题，从而有计划地进行变革，主动地实现组织的目标。被动变革的公司则在遇到问题后被迫做出反应，通常没有周密的整体计划，变革的道路比较曲折。

### 二、战略变革的时机选择与问题判断

进行战略变革的企业并不都能获得成功。1997 年，春兰集团斥资 7.3 亿元收购当时亏损的南京东风汽车集团公司所属的专业汽车制造总厂，改名为"南京春兰汽车制造有限公司"，进入重卡市场，并在 4 年内投资 6 亿多元进行产品改善和研发。同时，春兰自动车有限公司在南京春兰汽车制造厂一侧征地 300 亩，准备与菲亚特公司各持股 50%，建设一个世界级的重型卡车生产基地。2002~2004年，春兰卡车曾实现年利润 2 亿元，曾有 500 多名经销商慕名而来，被人们誉为从外行转型进入汽车业最成功的企业之一。但就是这样一个有着完美开局的重卡"新人"，却在 2004 年之后很快销声匿迹。2008 年，春兰重卡正式被徐工科技收购，彻底退出汽车业。所以，战略变革的时机选择与问题判断十分重要。

一般来讲，战略变革的时机有三种选择：第一，提前性变革。这是一种正确的变革时机选择。在这种情况下，管理者能及时地预测到未来的危机，提前进行

必要的战略变革。国内外的企业战略管理实践证明，及时地进行提前性战略变革的企业是最具有生命力的企业。第二，反应性变革。在这种情况下，企业已经存在有形的可感觉到的危机，并且已经对过迟变革付出了一定的代价。第三，危机性变革。这时企业已经存在根本性的危机，再不进行战略变革，企业将面临倒闭和破产。因此，危机性变革是一种被迫的变革，企业需要付出较大的代价才能取得变革的成效。

关于问题的判断，这一阶段的工作可环绕三个问题来讨论：①什么是有别于问题表象的实质问题？②解决这个问题要改变什么？③变革的结果（目标）是什么，如何衡量这些目标？

这一过程实质上是通过分析判断，建立新的战略方案的过程。因此，前面讲到的有关确定战略方案的基本原理，在这里仍然适用。不同的是，这里不仅要遵守这些基本原理，更要注意分析新旧战略方案的不同，以及建立新战略的必要性和可能性。

综上所述，企业战略变革的时机选择和问题判断需要综合考虑市场、组织、资源、政策等多个因素，并进行风险评估和可行性分析，以制订合适的战略变革计划。

### 三、战略变革的阻力分析

为什么有的企业战略变革取得了成功，有的企业却走向了失败？一个重要原因是对变革阻力没有充分的认识。企业战略变革面临的阻力主要包括以下方面：

（一）变革决心的缺乏

在战略变革过程中，企业必须面对各种不同的诱惑，有时内部阻力和外部影响联合起来会对企业形成巨大的压力，同时管理层还必须协调平衡各方的利益关系。在诱惑、压力、平衡等因素的共同作用下，管理层难免会顾虑重重，瞻前顾后，最后导致战略变革失败。如果管理层没有坚定的变革决心，或者不能把坚决变革的决心和态度传达到整个企业，变革很可能并没有实质性地推进。在许多案例中，管理者担心遇到各种各样的困难，是战略变革的阻力之一。

（二）变革目标的不清晰

战略变革目标和未来愿景的确立是一门艺术。很多情况下，企业收集的情报和数据庞杂，从不同角度分析产生的结果可能大相径庭甚至是自相矛盾的。怎样在信息的海洋和自相矛盾的结果中做出正确的判断，从而确立清晰的变革目标和企业愿景，是对企业整体能力的巨大考验，同时也是企业战略变革所面临的一大阻力。很多企业囿于观念障碍，对未来的认识比较模糊，在战略变革的时候很难确定一个清晰完整的战略目标和企业愿景。一方面，变革愿景没有达成共识，会造成变革参与者之间的目标认知偏差；另一方面，价值观、性格等因素会对风险偏好等心理因素产生影响。

如果没有清晰的变革目标和企业愿景，企业的战略变革过程就会充满不确定性，并且会削弱企业变革过程中的执行力。很多战略变革行动就是因为变革参与者对于变革本身没有达成共识，由于变革而争吵，由于争吵而分道扬镳。

（三）内部的抵制和反对

战略变革首先会受到特权利益阶层的反对，特别是高层领导团队的不支持。由于变革可能触动领导者的地位与权力，改变传统的势力范围，反对势力最终还会联合起来阻碍变革。日本著名企业家松下幸之助认为，一个企业的兴衰成败，领导者要承担70%的责任。因此，应该建立一支有足够能力领导和推动企业变革的领导联盟队伍，并使其成员协同作战，否则变革往往会中途夭折，其次是员工担心岗位的安全与变动带来的障碍。变革常常会给员工带来不安与恐惧，员工会对变革产生抵触心理，甚至士气降低，触发焦虑感，感到无所适从。随着压力和焦虑的不断上升，员工与企业的摩擦越来越大，矛盾越来越深，他们的沮丧感越来越重，甚至会退步到停止学习，这样就会形成一个恶性循环，使企业的战略变革无法顺利进行。

如果不能恰当地处理这些内部阻力，一味地采取硬性手段来解决问题，就会对企业内部的团结和稳定产生极为不利的影响，甚至导致更激烈的抵制和反对，或者使抵制和反对转入"地下"，抵制和反对的手段和方式更隐蔽。不管是哪种结果，对变革中的企业都会造成极大的伤害，这样的内部阻力极大地浪费了企业的各种资源，在企业最需要团结和齐心协力的时候发生内部斗争会极大地削弱企业继续变革的动力。

战略变革对企业来说无异于一次脱胎换骨的革命，正像任何社会革命一样，阻挠变革的势力和阻力因素是变革者无法回避的。因此，企业在战略变革的过程中必须不断克服外部环境和自身缺陷带来的障碍。可以说，企业的每一次战略变革都是在各种推力和阻力的共同作用下进行的，推力与阻力较量的结果决定了战略变革的走向。

**四、战略变革的两种基本方式**

企业战略变革通常可以通过渐进式变革、激进式变革两种基本方式进行。

（一）渐进式变革

渐进式变革是指通过逐步调整和改进现有的战略和业务模式来实现变革。这种方式相对较为温和谨慎，能够更好地控制风险和减少对组织的冲击。渐进式变革通常会在现有的基础上进行小幅度的调整和改进，以适应市场和竞争环境的变化。这种方式适用于那些已经有一定基础和稳定运营的企业，能够通过渐进式变革来提升竞争力和创新能力。渐进式变革的优点是一次性投入的资源较少、见效快、阻力小、风险少，易于成功；缺点是分散的局部变革可能使整体变革目标不能达到最优，甚至可能造成正在变革的假象而掩盖重大变革的紧迫性，同时整体变革的分散实施可能增加变革的成本。

（二）激进式变革

激进式变革是一种快速的、急风暴雨式的变革，其特点是对现有系统的冲击力度大，不是在原有基础上修修补补，创新程度大，可以在较短的时间内收效。有时为了适应客观需要而压缩变革的进程，将变革内容集中在一个较短时段内完成。激进式变革的优点是容易突破传统观念和习惯势力的阻碍，迅速提升企业的竞争能力，适应外部环境的变化，达到整体最优；缺点是急剧的变化不易被职工和相关人员接受与适应，可能产生较大的阻力，因而可能引起较大的摩擦成本，变革的风险也比渐进式变革大。

两种变革方式各有特色，在公司变革实践中都是常见的。一般来说，如果公司现有的竞争力较强，绩效相对优良，外部环境又比较稳定，变革往往集中在局部，不必动摇现有基础，倾向于选择渐进式变革；如果公司竞争力低下，绩效不佳，或者处于非常不利的外部环境中，甚至面临危机，急需改变经营方式，则多选择激进式变革。多数公司是在渐进式变革与激进式变革的交替中发展，长期的渐进式变革时常被激进式变革打断。无论是渐进式变革还是激进式变革，企业在进行战略变革时都需要充分考虑内外部环境的因素，制定明确的目标和策略，并确保组织内部的合作和协调。同时，变革过程中的沟通和参与也至关重要，能够获得员工的支持和共识，推动变革的成功实施。

**五、战略变革的一般框架**

企业战略变革的一般框架可以包括以下几个关键步骤：

（一）明确变革的目标和动力

1. 明确变革的目标

（1）明确目标勾画愿景。描绘公司未来的发展蓝图，指明公司尚未达到甚至许多人还无法理解的目标，广泛地引起员工的共鸣，将员工的努力统一起来，共同实现愿景。

（2）建立商业模式。指明公司在实现未来愿景的过程中，应该在哪些方面变革，以及可行的变革轨迹。

（3）整体分析。着眼于变革的整体，将愿景状态转换成支持公司变革的独特的组织设计，包括正式的与非正式的要素，保证各部分变革的协调和同步。

（4）确定变革的切入点。通过比较公司现状与未来愿景的差距，选定每个阶段变革的突破口，采取必要措施和建立评价指标，并随着变革进程的推移，确定下一阶段的变革项目。

2. 明确变革的动力

变革同时需要动力，使组织中所有人，上至最高领导下至一般员工都能全身心地投入变革之中，并争取达到预期的目标。产生变革动力的方式如下：

（1）面对现实。通过分析外部环境和内部条件，对照标杆企业，产生对现状的不满，了解即将到来的变革方向和程序。

（2）开发和分配资源。利用一切可以利用的资源支持变革，同时通过资源的开发与分配也可显示公司变革的决心，从而树立员工信心。

（3）提高绩效标准。作为变革的目标，激发员工以创新的方式改变工作，推动变革的实施。

（4）建立理想行为模式。这种行为模式必须是明确的、可观察的，以规范变革的行为，让全体员工都按新的、期望的、理想的行为模式行事。企业能力可以分为个人能力和组织能力，其中个人能力包括专业技术能力、管理能力、人际网络。组织能力包括业务运作能力、技术创新与商品化的能力、组织文化、组织记忆与学习。

（二）组织与文化的融合

1. 组织重构

通过权力结构的重组和人力资源、财力资源的再分配，建立新的组织体系，保证变革的顺利进行。

2. 调整基础要素

例如，调整计划、控制、评价体系、人力资源、通信和资源分配系统等柔性要素，配合组织重构。

3. 重塑组织文化

在员工中建立新的价值观和信念，支持公司的变革，使组织与文化很好地融合在一起。

4. 培养核心竞争力

只有培育出与公司愿景相适应的新的核心竞争力，才能获得真正的竞争优势。

（三）变革的程序与结构

1. 重建教育和参与机制

帮助员工理解并参与变革，调整其观念行为，提高变革能力。

2. 建立协调机制

建立各种机构以协调分散在各部门进行的变革行动，消除部门之间的脱节与冲突。

3. 建立沟通和反馈机制

保证信息畅通无阻，以便及时发现变革中出现的问题，并能及时做出反应。

4. 获取顾问支持

从公司外部获得新知识、新观念和具体的指导，弥补组织内部能力与技巧的不足，避免走弯路。

（四）领导者

所有成功地实现变革的企业都有一个强有力的领导者，他克服种种阻力，发动并领导变革走向成功。领导者是变革最重要的核心，上述四个要素的建立都依靠领导者的决策。

许多企业家和学者对成功领导变革的领导者提出了评价标准，这些标准具有惊人的相似之处。归纳起来，有效的领导者应该具有三个基本特征：①具有变革的坚定信念，坚信变革对公司获得竞争优势是必不可少的，而且主张彻底变革，从根本上改变公司现状；②能够清楚地以令人置信的愿景表达这种信念；③通过关注、协调、鼓励等形式发动全体员工，将组织的软件和硬件资源融合在一起，实现变革，并将变革的成果制度化。

如果领导层有人反对变革的实施或不愿意适应新制度，必须坚决地把他们替换掉。否则，容忍抵制变革的行为将付出沉重的代价。

这是一个一般的框架，实际的战略变革过程可能因企业的特定情况而有所不同。重要的是，企业在进行战略变革时要充分考虑内外部环境的因素，积极管理变革过程中的挑战和阻力，并确保变革计划的有效执行和评估。

## 【本章小结】

本章首先介绍了战略控制的过程（确定评价指标、评价环境变化、评价实际效果、战略调整）；其次介绍了战略控制的方法，包括预算与审计、比率分析、统计分析与专题报告等；再次介绍了全面评估企业绩效的方法——平衡计分卡制度，具体介绍了平衡计分卡制度的产生、框架体系、评价指标；最后介绍了战略变革的两种基本方式（渐进式变革、激进式变革），以及战略变革的阻力分析等问题。

通过本章学习，读者应认识到战略控制是战略实施的必要手段和保证，当企业战略在实施过程中由于内外情况变化而导致其有效性降低时，应及时地进行战略调整或变革。

## 【复习思考】

### 一、单选题

1. 平衡计分卡制度的核心概念是（　　）。

A. 财务绩效评估　B. 综合绩效管理　C. 员工绩效考核　D. 市场份额增长

2. 在战略管理过程中，战略控制是指控制（　　）。

A. 战略活动的成本　　　　　　B. 战略活动的误差

C. 战略重点　　　　　　　　　D. 战略对策

3. 平衡计分卡制度的目标是（　　）。

A. 提高财务绩效　　　　　　　B. 优化内部流程

C. 实现战略目标的平衡　　　　D. 提高员工满意度

4. 甲企业是美国一家航空公司，2000 年公司制定了进一步扩大企业规模，拓展美国国内航线和欧洲航线的三年战略。但 2001 年发生了"9·11事件"，导致该战略无法继续进行。根据以上信息可以判断，该公司战略失效属于（　　）。

A. 早期失效　　　B. 偶然失效　　　C. 晚期失效　　　D. 中期失效

5. 企业战略变革的主要动因是（　　）。

A. 增加市场份额　　　　　　　B. 适应外部环境变化

C. 提高员工满意度　　　　　　D. 降低成本

6. 甲公司管理层发现企业所处环境发生了很大变化，为了更好地适应这种环境的变化，决定编制预算时重新判断所有的费用。根据以上信息可以判断该企业编制预算的方法属于（　　）。

A. 零基预算　　　B. 增量预算　　　C. 活动预算　　　D. 责任预算

7. 以下对导致战略失效的原因描述不正确的是（　　）。

A. 只要企业的战略制定得当，即使没有进行企业内部沟通，企业战略未能成为全体员工的共同行动目标也不会导致战略失效

B. 战略实施所需的资源条件与现实存在的资源条件之间出现较大缺口时会导致战略失效

C. 用人不当，主管人员、作业人员不称职或玩忽职守会导致战略失效

D. 企业外部环境出现了较大变化，而现有战略一时难以适应会导致战略失效

### 二、多选题

1. 以下哪些因素可能成为企业战略变革的动因？（　　）

A. 新的市场机会　　　　　　　B. 激烈的竞争压力

C. 技术进步　　　　　　　　　D. 经济衰退

2. 以纠正措施的作用环节为分类标准，战略控制可分为（　　）。

A. 前馈控制　　　　B. 同期控制　　　　C. 反馈控制　　　　D. 间接控制

E. 直接控制

3. 以下关于增量预算优点的描述正确的是（　　）。

A. 预算是稳定的，并且变化是循序渐进的

B. 容易实现协调预算

C. 系统相对容易操作和理解

D. 可能强调短期利益而忽视长期目标

4. 下列容易导致战略失效的情况有（　　）。

A. 企业内部信息沟通渠道不畅

B. 2007 年经济繁荣，但到了 2008 年开始出现全球性的金融危机

C. 企业 CEO 刚愎自用，不征求下属建议，完全自己做决策

D. 资金出现一定缺口，只能通过银行短期贷款解决

5. 以下关于企业业绩衡量的表述错误的有（　　）。

A. 进行企业业绩衡量主要是用于衡量管理层的业绩，与其他利益相关者没有关系

B. 股东观认为应该把股东回报率作为企业业绩的指标

C. 股东观认为企业是为所有利益相关者的利益而存在的

D. 股东回报率的计算以企业会计资料为基础

6. 平衡计分卡制度包括（　　）四个方面。

A. 财务　　　　　　B. 客户　　　　　　C. 内部业务流程　D. 学习和成长

7. 下列各项中，属于平衡计分卡顾客维度的业绩评价指标有（　　）。

A. 市场份额　　　　B. 客户满意度　　　C. 客户保持率　　D. 客户获利率

8. 战略变革的主要任务包括（　　）。

A. 调整企业理念　　　　　　　　　　B. 企业战略重新进行定位

C. 重新安排企业生产任务　　　　　　D. 重新设计企业的知识架构

## 三、判断题

1. 强调战略控制会产生更多的短期和厌恶风险的管理决策。（　　）

2. 控制分为战略控制、战术控制和整体控制。（　　）

3. 战略控制必须贯穿于实施过程中。（　　）

4. 无论哪种类型的控制，控制的基本过程都是一样的。（　　）

5. 战略与组织应该相互适应。（　　）

6. 平衡计分卡制度是一种绩效管理工具。（　　）

7. 平衡计分卡包含财务、内部业务流程、顾客、学习与成长四个维度。（　　）

8. 渐进性的变革是一系列持续、全面性的变化。（  ）

9. 战略性变革是指组织对其长期发展战略或使命所做的变革。（  ）

10. 企业由于内外环境的变化而实行的战略变革，往往会遇到阻力。在克服变革的阻力时，管理层应当考虑到变革的节奏、变革的管理方式、变革的范围。（  ）

【案例分析】

# 案例 10-2　海尔集团的战略变革

　　海尔是全球领先的整套家电解决方案提供商和虚实融合通路商，1984 年创立于中国青岛。创立以来，海尔坚持以用户需求为中心的创新体系驱动企业持续健康发展，从一家资不抵债、濒临倒闭的集体小厂发展成为全球最大的家用电器制造商之一、世界白色家电第一品牌。2014 年，海尔集团全球营业额实现 2007 亿元，是中国家电行业首个突破 2000 亿元的企业；品牌价值 1475.59 亿元，连续 12 年蝉联中国最有价值品牌榜首。

　　在多年的发展历程中，海尔集团的发展战略经历了多次大的变革。到 2019 年，海尔的战略变革历经名牌战略、多元化战略、国际化战略、全球化品牌战略和网络化战略五个发展阶段。

　　第一阶段：名牌战略发展阶段（1984~1991 年）。

　　主要特征：只做冰箱一种产品，探索并积累了企业管理的经验，为今后的发展奠定了坚实的基础，在管理、技术、人才、资金、企业文化等方面总结出一套可移植的管理模式。

　　在这一阶段，海尔实施的是名牌战略，通过专注于冰箱一种产品的生产、营销和服务，探索和积累了企业管理的经验。尽管当时冰箱品牌很多，但没有真正意义上的国产名牌冰箱，于是，张瑞敏果断提出"要么不干，要么就要争第一、创名牌"，由此确立了专业化名牌发展的道路。海尔引进当时国际最先进的德国利勃海尔公司的设备和技术，生产出琴岛-利勃海尔牌亚洲第一代四星级电冰箱，以高技术、高质量赢得广大消费者的信任。当其他企业开始抓质量时，海尔已经把战略重点转向培养服务意识和市场信誉，成功走完了名牌战略阶段。

　　第二阶段：多元化战略发展阶段（1991~1998 年）。

　　主要特征：从一种产品向多种产品发展，从白色家电进入黑色家电领域，再到米色家电领域。以无形资产盘活有形资产，在最短的时间内以最低的成本把规模做大、把企业做强。

通过实施品牌战略，海尔已经不满足于单一产品和小规模生产。1992年开始，海尔从一种产品向多种产品扩张，全面实施多元化战略，通过兼并、收购、合资、合作等手段，迅速由单一的冰箱产品进入冷柜、空调、洗衣机等白色家电领域。1997年海尔进军以数字电视为代表的黑色家电领域；1998年，海尔又涉足国外称为米色家电领域的电脑行业，成功地实现了高速成长和品牌扩张。这一阶段，海尔开始实行OEC管理法，即每人每天对每件事进行全方位的控制和清理，目的是"日事日毕，日清日高"。OEC管理法也成为海尔创新的基石。

第三阶段：国际化战略发展阶段（1998~2005年）。

中国加入WTO后，很多企业响应中央政府号召走出去，但出去之后非常困难，又退回来做贴牌。海尔抓住机遇走出去，不仅是为创汇，更重要的是创立中国自己的品牌。因此海尔提出"走出去、走进去、走上去"的"三步走"战略，以"先难后易"的思路，首先进入发达国家创立名牌，再进入发展中国家，逐渐在海外建立起设计、制造、营销"三位一体"的本土化模式。这一阶段，海尔推行"市场链"管理，以计算机信息系统为基础，以订单信息流为中心，带动物流和资金流的运行，实现业务流程再造。这一管理创新加速了海尔内部的信息流通，激励了员工，使其价值取向与用户需求一致。

第四阶段：全球化品牌战略发展阶段（2005~2012年）。

互联网时代带来的营销碎片化，使传统企业的"生产-库存-销售"模式不能满足用户个性化的需求，企业必须从"以企业为中心卖产品"转变为"以用户为中心卖服务"，即用户驱动的"即需即供"模式。互联网也带来全球经济的一体化，国际化和全球化之间是逻辑递进关系。国际化是以企业自身的资源去创造国际品牌，而全球化是将全球的资源为我所用，创造本土化主流品牌，是质的不同。因此，海尔抓住互联网时代的机遇，整合全球的研发、制造、营销资源，创立全球化品牌。

第五阶段：网络化战略发展阶段（2012~2019年）。

互联网时代的到来颠覆了传统经济的发展模式，新模式的基础和运行体现在网络化上，这是海尔第五个发展阶段确定为网络化战略的原因之一。2014年海尔集团战略推进的主题颠覆为"企业平台化、员工创客化、用户个性化"："企业平台化"对应企业的互联网思维，即企业无边界；"员工创客化"对应员工的价值体现，员工成为自主创新创业的创新者；"用户个性化"对应企业的互联网宗旨，即创造用户全流程最佳体验。

通过平台生态圈组织支持企业向平台型企业的战略转型。通过海尔的平台，员工可以成为创业者，在海尔的大平台上寻找创业机会，同时配合内部的风投机制，或者员工到社会上组织力量成为小微公司。在这一组织框架下，原来的管理层也不再是管理者，要么成为平台主，对接小微公司；要么创立或者加入小微公司。

从每个战略发展阶段来看，创造用户需求是海尔制定战略的核心方向；海尔认为"没有成功的企业，只有时代的企业"，为了踏准时代的节拍，海尔不断探索并持续变革，发展出符合时代要求的战略。海尔变革中有一句经典的话：人人都是 CEO。

资料来源：笔者根据海尔集团官方网站相关资料整理。

**案例讨论题**

1. 在本例中，海尔集团进行战略变革的动因是什么，变革中可能会遇到什么阻力？

2. 通过案例你认为企业在进行战略变革时需要考虑哪些关键因素？

3. 从上述案例中，你得到了什么启发？

## 案例 10-3　迪士尼公司的战略变革与实施

迪士尼公司的创始人华特·迪士尼一直致力于创造令人难以忘怀的娱乐体验。从他 1928 年创造的米老鼠形象开始，迪士尼不断壮大，涵盖了动画、电影、电视、主题公园等多个领域。

重新聚焦核心价值观：20 世纪 80 年代末和 90 年代初，迪士尼公司的动画事业陷入低谷。为了应对这一挑战，公司进行了一场全面的内部变革。迪士尼领导层重新审视了公司的核心价值观，即以创意为本，以家庭娱乐为核心。他们重振了动画制作团队，推出了一系列备受欢迎的动画片，如《狮子王》和《美女与野兽》，这些努力使迪士尼的动画影片再次引领市场，为公司带来新的增长。收购和扩展：迪士尼通过收购来扩大业务板块，进一步实现了多元化发展。最具代表性的例子是收购皮克斯动画工作室。这一举措不仅丰富了迪士尼的创意资源，还推动了迪士尼动画电影的繁荣。例如，《玩具总动员》等皮克斯作品不仅在票房上取得成功，还赢得了观众的喜爱。

2020 年光荣卸任的传奇 CEO 艾格，重新回来担任首席执行官。艾格推动迪士尼商业与管理变革，让外界看到了这家媒体巨头焕发新生的希望。他将执掌迪士尼到 2026 年，而他要干的最重要的两件事，一是战略调整，二是降本增效。

所谓战略调整，就是努力聚焦，做大流媒体和主题公园这两大业务支柱，成为影视版权之后的第二和第三增长曲线。除此之外，包括有线电视频道在内的其他所有业务，都可能会被出售。这是非常大胆的战略调整，也凸显了迪士尼对于自己核心竞争优势的深刻理解。

所谓降本增效，就是在媒体娱乐帝国内进行管理效率的提升，确保公司的盈利能力，回归到更可持续的道路。具体来说，这些措施包括削减成本、取消部分节目及专注于迪士尼最擅长和利润最高的项目。

从实际效果来看，2023财年第一季度和第二季度，迪士尼已经连续实现了净利润大幅增长，尤其是2023年第二季度的盈利，竟然同比增长将近150%；而就在这个季度，公司收入同比增长是13%左右，更快的盈利增长速度，显然是降本增效的管理效率提升的结果。

主题公园体验创新：迪士尼的主题公园一直以其独特的娱乐体验而闻名。为了保持吸引力，迪士尼不断创新，推出新的游乐设施、娱乐节目和互动体验。例如，引入了虚拟现实技术和增强现实技术，使游客能够更深入地融入迪士尼的魔幻世界。数字化战略：迪士尼积极投入数字化领域，推出了迪士尼+媒体平台，以满足现代消费者对多样化内容的需求。这一创新使迪士尼能够与用户互动，提供个性化的娱乐体验。此外，迪士尼还运用人工智能技术，为用户推荐最适合他们的内容，提升用户的满意度。

通过持续的变革管理和创新实践，迪士尼公司保持了其在娱乐产业的领先地位。无论是重新定义核心价值观，还是不断创新体验，迪士尼都以其独特的方式展示了如何在变革和创新中实现成功。

**案例讨论题**

1. 迪士尼公司战略变革的动因是什么，变革中可能会遇到什么阻力？

2. 你认为迪士尼公司战略变革的关键成功因素有哪些？

3. 请进一步收集资料，讨论和分析迪士尼公司当前及下一步所面临的战略任务。

# 后　记

　　本书围绕战略管理这一核心主题，系统地阐述了企业战略的制定、实施、控制以及相关的组织设计和变革等关键内容。从战略管理的基础概念入手，深入探讨了各种战略分析工具和方法，为读者提供了全面理解企业战略决策的框架。通过丰富的案例分析和实际应用指导，本书旨在帮助读者将所学的战略管理知识转化为实际的决策能力和管理行动。无论是企业管理者、创业者还是学生，都能从中获得宝贵的启示和实用的建议，以应对复杂多变的商业环境。

　　战略管理是一个不断发展和演进的领域，随着技术进步、市场变化和社会需求的不断演变，新的挑战和机遇也将不断涌现。我们希望本书能够为读者奠定一个坚实的基础，激发他们持续学习和探索的热情，以适应未来战略管理的发展趋势。在本书的编写过程中，我们得到了许多人的支持和帮助。感谢各位作者的辛勤付出，他们凭借丰富的知识和经验，精心撰写了各个章节，确保了本书内容的准确性和权威性。同时，也要感谢编辑团队的精心策划和细致工作，他们为本书的出版付出了大量的努力。我们希望本书能够成为读者在战略管理学习和实践中的有益指南。通过阅读本书，读者能够掌握战略管理的核心要点，提升自己的战略思维和决策能力。我们期待读者在实际工作中能够运用所学知识，制定出明智的战略，推动企业的发展和进步。

　　战略管理是一个动态的领域，需要不断学习和更新知识。我们鼓励读者在阅读本书的基础上，持续关注战略管理最新动态和研究成果，不断提升自己的专业素养和能力水平。本书的编写是一个不断探索和学习的过程。在这个过程中，我们力求准确地传达战略管理的核心思想和方法，但也意识到可能存在一些不足与疏漏之处。我们欢迎读者对本书提出宝贵的意见和建议，这将有助于我们不断改进和完善本书的内容。

　　未来，我们将继续努力，不断更新和丰富本书的内容，使其更好地适应战略管理领域的发展变化。我们将更加注重实践应用的案例分析，提供更多具有针对性和可操作性的建议，以帮助读者更好地解决实际问题。我们将始终坚持以读者为中心的原则，努力为读者提供高质量的学习资料。我们相信，通过我们的共同努力，能够为读者在战略管理的学习和实践中提供更多的帮助和支持。

黄　伟

2024 年 6 月